大学生
职业生涯发展与
就业能力提升

主　编　康为茂　杨志增

副主编　罗毅颖

广东高等教育出版社

GuangDong Higher Education Press

·广州·

图书在版编目（CIP）数据

大学生职业生涯发展与就业能力提升/康为茂，杨志增主编. —广州：
广东高等教育出版社，2025.1（2025.2 重印）

ISBN 978 - 7 - 5361 - 7682 - 9

Ⅰ. ①大… Ⅱ. ①康… ②杨… Ⅲ. ①大学生 – 职业 – 选择
Ⅳ. ①G647.38

中国国家版本馆 CIP 数据核字（2024）第 112009 号

DAXUESHENG ZHIYE SHENGYA FAZHAN YU JIUYE NENGLI TISHENG

出版发行	广东高等教育出版社
	地址：广州市天河区林和西横路
	邮政编码：510500　电话：(020) 87554153
	http://www.gdgjs.com.cn
印　　刷	广东信源文化科技有限公司
开　　本	787 毫米 ×1 092 毫米　1/16
印　　张	21.75
字　　数	476 千
版　　次	2025 年 1 月第 1 版
印　　次	2025 年 2 月第 2 次印刷
定　　价	59.00 元

前　言

　　高校职业生涯发展与就业指导课程目标是帮助大学生在认识自我、了解就业市场的基础上，对未来进行合理的职业规划，提升大学生就业竞争力与求职技能。随着教育程度的普遍提高和就业市场的竞争加剧，当代大学生面临的压力和挑战逐年递增，为启发大学生认识并思考职业生涯发展的意义并提升实践能力，助力大学生实现高质量充分就业，组织编写本书。本书从大学生职业发展的角度出发，针对当代大学生的特点和需求，整理和汇编职业生涯规划和就业指导相关理论，以图厘清职业生涯发展与就业指导的关系和逻辑，对于解决当前的大学生就业问题具有理论指导意义。

　　本书共有十章，涵盖了最新的就业案例和资料。具体内容包括：大学生就业启航、自我认知、职业探索、职业决策、职业规划、就业形势与政策、就业准备、求职技巧、就业权益保护、大学生自主创业。在每一章节，编者都精心选择了大学生在生涯规划或求职过程中经常遇到的问题作为案例引入，并结合最新发布的政策信息和时下热点，引导学生思考与该章节相关的知识点内容，在案例剖析中熟悉和掌握实践技能。

　　本书是由广东外语外贸大学学生就业创业中心组织编写，康为茂、杨志增作为主编，罗毅颖作为副主编，参与编写人员有（按姓氏笔画排序）王晞、叶敏、付星莹、冯迪南、刘运宇、刘坤辉、许嘉航、李鑫、李乐玲、陈娓、陈梦岑、陈琳琳、黄燕平、曹婷婷、彭维英、魏煊。本书在编写过程中，参考和借鉴了相关文献资料及研究成果，在此对相关作者一并表示深深的敬意和感谢。

　　希望本书能够给读者带来生涯规划的一些启发！同时由于编者学识有限，书中难免有疏漏之处，在此恳请广大读者批评指正，以便我们继续修订和完善。

编者

2024 年 12 月

目　录

第一章　大学生就业启航 ……………………………………………………… 1

　　第一节　如何规划大学生涯 ……………………………………………… 2

　　第二节　认识职业与专业 ………………………………………………… 11

　　第三节　专业、兴趣与职业的关系 ……………………………………… 18

　　第四节　就业思维启航 …………………………………………………… 31

第二章　自我认知 …………………………………………………………… 38

　　第一节　自我认知内涵与方法 …………………………………………… 39

　　第二节　职业兴趣与探索 ………………………………………………… 47

　　第三节　职业性格与探索 ………………………………………………… 62

　　第四节　职业能力与探索 ………………………………………………… 85

　　第五节　职业价值观与探索 ……………………………………………… 91

第三章　职业探索 …………………………………………………………… 99

　　第一节　职业地图探索 …………………………………………………… 101

　　第二节　高校学生职业探索 ……………………………………………… 111

　　第三节　职业信息探索 …………………………………………………… 121

第四章　职业决策 …………………………………………………………… 133

　　第一节　职业决策理论 …………………………………………………… 134

　　第二节　职业决策风格探索 ……………………………………………… 138

　　第三节　职业决策方法与工具 …………………………………………… 142

第五章 职业规划 ································· 150

第一节 职业生涯规划理论 ················· 150

第二节 职业生涯规划探析 ················· 158

第三节 职业生涯能力与行动 ··············· 168

第六章 就业形势与政策 ····················· 189

第一节 大学生就业市场 ··················· 189

第二节 大学生就业形势分析 ··············· 191

第三节 就业政策解读 ····················· 197

第七章 就业准备 ··························· 206

第一节 就业心理调适 ····················· 207

第二节 就业信息准备 ····················· 220

第三节 求职材料准备 ····················· 230

第八章 求职技巧 ··························· 242

第一节 求职中的礼仪技巧 ················· 243

第二节 求职中的笔试技巧 ················· 249

第三节 求职中的面试技巧 ················· 260

第九章 就业权益保护 ······················· 280

第一节 高校毕业生就业权益与法律保护 ····· 281

第二节 就业协议的签订与解除 ············· 291

第三节 劳动合同的签订与解除 ············· 299

第十章 大学生自主创业 ····················· 307

第一节 创业素质与发展 ··················· 308

第二节 大学生创业前的准备 ··············· 311

第三节 大学生创业的对策与程序 ··········· 320

参 考 文 献 ······························· 339

第一章　大学生就业启航

学习目标

1. 基本掌握生涯规划、专业、职业、兴趣等相关概念。
2. 了解大学生活的特点和四个阶段的职业规划。
3. 学会利用网络技术等媒介查找职位信息和毕业生就业统计数据。
4. 能够建立兴趣、专业与职业之间的联系，确立职业目标。

本章重点

1. 深入了解生涯规划的概念和意义。
2. 学会自我分析和认知大学生活，做好职业规划。
3. 把握兴趣、专业和职业之间深层次的逻辑关系。

本章难点

1. 对专业、职业及其发展动态的掌握。
2. 对个人兴趣、专业和职业有了全面认知后制定个人职业生涯规划。

案例导入

你能适应大学生活吗?

小兰是一名大一新生，到省外就读的她，时常有孤独感。小兰性格内向，不擅长主动与人沟通，因为觉得自己和室友的三观不合，所以始终融不进宿舍，加上这所学校不是她心仪的样子，小兰很怀念高中的时光，很想念高中时的同学。她也总是被消极的情绪包围着，因此学习方面也受到了极大的影响。在父母呵护中成长的她，突然感到无所适从，在学校的每一天，她都觉得格外煎熬。

小兰的情况是常见的无法适应大学生活的表现。有调查显示，有 34.7% 的大学生不清楚自己在大学能学到什么，也不清楚上大学的目的，白白浪费了四年的光阴。进入大学后，小兰无法及时适应生活、学习、思想上的转变，导致自我封闭和情绪低沉。当发现自己陷入消极情绪时，同学们一定要警惕起来，及时调整心态，不要被情绪牵着走。首先，我们要意识到，大学的环境本就和高中大不相同。周围的同学可能来自五湖四海，不同的生活环境可能会导致大家的思想观念和生活习惯存在一定的差异，初步相处时发生摩擦是很正常的现象。这时需要及时转变思想，求同存异，理解并尊重对方的想法，如果自己有其他看法，可以及时提出，加强沟通，不要积压在心里，对自己造成太大的心理压力。当你真诚地对待对方，对方也一定能感受到你的真心。随着时间流逝，室友间总会互相了解到彼此的想法，找到适合的相处之道。另外，可以选择加入喜欢的社团，结识和自己有相同兴趣的人，充实自己的课余生活。其次，让自己的不良情绪影响到学习是十分不明智的行为。学习是自己的事，学习与否，受影响的只是你自己，要及时转变思想，对自己的未来负责。无论学校好坏，大学以自主学习为主，教学为辅，很大一部分都得靠自己课后投入时间，没有人可以阻止你变成一个优秀的人。当自己忙碌起来，并在学习上取得一定成果后，你会逐步建立自信并努力成为一个更好的人。

第一节　如何规划大学生涯

一、正确认识大学

（一）大学的功能

大学的功能是在高等教育的发展过程中逐步演化而成的。随着经济发展，国家对人才的需求也逐渐增大，高校更应该充分履行职能，为公民提供学习场所。《国家中长期教育改革和发展规划纲要（2010—2020 年）》指出，高等教育承担着培养高级专门人才、发展科学技术文化、促进社会主义现代化建设的重大任务。这也指出了大学的三个主要功能，这三个功能不可分割，相互联系。

1. 人才培养功能

人才培养功能是大学的核心功能。文艺复兴时期大学初步诞生，最初是教师社团或学生社团，随着欧洲南部的城市建设与贸易发展的推进，为了满足社会对于专业人才的需求，一群人聚集在一起，聘请教师，讲解知识、技能，这便是欧洲南方大学的雏形。而在欧洲北方，一批阿伯拉尔等地的学者，聚集在以巴黎为中心的地域，吸引了许多学生前往。从诞生至今，尽管现代大学制度在 800 多年间受到各种力量的影响，也经历了深刻的变革，但是大学的人才培养功能始终不变。这也是大学的首要功能。如今，随着社会的高速发展及各国综合国力的激烈竞争，高等教育在人才培养方面进行了不懈探索，借鉴别国的经验，逐步摆脱传统的单一教育模式，不断丰富人才培养的内涵，为社会输送各类人才。

2．科学研究功能

科学研究是人才培养的载体。大学的科学研究功能始于德国。19 世纪初，为了使德国从普法战争的失败中崛起，一批思想家着手建立柏林大学等以科学研究为主要功能的大学，但是他们也始终秉承"人是目的"的理念，将科学研究视为大学培养人才的重要手段。为适应社会需要，人才必须具备五种能力：自学能力、思维能力、研究能力、表达能力、组织管理能力。而科学研究是使人才具备上述能力的重要途径。同时，科学研究能提高师资队伍素质并及时补充与更新教学内容，英国的剑桥、牛津等知名大学都奉行这一理念。可以看到，科学研究始终是服务于人才培养的，而不是大学的最终目标。

3．服务社会功能

服务社会是大学职能的延伸，大学通过人才培养和科学研究服务社会。追溯大学的发展历史，可以发现，大学服务社会的功能很早就出现了。古希腊的诡辩派学府专门讲授修辞学等使用技能。19 世纪中期到 20 世纪中期，美国的大学增加了工程学院、农业学院、企业管理学院等，很大程度上促进了大学与社会融合。我国大学自 19 世纪末就担负挽救民族的大任，尤其是改革开放以来，大学引领科技创新，并且为社会的发展输送大批人才，为推动社会进步做出了突出贡献。与企业不同，大学通过间接方式服务社会，另外，服务社会并不意味着一味满足社会的需求，它也承担着社会批评的功能。社会批判与社会服务属于一个功能的两个方面，实际过程中应该将二者结合。

（二）大学教育的特点

1．培养目标的高层次性

人才培养作为大学的核心功能，其高层次性主要体现在三个方面：教育对象的高层次性、教育内容的高层次性、教育目标的高层次性。

（1）教育对象的高层次性。进入大学学习的人一般经过严格选拔，接受过良好的基础教育，在德、智、体、美、劳等方面发展较好，而且知识水平较高。

（2）教育内容的高层次性。大学的教育是具有学术性的专业教育，与中小学教育教授基础科学文化知识不同，大学教育以培养高级专门人才为目标，主要传授专业知识和技能，使得学生在某一方面具有专业理论与技能。大学的高层次教学还体现在对知识发展型人才和就业导向型人才的兼顾培养。

（3）教育目标的高层次性。现代大学是知识创新的场所，尤其是高水平大学，既承担着教育工作，也承担着科研工作，二者相互促进，推动大学教育水平的提高，同时也推动了社会的发展。

2. 学科覆盖的广泛性

早期大学更追求知识结构的系统性和完整性，但随着科技的日益发展，学科出现高度分化和高度综合，分支学科越来越多，交叉学科也层出不穷，另外，社会生产力不断进步，社会分工日益精细化，社会对各专业领域的人才需求也不断提高。各大学顺应时代发展，设立更多专业以培养社会所需的各种人才，实现了更广泛的学科覆盖。我国现行 12 个学科门类，包括哲学、经济学、法学、教育学、文学、历史学、理学、工学、农学、医学、管理学和艺术学；学科门类下设一级学科，共有 80 个一级学科（不含军事学）；一级学科下设二级学科，共有 358 个二级学科；此外还有一些新近出现的学科。学科的分化与互相渗透在一流大学中表现得尤为明显。

3. 学习效果衡量的多元性

不同于中学，学习成绩不是大学生学习效果的唯一衡量指标，学生的交往能力、表达能力、组织能力等构成了综合评价标准，大学注重从做人、做事、做学问等各方面来全面衡量学生的基本素养。

4. 学习内容的多样性

大学不止学习知识，还要综合培养各方面的能力与素质。与学习内容的多样性相匹配，学习途径的多样性、学习活动的探索性、学习专业的定向性、学习过程的自主性都大大提高。

（1）学习途径的多样性。不同于中学阶段机械地、被动地从课堂获取知识，大学阶段的学习不局限于课堂，学生还要主动地从多方面，通过多途径收集信息，他们需要听讲座和学术报告，需要到图书馆收集信息，甚至需要在校外做社会调查，来获取所需的信息以完成相关任务。

（2）学习活动的探索性。知识的获取是为了解决问题，学生对于所学知识要有自己的理解，学会举一反三，将被动接受知识转为主动探索知识。大学不仅是教育中心，也是科研基地、服务基地，这为学生提供了研究的条件，尤其是毕业论文和毕业设计，要求学生能利用自己掌握的知识，激发创新精神，拓展思维空间，将知识迁移并应用到实际的问题解决中。事实证明，科研工作做得越好的大学，培养的学生能力越强。

（3）学习专业的定向性。大学的课程设置围绕着专业内容，学生还需根据自己的职业规划与自我定位合理地选择相应的课程进行学习，拓展相关方面的知识。因此，大学阶段的学习着眼于培养高层次的专业人才，是专业基础上的定向学习。

（4）学习过程的自主性。相较于课堂学习，大学以学生自主学习为主，老师教学为辅，而且大学相对具有更多的自由时间，这就要求学生合理分配时间，加强对时间的管理，积极主动地学习，切实提高自己的自学能力、自律能力和动手操作的能力。另外，学生也可以根据自我需求和兴趣选修专业课及选修课。而这些都要求学生充分发挥学习主动性，自我安排，以提高各方面的能力。

（三）专才教育与通才教育

1. 专才教育与专业教育的内涵

专才教育是一种专业性教育模式或教育活动，基本目标是通过系统讲授某一学科知识，来培养具有某一学科的基本知识、理论与技能，能从事相应职业或进行对应领域研究的人才。专才教育的重点不在于学生素质的全面发展，而在于学生实际工作能力的培养，看重学生的实践技能能否胜任行业的实际需要。专才教育有以下特征：分学科进行培养，培养的人才短期内不可代替；看重对学生工作能力的培养；教学内容具有应用性和技术性；培养的学生知识面较为狭窄。

专业教育以培养有能力的实践者为目标，包括培养专业的意识形态、相应的知识技能及批判意识。从现代意义而言，专业化或职业化教育可以追溯到 19 世纪。教育专业化主要有两点原因：其一，由于工业化和社会近代化运动，经济迅速发展，社会分工逐步细化，社会对专门人才的需求日益扩大；其二，人类的科学研究逐渐细化，知识迅猛增加，导致哲学的分化，社会科学、自然科学与人文科学齐头并进。

2. 通才教育与通识教育的内涵

通才教育是一种通识教育、素质教育，它打破了专业的界限，相较于专才教育，更加注重知识的完整性，以培养具有高深学问、高级思维、高尚情操，能自我发展、自我激励的人才为目标。通识教育的核心是强调人的均衡发展，它首先关注的是对"人"的培养，其次才是将学生作为职业人来培养。通才教育具有以下特征：内容的广泛性与综合性；知识的基础性与经典性；教育形式灵活多样；影响学科的深入发展，经典性知识与时代脱节。关于通才教育，古今中外的学者皆有各自的诠释。例如，中国古代六艺教育下培养的"君子"，知识广博，待人接物谦卑有礼；18 世纪的法国启蒙思想家狄德罗宣扬"百科全书式教育"；19 世纪约翰·亨利·纽曼提倡"通才教育"。

通识教育是超越功利性和实用性的人文教育，注重知识结构的完善，避免信息和知识的碎片化，使学生能基于对不同学科的认识，将它们融会贯通，以培养完全、完整的人为最终目标。

3. 专才教育与通才教育的相互关系

尽管专才与通才教育侧重点不同：专才教育教学生能"做事"，通才教育教学生"做人"。但不能简单地将二者对立地分割，它们既有相斥的一面，也有相互联系的一面。专业教育以学科知识为基础，博而不专也难以登上科学的高峰。无论是专才教育还是通才教育，都有其不可实现的阻力因素。比如在汉武帝时期，受政治体制影响，"专才教育"在中国真正出现，"罢黜百家，独尊儒术"的政策实现了"官学化与制度化"。但是，专才教育也会带来职业调整不灵活等问题，出现"隔行如隔山"的局面。而通才教育意味着人要在实现自身全面发展的同时，还要能谋求生活，能为社会服务，但是在这样一个知识爆炸式增长的时代，学科分化也日益精细，要完整地掌握全面的学科知识具有很大的难度。"吾生也有涯，而知也无涯。以有涯随无涯，殆已！"

事实证明，在社会发展的任何阶段，既需要通才，也需要专才。一方面，随着教育终身化、高等教育大众化、科技高度社会化，社会的发展需要通才；另一方面，我国的国情及就业市场决定了社会对专才的需要，而且随着科技微细化，新兴工业几乎靠专才。此外，现如今的知识与技术更新迭代速度很快，专业教育是不够的，需要将通识教育贯穿大学教育，学生才能更好地适应就业和工作变换。

所以，需要将通才教育和专才教育有机结合，既会"做人"，也会"做事"才能更好地适应社会的需要。斯坦福大学便是一个很好的例子。斯坦福大学创办之初，以"科学""艺术""文学""技术"8个词很好地阐释了"实用教育"的理念，它将科学与人文结合，高等教育与科学教育结合，培养出通专兼容的人才。20世纪以来，尤其是近20年，世界范围的高等教育出现了从注重专才教育到倡导通才教育与专才教育相结合的重大转变。

（四）学术型人才与职业型人才

1. 学术型人才的内涵

学术型人才指研究和发现客观规律的人才，具有较深厚的理论基础和较好的研究能力及学术修养，培养过程中注重对从事有关学术性工作能力的培养，强调知识的系统性与理论性。

2. 职业型人才的内涵

职业型人才指从事非学术研究性工作的人才，具有一定的理论基础且强调实践能力，以此满足社会的发展需要，培养过程中注重对从事有关专业实际工作能力的培养，强调知识的应用性或技术性。

3. 学术型人才与职业型人才的关系

尽管存在关于大学应该培养学术型人才还是职业型人才的争议，但可以确定的是，二者并无优劣之分。无论是从个人发展还是社会发展的角度来看，单一的培养方式都是不利的。不同类型的人才可以适应不同的需要。学术型人才作为知识的研究者与创造者，从事科学研究；职业型人才作为知识的实践者与应用者，从事技术性工作。只有两种类型结合才能平衡发展。单一的学术型人才或职业型人才既无法满足个人发展需要，更不利于国家的建设与社会发展。

虽然理论如此，但是受某些观念影响，有些国家仍存在"重学轻术"的现象。比如英国牛津大学20世纪初设立的第一个工程学讲座被视为"牛津末等学科"。此外，在质量上学术型人才与职业型人才也经常遭受不公对待，由于教育类型不同，培养目标和要求都存在差异，但是在现实中，人们往往用学术型教育的标准衡量职业型人才，造成职业型院校教育质量较低的局面，导致职业型院校纷纷追求升格，向学术型大学看齐。但实际上，学术型人才与职业型人才都是国家需要的栋梁之材，国家既需要学术型人才进行知识研究，也需要职业型人才满足市场的需求。

知识链接

高等教育自萌芽之时，便代表着学术性，它以高深学问的形式出现。12—13世纪，欧洲中世纪大学出现了职业教育，它开设了文、法、神、医4科，培养官吏、律师、牧师、医生，这种职业教育带有浓厚的宗教色彩而且涉及面较窄。另外，当时只有极少部分人能进入大学学习，毕业后从事的职业也具有较高的社会地位，因而，这部分职业型人才带有上层社会的贵族气质。14世纪文艺复兴后，人文主义流行，职业性和实用性知识不再受到大学的青睐，大学课程继承了古希腊的"七艺"内容，只讲授理论知识，培养学术型人才。19世纪中后期，德国大学进行改革，明确了大学的科学研究功能，大学将教学与科研相结合，由于洪堡倡导"无任何使用目的科学研究"，此时大学只进行纯粹的学术研究，职业型人才的培养则由大学之外的专科高等院校承担。直到19世纪中叶，大学只培养学术型人才的现象才发生改变。美国州立大学和赠地学院出现，明确了大学需为所处地区承担服务社会的职能，大学的主要任务是培养社会发展所需的职业型人才。

从西方高等教育的学术型教育与职业型教育的发展过程，可以看到，一方面，学术型教育和职业型教育的发展态势并不是一成不变的，何者成为主流与当时的社会状况有很大程度的关系。另一方面，当高等教育的规模不断扩大，大学只为少数人服务的状况就会被打破，高等教育的职业性也会随之出现。

二、生涯与生涯规划

（一）生涯的概念

有人说"生涯是人从出生到生命结束的时间"，也有人提出"生涯是生命中每个阶段的整合"。国内有学者提出："职业生涯规划是指雇员根据对自身的主观因素和客观环境的分析，确立自己的职业生涯发展目标，选择实现这一目标的职业，以及制定相应的工作、培训和教育计划，并按照一定的时间安排，采取必要的行动实现职业生涯目标的过程。"也有学者认为："职业生涯规划是指一个人一生职业发展道路的设想和规划，它包括如何在一个职业领域中得到发展，打算取得什么样的成就等问题。合理规划自己的职业生涯，是迈向成功的第一步。"

而美国学者督拿·舒伯（Donald Super）则认为生涯必须要有"角色"的概念，他将生涯定义为：每个人一生中所经历的一系列职业与角色的总称。以舒伯的职业生涯彩虹图为例，从横向上看，生涯发展理论按照年龄的大小将人的生命阶段划分为：成长阶段（0～14岁）、探索阶段（15～24岁）、确立阶段（25～44岁）、维持阶段（45～64岁）和退出阶段（65岁以上）。

从纵向上看，人生的每个阶段都有着不同的职业角色和职业任务，并且每个阶段的完成情况会影响到下一个阶段的职业状态。① 例如，从出生到 65 岁间你在家庭中是子女的身份，但你同时也在扮演着学生的身份，而后又会成为一名工作者，在此期间也要以朋友、伴侣、公民、休闲者等身份存在（如图 1-1 所示）。

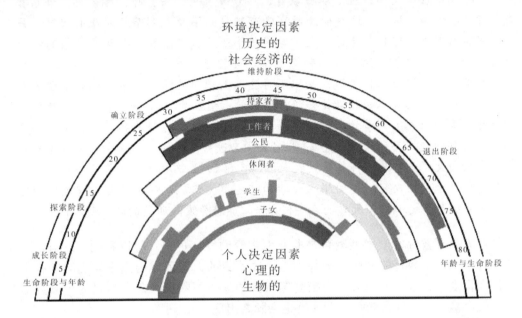

图 1-1　职业生涯彩虹图（Super，1984）

人生有多种多样的角色和选择，但是人生是属于自己的，态度决定高度。在实现人生目标的过程中，一定要掌握充分的信息，做出合理并且适合个人的生涯规划，无论面对什么样的职业困境都要坚定付出，相信付出了就一定会有回报。

（二）生涯规划的意义

你清楚地知道自己的兴趣吗？你善于利用自身优势和特长吗？你对未来有清晰的规划吗？这是我们从高中迈入大学后面临的重要问题——明确目标，制订计划。或许你会认为自己擅长写作，应该从事文书相关工作；又或者你比较外向开朗，身边人给你的建议是进入营销领域。但这就是科学的、全面分析后的决策吗？舒伯认为，生涯规划就是个体清晰认知自身兴趣、性格、特长、资源、限制，发展与接受一个整合的、恰当的、关于自身和工作环境中所担任角色的清晰画面的过程，并且在实践中检验和调整这一过程。一个好的规划能让自己事半功倍，能帮助我们尽快拨开大学的"迷雾"，快速朝着我们的目标前进。

1. 帮助全面客观地认知自我

进入大学时期的我们常常会面临一段较长的迷茫期，有些人甚至会在整个大学期

---

① 李佳霓. 高校毕业生"消极慢就业"现象分析 [J]. 合作经济与科技，2023（20）：86 - 88.

间持续处于迷茫中，以至于浑浑噩噩度日，浪费了大学最好的成长周期。职业生涯规划有助于帮助个人进行全面定位，充分利用个人兴趣、爱好、特长、资源优势等精准就业。一旦开始着手规划自己的大学生涯或近十年的生活，我们就会有充分认知自我、挖掘自身潜能的动力，就会在迷茫的黑夜中点亮一盏前行的灯。为了厘清我们到底想要或者适合从事何种工作，就迫使我们寻找更加科学全面的工具进行自我剖析。而不同的理论倾向，会引导我们从不同的角度认知自我。例如采用360评价法，从自身和家人、朋友、老师等各方面得到一个综合的评价。而霍兰德职业兴趣测试，则将兴趣与职业进行连接，认为不同兴趣的人大概分为六种职业倾向：艺术型（A）、社会型（S）、企业型（E）、传统型（C）、现实型（R）。因此，当大学生一旦决定制定职业生涯规划，便会寻求更加客观全面的评价工具进行科学的自我分析，而不仅依赖于"我好像擅长做这个"和"我的性格好像适合干这行"。

2．促进深刻把握职业环境

"一个好的战士不打没有准备的仗"，一个合格的大学生也必定需要有规划地度过大学生涯。要想制定一个好的职业生涯规划，除了要有清晰的自我认知外，还要深刻地认识和把握外部环境。现代社会发展非常迅猛，市场需求日新月异，掌握社会发展的趋势和技术变更的人才需求，对于求职者而言十分重要。首先，要了解职业世界的构成，了解各行业、各岗位对各方面能力的要求，在众多职业中精准找到自己感兴趣并能够胜任的职业。其次，通过对职业的探索，不断确定个人发展目标，并在实现职业目标的过程中提升自身专业能力，使个人的兴趣、特长、价值观和综合实力高度匹配上目标岗位。最后，生涯规划是一个根据自身情况和外部环境动态调整的过程，洞悉社会环境发展趋势便于我们快速掌握职业的新增和淘汰，以及把握好目标职位的发展趋势，进而帮助我们做出一个好的职业规划。

3．引导制定职业决策和行动计划

古语有云，凡事"预则立，不预则废"，好的规划是成功的开始。从职业生涯发展的历程来看，职业发展主要经历职业准备期、职业选择期、职业适应期、职业稳定期和职业结束期。大学生处于职业准备期，尤其是低年级学生仍处于价值观形成的拔节孕穗期，要"扣好人生第一粒扣子"。因此，在大学期间制定一个好的生涯规划有助于树立明确的职业发展目标和职业理想。同时，在有明确目标的基础上，学会如何运用可行的方法、采取可行的步骤与措施，不断增强职业竞争力，实现自己的职业目标与理想。正所谓职业因规划而精彩，人生因奋斗而美丽，人生的成功并非一蹴而就，想要获得理想的职业也需要通过点滴的努力积累而来。职业生涯规划的意义也在于引导大家早规划、早执行、早落实，通过分解和完成一个个小目标，最终实现理想。

4．利于社会整体就业环境

失业率是判断社会就业质量的一个重要指标，其中失业类型包括结构性失业、摩擦性失业、周期性失业和季节性失业等。结构性失业是指由于市场和技术的变革对人才的需求发生相应的变化，而市场劳动力的技能不能与企业的发展相匹配，换言之就是员工能力不符合岗位要求。摩擦性失业是指由于劳动力寻找最适合自己嗜好和技能需要时间而引起的失业。由此可见，若是在大学期间，我们能清晰认知个人兴趣、爱好、特质、资源优势和职业倾向，做好相应的职业生涯规划，并依据市场对人才能力要求的变化针对性地提升自身技能，则能一定程度上避免因目标缺失和能力不足所引发的失业，也进一步改善了社会的整体就业环境。

（三）生涯规划的内容

生涯规划是对职业生涯乃至人生进行持续的、系统的计划过程。职业生涯规划考察个体职业发展规划的科学性和围绕实现职业目标的成长过程，通过学习实践持续提升职业目标达成度，增强综合素质和能力。一份完整的生涯规划应包括清晰明确的自我认知、对社会环境的认知、进行职业匹配和决策、制订行动计划和反馈修正。通俗来讲，包括三层含义：一是确定自己是谁，适合做什么工作；二是分析自己擅长做什么工作；三是厘清自己将如何实现职业目标。

1. 自我认知

我们一生都在不断地了解自己，和自己更好地相处。通过职业规划的测评和澄清，可以明确自我愿景（你想成为什么样的人）、价值观（你内心遵循的标准）、能力、职业性格、兴趣、职业倾向（职业锚）等。只有对自己有充分的了解，才能够找到适合自己的方向，进而有可能获得感兴趣的、有价值的工作。然后，正因为自己有兴趣、有价值，产生获得感，往往会投入比常人更多的时间和精力，也更容易克服遇到的困难，最终创造出高于普通人的价值，从而反哺社会，为社会做出自己的贡献。

2. 了解环境

要明白这个世界上有哪些行业，有哪些职业，这些职业的能力要求是什么，什么样的人适合这些岗位；这些行业里面有哪些是朝阳行业，在未来有较大的发展空间；哪些是夕阳行业，即将被社会所淘汰。只有了解这些，我们找到适合自己职业的概率才能更大。很多时候，我们换工作后感到不适，有很大一部分的原因是对于新行业或岗位没有太多的了解，而做了冲动决策。当自己正式进入工作岗位后，才发现和自己想象中的完全不一样，导致内耗，甚至怀疑自己。从可行度来讲要了解以上的信息也并非特别难的事情，在职业规划领域有一个专业词叫"职业访谈"，可以充分了解目标职业的信息。

3. 职业决策

正所谓"三百六十行，行行出状元"，职业无高低贵贱之分，适合自己的便是最好的。在充分认知自我，深刻把握职业信息后，可以通过成本收益法、供求关系分析法、匹配分析法、期望效用法、SWOT 分析、TOP 模式定位、MPS 方法、"机会—能力—价值"法、CASVE 循环法、生涯平衡单等进行职业决策，找到适合自己的职业目标。

4. 计划实施

一份好的计划不落地实践始终是空谈，最终仍是要通过拆分目标，实现一个个小目标以达到最终目标。在制订计划的过程中，我们要紧紧围绕职业目标，依据自身实际情况，遵循 SMART 原则，即要有明确性、可衡量性、可实现性、相关性、时限性。最终依据目标管理法、时间管理法、倒推法、差距管理法、关键事件法等制订科学合理并能实现的实施计划。

5. 反馈修正

社会发展和市场需求是变化多端的，对劳动者能力的要求也会随之变化，同时，每个人都处在发展的过程中。因此，我们要根据社会环境和自身发展及时对生涯规划做出评估、调整和修正，也应制作备选方案，通俗来说就是"如果我没办法做这个了，我还能那样做"。

第二节　认识职业与专业

一、职业

（一）职业的含义

职业也被称作工作岗位，指的是人们在社会中所从事的以获得物质报酬作为主要生活来源的工作。对于职业的含义，仁者见仁，智者见智。更准确来讲，职业是人们为了生存和发展从事的相对稳定的、有经济收入的、专门类别的社会劳动，是人们的生活方式、经济状况、文化水平、社会地位、行为模式、思想情操的综合反映，也是一个人的权利与义务、权力与职责的一般表征。

根据职业的定义，可以从 3 个方面更加具体地理解。从国家的层面上看，职业就是一种具有专门技能的社会分工的工作；从社会层面上看，职业是劳动者在社会中扮演的一种角色，例如警察、医护人员、教师等职业；从个人层面上看，职业则是劳动者从事的一项社会工作，需要承担一定的社会责任、履行一定的义务，同时能够获得相应的报酬。因此，不同的职业，通常意味着不同的发展机会与空间，也决定了不同的社会角色和生活方式等。

（二）职业的特点

1. 社会性

职业是人们在劳动中的一种社会分工现象[①]，是一种社会存在，是劳动者的社会角色。一开始人类出现时尚未存在职业，而是有社会分工。社会分工的细化产生了各种

---

① 樊旭敏. 职业生涯规划［M］. 北京：中国财政经济出版社，2015.

职业，这体现了社会生产力的提高和社会的不断进步。每个劳动者通过职业活动产生社会关系，这种关系包括劳动者之间的关系、劳动力与劳动资料之间的结合关系、劳动产品的交换产生的劳动交换关系。换言之，一个人从事的一种或几种具体的职业劳动，不可能生产出个人所需要的所有生活资料。因此人和人之间是相互依存的。显而易见，这些通过职业而产生的关系是社会性的。其中，不同职业之间的等价关系在劳动交换过程中反映出来，这体现了职业劳动成果的社会属性。通过这些关系和交换，既满足自身需要，也为社会其他人员提供服务，同时，全体成员的劳动的积累是社会得以持续发展进步的源泉。

2. 经济性

职业是个人获得经济收入的来源，即劳动者从中取得收入。劳动者利用专门的知识和能力从事职业活动，以获取一定的报酬作为物质生活的来源，这就是职业的经济性。职业劳动为社会创造物质和精神财富，而获得个人报酬既是职业工作者的基本动机，也是其从事职业的结果。可以说，职业是人们谋生的手段，是维持个人和家庭生活的基础，对于职业而言，维持生计的经济功能是不可或缺的。职业的经济性和社会性紧密联系，职业分工是构成社会经济制度运行的主体，职业分工越合理，社会经济制度也将变得更完善，推动社会不断进步。

3. 稳定性

职业的稳定性是指劳动者持续地从事一种工作，该过程相对稳定并且未中断，也称为连续性。临时性的工作不能成为职业，比如学生的义务劳动、勤工俭学。这也是区分一项工作是否符合职业定义的一个特点。随着生产力现代化与社会分工的发展，职业也在不断发展变化中，所以，新的职业不断出现，并且会在一个较长的时间段中存在和发展。这都体现了职业的相对稳定性和连续性，使得人们能够不断学习掌握专业知识和技能，达到某一职业的要求，也使人们职业生涯的规划和发展成为可能。

4. 技术性

毋庸置疑，技术性是职业的必然要求，劳动者需要具备一定的知识和技能才能从事职业活动。任何一个职业岗位，都有明确的职责要求，这也揭示了职业的专业性。换言之，自职业产生以来就不存在一种没有技术要求的职业，即便是一些技术含量少的工作，也需要有特定的能力和技巧来提高工作效率。如今社会的进步和发展，使得许多职业都对学历、专业、职业资质等有更加明确的要求，对劳动者所具备的知识和技能水平的要求也越来越高。

5. 时空性

科学技术的迭代更新以及人们生活方式、生活习惯的变化通常赋予职业那个时代的"烙印"。随着社会的发展变化，新的职业不断产生，原有的某些职业会消失，也有某些职业被时代赋予新的社会内容，同一种职业一直处在不断变化发展中，包括职业资格标准内容和工作方式，因此，职业的划分带有明显的时代性，热门职业在不同时代是不一样的。我国先后出现过的"当兵热""从政热"，后又发展到"下海热""外企热"等一系列风潮，都反映出特定时期人们对某种职业的热衷程度，这说明职业的时代变化和空间变化。

（三）职业的分类

依据《中华人民共和国劳动法》（以下简称《劳动法》）规定："国家确定职业分类，对规定的职业制定职业技能标准，实行职业资格证书制度。"《中华人民共和国职业分类大典》（以下简称《职业分类大典》）的编制工作于 1995 年初启动，历时 4 年，1999 年初通过审定，1999 年 5 月正式颁布。2010 年逐步启动了各个行业的修订工作。2015、2022 年分别对《职业分类大典》做了修订。

根据 2022 年版《职业分类大典》，我国职业分类结构归为 8 个大类、79 个中类、449 个小类、1 636 个细类（职业）。分别为：

第一大类：党的机关、国家机关、群众团体和社会组织、企事业单位负责人；
第二大类：专业技术人员；
第三大类：办事人员和有关人员；
第四大类：社会生产服务和生活服务人员；
第五大类：农、林、牧、渔业生产及辅助人员；
第六大类：生产制造及有关人员；
第七大类：军队人员；
第八大类：不便分类的其他从业人员。

这八种分类方法符合我国国情，简明扼要，具有实用性，也符合我国的职业现状。

从我国《职业分类大典》的编制和修订可以看出，职业分类修订工作是一项长期任务。在全球新一轮科技革命和产业变革背景下，我国加快推进新型工业化、信息化、城镇化和农业现代化的过程中，许多领域的职业技术正在发生并且将继续发生变化，社会职业结构也会随之而变。所以，新时代引领新方向、开发新职业、创造新岗位、吸纳新就业，与此同时，不断发挥《职业分类大典》修订平台的作用，建立职业分类动态更新机制，《职业分类大典》也会进行及时调整和补充完善。

（四）职业的发展与能力要求

随着科学技术的进一步发展和社会分工的细化，社会出现了一些具有时代特征性的新兴职业，这也成为了当代年轻人的一种就业趋势。

"从明天开始，我的工作不再是公司法务，而是中国整理师。"辞去工作后，小 A 发了这样一条朋友圈。整理师行业的悄然兴起，为我们揭开了中国新兴职业的冰山一角。很多新兴职业"脑洞大开"的程度，超出很多人的想象。

智联招聘对新时代职场人向往从事的新兴职业调查发现，19.0% 的被调查者选择成为视频博主，13.8% 的人选择成为电商主播，其中出现的菜品体验官、奶茶代喝员、自律监督师、游戏代练员、机器人训练员等让人意想不到的职业也被列入榜单，如图 1－2 所示。

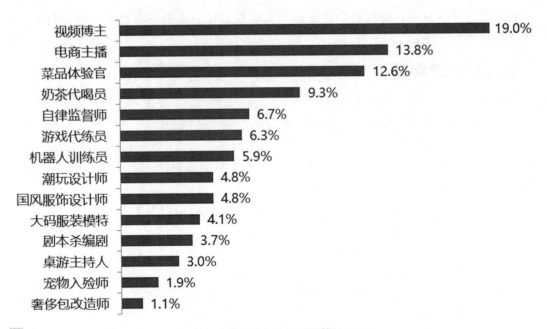

统计规则：基于智联招聘2021Z世代职场现状与趋势数据统计分析

图1-2　新时代职场人向往从事的新兴职业

（资料来源：智联招聘）

调查显示，企业看重的人才素质有9项，分别为责任心（55.7%）、抗压能力（45.9%）、人际沟通（34.4%）、逻辑思维（31.1%）、语言表达（31.1%）、积极上进（27.9%）、团队协作（23.0%）、高效执行（21.3%）、学习能力（19.7%），如图1-3所示。

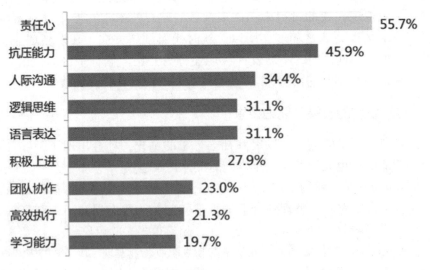

图1-3　企业看重的人才素质

（资料来源：智联招聘）

同时，关于在校期间哪些提升对职业发展帮助更大的调查研究显示，获取专业知识（46.6%）位列第一，其次是提高独立应对的能力（37.5%）和拓宽视野格局（33.7%），积累实习经验（23.0%）、找准兴趣及未来从业方向（19.8%）并拓展人际资源（18.4%）同样重要，如图1-4所示。

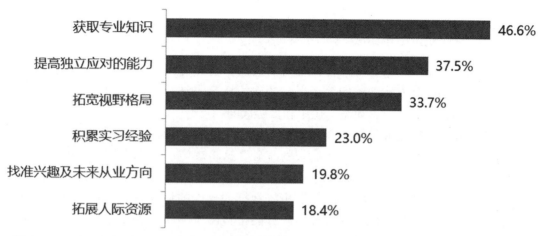

统计规则：基于智联招聘2022高考志愿填报数据统计分析

图1-4　在校期间哪些提升对职业发展帮助更大

（资料来源：智联招聘）

二、专业

从广义上讲，专业指专门学业或专门职业，即某种职业具有的一些特定的劳动特点。从狭义上理解，专业即高等学校中的专业。对"专业"这个名词进行解释，它的含义有以下几种：一是专门从事某种学业或职业；二是专门的学问；三是高等学校或中等专业学校以社会分工为依据设定的专业学习类别。可以看出，从不同角度理解，"专业"涵盖的意义也不一样。从专业角度来看，专业是教育机构培养专门人才的学业门类。高等学校或专业学校，根据国家建设需要和学校性质设置各种专业，进行独立的教学计划，达到专业的培养目标，这是大学培养人才的重要特征。

专业的含义有着多种且明确独到的解析，在潘懋元、王伟廉的《高等教育学》中，将其定义为："专业是课程的一种组织形式。因而在谈到课程时，其中也就包含了这种组织形式。"这也是独特的见解，用课程定义专业，揭示了专业与课程、专业与学术的本质联系。

随着人类社会的进步和科学技术的发展，以及在生活生产实践中不断积累经验，人类社会对专门人才和专门知识的要求不断提高，专业的概念也源于此，可以描述为职业生涯中某一人群的某一阶段，为了自身生存发展，在较长时间段从事的具体规范的学习。由此可知，专业具有双重特征：职业性和学术性。本科教育分为两个阶段，大致可以理解为知识理论和实践技能，主要体现在广度和深度两个方面。在精英教育阶段，专业的学术性与职业性相当，学科覆盖范围较小，专业层次较深。在大众化教育阶段，强调专业的职业性和应用性，学科覆盖范围较大，更突出实践操作技能的培养。

（一）专业知识结构组成

知识结构是指一个人实现某种目标所需要的，经过专门学习或培训后将拥有的知识体系按一定的组合方式和比例关系形成的建构情况与结合方式。知识结构是由各类知识所组成的，具有开放、动态、通用和多层次的特点。

合理的知识结构是大学生培养科学的思维方式，提高自己的实用技能，担任现代社会职业岗位的必要条件，是人才成长的基础。这将决定一个人求职择业的自由度和取得职业岗位的层次。因此，大学生应该自觉把学习生活同择业和将来的职业生活紧密联系起来，基于社会需求的实际情况更好地把握自己的目标并实现自身价值。现代社会的职业岗位，需要知识结构合理，并且能将自己所学知识和能力科学地组合起来的符合现代社会发展和职业具体要求的人才。

对于大学生来讲，具有结构合理的知识体系有十分重要的意义。随着时代的改变和社会的进步，现代新型人才比较合理的知识结构是"T"型和"A"型结构。"T"型知识结构的人是通常说的"通专才"，这种类型的人既具有广博的知识，又在某一领域内有相当的深度。"A"型知识结构的人是现代化建设中的复合型人才，这种类型的人在专业上拥有多个学历，形成了一个既博且专的知识面。毋庸置疑，这两类人的知识结构是强大的。所以形成合理的知识结构，"博"与"精"是两个同等重要的方面，"博"是知识结构的基础，"精"是知识结构的支柱，既要善于储备广博的知识，又要对专业知识有深度研究。

大学生的专业知识结构组成主要包括基础知识和专业知识。[①]

1. 基础知识

基础知识主要包括人文常识、自然与社会科学、数学基础、外语水平、计算机技术等知识。基础知识犹如基石，"万丈高楼平地起"，这句话诠释了稳固的基础才能构建知识大厦。若没有夯实的基础，何来进阶和稳固？知识结构环环相扣，可以说基础的知识储备是知识结构的框架，"知其然"也须"知其所以然"，否则知识体系经不起推敲。

---

① 李利，张振华. 大学生知识结构浅议 [J]. 松辽学刊（社会科学版），1995（2）：117 – 120.

每位伟大的哲学家、科学家，在其擅长的领域内取得的成就都离不开坚实的基础。比如，无产阶级革命家马克思，他博览群书，而且深入钻研各学科，包括哲学、政治经济学等人文社会科学，还有数学、物理学、生物学等自然科学，形成系统而坚固的基础知识，最后成功地创造了伟大的无产阶级革命理论。还有科学家爱因斯坦，他在研究相对论的时候发现自己的数学知识缺乏，导致寸步难行，于是开始努力学习相关数学知识，后来攻克了相对论。

这说明了基础知识的重要和强大，深奥的知识理论都是由最基础的知识和理论组合而成的，没有基础知识打好基础，就不可能往更高的层次进阶，它是每个人通向创造和实现自我最稳固的基石。基础知识是大学生专业学习的重要部分，也是以后求职就业的铺路石。在大学期间，公共基础课程、各类通识课程等都是为学生提供的必要的基础知识，这些能够增大学生的知识面，建立宽厚的知识基础。

2. 专业知识

专业知识是指一定范围内相对稳定的系统化的知识。对于从事专业写作的人来说，自然需要熟悉和掌握本专业的知识体系。学术论文、科研报告、学科专著等，都属于专业写作。当然，专业写作还需要学习相关的专业知识。

专业知识通常是指学生各自所学专业的知识，专业知识是学生知识结构中的主要内容。专业知识是学生知识结构的直接体现，学生在专业知识学习和运用过程中，不断完善自身的知识结构。随着科技的发展和现代化生产的革新，社会对专业能力，包括实际操作能力的要求越来越高，因此对专业知识的运用能力的要求也越来越高。

深厚的专业知识是大学生今后择业就业、胜任专业工作的资本。专业知识与专业的定义密切相关，大学生所学的专业相当于一个知识分类，是教育机构培养专门人才的学业门类。一方面，专业的学术特征也表明了专业知识的范围，大学学习的专业是一项独立的教学计划，目的是达到专业的培养目标，培养大学人才。另一方面，专业的职业性特征则是与社会的人才需求和专业能力的应用相匹配，这样专业知识就是一个人职业生涯中必备的一技之长，为了自身生存发展，不断学习，更好地掌握专业性知识。在学习过程中，大学生要能区分出什么是本身专业所需要的知识，在以后工作中是否会运用到，并且能够进一步提高工作效率和岗位职能，从而朝着更清晰的目标进行知识储备。

（二）专业学习的重要性

众所周知，知识就是力量，如今是知识经济时代，科学技术是第一生产力，一个人如果没有经过专业学习，没掌握一定的专业技能，就业就很有可能会成为一个难题。因此，对于大学生来说，只有学习广博的专业知识，掌握专业技能，抓住学习机会完成学业，才能更好地实现自己的职业规划。我们依然可以根据专业的定义从两方面认识专业学习的重要性，即学术（学业）和职业。

1. 专业学习是实现职业规划目标的基础

专业学习的第一步就是学好并且完成自己的学业，学好专业知识是广大学生将来通向社会的敲门砖，只有完成学业，学好自己的专业，才能找到与专业相匹配的职业，并且灵活运用专业知识，充分发挥专业特长，在职业舞台表现得出类拔萃。对于一个学生来说，增强自身的社会竞争力最重要的环节是学习专业课程知识，换言之，专业知识的学习是在校大学生最基本的任务，也是最重要的任务。显而易见，职业生涯好比一幢房子，如果不重视最基本的地基，如何能将房子盖好？

2. 专业学习是成功就业的必要条件

专业学习适应国家的教育制度。百年大计，教育为本。教育在全面建设小康社会和实现中华民族伟大复兴中具有先导性、全局性作用。教育的根本任务是造就数以亿计的高素质劳动者、数以千万计的专门人才和一大批拔尖创新人才，主要培养专业性人才，不断增强高校大学生的社会竞争力，为国家培养更多的"有理想、有道德、有文化、有纪律"的社会主义事业建设者和接班人。党的教育方针要求高校坚持教育为社会主义现代化建设服务，为人民服务，与生产劳动和社会实践相结合，培养新一代的建设者和接班人。当今世界，科学技术突飞猛进，发展教育和科学技术是文化建设的基础工程，科教兴国战略也要求高校培养一大批高素质专业人才。

❂ 第三节　专业、兴趣与职业的关系

一、专业的属性、分类与变迁

《高等教育学》将高等教育定义为在完全的中等教育基础上进行的专业教育，是培养各类高级专门人才的社会活动。高等教育是培养专门人才的专业教育，专业性是高等教育的本质特征。而经过大学各专业的培养，这些学生将会直接进入社会各个职业领域从事专门工作。高等教育的性质就决定了大学的培养由普通教育转变为各行各业的专业化教育。

（一）专业的属性

1. 独立完整的学科属性

人类社会经过不断进化和分工，细分出了不同领域和门类，也就是我们的专业。而为了培养各领域专业人才，就要求该领域具有独立的科学规范、知识系统和理论体系等，具有通过书面传承的可能性，以使人们学习、交流和传承，以便于人们进行更

加深入的研究。

2．特定知识的技能属性

由于不同职业具有不同的劳动内容、劳动知识和劳动规范，而形成不能为其他任何一种职业所取代的特殊性质、特殊要求和特殊作用。尤其是随着科学技术的精细化发展，大多数专业需要经过专门的、系统的培训才能胜任岗位职责。例如，现在智能机器人的操作员、专业的律师等，必须在特定的学校和机构接受系统的训练，才能掌握专业技能。

（二）专业的分类

教育部于2012年颁布了《普通高等学校本科专业目录（2012年）》，它规定的专业划分、名称及所属门类是设置和调整专业、实施人才培养、安排招生、授予学位、指导就业，进行教育统计和人才需求预测等工作的重要依据。新修订的目录的学科门类与国务院学位委员会、教育部2011年印发的《学位授予和人才培养学科目录（2011年）》的学科门类基本一致，分设哲学、经济学、法学、教育学、文学、历史学、理学、工学、农学、医学、管理学、艺术学12个学科门类（如表1-1所示）。新增了艺术学学科门类，未设军事学学科门类，其代码11预留。专业类由修订前的73个增加到92个；专业由修订前的635种调减到506种。2024年2月，教育部公布了最新《普通高等学校本科专业目录（2024）》，包含93个专业类、816种专业。

表1-1　学科门类和专业类对应表

学科门类	专业类	学科门类	专业类
哲学	哲学类	教育学	教育学类
经济学	经济学类		体育学类
	财政学类	管理学	管理科学与工程类
	金融学类		工商管理类
	经济与贸易类		农业经济管理类
法学	法学类		公共管理类
	政治学类		图书情报与档案管理类
	社会学类		物流管理与工程类
	民族学类		工业工程类
	马克思主义理论类		电子商务类
	公安学类		旅游管理类

续上表

学科门类	专业类	学科门类	专业类
工学	力学类	艺术学	艺术学理论类
	机械类		音乐与舞蹈学类
	仪器类		戏剧与影视学类
	材料类		美术学类
	能源动力类		设计学类
	电气类	理学	数学类
	电子信息类		物理学类
	自动化类		化学类
	计算机类		天文学类
	土木类		地理科学类
	水利类		大气科学类
	测绘类		海洋科学类
	化工与制药类		地球物理学类
	地质类		地质学类
	矿业类		生物科学类
	纺织类		心理学类
	轻工类		统计学类
	交通运输类	农学	植物生产类
	海洋工程类		自然保护与环境生态类
	航空航天类		动物生产类
	兵器类		动物医学类
	核工程类		林学类
	农业工程类		水产类
	林业工程类		草学类
医学	基础医学类	文学	中国语言文学类
	临床医学类		外国语言文学类
	口腔医学类		新闻传播学类
	公共卫生与预防医学类	历史学	历史学类
	中医学类		
	中西医结合类		

续上表

学科门类	专业类	学科门类	专业类
医学	药学类		
	中药学类		
	法医学类		
	医学技术类		
	护理学类		

目录中哲学门类下设专业类 1 个，4 种专业；经济学门类下设专业类 4 个，17 种专业；法学门类下设专业类 6 个，32 种专业；教育学门类下设专业类 2 个，16 种专业；文学门类下设专业类 3 个，76 种专业；历史学门类下设专业类 1 个，6 种专业；理学门类下设专业类 12 个，36 种专业；工学门类下设专业类 31 个，169 种专业；农学门类下设专业类 7 个，27 种专业；医学门类下设专业类 11 个，44 种专业；管理学门类下设专业类 9 个，46 种专业；艺术学门类下设专业类 5 个，33 种专业。[专业详情参见《普通高等学校本科专业目录（2012 年)》]

（三）专业与行业变迁

大学教育的职责之一是为社会培养所需要的人才，大学专业的划分以一定的社会分工为前提，又与一定的学科基础相对应。因此，大学专业的设置与变迁应遵循社会发展的特点，要适应社会经济的发展阶段。

1. 专业设置与变迁的原则

（1）遵循政治需要和社会经济发展的需要。教育受政治和经济发展水平的影响，同时又服务于国家的政治和经济需要，为社会培养当下所需要的人才。因此，大学专业的设置既要适应社会、经济发展对人才需求的数量、类型和规格，又要具有前瞻性，使培养的人才能够进一步带动技术的发展。

（2）适应学科本身的发展规律。专业的设置和变更要与学科的性质、发展和变化相适应，不能按照主观意愿增加或减少专业。同时，要考虑专业布局的合理性，从人才培养的长周期性和可持续发展性的人才预测基础上做出整体规划。

（3）符合社会实际和学校办学条件。根据经济结构的变化和市场需求，及时调整专业知识结构、专业整体布局，淡化专业界限，使更多新型交叉学科和国家重大战略需要的专业得到发展。开设的专业也要适合学校的办学条件，否则会在招生后面临培养难、就业难等问题。

2. 我国专业变迁的历程

中华人民共和国成立以来，我国高等教育的专业设置与调整大致经历了四个时期。

（1）中华人民共和国成立初期。

1953 年全国共设置专业 215 种，1957 年增至 323 种。

（2）1958—1960 年以及三年调整时期。

1960 年，专业数猛增至 627 种。

1963 年，教育部制定《高等学校通用专业目录》，共列专业 43 种，专业设置和调整工作开始有章可循。

到 1965 年，全国高校设置专业共 601 种。

（3）20 世纪六七十年代。

大批专业被撤销，专业划分混乱，发展停滞。

（4）党的十一届三中全会以后的新时期。

1978 年，教育部召开高校文科教学工作会议，提出要改变轻视文科倾向。

1980 年，专业增至 1 039 种。

1984 年，正式颁布《高等学校工科本科通用专业目录》，其中列 204 种专业，包括 32 种试办专业。

1985 年，专业调整至 823 种。

1986 年，国家教委修订后的专业目录共列专业 651 种。

1989 年，新一轮专业目录修订，于 1993 年公布新修订的专业目录，共列专业 10 大门类 504 种。

1997 年，将专业目录由原来的 504 种减少到 249 种。

2012 年，专业由 2011 年的 635 种减少到 506 种。

2024 年，专业调整至 816 种。

3. 当前专业的"冷"与"热"

（1）专业的设置随着社会的需求而变化。近年来，五花八门的所谓"冷门"专业频繁被报道，且开设学校硬核表示"全部就业，月薪过万"。其中有哪些看似不可能出现在大学的专业目录中，最后却变成"香饽饽"的专业呢？

①小龙虾烹饪专业。经湖北省教育厅同意，江汉艺术职业学院自 2017 年起，面向"潜江龙虾万师千店工程"，开展校企合作办学，通过单独招生考试录取，培养普通专科层次的小龙虾产业技能型人才。专业为烹调工艺与营养（2 年制）、餐饮管理（2 年制）、市场营销（3 年制）。

②现代殡葬技术与管理专业。不少人对殡葬业的第一印象是：晦气。但现在的殡葬专业相当系统化、科学化，还有技术、服务等分工，甚至已经成了大学里的一个专业。

③内衣设计专业。在服装设计与工程（内衣方向）专业里，并非只有女学生。这个在国内才刚刚萌芽的专业，在国外早已经是炙手可热的存在，许多男性设计师赫赫有名。西安工程大学（原西北纺织工学院）的服装设计与工程专业，目前是中国唯一开展系统内衣方向本科教育的高等院校。师生数量极少，市场需求却极大。相比多如牛毛的服装设计毕业的学生，这个"独一份"的小众专业毕业生反而容易做到精准定位，行业深耕。

④电竞专业。随着电竞行业的蓬勃发展,电竞相关的人才培养也成为热门课题。2017年,中国传媒大学开设了电竞专业,学名为数字媒体娱乐专业,这也是全国第一个开设电竞专业的"211"高校。

(2)专业的发展。麦可思《中国2018—2022届大学毕业生培养质量跟踪评价》显示,近五年本科绿牌专业有信息工程、电气工程及其自动化、能源与动力工程、网络工程、信息安全、数字媒体技术、软件工程等等(见图1-5)。而近五年的红牌专业显示法学、绘画、应用心理学、汉语国际教育、教育技术学、音乐表演、化学、历史学等面临着一定就业压力(见图1-6)。同时,数据显示,我国有100所高校撤销了信息管理与信息系统专业,97所高校撤销了公共事业管理专业,70所高校撤销了服装与服饰设计专业等(见图1-7)。

专业没有绝对的好坏之分,正如职业无高低贵贱之分,一些所谓的"冷门"专业,许多看起来无人问津,却常常"物以稀为贵",拥有超高的就业率。人生充满无限可能,我们不要为自己过度设限。找到自己热爱并且合适的领域,稳扎稳打走好每一步,在任何一个行业都能发光发亮。

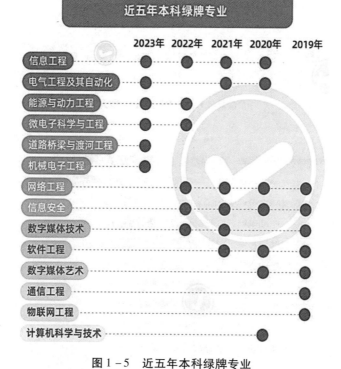

图1-5　近五年本科绿牌专业

(资料来源:麦可思《中国2018—2022届大学毕业生培养质量跟踪评价》)

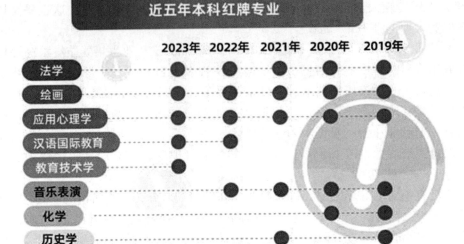

图1-6 近五年本科红牌专业

（资料来源：麦可思《中国2018—2022届大学毕业生培养质量跟踪评价》）

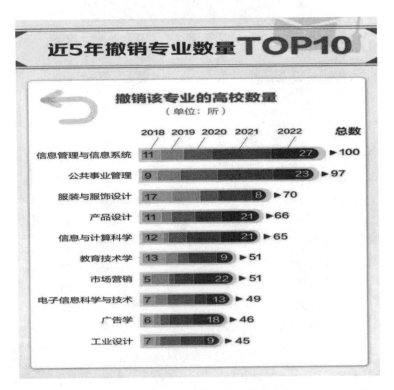

图1-7 部分专业撤销的高校数量

（资料来源：教育部各年度普通高等学校本科专业备案和审批结果）

二、兴趣对专业的影响

许多同学上了大学之后常常会有这样的抱怨："这个专业不是我选的，所以我学不好是正常的""当初我也是被迫学这个专业，我一点也不感兴趣"。每年入学后就开始咨询如何转专业的同学或者学了一两年还不了解自己专业的同学不在少数。很多同学及其家长在高考填志愿时往往盲目追求热门专业，或是由于成绩不理想而接受调剂专业。正如"干一行爱一行"还是"爱一行干一行"这个一直被拿出来讨论的话题一般，是先感兴趣再选择专业，还是学了这个专业之后通过了解这个专业喜爱上它，也是大学生面临的问题。进入大学后，很多同学发现所学专业并不是理想中的状态，毕业去向也不是太理想，从而产生了巨大的心理落差，也导致其浑浑噩噩度过大学四年；也有部分同学被迫选择某个专业，再加上难以驾驭学习内容而出现挂科、引发学业焦虑等现象。因此，帮助大学生厘清兴趣与专业的关系，以及学习如何培养职业兴趣具有重要意义。

（一）兴趣与专业的关系

依据教育心理学的相关理论，动机、需要、兴趣和世界观等心理成分是心理动力系统的重要组成部分，决定着个体对现实世界的认知态度和对活动对象的选择与偏向。从心理学专业角度来看，兴趣是一个人对事物、世界好奇而进行探索认识的需要，是需要的具体体现。一个人从接受教育到形成行为习惯经历了认知、情感、价值观和行为表现四个阶段。因此，当一个人有强烈的兴趣去了解和学习一门专业的时候，会从掌握基本知识，到发自内心的热爱，再到形成一定的价值观念，最后具备较强的专业技能。

有时候，我们对某件事情不感兴趣，往往是因为我们对事情没有深刻的认识，或者对自己的利益没有真正的认识。要了解自己的兴趣爱好，除了采用职业测评外，还可以采用非正式的测评方式：①识别和发现自己的兴趣爱好，如写作、绘画等。②根据自己的兴趣爱好，举例描述具体的细节，比如喜欢与人打交道、喜欢策划。③从具体细节中总结出趣味性的具体内涵，比如你在一次团队合作中承担什么样的角色，你最成功的一次工作经历是什么。④应用方面，这些兴趣是如何与自己的专业学习或职业身份相结合的。

（二）培养职业兴趣

职业兴趣是兴趣在职业方面的表现，是指人们对某种职业活动具有的比较稳定而持久的心理倾向，使人对某种职业给予优先注意，并向往之。让我们来看一个案例：

【案例】小赵，上学时白白胖胖的，大学期间爱上了健身，疯狂恶补专业知识，后来干脆去考了健身教练证书，做起了全职教练，每天给大家科普健身知识，比一般的教练真的专业不少，朋友圈的日常也让大家可以每天蹭蹭私教课。今年他参加了比赛，还取得了不错的名次，台上因为比赛瘦到脱相的他，却依然展示出自信的笑容，因为他的专业和热情，几乎每天课时都被排满，但他说可惜一天只有 24 小时。

小赵将个人的兴趣变成了自己的职业，这是多少人梦寐以求的状态。现实却是大多数人学着不太感兴趣的专业，毕业后甚至直接转行。所学的专业便是热爱的专业，所做的工作便是理想的工作，这种状态是非常难得的。有些人的确会对某些事物感兴趣，但是大多数情况下，我们对原本不感兴趣的事，经过一段时间的深挖和接触，会产生好的感受，这也促使我们愿意花更多的时间和精力去投入、学习。因此，我们要学会挖掘所学专业中的内涵元素，建立起个人与专业的联系，培养对专业的兴趣。

1. 探索兴趣

找到自己的兴趣和擅长做的事对于职业的选择和发展非常重要，可以从这几个方面入手。首先，发现自己感兴趣且擅长的学业科目，通常自己感兴趣的科目成绩相对较好，可以经过几次课堂和考试的观察去找到兴趣点。其次，判断学校哪些社团活动会吸引自己，或者进入一些社团和组织中，自己倾向担任何种职位以及扮演何种角色。最后，归纳日常生活中自己最喜欢进行的活动、最爱看的书籍和电影以及自己最期待成为什么样的角色等。总而言之，要学会在学习和生活中不断发掘自己喜欢且擅长做的事。

2. 规划兴趣

当一个人与吸引自己的事物接触的机会越多，越可能将其发展成兴趣。可以参考以下方式不断培养自己的兴趣。可以通过查找电子或纸质资料，对相关职业的起源、发展以及有哪些专家、名人，甚至在该领域发生的故事进行深入了解，建立自己与该职业的连接。同时，可以调查身边的师长或亲朋好友，尤其是从事该领域工作的人，对他们进行"生涯人物访谈"，让自己进一步了解这份职业的工作内容、职责、待遇、晋升渠道等。此外，若有实习机会，尽可能自己进入该领域进行实践探索，在亲身体会过后更能抹去职业的神秘感，增强自身掌握这份职业相关技能的自信心。

3. 耕耘兴趣

如果不希望自己对职业的兴趣只有三分钟热度，就必须进行长期耕耘，通过不断地了解、学习和投入，兴趣才会真正发展成为职业。首先，将自己的职业目标划分为短期、中期、长期目标，在生涯规划中分别对三个目标匹配相应的行动计划，例如中期目标是要通过英语六级考试或发表一篇相关领域的学术论文等，让自己的目标具有可行性。其次，养成良好的思维和行为习惯，使自己各方面能力朝着职业目标去发展。例如，市场营销需要良好的沟通表达能力，那么在校期间就需要有意识地去积累语言词汇，并且通过日常训练和演讲比赛等提升自己的表达能力。

三、专业与职业的关系

（一）从专业与职业的定义角度

在《教育管理辞典》中，将"专业"定义为高等学校或中等专业学校根据社会分工需要而划分的学业门类。各专业都有独立的教学计划，以体现本专业的培养目标和要求。这个定义认为专业是一种学业门类，符合现在社会中的职业需求。这也是我们一直解释并强调的专业的特征之一——职业性，学习专业知识目的之一就是掌握专业技能，而职业的技术性正是要求劳动者需要具备一定的知识和技能才能从事职业活动。可见，专业与职业具有本质上的联系，一个职业岗位明确的职责要求，也揭示了职业的专业性，总而言之，职业具有专业性，而专业具有职业特征，这是专业学习之后所要达到的一个目标，这些关系具体体现在如今社会中许多职业都对专业技能、职业资质等有更加明确的要求等。

我国学校中专业教育的培养计划、专业结构与职业领域和社会劳动力有很大的供求关系，因此职业和专业之间就存在明显的对应关系。不同专业的学生毕业之后的工作大多数与自己的专业领域相关，专业实践和培训在大学期间显得尤为重要，是大学生真正将学习到的专业知识和技能运用到职业工作的重要过程。所谓"实践出真知"，专业实践促进职业能力的发展，不断完善自我。上述这些让我们得以认识职业和专业的关系，我们才有可能进一步学好专业、规划职业。

（二）从专业与职业实际对应联系

学好专业，能够提高就业竞争力。从专业到职业好比是一段路程，我们将职业目标比作目的地，那么专业学习就是导航图。前面在专业学习的重要性章节我们也提到，职业或者就业竞争实际是能力的竞争，职业能力的强弱与专业技能高低通常呈现正相关。但是，专业学习与职业选择之间并不都是一一对应的关系，而是会因人而异，它们之间可能存在复杂的联系。专业与职业之间存在四种关系，具体联系概括如下：

1. 专业包含职业

个人职业发展和就业情况与自己的专业领域相关，在确定了专业方向后，确定适合发展的职业目标，并根据具体职业的标准要求针对性地学习和开发必要的专业知识和技能，将专业学习的知识和能力做到学以致用。

2. 职业包含专业

这种关系指的是以所学专业为核心，拓展职业选择。换言之，职业的选择并不局限于专业，在方向上虽然相同，但是拓展之后的范围超越限定的专业领域，我们在现实中也能发现这个类型的职业选择，在自己专业的基础上自学广泛知识来提高自己的职业能力和素质。

3. 专业和职业交叉关系

个人的职业在自己专业基础上有向某一拓展的方面偏移，但是所学专业与个人职业仍然存在重要联系，只是在此基础上，同时辅修其他专业课程来更好地适应从事的职业。

4. 职业和专业分离关系

指的是自己从事的职业工作与所学专业基本无关，即职业方向与专业方向不一致，只是在职业上某些方面存在些微的联系。

（三）专业对于个人职业发展的意义

【案例1】2023年11月，中国农业大学生物与医药专业硕士生发文吐槽称，自己在某招聘软件海投简历，看到石家庄某公司招学术编辑，薪资待遇5 000～7 000元，就投了简历，跟HR一沟通才知道底薪3 400元。

【案例2】我作为一个"985"高校的毕业生，因为学的是农业类专业，不想毕业就回家种地，只能留在大城市成为了一名主播，我们班很多同学都没有从事本专业的工作。

以上两个案例是2023年真实发生的，代表了不少高校毕业生的想法。其实，DT财经与智联招聘平台的调查数据显示，"80后"至"95后"绝大多数人都并未从事自己理想的工作（见图1-8）。不少同学疑惑地表示："我现在学什么专业，我以后一定要从事这个行业的工作吗？""我喜欢本专业就一定能从事相关职业吗？"

其实，专业和职业的关系是错综复杂的，包括一些职场知名人物也未必是专业与职业高度相关，例如阿里巴巴创始人马云是杭州师范大学英语师范专业毕业。在一些企业招聘中，能看到一些岗位明确提出了专业要求，一些岗位却不限专业，那么专业和职业到底是什么关系呢？

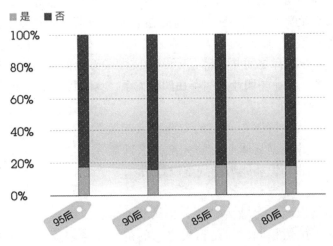

图1-8 你是否在从事你的理想工作？

（资料来源：DT财经、智联招聘）

1. 象征着个人核心竞争力

正如前文所说，大学是培养相关领域的专业人才的重要阵地。那么，在大学选择就读什么专业也决定了你接受什么样的培养目标、培养方式和教学内容。例如，选择医学、计算机、人工智能、音乐、舞蹈、法学等专业的学生，经过大学系统的学习后有较强的专业性和进入相关领域的不可替代性。尤其是一些对本专业感兴趣的同学，兴趣的驱使让他有强烈的学习动力，而深入的学习又促进他有扎实的专业的基础和能力，从而在选择一份职业时具备很强的核心竞争力。

2. 代表着未来发展方向

随着人类的进步和社会的发展，工作世界的分工越来越细，专业化程度也越来越高，对劳动者提出了越来越高的要求。一些单位在招聘公告中明确要求了专业大类，有的甚至细化到了三级专业。由此可见，在大学选择了什么样的专业和方向就决定了大学所积累的专业知识和专业技能，一定程度上也代表着未来职业的选择和发展。当然，随着社会的发展，职业也愈发多样化，传统的职业观念也不再适用于后现代主义的择业观。不少同学在毕业后选择放弃自己的专业领域，进入其他领域或开辟新的就业赛道。

（四）把握专业，选择职业

1. 与自己专业对应职业群相关的职业知识和技能

例如，会计专业的学生不仅要了解与会计有关的职业，还要具备数据统计、金融等专业知识，包括跨职业的能力，如外语、计算机应用等。自身从事职业应具备的学识、技术和能力即资格标准，是结合自己的专业方向进行职业生涯设计、提高求职成功率的基础。

2. 科学技术的发展和社会进步对所学专业对应的职业群及相关职业群的影响，以及这些职业群的发展趋势

正如职业的时空性特征，职业随着社会的发展而变化，新职业在产生，原有职业也会被时代赋予新的社会内容，职业处在不断变化发展中，现行的职业资格标准是职业岗位的现实需要，因此，我们还要树立"活到老、学到老"的学习观，为今后职业规划做好铺垫。

3. 所学专业相关的职业竞争机会与发展前景

例如，物流专业。自从中国加入世界贸易组织，全球化发展加快，跨国公司在中国的人才需求也随之剧增。在行业的需求上，中高级物流策划管理与营销是最缺乏的物流专业人才，需要既懂得营销管理又懂得策划，还懂得如何运用现代技术去改善、提升原有操作模式的人才。显然，刚毕业的大学生在工作经验上难以胜任这些岗位，但大学生完全可以在工作中不断积累经验，通过在低级别管理岗位上的努力锻炼、提高自身能力来达到这一水平。

（五）正确看待专业与职业发展的偏差

每个专业可就业的行业和职业范围广泛，同样，每个行业和职业对专业的要求也不是唯一的。有的同学选择了一个自己不喜欢的专业后就自暴自弃，认为未来找工作无望了，实则不然。出现这个问题是因为大部分人都形成了思维定式：读师范做老师、读医学做医生、读警校做警察、读军校做军人……于是把所有的专业行业岗位都归纳到这个公式下，其实大部分专业都是不能这么归纳的。例如学计算机和软件工程做程序员出路其实非常宽广，各行各业的大企业、行政事业单位都有 IT 部门需要程序员，考公务员的也很多，还有进银行券商投资公司技术支持部门管理和服务的，要开阔思维。大学所学习的并非仅仅只有专业知识，其实训练的是综合能力和动手实践能力。

专业的定义既有广义的，也有狭义的。狭义的专业就是指大学期间学习的专业，而工作世界对劳动者专业的要求，其实是一种广义的专业要求。我们能够看到，很多用人单位特别是知名度比较高的一些企业，在招聘时，除了研发等一些专业性非常强的岗位外，其他岗位对专业的要求放得很宽，甚至没有对专业的要求。究其原因，很大程度上是大学期间的专业教育有一定的滞后性，大学生所掌握的专业知识经常不能适应企业的要求，必须重新学习。例如，平面设计专业在学校学习的更多是基础知识，而要进入职场必须掌握市场最新的发展趋势、客户当下的需求等。

从猎聘大数据研究院发布的《2023 届高校毕业生就业数据报告》可以看出，当前形势下企业招聘应届生看重的因素包括（见图 1-9）：相关实习经历或社会实践（76.38%）、专业与岗位的直接相关性（63.80%）、未来的潜力和可塑性（52.45%）、

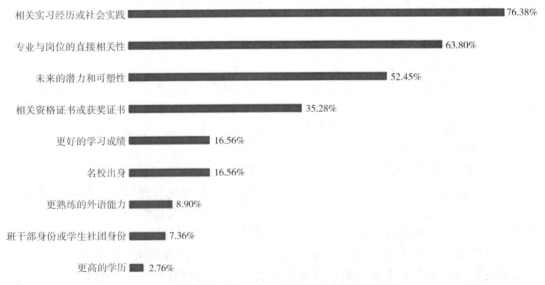

图 1-9　当前形势下企业招聘应届生看重的因素

（资料来源：猎聘针对企业的调研数据）

相关资格证书或获奖证书、更好的学习成绩、名校出身、更熟练的外语能力、班干部身份或学生社团身份、更高的学历。由此可见，尽管"专业与岗位的直接相关性"排名第二，但相关的社会实践经验、综合能力和未来潜力仍是企业看重的部分，也证明了广义层面专业的重要性。

世界上没有完美的职业，也没有完美的专业。在选择专业时尽管并非自己所愿，或选择后发现并不如意，但人生并不从此就一锤定音了。在大学学习的过程中，除了专业知识，我们还可以积累理想职业的实习经验，积累学生干部身份经验，在这个过程中不断磨炼心智，不断发展自己的兴趣爱好，不断挖掘自己的潜能，最终选择一份让自己满意的工作。

第四节　就业思维启航

案例导入

孔乙己的长衫

"如果我没有读过书，我就可以找点别的活做，可我偏偏又读过书。"这是孔乙己的叹息。"如果我没上过大学就好了，如果我没上过大学，我就可以心安理得地去当服务员，可是我上了大学拉不下脸。如果我没上过大学，我就可以找一个没有学历门槛的工作，不用像现在这样进退两难。我真的很想当美甲师，可是我都读到硕士了，家里人肯定接受不了。"

这是现在社交网络上不少年轻人的感慨。大学明明是增长知识、拓宽视野、全面提升个人技能的平台，为何高校学子却认为读完大学反而影响了就业，频频发出"大学是我下不来的高台，学历是我脱不下的长衫"这样的感慨呢？

本节内容我们将一起讨论如何规划自己的大学生活，尽早树立就业思维，避免出现"毕业即失业"的情况。

一、适应大学生活

迈入大学的门槛，大家会发现大学与初高中很不一样，当面临各方面的变化时，如果不能及时调整自我，可能会在心理、学习、人际等方面出现问题。这就要求新生们从生活、学习、思想上及时做出调整，尽早适应大学生活。

（一）思想上的转变

大学是决定命运的一大转折点，对很多人而言，大学是迈入社会的最后一步，从进入大学第一天起，就要在充分认识自我的基础上进行职业生涯规划，摆脱无目的的学习方式。大学阶段，学生应学会对自己负责，可以结合自己的兴趣，考虑未来的发展方向，并制订相应的计划，及时调整自我，以便高效地投入到新的学习阶段中。

此外，作为一名大学生，在大学这个小社会里，我们所学的东西关系到我们将来能否在社会上立足，这是一个积累知识与技能的重要阶段，大学生应该利用大学这个平台，充分展示自己，锻炼自己的沟通能力、组织能力、交往能力和领导力，为步入社会打下一定的基础。除了学习科学知识，学会管理自己的情绪也尤为重要。尽量保持积极乐观的心态，与人为善，当出现不良情绪时，除了及时自我调整之外，也可以积极参加集体活动，主动与他人交流，不要让自己一直处于负面状态，进而影响正常的学习与生活。

学生终究要接触社会、步入社会、造福社会。要不断提高自己的知识水平，锻炼各方面的能力，适应环境，让自己成为一个更有价值的人，逐步向一个真正的社会人转变。

（二）学习上的转变

大学的教学体制、学习方法都与初高中有着明显的不同，在以学生为主导的自学模式中，光从课堂获取知识是不够的，自学能力在大学显得尤为重要。当学习遇到困难，要学会反思学习方法，并及时做出调整，总结适合自己的学习方法。另外，在学好专业课的同时，也可以通过多种渠道，提高自己在其他方面的知识和能力。

（三）生活上的转变

许多新生第一次离家独自生活，感到自由的同时，也会感到无所适从，生活中难免碰到一些问题，这就要求尽快掌握适应新生活的技能，提高生活自理的能力，培养生活独立性。在社交方面，应学会如何接人待物，处理好与室友及同学之间的关系。大学生缺乏理财的经验，要合理分配生活费，适度消费、合理消费。另外，大学的时间相对自由，要合理支配时间，学习之余，可以选择参加社团、旁听讲座、参加一些活动等。

（四）人际上的转变

相较于高中而言，大学同学来自于全国各地，有着民族、文化、地域和性格之间的差异，人际关系处理起来也复杂很多。大多数同学进入大学后面临着适应性问题、学业问题以及人际关系问题。而人际沟通能力是进入职场必要的考察因素。第一，保持友好，勇于担当。一个友好而又负责任的形象无论是在学校集体中或是在职场中都是受欢迎的，要学会发掘他人身上的优点，发自内心地赞美对方，且做事靠谱有担当。第二，主动融入，服务同学。无论是在班集体还是在学生社团中，都要学会主动与人交往，主动竞选学生干部，有一颗服务同学的心，在劳动的过程中不断积累人缘和提升能力。第三，换位思考，将心比心。与来自五湖四海的同学交往难免会遇到文化差异等因素带来冲突的时候，我们要学会换位思考，理解对方行为的目的和难处，尊重他人的生活习惯，适度退让，这样才能建立良好的人际关系。

二、规划大学生活

（一）大学生的特点

习近平总书记在党的二十大报告中指出，"当代中国青年生逢其时，施展才干的舞台无比广阔，实现梦想的前景无比光明"。当代青年出生在一个怎样的时代？具有怎样的特点？在做好大学生活规划前，我们务必要深入了解和分析自己的特点，才能有针对性地提升自己。

1. 生理特征

我国普通高校大学生年龄一般在17～22岁之间，处于人体生长发育的"第二生长高峰期"的后期。此时，大学生身体各方面器官几乎发育完全，各项身体指标增长趋于缓慢，生殖系统达到成熟，可以进行长时间的脑力活动。大学生的身体素质和身体机能都达到一个不错的状态，学习能力较强。

2. 心理特征

大学生正处于心理和身体的"拔节孕穗"期，尽管心智发展到前所未有的高度，但因为缺乏丰富的经验，处理复杂问题时仍表现得稚嫩。尤其是当代"00后"大学生，自我意识加强，逐渐形成个性化、多元化思维。大学期间是大学生兴趣广泛而稳定，价值观、人生观、世界观逐步完善，理想信念逐渐确立，气质和性格也逐渐完善的关键时期。

3. 思想特征

由于经历过高考的选拔，大学生普遍具有较高的智力水平、扎实的知识基础和较丰富的知识储备。从总体上看，大学生群体具有较高的品德修养，在遵守社会公德和个人私德方面有较强的意识和自觉性。这既得益于他们所接受的系统教育，也得益于社会大众的期望。同时，大学生刚经历过高考，又处在进入社会的过渡期，具有较为远大的理想。但是，大学生面对的压力较大。社会的期望越高，自我的抱负越大，面对的压力相对也越大。尤其是在当前，随着我国高等教育开始步入大众化阶段，学业竞争的加剧、就业压力的增大、社会不公现象的存在，使他们在现实和理想之间不断徘徊。

4. 社会特征

进入大学后，大学生比较直观地感受到学校人员数量的庞大与繁杂，内部结构层次的复杂性。这种人际环境的复杂在不同学院之间、不同学科之间、不同地域之间，甚至不同年级之间均会存在，让学生提前感受到了一个"小型社会"。另外，大学生比起成年人和其他青年群体，对时代精神的感受更为敏锐，更容易体悟时代的变化，能较快地同时代精神产生共鸣。此外，大学通常采用开放式管理，这就为大学生提供了社会实践的机会，能够进入到外部大环境中感受市场的变化和需求。

（二）大学的四个阶段

大学阶段是身心修炼和人生职业发展的关键时期，大学也实行着自我管理、自我教育、自我服务、自我监督制度。不少同学经历了大学前的"严格管理"，认为到大学之后就应该自由和放松，而变得无拘无束。甚至有的同学进入大学后沉迷网络游戏，旷课、逃课，学习无目标，生活无规划，浑浑噩噩度过大学时光。首先，要明白大学对学生自主学习能力的要求更高。大学以前我们都按照老师和书本的要求开展学习，自主创新的机会较少。但是进入大学之后，没有固定知识框架，更强调自主开放式学习，甚至很多需要动手实践。其次，大学生活对学生自制力要求更高。大学生在大学期间已经成年，加上没有父母和班主任的严加看管后，容易颓废度日。这就要求大学生具备较强的自制力来抵抗各种诱惑和懒惰心理，认真规划好自己的大学生活，使自己度过这一段美好又有意义的青春时光。

1. 大一阶段：适应大学时期

每年开学季，又一批学子离开家乡来到大学所在地，开启全新的大学生活。很多同学是第一次离开家，作为一个独立的个体融入一个小小的社会环境。面对全新的学习方式、复杂的人际关系和相对自由的管理方式，部分人乱了手脚，也出现一定程度的焦虑现象。大学起步又是至关重要的，适应程度决定了接下来几年如何度过。因此，在大一期间，大家要做的是去适应学校的环境、班级的环境、宿舍的环境，还要去适应自主学习和规划的大学生活。当很好地适应大学生活后，便觉得自己是这个学校的一个小主人，同时也不会对自己的学习和生活产生失控感，进而让自己更加自信地成长。

2. 大二阶段：目标确立时期

相比于懵懂的大一阶段，很多同学进入大学二年级后对自己的校园文化、校园环境等已经熟悉，对大学生活和学习也有了自己的看法，此时就进入了能力提升和目标确立时期。大二阶段的专业课和各种专业竞赛也会较多，学业负担明显多于大一时期。但是通过对专业的深入了解，基本可以确定自己的兴趣和方向，从而制定自己的职业目标。在这一学年，大家可以利用职业生涯规划课程，认识职业世界，对就业环境和求职建立初步的认知。同时，要围绕个人职业目标制定详细的生涯规划书，可以奠定扎实的专业基础、参加社团活动、积累社会实习实践经历等，让自己度过一段充实的大二时光。

3. 大三阶段：最终决策时期

到了大三时期，我们已经基本走出了迷茫，而逐渐感受到了要进入社会的紧迫感。

但是，不少同学因为不愿对职业做出选择，不愿面对复杂的社会环境而选择逃避，迟迟没有确定目标。可能很多同学在大三时期都会有这样的困惑：读研、求职、考公，我应该怎么选呢？哪条路能发展得更好呢？在此阶段，大家要学会自我认知和自我分析，发现自己的兴趣和特长以及适合从事什么职业。同时，也要掌握社会职业环境和学校、家庭等客观因素，结合自己的资源、人脉、兴趣等对毕业去向做出最终决策。这样，就能提前做好考公、考研等准备，而不是临时抱佛脚后以失败告终。因此，在这个阶段我们需要有意识地查漏补缺，提升自己某些方面的能力，也要积攒一定的人脉关系。

4. 大四阶段：目标冲刺期

即将进入社会的大四学子可能会强烈感受到迷茫、彷徨和焦虑的情绪，什么都想抓住，又感觉什么都抓不住，就业和升学压得自己喘不过气。部分同学在制作简历时才后悔自己虚度了大学几年的时光，简历没有任何竞争力。尽管如此，还是要告诉大家，大四学年非常重要，用好之后一样可以为大学生涯增添光彩。首先，要再次坚定自己的目标，接受自己焦虑的情绪，因为大家都会经历这一时期。通过就职目标岗位或者成功升学的学长、学姐的经验分享，制订适合自己的冲刺计划，尽量少走弯路。其次，要相信过去不等于未来，如果前三年没有好好学习，那么大四期间更要艰苦奋斗。最后，树立正确的择业观和就业观。并非一线城市的工作才是好工作，响应国家政策，到祖国最需要的地方去建设同样能够发光发热。

三、建立就业思维

"我还只是个在校大学生，不应该这么早考虑就业的问题，先好好享受大学生活吧。"

"我的专业将来毕业后能做什么？哪些工作岗位是我可以选择的？"

"我的家庭条件足够好，父母允许我一直干自己想干的事，哪怕不工作。"

……

不少人到了大四发现身边的同学开始备考、跑招聘会，才意识到自己即将毕业进入社会，而在此之前从来没有做过职业生涯规划，面对毕业和就业的压力就产生了焦虑的情绪。

猎聘大数据研究院发布的《2023届高校毕业生就业数据报告》显示，51.54%的大学生计划找一份全职的工作，有17.02%的大学生选择在国内深造，提升学历，而有13.00%的大学生选择考公务员，其余大学生计划灵活就业、出国深造等，而有1.18%的大学生没有明确规划。从图1-10下方的饼状图可知，33.94%的大学生没有清晰的求职目标。

您毕业规划的首选是?

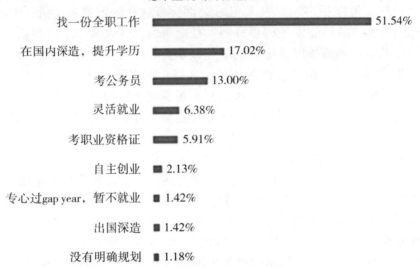

找一份全职工作	51.54%
在国内深造，提升学历	17.02%
考公务员	13.00%
灵活就业	6.38%
考职业资格证	5.91%
自主创业	2.13%
专心过gap year，暂不就业	1.42%
出国深造	1.42%
没有明确规划	1.18%

您当前是否有清晰的求职目标?

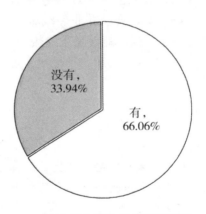

没有，33.94%

有，66.06%

图 1-10　2023 届应届生毕业规划情况

（资料来源：猎聘针对 2023 届高校毕业生的调研数据）

工作是每个人一生中必须从事的内容，无论毕业后去向是就业还是继续深造，最终的结果都是进入工作世界。很多大学生毕业即失业就是因为完全无就业思维，没有摆脱学生身份的意识。尽早树立就业意识，才能做到早规划、早行动。提前建立就业思维，对于大学生而言有以下优势：

1. 促进职业生涯规划的制定

意识到自己会进入到职业世界之后，大家就会开始思考：自己擅长什么？自己适合做什么？自己的优势在哪里？自己的专业可以从事什么样的工作？从而开始着手制定自己的职业生涯规划。据不少同学后来的反馈，大一时做的生涯规划让他们少走弯路，节约了好多时间，奔着明确的目标去奋斗，心里有底气。

2. 促进积极的就业行为

强烈的就业意识会指引大学生围绕自己的就业目标充实地度过大学生活。当有明确的就业目标后，大家会格外注意自己目标岗位的工作内容、任职要求等。在求职需求的心理驱动下，大家会加强专业知识的学习，积累相关的实习实践经验，不断提升自己各方面能力。同时，在大四学年，为了顺利找到工作，大家会更加积极主动地关注招聘信息、参加校内外招聘会等。总而言之，当建立了就业思维后，大家会在信念的指引下，完成一系列求职动作。

练习思考题

1. 什么是生涯？能否借助舒伯的生涯彩虹图理论阐述"生涯"这一概念？
2. 专业和职业的定义是什么？二者间有何联系？
3. 如何挖掘和培养自己的职业兴趣？
4. 为什么要建立就业思维？
5. 能否对自己大学四年做出科学的规划？

第二章　自我认知

🎯 学习目标

1. 了解自我认知的基本内涵和方法。
2. 了解职业生涯规划中自我探索的内容：兴趣、性格、能力、价值观。
3. 运用所学的方法探索自己的兴趣、性格、能力和价值观。

🔍 本章重点

1. 学习并掌握自我认知的主要方法。
2. 了解常用的职业测评方法，掌握职业测评方法的运用。

🔍 本章难点

1. 明确自我认知和职业生涯规划之间的关系。
2. 将自我探索的方法和技能应用到生活中。
3. 提升思辨能力，明确自己的价值观。

📖 案例导入

　　大学生专业选择是一个很重要的问题。学生小罗在高考填报志愿时，对日本动漫文化很有兴趣，所以一心想读日语专业，将来再去日本留学，在日本工作。但她母亲觉得读日语专业，以后在国内可能不好找工作，而且自己又不想女儿去国外工作，认为女孩子应该追求稳定，在父母身边，所以要求她读汉语言文学，这样出来在珠江三角洲地区做个语文老师，是铁饭碗，虽然工资不高但一辈子稳稳当当的。小罗很苦恼，又拗不过母亲。来到大学以后，小罗学习汉语言文学专业，但心不在焉，又去时不时旁听日语系的课程，却突然发现原来自己只是喜欢看日本动漫而已，真正深入学习的话，很多动漫设计的东西自己不仅学不懂，而且自学起来非常吃力。

于是，小罗陷入了迷茫，不知道自己该何去何从。既不想学习汉语言文学专业，把日语专业作为自己未来的职业来学习又有些退缩。

你是否也曾遇到过同样的问题？所学的专业不喜欢，喜欢的专业只是兴趣而已，真正学起来又犯难。那么，问题的根本究竟在什么地方？我们又应该怎么办呢？在职业更新换代快、社会变革迅速的当下，我们在个人的职业规划与生涯发展中，拥有了越来越多的选择机会和自主权利。然而机会多了，不知作何选择的迷茫也多了起来。要想在专业和个人爱好之间寻找到一个平衡点，首先需要我们正确地认识自己，加强自我职业生涯规划管理。自我认知是职业规划发展的基础，只有不断地认识自我，改变自我，完善自我，才能够走出迷茫，科学地规划好自己的未来。

第一节 自我认知内涵与方法

一、自我认知的意义

正确、全面、客观的自我认知，对于做好大学生职业规划与生涯发展有着十分重要的意义。在进行职业规划之前，对自己的长处与缺点、兴趣、爱好、性格、气质以及能力等进行分析，对自己的现状进行分析和反省，找准自己的职业定位，能让我们在专业选择和生涯规划方面更科学、更顺利，少走很多弯路。而在求职就业之前，清晰的自我认知能够让我们清楚地认识到自己的性格、能力和特长，找到一份符合自己兴趣、与自己价值观一致，自己又能胜任的合适的工作，使自己纵享幸福人生，获取人生成功。因此，我们可以说，自我认知是科学地进行职业规划和生涯计划的前提，是大学生就业之路顺畅、求职成功的重要一环。

首先，从大学生职业规划与生涯发展的环节来看，自我认知是其中重要的前提和基础。职业生涯规划包含自我认知、环境认知和职业抉择三个最基本的要素，三者之间的关系可以用一个简单的公式来表示，即：职业生涯规划 = 知己 + 知彼 + 抉择。可见，自我认知在大学生的职业规划与生涯发展的整个过程中，处于基层性地位。只有充分地了解到自己的兴趣所在，认识到自己性格的特点，清楚自己的价值观和能力，清晰地认识到3W，即：我是一个怎么样的人？我喜欢或者想要做什么？我能够做什么？才能够根据自己的特点选择适合自己发展的环境，选择适合自己发展的职业生涯规划方向，在人生的发展和成长中取得成功。

其次，从毕业生找工作和求职成功的重要影响因素来看，自我认知是大学生求职成功的重要条件。大学生就业成功需要了解就业形势与政策，做好就业的心理准备、信息准备、求职材料准备，学会求职技巧和就业权益的维护方法等。其中，就业的心理准备、信息准备和求职材料准备等，都是在自我认知的基础上进行的，只有在求职准备时认识自己的长处与缺点，给自己做好正确的职业定位，学会悦纳自己、欣赏自己、客观地评价自己，根据自己的性格来选择心理调适的方法，才能走出求职择业的心理误区，避免因高估或低估自己而在求职过程中遭遇挫折和压力，让自己能够以成熟的心理来迎接求职季。在就业信息准备、材料准备的过程中，首先用科学的方法对自己进行剖析，认识到自己能力上的优缺点，扬长避短、克服不足，掌握高效、科学的求职技巧，才能让自己在求职中披荆斩棘、大获全胜。

总之，全面科学的自我认知，是个人进行职业生涯规划和发展的基础，对于大学生在求职过程中取得成功具有重要的意义。正确的自我认知，能使我们有效克服成长中的障碍，更好地做好职业定位，在求职中能充分挖掘出自己的潜力，使自己获得人生的成功。

二、自我认知的内涵

先秦思想家老子曾说过："知人者智，自知者明。胜人者有力，自胜者强。"意思就是说自我认知对一个人的发展十分重要。

自我认知，简而言之，便是个体对自己存在的觉察，包括对自己的行为和心理状态的认知。根据心理学家弗洛伊德的描述，自我认知在心理学上又叫作自我意识，自我意识是个体对自己的行为和心理状态的认知与观察，包括对自己的性格、个性和人格等的认知与评价。人最本质的属性是社会属性，而自我意识是人社会属性的重要标志，自我意识使得人们可以对自我的思想和行为进行自我监控和调节，从而形成完整、独特的个性。而由此形成的个性，促使人不断调节自己与客观世界的关系，从而更好地使个体适应客观世界，并与之达到和谐共荣的状态。

三、自我认知的维度

心理学研究表明，自我认知是一个多维度、多层次的复杂的心理系统。而自我意识是个体社会化的结果。自我认知分为生理自我、心理自我和社会自我三个维度。

（一）生理自我

自我意识最原始的形态是生理自我。生理自我是个体身体的意识，也可称为躯体"我"，包括占有感、支配感和爱护感。对自己身材、容貌和性别等的认知，以及生理病痛、温饱饥饿等的感受体验都属于生理自我。这些感觉大概在我们3岁左右就开始形成，从而我们能够把自我和非我区别开来，意识到我们的躯体是生存的基础。随着自我意识的成长，我们逐渐对生理自我有一个明晰的看法与正确的认识，但由于青年时期的不确定性，有的学生对生理自我产生较高的心理关注。例如，女孩子会关注自己是不是漂亮、有吸引力，关注自己的高矮胖瘦甚至脸上的雀斑；男孩子会关注自己的体形、身高，甚至生理器官、声音的吸引力等。

（二）心理自我

心理自我是个体对自己的心理活动、个性特征、心理品质的认识、体验和愿望，包括对自己的感知、记忆、思维、智力、能力、性格、气质、情绪、爱好和行为特点等的认识和体验。这些对自己心理的认知随着生活阅历的增加而逐渐形成，我们的情感、情绪、智力、能力和兴趣等都与日俱增，我们由此学会评价自己的心理自我、体验心理自我，如初恋与失恋的体验、成功与失败的体验等。

（三）社会自我

随着自我意识的发展，个体的社会角色渐渐浮出水面并占据更重要位置，与此相应的责任感、义务感、角色感都在增长。社会自我是个体对自己在社会关系、人际关系中角色的认识，包括个人对自己在客观环境及各种社会关系中的地位、权利、义务、责任和力量等的意识。社会自我主要受他人看法的影响，生命中的重要人物，如父母、老师和好友对待我们的态度都会极大地影响社会自我的形成。青年男女常用"我已经长大了"来表达自己的社会自我，期望社会给予积极的肯定与认可。

从层次来看，生理自我、心理自我和社会自我是一个由低到高的发展序列，三者之间密切联系，其中每个层次都有不同的自我认识、体验、控制。如表2-1所示，当我们对每一个维度的自我进行认知、体验和控制时，都会因个体差异而形成独特的看法和认识，当我们进行自我观察、自我感觉、自我分析、自我评价的时候，我们就形成了自我观念。

表2-1 自我认知的三个维度

项目	自我认知	自我体验	自我控制
生理自我	对自己的体型、形貌、穿着、性别、病痛、饱饿、家属、所有物的认识	英俊、漂亮、有吸引力、迷人、高矮、胖瘦、自我悦纳	追求身体的外表、物质欲望的满足、维护家庭的利益
心理自我	对自己的智力、性格、气质、兴趣、能力、记忆、思维等特点的认识	有能力、聪明、优雅、敏感、迟钝、感情丰富、细腻、暴躁、温和	追求信仰、注意行为符合社会规范、要求智慧与能力的发展
社会自我	对自己名望、地位、角色、义务、权利、责任、力量的认识	自尊、自信、自爱、自豪、自卑、自怜、自恋	追求名誉地位、与他人竞争、争取得到他人的认可

四、自我认知的主要方法

（一）主观评估法

主观评估法又称自我评价法或自我反省法，是指对自我进行理性、深刻、全面的分析，包含自我认识和自我评价的内容，是一个人为更进一步了解自身，包括了解自身的优缺点，从而列出相关项进行逻辑上的分析与对比，得出相应的分析结果，进而制定相应的对策来改变自我。

孔子云："吾日三省吾身"。在职业规划制定之前，我们需要对自己本身的缺点和不足之处进行反思，以便在制定职业规划的时候，能够将如何克服和改掉这些缺点作为一项重要的内容列入其中。在职业规划执行的过程中，我们要对自己在执行规划时经历过的历程与结果进行重新审视并做出价值判断，通过反思自身行为，总结在职业规划执行过程中的经验与教训，发现其中的问题，积极寻找新思想与新策略来解决面临的问题，从而适时调整新的职业规划策略与方向。因此，大学生的自我反思过程，也是不断完善自身、明确自身职业发展方向的自我探索过程。自我反思的类型，按照时间维度，可分为对行动的反思和在行动中的反思；按照呈现方式，可分为及时性反思、阶段性反思和系统性反思。

在职业规划和职业选择的过程中，我们需要对自身的内在和外在特点进行评价，从而制定出更适合自己的职业生涯规划。根据自我认知的维度，我们可以从生理自我、心理自我和社会自我三个方面来对自己进行一个全面的评估，明确自己的兴趣爱好、能力和特长在哪里，知道自己属于什么样的性格，气质特点是什么，自己内心当中选择的价值观是什么。例如，大学本科生小兰属于个子不高、长相又不出众的女孩子，而来自偏远山区农村困难家庭的她，从小也没什么特长，兴趣爱好也不广泛，和很多从农村出来的大学生一样，从小只会读书，也只爱读书。不过勤劳朴实、话语不多的父母，却把她培养成了性格上温柔随和、乐于助人，具有朴实无华、温文尔雅气质的女孩，而且自小那种"读书可以改变命运"的价值观在她脑海中就根深蒂固。因此，她在进行人生规划和职业选择时，首先便选择国内考研，通过继续深造来提高自己的学历，从而提高自己在未来的竞争力。因为，她觉得自己改变不了自己的家庭，也不具备什么特殊的能力，但自己读书的能力很不错，而且也特别喜欢读书，所以便把考研作为自己的首选。

（二）橱窗分析法

橱窗分析法把对个人的了解比作一个橱窗，由四个"我"组成："公开我""隐私我""潜在我"及"背脊我"。其中"公开我"是展现给自己和他人的部分，是透明的、不可隐藏的。比如身高、年龄、体重、受教育状况等。"隐私我"是只有自己能够知道而不外显的，比较私密。比如自私、嫉妒等平常自己不愿袒露的缺点，以及心中的愿望、理想、暗恋的情感等不敢告诉别人的部分。"潜在我"是自己和他人都不知道的部分，它的特点是开发潜力非常大，但同时开发难度也比较大。不过，可以通过职业测评和细心观察来发现并发掘自己的潜力。"背脊我"是自己看不到但别人知道的部分，它的特点是别人对你看得清清楚楚，能说出你的某些优缺点、特长和不足等。我们可以通过与人交流或者自己录像观察等来发现自己的这些特点。而对于他人提出的意见有则改之，无则加勉。当进行自我分析时，我们需要着重分析了解"潜在我"和"背脊我"，从而更能发掘自我潜能、不断提升自我。

【案例】大学生小丽通过橱窗分析法，进行的自我认知探索结果如表 2-2 所示。

表 2-2　橱窗分析法

项目	自己知道	自己不知道
别人知道	**公开我:** 特点：我显露于外在的性格、特长或不足等。 （你可以通过对自己的认识填写这部分信息） 做事主动，积极热情，容易冲动，但有一定的自制力，为人亲善友好，人际交往能力强，踏实有上进心，喜欢做富有创造性的工作，但是往往缺乏计划性和全局意识	**背脊我:** 特点：我不了解、他人却了解的我的性格、特长或不足等。 （你可以通过向他人询问获得这部分信息） 过于注重他人对自己的评价，占有欲望和支配欲望比较强。喜欢指挥别人，善于做领导者的角色。有时候处理问题比较固执己见、爱钻牛角尖，听不进去别人的意见
别人不知道	**隐私我:** 特点：我未表露给他人的内在的性格、特长或不足等。 （你可以通过对自己的认识填写这部分信息） 对荣誉追求的欲望较大，喜欢受人关注，但缺乏坚持的信念。喜欢观察，能够通过他人看到自己的缺点与不足之处，并能够及时进行改正。为人又比较要强，喜欢与周围人进行比较，也常常从与别人的比较中获得动力	**潜在我:** 特点：我不了解，他人也不了解的我的性格、特长或不足等。 （这是你有待开发的潜能部分） 通过 24 小时日志，观察到自己起床时间比较固定；上课的时候喜欢看杂书，以文学类的居多；上网的时候，1/3 的时间是在干正事，2/3 的时间是上网聊天和娱乐。临近考试的时候，才会进行复习和主动学习专业知识

小丽自我认知总结：

总的说来，我是一个积极外向的人。做事比较大胆，待人热情，对事认真，有责任感，有自己的想法和主见；但是因为喜欢创造性的工作，不喜欢被拘束，做事情有时候不能一直保持饱满的状态，持久力较差，会比较介意别人的评价。同时，我还是一个比较有自知之明的人，会在平时注意扬长避短。需要在今后的生活中多多磨炼自己的意志，有意控制无谓的冲动。

（三）外部评价法

外部评价法又称他人评价法，是指通过周边的同伴、父母、教师等重要他人的评价来认识自己。正所谓"当局者迷，旁观者清"，相对于自我评价，他人评价会更具有客观性，如果内部评价和外部评价相似程度较高，那么就表明自我认识比较成熟。反之，则表明在自我认知上有偏差，需要我们结合实际情况进行调整。我们在成长和职业发展的过程的每一个阶段，都会受到重要他人的影响，一些重要他人的评价和建议可能会影响甚至改变自己的一生。然而，对待外部评价，我们需要有客观的认识，结合实际情况对来自他人的评价进行分析，不可不信，也不可偏信。总之，我们需要注意将他人评价和自我评价相互参考，综合考虑，才能够更客观、更全面地认识自己。

我们在进行职业规划和找工作的时候，有时候会局限于自己的眼界和思维，看不清楚自己的缺点和不足在哪里，所以有时候会陷入死胡同无法走出来，从而遭遇失败和挫折。每年毕业季，有一些大学生一方面迷恋于大学生活而不舍得离开，另一方面执着于自己的考研梦想。比如，学汉语言文学出身的小童，从大三开始做规划，想要考清华大学经济学研究生，而且发誓一定要考上才肯罢休。很多人劝她不要考，或者换个与本科专业相关的专业考研，毕竟汉语言文学专业没有数学相关的课程。她觉得别人在嘲笑自己的梦想，可是三年过去了，她都没有考上，同时，还丧失了两年的应届毕业生身份这一找工作的好条件。小童感觉到十分沮丧，也十分后悔。后面，她慢慢经过调整，而且渐渐听取了周边人的好的建议，放弃了考研，找到了一份与专业相关、自己还算喜欢的小学语文老师的工作。

因此，当我们陷入自己的固化思维之中的时候，我们需要利用外部评价法，倾听一下身边人对自己的评价和建议，才能更好地认识自己，做好自己职业生涯规划。

（四）专业咨询法

专业咨询法是指通过咨询专业的职业规划师、生涯规划师或就业指导专家，根据专业人士提供的信息，结合自己自身所学知识，来更好地认识自己。咨询师一般都具有专业的知识、科学的方法和丰富的经验，他们可以提高自我认知的信度和效度。这类服务目前越来越多地受到重视，很多学校的就业指导中心都可以为同学们提供这类专业的咨询服务。例如，广东外语外贸大学近几年与北森生涯教育集团合作，培养出了一批又一批优秀的职业规划师和生涯规划师，并免费向在校生开展咨询。

对于我们大学生而言，当自己不清楚自己的职业方向，感到自己的未来发展方向和就业方向比较模糊的时候，可以利用好身边的专业咨询资源。对于做好职业生涯规划和就业来说，大学生需要做好专业技能、就业礼仪、职业规划、就业技巧、就业法律和就业心理等方面的知识准备。我们可以通过咨询大学就业指导中心的相关专家老师、个人所学的专业课老师，自学或者选修一些职场礼仪、法律学、心理学等方面的课程，参加心理咨询中心的心理训练等，来更好地提炼和提升自己的职业能力，更好地进行自己的职业规划，顺利地实现职业理想，取得职业生涯的成功。

然而，专业咨询虽是帮助大家更好地认识自我的一种方式，但也会存在一些不足。所以，我们在进行专业咨询时，也需要取其精华、去其糟粕，和其他方法互相参考，才能更科学、全面地认识自己。

（五）职业测评法

测验法是指通过采用标准化的职业测验量表，来进行自我认知的方法。这是目前应用较为广泛的一种自我认识的方法，职业规划和就业指导中，常见的几种测验方法有霍兰德职业兴趣测试、SWOT分析法、北森生涯吉讯测评法、九型人格测试法等。

拓展阅读

HR 常用的 15 种测评法

1. DISC 测评

DISC 是一种"人类行为语言"，DISC 研究的是由内而外的人类正常的情绪反应。其4个字母分别代表4个类型：D——Dominance（支配性），I——Influence（影响性），S——Steadiness（稳定性），C——Compliance（服从性）。它是一个性格测评，理论起源为马斯顿的"正常人的情绪"。

2. MBTI 测评

全称为 Myers-Briggs Type Indicator。MBTI 是建立在荣格的研究上建立的四维度八向度模型，被用于职业定位、生涯发展规划、企业人才选拔、人岗匹配、改善团队沟通和人际关系、教育（学业）咨询、恋爱与婚姻咨询中。

3. CPI 测评

加利福尼亚心理调查表（California Psychological Inventory），是目前国际上一套较为权威性的人格测验。CPI 在十几个国家和地区推广，被用来预测人们在特定情况下的行为及工作绩效、学业成就、创造性潜能等。

4. OPQ 测评

全称为 Occupational Personality Questionnaire。OPQ 管理潜质测试基于被测者的个性和潜在能力倾向、潜在工作行为风格指标进行描述。

5. DPA 测评

全称为 Dynamics Personality Assessment，三维性格动态管理系统。该系统也是基于气质理论结合荣格的人格分析理论的基础开发的，它将人的性格分为5大类别：黑桃的军事家、红桃的梦想家、梅花的和平家、方块的建筑家、整合的外交家。

6. Learning Agility 测评

该测评作为一个有效衡量潜力的工具往往被运用在人才高潜力发展中，Learning

Agility Architect 将思维敏锐度分为 5 个维度：人际、变革、结果、心智和自我意识。通过 3 种测评 viaEDGE、Choices、Learning from Experience Interview Guide 涵盖了多方面的应用。

7. HA 测评

全称为 Harrison Assessment，哈里森测评。HA 衡量 4 个方面的 78 个适合性因素：个性特征、任务喜好、兴趣和工作环境喜好。现在成为了选择、招聘和发展领导人/经理的一个极好的工具。

8. PDP 测评

全称为 Professional Dyna-Metric Programs，是一个行为风格测评，起源于多个经典的诸如"智力理论""特质理论"等理论和研究。

9. FIROB 测评

该测评是基本（fundamental）、人际（interpersonal）、关系（relations）、定位（orientation）、行为（behavior）首字母的组合，它"探究你与他人互动的典型方式"。FIROB 与包含、控制、情感等三个定位相关。每一个定位是人们相对于他人所采取的行为方式的一个方面。

10. Caliper Profile 测评

Caliper 注重产品的研发，探讨能力、个性对工作绩效的影响，测评结果会将个人的自然力量和动机，作为特定角色成功需要的潜力进行研究，它在招聘、人才发展、企业文化方面有着最广泛的应用。

11. Hogan Lead 测评

霍根测评是一套专业的专注于性能相关行为的个性评定工具，是由 Robert Hogan 博士在 20 世纪 70 年代所发表的著名的"Hogan 人格测评"所发展出的，该测评工具被誉为第一个专门针对商业组织应用的人格测量工具。其直至今日仍在为众多企业和组织提供针对人格的测评服务，尤其是在领导力方面的测评。

12. LEA 测评

全称为 Leadership Effectiveness Analysis，其是 MRG（Management Research Group）的领导力测评工具，是 MRG 创始人 Mahoney 博士在结合心理学和观察企业情景中的领导行为中发现的一个效能实现路径。通过诊断评估可以提供一个清晰的洞察力：指出需要的改变，并且指明改变的方向。

13. GMI 测评

全称为 Global Mindset Inventory，全球思维量表。此测评衡量智力、心理、社交 3 方面的 9 种能力，旨在帮助培养企业中全球领导者影响个人、团队和组织的能力，摆脱本土化思维，融入到全球化环境中。

14. SPM 测评

全称为 Raven's Standard Progress Matrice，瑞文标准推理测验。它属于非文字智力测验，用以测验一个人的观察力及清晰思维的能力，该测验的理论假设源于斯皮尔曼

（C. Spearman）的能力二因素理论。该理论认为能力主要由一般因素（G）和特殊因素（S）组成。前者体现在所有的智力活动中，人人都有，水平各异，决定了人的聪明程度；后者则对应于各种特定的活动。

15. HBDI 测评

全称为 Herrmann Brain Dominance Instrument，全脑优势测评，由美国的奈德·赫曼博士于 1976 年在一系列生理学、医学研究的基础上创立，用于测评人的大脑思维偏好，并且很快地发展出全球至今仍沿用的全脑模型（Whole Brain Thinking）。

（资料来源：https://zhuanlan.zhihu.com/p/152196596）

第二节 职业兴趣与探索

一、兴趣

（一）兴趣的含义

兴趣是人认识某种事物或从事某种活动的心理倾向，它是以学习和认识外在事物的需要为基础的，是激发人们学习新知、认识事物、探索真理动机的重要心理特征。兴趣有直接的，也有间接的，如获得知识的兴趣是直接的，为了获得知识而学外语的兴趣则是间接的。兴趣有个体在生活中长期形成的，也有在一定的情景下由某一事物偶然激发出来的。

兴趣对人的学习和认识活动会产生影响，但这种影响因人而异、因事而异，有时候是积极的，会促进个人身心的健康发展和社会进步；有时候是消极的，会对个体发展产生阻碍作用。

人的发展会受到社会的制约，兴趣亦然。因个体所处的社会环境和历史时代的不同，个体的兴趣也会有所不同。

（二）兴趣的作用

兴趣对个体个性形成与发展，对个体的生活、活动有着重要的影响，这种影响主要体现为以下三个方面：

第一，对个体的未来发展有促进作用。比如说，一个孩子从小就喜欢画画，可以鼓励他多学习、多观察、多练习，就会对他将来成为一名美术家或者艺术家有很好的促进作用。

第二，对个体现在的学习和成长起激励作用。对现在所学的知识或者进行的活动产生兴趣，会让个体更加专注、用心用情地去投入其中，激发个体无限的创造力和激情，从而提高个人的获得感和幸福感。

第三，对人们认识和从事活动有很强的推动作用。凡是符合个体需要和兴趣的活动，个体就会很积极地参与其中，而且自我效能感也会很高。这不仅可以使个体收获很多，也会激励着个体不断去努力创造，向更深入的地方探索学习。

综上所述，兴趣对个体的现在和未来的成长与发展都会有种种的影响。除此之外，兴趣对人们的认识活动也有很强的推动作用。兴趣是人们对事物产生动机的重要影响因素之一，也是激发个体学习、生活热情的心理倾向之一，可以提高人的积极性，也可以促进个体个性的发展，锻炼个体的能力，提高个体自我效能感。

（三）兴趣和职业之间的关系

大学生在择业和做职业生涯规划时，一方面需要知道自己适合做什么、能够做什么样的工作；另一方面还需要明白自己喜欢做什么工作、对什么工作感兴趣。换句话说，兴趣是大学生择业和进行职业规划时需要考虑的重要因素之一，也只有从事自己有能力做并且喜欢做的职业，才能够说是获得职业人生的成功。伟大的物理学家爱因斯坦曾经说过："兴趣是最好的老师。"

那么，什么是职业兴趣呢？职业兴趣是指个体对某种职业有一种特别喜欢、特别向往的感觉和愿望。从心理学的角度来讲，职业兴趣是个体想要从事某种职业的一种心理特质，因此职业兴趣也可以叫作职业倾向。在进行职业规划的时候，我们会根据自己的职业兴趣来做出选择。而职业兴趣经过选择之后，也是需要不断培养和发展的，我们根据自己的兴趣进行了职业规划，那么就需要主动地、积极地去培养、发展它，最终把职业兴趣培养得更浓厚，从而获得职业人生的成功。兴趣对职业生涯的影响主要表现在三个方面。

1. 兴趣是择业和进行职业生涯规划的重要参考依据

兴趣是推动个体主动积极地投入某种活动的重要心理动力，它可以激发出个体强大的专注力和创作动机，激励着人们全神贯注、不怕困难、百折不挠地去探索、去学习与该活动有关的一切。甚至，当个体对该职业有着非常浓厚的兴趣时，他会把它当作生活不可或缺的重要部分、实现人生意义和价值的重要依托。比如，当一个人特别喜欢呼吸道医学，他就会在发生类似于新冠肺炎疫情的紧急情况时，主动迎难而上，勇于去面对它并努力战胜它。

2. 兴趣能够让个体更高效、更顺利地工作，提升个体能力

当一个人对这份工作特别感兴趣的时候，不管在别人看来它有多么难、多么枯燥，他都会很有激情、很积极主动地参与其中，并且把它变得非常有趣，而且即使投入非常多的精力，他也不会感到苦和累。这种投入可以促使个体能力在解决一个又一个的困难与问题时，能够通过学习和实践得到提升，进而随着能力的提升，个体会对所从事的职业产生更加浓厚的兴趣。

3. 兴趣是取得职业成功、实现职业价值的重要影响因素

一个人对自己的职业感兴趣，就会愿意去投入、去探索和钻研，就会把它做好，做出成果来，这正是取得职场成功的关键。一方面，在进行职业规划时，依着自己的兴趣选择的职业类型，会调动个体的积极性，让个体能根据自己的职业兴趣早做准备、早做打算。另一方面，一个人从事自己喜欢的工作，并且把它做好，不仅可以让自己有满足感和价值感，而且也会让领导和单位满意，从而保证这份职业的稳定。在当代社会，个体价值的实现，多是通过投入所从事的职业，在该职业中做出让自己满意、让社会认可，并对社会发展有推动作用的成绩。因此，兴趣是取得职业成功、实现职业价值的重要影响因素。

二、兴趣的探索

（一）探索不同类型的兴趣

兴趣的发展可以分为三个阶段：感官兴趣、自觉兴趣、志趣（见图 2 – 1）。

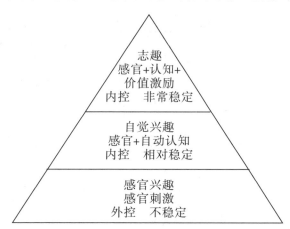

图 2 – 1　兴趣的三个阶段

1. 感官兴趣

感官兴趣就是通过直观的感官刺激产生的兴趣。比如，吃美食、看美景令人非常愉悦，还有刷朋友圈也是一种短暂的感官兴趣。

2. 自觉兴趣

当你在情绪的参与下，把兴趣从感官推向了思维，由此产生了更加持久的兴趣——自觉兴趣。比如去博物馆逛了一圈，对历史好奇并去了解，这就是自觉兴趣。随着思维的加入，可以让你的兴趣更加持久并定向在一个领域，从而在脑子里形成回路，产生能力。自觉兴趣还可以使你不再依赖外界刺激，自己把控。当你把兴趣的源头从外求转化为内寻时，你就有了让自己变得有趣的内在源泉，人生也就自得其乐。

3．志趣

作为兴趣生长的最高等级，志趣已不仅仅是兴趣，而是把感官兴趣通过学习变成能力、通过能力寻找平台获得价值，在众多价值中找到自己最有力量的一种生涯管理技术。比如，因为对汽车知识感兴趣，然后把兴趣当成事业来做的颜宇鹏，汽车媒体从业超过 20 年，曾担任汽车杂志主编，后来创办了自己的企业。这体现了人类最高的兴趣等级——志趣。志趣的秘密不仅在于有感官和认知能力，还加入了更深一层的内在发动机——志向与价值观。

练 习

个人兴趣探索

1．兴趣星空

在兴趣星空中的每个小星星上写下一个自己的兴趣，制作自己的兴趣星空图。

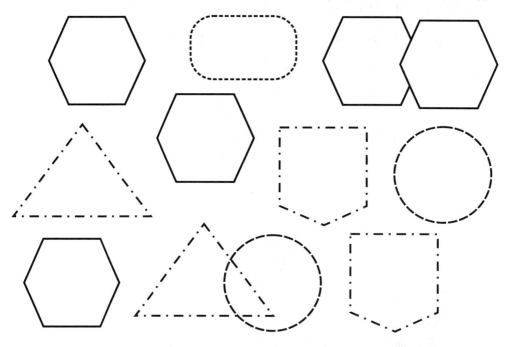

图 2-2　兴趣星空

2．兴趣金字塔

请按照兴趣金字塔，将兴趣星空中填写的兴趣进行分类，看看哪些兴趣是感官兴趣，哪些是自觉兴趣，哪些是志趣。

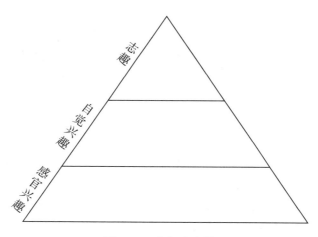

图 2 - 3 兴趣金字塔

3. 兴趣饲养三步法

请你和同学两人一组，花几分钟时间思考：你想近期培养哪个兴趣？如何利用兴趣饲养三步法来具体实施？互相给对方详细陈述具体步骤。

（二）职业兴趣测评

1. 理论基础

霍兰德职业兴趣理论。

2. 测验目的

测验大学生群体对特定职业的兴趣和偏好。

3. 适用对象

在校大学生。

4. 测验题目

90 题。

5. 测验时长

15～20 分钟。

6. 测试内容

霍兰德职业兴趣理论是由美国职业指导专家霍兰德提出的，是所有职业兴趣理论中最受关注和肯定的一项测验。霍兰德指出职业选择是人格的体现，某一类型的职业通常会吸引相同人格特质的群体，这种人格反映在职业上就称之为职业兴趣。职业兴趣可以划分为 6 种类型：现实型（R）、研究型（I）、艺术型（A）、社会型（S）、企业型（E）和常规型（C）。这些职业类型都有与之相匹配的职业环境要求和职业类别。

（1）现实型（R）。

共同特点：愿意使用工具从事操作性工作，动手能力强，做事手脚灵活、动作协调。偏好于具体任务，不善言辞，做事保守，较为谦虚。缺乏社交能力，通常喜欢独立做事。

典型职业：喜欢使用工具、机器，需要基本操作技能的工作。对要求具备机械方面才能、体力或从事与物件、机器、工具、运动器材、植物、动物相关的职业有兴趣。如技术性职业（计算机硬件人员、摄影师、制图员、机械装配工），技能性职业（木匠、厨师、技工、修理工、农民、一般劳动人员）等。

（2）研究型（I）。

共同特点：思想家而非实干家，抽象思维能力强，求知欲强，肯动脑，善思考，不愿动手。喜欢独立的和富有创造性的工作。知识渊博，有学识才能，不善于领导他人。考虑问题理性，做事喜欢精确，喜欢逻辑分析和推理，不断探讨未知的领域。

典型职业：喜欢智力的、抽象的、分析的、独立的定向任务，具备分析才能，并将其用于观察、估测、衡量，形成理论，最终解决问题的工作。如科学研究人员、教师、工程师、电脑编程人员、医生、系统分析员。

（3）艺术型（A）。

共同特点：有创造力，乐于创造新颖、与众不同的成果，渴望表现自己的个性，实现自身的价值。做事理想化，追求完美，不重实际。具有一定的艺术才能和个性。善于表达，怀旧，心态较为复杂。

典型职业：喜欢的工作要求具备艺术修养、创造力、表达能力和直觉，并将其用于语言、行为、声音、颜色和形式的审美、思索和感受。不善于事务性工作。如艺术方面职业（演员、导演、艺术设计师、雕刻家、建筑师、摄影家、广告制作人），音乐方面职业（歌唱家、作曲家、乐队指挥），文学方面职业（小说家、诗人、剧作家）等。

（4）社会型（S）。

共同特征：喜欢与人交往、乐于结交新的朋友、善言谈、愿意教导别人。关心社会问题、渴望发挥自己的社会作用。注重构建广泛的人际关系，重视社会义务和社会道德。

典型职业：喜欢与人打交道的工作，能够不断结交新的朋友，从事提供信息、启迪、帮助、培训、开发或治疗等事务。如教育工作者（教师、教育行政人员），社会工作者（咨询人员、公关人员）等。

（5）企业型（E）。

共同特征：追求权力、权威和物质财富，具有领导才能。喜欢竞争、敢冒风险、有野心、有抱负。为人务实，习惯以利益得失、权利、地位、金钱等来衡量做事的价值，做事有较强的目的性。

典型职业：具备经营、管理、劝服、监督和领导才能，以实现机构、政治、社会及经济目标的工作。如项目经理、销售人员、营销管理人员、政府官员、企业领导、法官、律师等。

（6）常规型（C）。

共同特点：尊重权威和规章制度，喜欢按计划办事，细心、有条理，习惯接受他人的指挥和领导，自己不谋求领导职务。喜欢关注实际和细节情况，通常较为谨慎和保守，缺乏创造性，不喜欢冒险和竞争，富有自我牺牲精神。

典型职业：喜欢追求注意细节、精确度，有系统、有条理，喜欢记录、归档，据特定要求或程序组织数据和文字信息的职业。如秘书、办公室人员、记事员、会计、行政助理、图书馆管理员、出纳员、打字员、投资分析员等。

各种类型之间存在着一致、相近、排斥和中性四种关系，如图2-4所示。

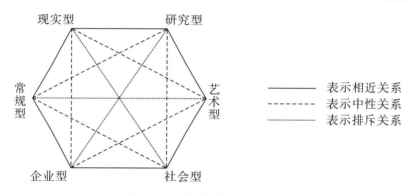

图2-4 霍兰德人格类型理论

在霍兰德职业兴趣测试的结果中，最高分数的类型属于排序第一位的主要类型，排在后两位的类型按照图2-4进行推断与验证。如第一位是艺术型，第二位是社会型或研究型，那么第二位的职业兴趣也是可以考虑用来求职的，若结果是常规型则说明兴趣类型方面之间存在一定的冲突，需要其他的测评或指导。

练 习

霍兰德职业兴趣测试

本问卷共90道题目，每道题目是一个陈述句，请你根据自己的真实情况对这些陈述句进行评价，如果符合实际情况就在相应的题目前打"√"，否则打"×"，不要漏答。

1. 强壮而敏捷的身体对我很重要。 （   ）
2. 我必须彻底地了解事情的真相。 （   ）
3. 我的心情受音乐、色彩和美丽事物的影响极大。 （   ）
4. 和他人的关系丰富了我的生命并使它有意义。 （   ）
5. 我自信会成功。 （   ）
6. 我做事必须有清楚的指引。 （   ）
7. 我擅长于自己制作、修理东西。 （   ）

8. 我可以花很长的时间去想通事情的道理。 （　　）

9. 我重视美丽的环境。 （　　）

10. 我愿意花时间帮别人解决个人危机。 （　　）

11. 我喜欢竞争。 （　　）

12. 我在开始一个计划前会花很多时间去计划。 （　　）

13. 我喜欢使用双手做事。 （　　）

14. 探索新构思使我满意。 （　　）

15. 我会寻求新方法来发挥我的创造力。 （　　）

16. 我认为能把自己的焦虑和别人分担是很重要的。 （　　）

17. 成为群体中的关键任务执行者，对我很重要。 （　　）

18. 我对于自己能重视工作中的所有细节感到骄傲。 （　　）

19. 我不在乎工作把手弄脏。 （　　）

20. 我认为教育是个发展及磨炼脑力的终身学习过程。 （　　）

21. 我喜欢非正式的穿着，尝试新颜色和款式。 （　　）

22. 我常能体会到某人想要和他人沟通的需要。 （　　）

23. 我喜欢帮助别人不断改进。 （　　）

24. 我在决策时，通常不愿冒险。 （　　）

25. 我喜欢购买小零件，做成成品。 （　　）

26. 有时我长时间阅读，玩拼图游戏，冥想生命本质。 （　　）

27. 我有很强的想象力。 （　　）

28. 我喜欢帮助别人发挥天赋和才能。 （　　）

29. 我喜欢监督事情直至完工。 （　　）

30. 如果我面对一个新情景，会在事前做充分的准备。 （　　）

31. 我喜欢独立完成一项任务。 （　　）

32. 我渴望阅读或思考任何可以引发我好奇心的东西。 （　　）

33. 我喜欢尝试创新的概念。 （　　）

34. 如果我和别人有摩擦，我会不断尝试化干戈为玉帛。 （　　）

35. 要成功就必须定高目标。 （　　）

36. 我喜欢为重大决策负责。 （　　）

37. 我喜欢直言不讳，不喜欢转弯抹角。 （　　）

38. 我在解决问题前，必须把问题进行彻底分析。 （　　）

39. 我喜欢重新布置我的环境，使它们与众不同。 （　　）

40. 我经常借着和别人交谈来解决自己的问题。 （　　）

41. 我常想起草一个计划，而由别人完成细节。 （　　）

42. 准时对我来说非常重要。 （　　）

43. 从事户外活动令我神清气爽。 （　　）

44. 我不断地问：为什么？   （   ）

45. 我喜欢自己的工作能够抒发我的情绪和感觉。   （   ）

46. 我喜欢帮助别人找可以和他人相互关注的办法。   （   ）

47. 能够参与重大决策是件令人兴奋的事情。   （   ）

48. 我经常保持清洁，喜欢有条不紊。   （   ）

49. 我喜欢周边环境简单而实际。   （   ）

50. 我会不断地思索一个问题，直到找出答案为止。   （   ）

51. 大自然的美深深地触动我的灵魂。   （   ）

52. 亲密的人际关系对我很重要。   （   ）

53. 升迁和进步对我极重要。   （   ）

54. 当我把每日工作计划好时，我会较有安全感。   （   ）

55. 我不害怕工作负荷过重，且知道工作的重点。   （   ）

56. 我喜欢能使我思考、给我新观念的书。   （   ）

57. 我希望能看到艺术表演、戏剧及好的电影。   （   ）

58. 我对别人的情绪低潮相当敏感。   （   ）

59. 能影响别人使我感到兴奋。   （   ）

60. 当我答应一件事时，我会竭尽所能监督所有细节。   （   ）

61. 我希望粗重的肢体工作不会伤害任何人。   （   ）

62. 我希望能学习所有使我感兴趣的科目。   （   ）

63. 我希望能做些与众不同的事。   （   ）

64. 我对别人的困难乐于伸出援手。   （   ）

65. 我愿意冒一点险以求进步。   （   ）

66. 当我遵循成规时，我感到安全。   （   ）

67. 我选车时，最先注意的是好的引擎。   （   ）

68. 我喜欢能刺激我思考的话。   （   ）

69. 当我从事创造性的事时，我会忘掉一切旧经验。   （   ）

70. 我对社会上有许多人需要帮助感到关注。   （   ）

71. 说服别人依计划行事是件有趣的事情。   （   ）

72. 我擅长于检查细节。   （   ）

73. 我通常知道如何应付紧急事件。   （   ）

74. 阅读新发现的书是件令人兴奋的事情。   （   ）

75. 我喜欢美丽、不平凡的东西。   （   ）

76. 我经常关心孤独、不友善的人。   （   ）

77. 我喜欢讨价还价。   （   ）

78. 我花钱时小心翼翼。   （   ）

79. 我用运动来保持强壮的身体。   （   ）

80. 我经常对大自然的奥秘感到好奇。（　　）
81. 尝试不平凡的新事物是件相当有趣的事情。（　　）
82. 当别人向我诉说他的困难时，我是个好听众。（　　）
83. 做事失败了，我会再接再厉。（　　）
84. 我需要确切地知道别人对我的要求是什么。（　　）
85. 我喜欢把东西拆开，看看能否修理它们。（　　）
86. 我喜欢研读所有的事实，再有逻辑地做出决定。（　　）
87. 没有美丽事物的生活，对我而言是不可思议的。（　　）
88. 人们经常告诉我他们的问题。（　　）
89. 我常能借着资讯网络和别人取得联系。（　　）
90. 小心谨慎地完成一件事是件有成就感的事情。（　　）

表2-3　计分表

现实型（R）	1	7	13	19	25	31	37	43	49	55	61	67	73	79	85
研究型（I）	2	8	14	20	26	32	38	44	50	56	62	68	74	80	86
艺术型（A）	3	9	15	21	27	33	39	45	51	57	63	69	75	81	87
社会型（S）	4	10	16	22	28	34	40	46	52	58	64	70	76	82	88
企业型（E）	5	11	17	23	29	35	41	47	53	59	65	71	77	83	89
常规型（C）	6	12	18	24	30	36	42	48	54	60	66	72	78	84	90

评分办法：表2-3中的数字代表上列兴趣测试中的题号。

请算出每种类型打"√"的数目，并填在下面：
现实型_____　研究型_____　艺术型_____　社会型_____
企业型_____　常规型_____
将上述分数从高到低依次排好，并填在下面：
第一位_____　第二位_____　第三位_____　第四位_____
第五位_____　第六位_____
职业兴趣测试定性评判结果说明：
下面介绍与你3个代号的职业兴趣类型一致的职业表，对照的方法如下。
首先根据你的职业兴趣代号，在表2-4中找出相应的职业，例如你的职业兴趣代号是RIA，那么牙科技术人员、陶工等是适合你兴趣的职业。然后寻找与你职业兴趣代号相近的职业，如你的职业兴趣代号是RIA，那么，其他由这三个字母组合成的编号（如IRA、IAR、ARI等）对应的职业，也较适合你的兴趣。

表2-4　职业兴趣代号及职业举例

职业兴趣代号	对应的职业举例
RIA	牙科技术员、陶工、建筑设计员、模型工、细木工、制作链条人员
RIS	厨师、林务员、跳水员、潜水员、染色员、电器修理工、眼镜制作师、电工、纺织机器装配工、服务员、装玻璃工人、发电厂工人、焊接工
RIE	建筑和桥梁工程、环境工程、航空工程、公路工程、电力工程、信号工程、电话工程、一般机械工程、自动工程、矿业工程、海洋工程、交通工程等方面技术人员，制图员、家政经济人员、计量员、农民、农场工人、农业机械操作工、清洁工、无线电修理工、汽车修理工、手表修理工、管工、线路装配工、工具仓库管理员
RIC	船员、接待员、杂志保管员、牙医助手、制帽工、磨坊工、石匠、机器制造工、机车（火车头）制造工、农业机器装配工、汽车装配工、缝纫机装配工、钟表装配和检验员、电动器具装配工、鞋匠、锁匠、货物检验员、电梯机修工、托儿所所长、钢琴调音员、装配工、印刷工、建筑钢铁工人、卡车司机
RAI	手工雕刻工、玻璃雕刻工、制作模型人员、家具木工、制作皮革品人员、手工绣花工、手工钩针纺织工、排字工、印刷工、图画雕刻工、装订工
RSE	消防员、交通巡警、警察、门卫、理发师、房间清洁工、屠夫、锻工、开凿工人、管道安装工、出租汽车驾驶员、货物搬运工、送报员、勘探员、娱乐场所服务员、起卸机操作工、灭害虫者、电梯操作工、厨房助手
RSI	纺织工、编织工、农业学校教师、某些职业课程教师（诸如艺术、商业、技术、工艺课程）、雨衣上胶工
REC	抄水表员、保姆、实验室动物饲养员、动物管理员
REI	轮船船长、航海领航员、大副、试管实验员
RES	旅馆服务员、家畜饲养员、渔民、渔网修补工、水手长、收割机操作工、搬运行李工人、公园服务员、救生员、登山导游、火车工程技术员、建筑工人、铺轨工人
RCI	测量员、勘测员、仪表操作者、农业工程技术员、化学工程技师、民用工程技师、石油工程技师、资料室管理员、探矿工、煅烧工、烧窑工、矿工、保养工、磨床工、取样工、样品检验员、纺纱工、炮手、漂洗工、电焊工、锯木工、刨床工、制帽工、手工缝纫工、油漆工、染色工、按摩工、木匠、农民、建筑工人、电影放映员、勘测员助手
RCS	公共汽车驾驶员、一等水手、游泳池服务员、裁缝、建筑工人、石匠、烟囱修建工、混凝土工、电话修理工、爆炸手、邮递员、矿工、裱糊工、纺纱工
RCE	打井工、吊车驾驶员、农场工人、邮件分类员、铲车司机、拖拉机司机
IAS	普通经济学家、农场经济学家、财政经济学家、国际贸易经济学家、实验心理学家、工程心理学家、心理学家、哲学家、内科医生、数学家

续上表

职业兴趣代号	对应的职业举例
IAR	人类学家、天文学家、化学家、物理学家、医学病理研究员、动物标本剥制者、化石修复者、艺术品管理者
ISE	营养学家、饮食顾问、火灾检查员、邮政服务检查员
ISC	侦查员、电视播音室修理员、电视修理服务员、验尸室人员、编目录者、医学检验师、调查研究者
ISR	水生生物学者、昆虫学者、微生物学家、配镜师、矫正视力者、细菌学家、牙科医生、骨科医生
ISA	实验心理学家、普通心理学家、发展心理学家、教育心理学家、社会心理学家、临床心理学家、目标学家、皮肤病学家、精神病学家、妇产科医师、眼科医生、五官科医生、医学实验室技术专家、民航医务人员、护士
IES	细菌学家、生理学家、化学专家、地质专家、地理物理学专家、纺织技术专家、医院药剂师、工业药剂师、药房营业员
IEC	档案保管员、保险统计员
ICR	质量检验技术员、地质学技师、工程师、法官、图书馆技术辅导员、计算机操作员、医院听诊员、家禽检查员
IRA	地理学家、地质学家、矿物学家、古生物学家、石油学家、地震学家、声学物理学家、原子和分子物理学家、电学和磁学物理学家、气象学家、设计审核员、人口统计学家、数学统计学家、外科医生、城市规划家、气象员
IRS	流体物理学家、物理海洋学家、等离子体物理学家、农业科学家、动物学家、食品科学家、园艺学家、植物学家、细菌学家、解剖学家、动物病理学家、作物病理学家、药物学家、生物化学家、生物物理学家、细胞生物学家、临床化学家、遗传学家、分子生物学家、质量控制工程师、地理学家、兽医、放射性治疗技师
IRE	化验员、化学工程师、纺织工程师、食品技师、渔业技术专家、材料和测试工程师、电气工程师、土木工程师、航空工程师、行政官员、冶金专家、原子核工程师、陶瓷工程师、地质工程师、电力工程师、口腔科医生、牙科医生
IRC	飞机领航员、飞行员、物理实验室技师、文献检查员、农业技术专家、动植物技术专家、生物技师、油管检查员、工商业规划者、矿藏安全检查员、纺织品检验员、照相机修理者、工程技术员、编计算程序者、工具设计者、仪器维修工
CRI	簿记员、会计、记时员、铸造机操作工、打字员、按键操作工、复印机操作工
CRS	仓库保管员、档案管理员、缝纫工、讲述员、收款员

续上表

职业兴趣代号	对应的职业举例
CRE	标价员、实验室工作者、广告管理员、自动打字机操作员、电动机装配工、缝纫机操作工
CIS	记账员、顾客服务员、报刊发行员、土地测量员、保险公司职员、会计师、估价员、邮政检查员、外贸检查员
CIE	打字员、统计员、支票记录员、订货员、校对员、办公室工作人员
CIR	校对员、工程职员、海底电报员、检修计划员
CSE	接待员、通信员、电话接线员、卖票员、旅馆服务员、私人职员、商学教师、旅游办事员
CSR	运货代理商、铁路职员、交通检查员、办公室通信员、簿记员、出纳员、银行财务职员
CSA	秘书、图书管理员、办公室办事员
CER	邮递员、数据处理员、办公室办事员
CEI	推销员、经济分析家
CES	银行会计、记账员、法人秘书、速记员、法院报告人
ECI	银行行长、审计员、信用管理员、地产管理员、商业管理员
ECS	信用办事员、保险人员、各类进货员、海关服务经理、售货员、采购员、会计
ERI	建筑物管理员、工业工程师、农场管理员、护士长、农业经营管理人员
ERS	仓库管理员、房屋管理员、货栈监督管理员
ERC	邮政局长、渔船船长、机械操作领班、木工领班、瓦工领班、驾驶员领班
EIR	科学、技术和有关周期出版物的管理员
EIC	专利代理人、鉴定人、运输服务检查员、安全检查员、废品收购人
EIS	警官、侦查员、交通检验员、安全咨询员、合同管理者、商人
EAS	法官、律师、公证人
EAR	展览室管理员、舞台管理员、播音员、驯兽员
ESC	理发师、裁判员、政府行政管理员、财政管理员、工程管理员、职业病防治者、售货员、商业经理、办公室主任、人事负责人、调度员
ESR	家具售货员、书店售货员、公共汽车的驾驶员、日用品售货员、护士长、自然科学和工程的行政领导

续上表

职业兴趣代号	对应的职业举例
ESI	博物馆管理员、图书馆管理员、古迹管理员、饮食业经理、地区安全服务管理员、技术服务咨询者、超级市场管理员、零售商品店店员、批发商、出租汽车服务站调度员
ESA	博物馆馆长、报刊管理员、音乐器材售货员、广告商售画营业员、导游、（轮船或班机上的）事务长、飞机上的服务员、船员、法官、律师
ASE	戏剧导演、舞蹈教师、广告撰稿人、报刊专栏作者、记者、演员、英语翻译
ASI	音乐教师、乐器教师、美术教师、管弦乐指挥、合唱队指挥、歌星、演奏家、哲学家、作家、广告经理、时装模特
AER	新闻摄影师、电视摄影师、艺术指导、录音指导、丑角演员、魔术师、木偶戏演员、骑士、跳水员
AEI	音乐指挥、舞台指导、电影导演
AES	流行歌手、舞蹈演员、电影导演、广播节目主持人、舞蹈教师、口技表演者、喜剧演员、模特
AIS	画家、剧作家、编辑、评论家、时装艺术大师、新闻摄影师、男演员、文学作者
AIE	花匠、皮衣设计师、工业产品设计师、剪影艺术家、复制雕刻品大师
AIR	建筑师、画家、摄影师、绘图员、环境美化工、雕刻家、包装设计师、陶器设计师、绣花工、漫画工
SEC	社会活动家、退伍军人服务官员、工商会事务代表、教育咨询者、宿舍管理员、旅馆经理、饮食服务管理员
SER	体育教练、游泳指导
SEI	大学校长、学院院长、医院行政管理员、历史学家、家政经济学家、职业学校教师、资料员
SEA	娱乐活动管理员、国外服务办事员、社会服务助理、一般咨询者、宗教教育工作者
SCE	部长助理、福利机构职员、生产协调人、环境卫生管理人员、戏院经理、餐馆经理、售票员
SRI	外科医师助手、医院服务员
SRE	体育教师、职业病治疗者、体育教练、专业运动员、房管员、儿童家庭教师、警察、引座员、传达员、保姆
SRC	护理员、护理助理、医院勤杂工、理发师、学校儿童服务人员

续上表

职业兴趣代号	对应的职业举例
SIA	社会学家，心理咨询者，学校心理学家，政治科学家，大学或学院的系主任，大学或学院的教育学、农业、工程和建筑、法律、数学、医学、物理、社会科学和生命科学等专业的教师，研究生助教，成人教育教师
SIE	营养学家、饮食学家、海关检查员、安全检查员、税务稽查员、校长
SIC	描图员、兽医助手、诊所助理、体检检查员、监督缓刑犯的工作者、娱乐指导者、咨询人员、社会科学教师
SIR	理疗员、救护队工作人员、手足病医生、职业病治疗助手

（三）职业价值观测评

1. 理论基础

职业锚理论。

2. 测验目的

测查学生的职业价值观取向。

3. 适用对象

在校大学生。

4. 测验题目

40 题。

5. 测验时长

10 ~ 15 分钟。

6. 测试内容

职业锚理论，又被称为职业定位理论，经过40多年的发展，已成熟运用于职业价值观测量。职业锚具体指的是当人们在面临职业的关键选择时，不论处于何种情境，都不会轻易放弃的重要价值取向，从根本上来说是指个体在职业选择和发展过程中所遵循的核心思想。在进行职业规划时，运用职业锚思考自己所具备的能力，有利于了解自己，协调个人与职业之间的更理想的关系。

职业锚主要有以下几种类型：

（1）职能型（TF）：技术/职能型的人，追求在技术/职能领域的成长和技能的不断提高，以及应用这种技术/职能的机会。他们对自己的认可来自他们的专业水平，他们喜欢面对来自专业领域的挑战。他们一般不喜欢从事一般的管理工作，因为这将意味着他们放弃在技术/职能领域的成就。

（2）管理型（GM）：管理型的人追求并致力于工作晋升，倾心于全面管理，独自负责一个部分，可以跨部门整合其他人的努力成果，他们想去承担整个部分的责任，并将公司的成功与否看成自己的工作。具体的技术/功能工作仅仅被看作是通向更高、更全面管理层的必经之路。

（3）独立型（AU）：自主/独立型的人希望随心所欲安排自己的工作方式、工作习惯和生活方式。追求能施展个人能力的工作环境，最大限度地摆脱组织的限制和制约。他们宁愿放弃提升或工作扩展机会，也不愿意放弃自由与独立。

（4）稳定型（SE）：安全/稳定型的人追求工作中的安全与稳定感。他们可以预测将来的成功从而感到放松。他们关心财务安全，例如退休金和退休计划。稳定感包括诚信、忠诚，以及完成老板交代的工作。尽管有时他们可以达到一个高的职位，但他们并不关心具体的职位和具体的工作内容。

（5）创业型（EC）：创业型的人希望用自己的能力去创建属于自己的公司或创建完全属于自己的产品（或服务），而且愿意去冒风险，并克服面临的障碍。他们想向世界证明公司是他们靠自己的努力创建的。他们可能正在别人的公司工作，但同时他们在学习并评估将来的机会。一旦他们感觉时机到了，他们便会自己走出去创建自己的事业。

（6）服务型（SV）：服务型的人指那些一直追求他们认可的核心价值，例如帮助他人，改善人们的安全，通过新的产品消除疾病。他们一直追寻这种机会，这意味着即使变换公司，他们也不会接受不允许他们实现这种价值的工作变换或工作提升。

（7）挑战型（CH）：挑战型的人喜欢解决看上去无法解决的问题，战胜强硬的对手，克服无法克服的困难障碍等。对他们而言，参加工作或职业的原因是工作允许他们去战胜各种不可能。新奇、变化和战胜困难是他们的终极目标。如果事情非常容易，它马上就变得非常令人厌烦。

（8）生活型（LS）：生活型的人喜欢允许他们平衡并结合个人的需要、家庭的需要和职业的需要的工作环境。他们希望将生活的各个主要方面整合为一个整体。正因为如此，他们需要一个能够提供足够的弹性让他们实现这一目标的职业环境，甚至可以牺牲他们职业的一些方面，如提升带来的职业转换，他们将成功定义得比职业成功更广泛。他们认为自己在如何去生活，在哪里居住，如何处理家庭事务，以及在组织中的发展道路上是与众不同的。

第三节　职业性格与探索

一、性格的内涵

（一）性格的含义

性格是个体对客观世界的稳定态度，是个体对待现实事物和自身行为方式上表现出来的较为稳定的、具有独特个性的心理特点，它是体现人的社会性最重要的个性心理特征，并且受着社会伦理与道德的约束和定义。性格最能体现出一个人的品德，表现出一个人对待自己和周围的人及事物的人生观、世界观和价值观。表现了人们对现实和周围世界的态度，并表现在他的行为举止中。每个个体都有独特的性格，正所谓一千个读者心中有一千个哈姆雷特，人们可以通过性格，更好地了解、认识和辨认一个人。

在《辞海》中，对"性格"一词的解释是：人对现实的态度和行为方式中较稳定的个性心理特征。是个性的核心部分，最能表现个别差异。具有复杂的结构，大体包括：①对客观现实和自我的态度的特征，如真实与虚假、谦虚与高傲等。②意志品质特征，如坚强或自信、冷静果断或犹豫不决等。③情绪特征，如热心或高冷、乐观活泼或犹豫沉闷等。④情绪的理智特征，如思维缜密、讲话有逻辑或冲动、莽撞等。

（二）性格的特征

1. 稳定性

俗话说："江山易改，禀性难移。"一个人的某种性格特点一旦形成，就相对稳定下来了，要想改变它，是较为困难的事情。而且一个人的性格特征在不同时空下也是稳定的，其行为表现是一致的。

2. 独特性

一个人的性格是在遗传、成长、教育、环境等因素的交互作用下形成的。不同的遗传环境、生存及教育环境导致个体形成了独特的心理特点。例如，"固执性"这一性格特征在不同人身上被赋予了不同的含义。若是娇生惯养、过度溺爱形成的固执性，则带有"骄纵"的含义；而在冷淡疏离、艰难困苦的环境下形成的固执性，则带有"反抗"的含义。

3. 功能性

性格决定一个人的生活方式，甚至有时会决定一个人的命运。人们经常会使用性格特征来解释某人的言行及事件的原因。面对挫折与失败，坚强者发奋拼搏，懦弱者一蹶不振；面对悲痛，一些人可以将悲痛化为力量，而另一些人则表现为消沉。性格功能正常时，其表现为积极而有力，支配着一个人的生活，甚至决定着一件事的成败；性格功能失调时，一个人就会表现出懦弱、无力、失控，甚至失态。

4. 可塑性

性格是一个人稳定的心理特性，并且由于这种稳定性而保证了人的行为的基本一致性。但是性格的稳定性是相对的，可变性是绝对的。因为人的思想信念、价值取向、世界观倾向这类性格特征，会随着环境、知识和阅历的变化而产生改变。有些性格特征随年龄的增长而变化，比如儿童的情绪稳定性较低，易受一时情境的左右，成年人的情绪相比则要稳定得多。儿童的自制力低和责任感弱这类特点，也会随年龄增长而改善。

（三）性格与职业

1. 性格决定着职业选择的方向

根据相关心理学和社会学的研究表明，一个人的性格影响着他对职业的选择和适应程度，不同的性格适合不同的职业，而同时，不同的职业对个体也有着不同的性格、禀性要求。所以，当人们在进行职业选择的时候，一方面不仅需要考虑到该职业是否符合自己的兴趣、自己是否有能力胜任、是否符合自己的价值观；另一方面，还需要考虑自己的性格和个性特征，考虑到不同职业对性格的要求，才能更好地从事这份职业。例如，教师职业需要有耐心和爱心，而一个性格急躁的人显然是不适合的。

1959年，美国著名的职业指导专家霍兰德提出了以人格类型学说为基础的职业指导理论。1973年，霍兰德提出，个体的人格特征和背景因素决定了其职业选择方向，我们每个人都趋向于选择最能施展自己能力与技能、表现自己态度与价值观的职业。理想的职业选择是人格类型与职业类型相互匹配和协调，从而达到最佳的职业满意感、稳定性和职业成就。

2. 性格影响个体对职业的适应

不同职业对任职者的性格要求不同。如果性格和岗位能实现较好的匹配，那么工作就相对容易开展，个体对职业环境的适应就快；相反，如果性格和职业无法实现较好的匹配，势必导致工作的积极性受挫，产生工作的适应不良。总体而言，一个人的性格在与职业适应的过程中，可能会出现渐渐地被同化或改变的趋势，但这种改变往往只是形式上的转变，性格中核心的品质很难变化。即便职业性格与职业要求不完全对应，性格也能调动其他因素积极地去适应工作，从而使不同性格类型的人在同一职业领域里表现得一样精彩。就工作而言，性格无好坏之分，只有适合与不适合；每一种性格都有独特的品质和潜在的盲点，重要的是认清自己并接纳自己。只有认清自己的性格特征，了解与性格相对应的工作环境，才能设计最科学、最合理的职业发展路径，做出最佳的职业生涯规划，从而最大限度地发挥自己的潜能，取得职业生涯与事业发展的成功。

3. 职业不同，对性格的要求也不同

相关研究发现，职业类型不同，对性格的要求也不尽相同，也就是说不同的职业类型对个体有着不同的性格要求。尽管人们与职业的匹配度不能达到百分之百，但是性格是具有可塑性的，所以个体可以根据自己的职业兴趣，通过自己努力和学习，来培养和发展自己的与职业有关的性格。虽然每个人的性格都不能百分之百地适合某项职业，但却可以根据自己的职业倾向来培养、发展相应的职业性格。对工作单位而言，性格决定了它对员工的工作职位分配和工作业绩考核标准；而对个人来讲，它便决定着自己能否在职场上取得成功。如果能够找到一个适合的环境，使我们在其中发挥自己的长处和优势，那么我们就会很自信，并且往往能够取得佳绩。相反，便会做得不开心，也做不好这份工作。

二、性格的探索

（一）MBTI 测评

1. 理论基础

MBTI、荣格的人格理论。

2. 测验目的

测查学生的职业性格偏好特点。

3. 适用对象

在校大学生。

4. 测验题目

48 题。

5. 测验时长

15～20 分钟。

6. 测试内容

Myers-Briggs Type Indicator（简称 MBTI）是由布莱格斯（Katherine C. Briggs）和迈尔斯（Isabel Briggs Myers）这对母女在 1962 年研究发展的。其理论基础建立在荣格的研究上，在能量获得途径、注意力的指向、决策判断方式三个维度后，增加了行动方式的维度，从而构建了人格理论的四维度八向度模型。

MBTI 得到广泛应用，被用于职业定位、生涯发展规划、企业人才选拔、人岗匹配、改善团队沟通和人际关系、教育（学业）咨询、恋爱与婚姻咨询中。

理论基础：荣格的人格理论。卡尔·荣格（Carl Gustav Jung，1875—1961），瑞士心理学家。荣格的人格理论（Jung's personality theory）由四个部分组成，分别是人格结构理论、人格动力理论、人格类型理论和人格发展理论。

荣格提出，个体的人格类型可以分为内倾和外倾两种对立的类型。前者的心理能量来源于内部，容易产生强烈的心理体验和幻想，此类人可以将自己抽离于外部世界，喜欢探索事物的本质特征和内在联系。后者的心理能量来源于外部环境，容易指向客观存在的事物，喜欢外界社交活动，对各种具体的事物有强烈的兴趣。此外，人格还有四种功能的倾向性：思维、情感、感觉和直觉。其中，思维是指个体对事物的逻辑推理和判断，经过分析、归纳和总结等理性推演；情感是个体对存在事物的爱好与厌恶的倾向，带有一定的情绪色彩；感觉是个人主观对事物的察觉和体验，通过感官来判断，与客观相对立；直觉是指个体对事物即将发生的变化产生的预感，说不清道不明的一种预测，不必有合理的推测与解释。

内倾和外倾两种态度与思维、情感、感觉和直觉四种功能类型相互组合，构成了职业性格测试中的八种心理类型：外倾思维型、内倾思维型、外倾情感型、内倾情感型、外倾感觉型、内倾感觉型、外倾直觉型、内倾直觉型。荣格在人格理论中所划分的这八种类型是极少数情况出现的极端现象，实际上个体的性格都是由某一种性格类型占主导优势，还有其他的性格类型作为辅助进行补充，才能够相对准确地描述出个体的性格类型。

练 习

MBTI 性格类型测试

测试过程中的注意事项：

1. 请尽力在保持心态平和及时间充足的情况下开始答题。

2. 每道题目均有两个选择：A 或 B。请仔细阅读题目，按照与你性格相符的程度分别给 A 和 B 赋予一个分数，并使一组中的两个分数之和为 5。最后，请在问卷后的答题纸上相应的方格内填上相应的分数。

3. 请注意，题目的答案无对错之分，你不需要考虑哪个答案"应该"更好，而且不要在任何问题上思考太久，而是应该凭你心里的第一反应做出选择。

4. 如果你觉得在不同的情境里，两个答案或许都能反映你的倾向，请选择一个对于你的行为方式来说最自然、最顺畅和最从容的答案。

例子："你参与社交聚会时"

A. 总是能认识新朋友。(4)

B. 只跟几个亲密挚友待在一起。(1)

很明显，你参与社交聚会时有时能认识新朋友，有时又只跟几个亲密挚友待在一起，在以上的例子中，我们给"总是能认识新朋友"打了 4 分，而给"只跟几个亲密挚友待在一起"打了 1 分。当然，在你看来，也可能是"3 + 2"或者"5 + 0"，也可以是其他的组合。

请在以下范围内一一对应地选择你对以下项目的赋值：

最小 _____ 最大

0   1   2   3   4   5

1. 当你遇到新朋友时，你

    A. 说话的时间与聆听的时间相当。   (   )

    B. 聆听的时间会比说话的时间多。   (   )

2. 下列哪一种是你的一般生活取向？

    A. 只管做吧。   (   )

    B. 找出多种不同选择。   (   )

3. 你喜欢自己的哪种性格？

    A. 冷静而理性。   (   )

    B. 热情而体谅。   (   )

4. 你擅长
　　A. 在有需要时同时协调进行多项工作。　　　　　　　　　　（　　　）
　　B. 专注在某一项工作上，直至把它完成为止。　　　　　　　（　　　）

5. 你参与社交聚会时
　　A. 总是能认识新朋友。　　　　　　　　　　　　　　　　　（　　　）
　　B. 只跟几个亲密挚友待在一起。　　　　　　　　　　　　　（　　　）

6. 当你尝试了解某些事情时，一般你会
　　A. 先了解细节。　　　　　　　　　　　　　　　　　　　　（　　　）
　　B. 先了解整体情况，细节容后再谈。　　　　　　　　　　　（　　　）

7. 你对下列哪方面较感兴趣？
　　A. 知道别人的想法。　　　　　　　　　　　　　　　　　　（　　　）
　　B. 知道别人的感受。　　　　　　　　　　　　　　　　　　（　　　）

8. 你较喜欢下列哪个工作？
　　A. 能让你迅速和即时做出反应的工作。　　　　　　　　　　（　　　）
　　B. 能让你定出目标，然后逐步达成目标的工作。　　　　　　（　　　）

下列哪一种说法较适合你？

9. A. 当我与友人尽兴后，我会感到精力充沛，并会继续追求这种欢娱。（　　　）
　　B. 当我与友人尽兴后，我会感到疲累，觉得需要一些空间。　（　　　）

10. A. 我较有兴趣知道别人的经历，例如他们做过什么、认识什么人。（　　　）
　　 B. 我较有兴趣知道别人的计划和梦想，例如他们会往哪里去、憧憬
　　　　什么。　　　　　　　　　　　　　　　　　　　　　　（　　　）

11. A. 我擅长订出一些可行的计划。　　　　　　　　　　　　　（　　　）
　　 B. 我擅长促使别人同意一些计划，并通力合作。　　　　　（　　　）

12. A. 我会突然尝试做某些事，看看会有什么事情发生。　　　（　　　）
　　 B. 我尝试做任何事前，都想事先知道可能有什么事情发生。（　　　）

13. A. 我经常边说话边思考。　　　　　　　　　　　　　　　　（　　　）
　　 B. 我在说话前，通常会思考要说的话。　　　　　　　　　（　　　）

14. A. 四周的实际环境对我很重要，而且会影响我的感受。　　（　　　）
　　 B. 如果是我喜欢所做的事情，气氛对我而言并不是那么重要。（　　　）

15. A. 我喜欢分析，心思缜密。　　　　　　　　　　　　　　　（　　　）
　　 B. 我对人感兴趣，关心他们身上所发生的事。　　　　　　（　　　）

16. A. 即使已出计划，我也喜欢探讨其他新的方案。　　　　　（　　　）
　　 B. 一旦定出计划，我便希望能依计行事。　　　　　　　　（　　　）

17. A. 认识我的人，一般都知道什么对我来说是重要的。　　　（　　　）
　　 B. 除了我感觉亲近的人，我不会对人说出什么对我来说是重要的。（　　　）

18. A. 如果我喜欢某种活动，我会经常进行这种活动。 （　　）
    B. 我一旦熟悉某种活动后，便希望转而尝试其他新的活动。 （　　）

19. A. 当我做决定的时候，我更多地考虑正反两面的观点，并且会推理
       与质证。 （　　）
    B. 当我做决定的时候，我会更多地了解其他人的想法，并希望能够
       达成共识。 （　　）

20. A. 当我专注做某件事情时，需要不时停下来休息。 （　　）
    B. 当我专注做某件事情时，不希望受到任何干扰。 （　　）

21. A. 我独处太久，便会感到不安。 （　　）
    B. 若没有足够的独处时间，我便会感到烦躁不安。 （　　）

22. A. 我对一些没有实际用途的意念不感兴趣。 （　　）
    B. 我喜欢意念本身，并享受想象意念的过程。 （　　）

23. A. 当进行谈判时，我依靠自己的知识和技巧。 （　　）
    B. 当进行谈判时，我会拉拢其他人至同一阵线。 （　　）

当你放假时，你多数会

24. A. 随遇而安，做当时想做的事。 （　　）
    B. 为想做的事情订出时间表。 （　　）

25. A. 花多些时间与别人共度。 （　　）
    B. 花多些时间自己阅读、散步或者发白日梦。 （　　）

26. A. 返回自己喜欢的地方度假。 （　　）
    B. 选择前往一些自己从未到达的地方。 （　　）

27. A. 带着一些与工作或学校有关的事情。 （　　）
    B. 处理一些对自己重要的人际关系。 （　　）

28. A. 忘记平时发生的事情，专心享乐。 （　　）
    B. 想着假期过后要准备的事情。 （　　）

29. A. 参观著名景点。 （　　）
    B. 花时间逛博物馆和一些较为幽静的地方。 （　　）

30. A. 在喜欢的餐厅用膳。 （　　）
    B. 尝试新的菜式。 （　　）

下列哪个说法最能贴切形容你对自己的看法？

31. A. 别人认为我会公正处事，并且尊重他人。 （　　）
    B. 别人相信在他们有需要时，我会在他们身边。 （　　）

32. A. 随机应变。 （　　）
    B. 按照计划行事。 （　　）

33. A. 坦率。 （　　）
    B. 深沉。 （　　）

34. A. 留意事实。　　　　　　　　　　　　　　　　　　　（　　）
　　 B. 注重事实。　　　　　　　　　　　　　　　　　　　（　　）

35. A. 知识广博。　　　　　　　　　　　　　　　　　　　（　　）
　　 B. 善解人意。　　　　　　　　　　　　　　　　　　　（　　）

36. A. 容易适应转变。　　　　　　　　　　　　　　　　　（　　）
　　 B. 处事井井有条。　　　　　　　　　　　　　　　　　（　　）

37. A. 爽朗。　　　　　　　　　　　　　　　　　　　　　（　　）
　　 B. 沉稳。　　　　　　　　　　　　　　　　　　　　　（　　）

38. A. 实事求是。　　　　　　　　　　　　　　　　　　　（　　）
　　 B. 富有想象力。　　　　　　　　　　　　　　　　　　（　　）

39. A. 喜欢询问实情。　　　　　　　　　　　　　　　　　（　　）
　　 B. 喜欢探索感受。　　　　　　　　　　　　　　　　　（　　）

40. A. 不断接受新意见。　　　　　　　　　　　　　　　　（　　）
　　 B. 着眼达成目标。　　　　　　　　　　　　　　　　　（　　）

41. A. 率直。　　　　　　　　　　　　　　　　　　　　　（　　）
　　 B. 内敛。　　　　　　　　　　　　　　　　　　　　　（　　）

42. A. 实事求是。　　　　　　　　　　　　　　　　　　　（　　）
　　 B. 具远大目光。　　　　　　　　　　　　　　　　　　（　　）

43. A. 公正。　　　　　　　　　　　　　　　　　　　　　（　　）
　　 B. 宽容。　　　　　　　　　　　　　　　　　　　　　（　　）

你会倾向

44. A. 暂时放下不愉快的事情，直至有心情时才处理。　　　（　　）
　　 B. 及时处理不愉快的事情，务求把它们抛诸脑后。　　　（　　）

45. A. 自己的工作被欣赏，即使你自己并不满意。　　　　　（　　）
　　 B. 创造一些有长远价值的东西，但不一定需要别人知道是你做的。（　　）

46. A. 在自己有兴趣的范畴，积累丰富的经验。　　　　　　（　　）
　　 B. 有各式各样不同的经验。　　　　　　　　　　　　　（　　）

哪一句较能表达你的看法？

47. A. 感情用事的人较容易犯错。　　　　　　　　　　　　（　　）
　　 B. 逻辑思维会令人自以为是，因而容易犯错。　　　　　（　　）

48. A. 犹豫不决必失败。　　　　　　　　　　　　　　　　（　　）
　　 B. 三思而后行。　　　　　　　　　　　　　　　　　　（　　）

请回过头去看一看您给每个问题所分配的分数。现在那些分数应该像表2－5所显示的那样加在一起：

表2-5　MBTI 性格类型测试问卷答题纸

项目	A	B		A	B		A	B		A	B
1			2			3			4		
5			6			7			8		
9			10			11			12		
13			14			15			16		
17			18			19			20		
21			22			23			24		
25			26			27			28		
29			30			31			32		
33			34			35			36		
37			38			39			40		
41			42			43			44		
45			46			47			48		

SUM

E　I　S　N　T　F　J　P

现在，将每项总得分转移到下列各个空白处，也就是说，你们在向度 E 名下的总得分记在 E 后面的空白处，在向度 I 名下的总得分记在 I 后面的空白处，依此类推。

总得分　　　　　　　　　　　　　　总得分

E：＿＿＿＿＿＿＿　　　　　　　　　I：＿＿＿＿＿＿＿

S：＿＿＿＿＿＿＿　　　　　　　　　N：＿＿＿＿＿＿＿

T：＿＿＿＿＿＿＿　　　　　　　　　F：＿＿＿＿＿＿＿

J：＿＿＿＿＿＿＿　　　　　　　　　P：＿＿＿＿＿＿＿

以上的八个向度（偏好）进行两两配对：E 和 I、S 和 N、T 和 F、J 和 P 各自是一对组合（即一个维度）。在每一对组合中，比较这一组合中的偏好分数的高低，高的那一项就是你的优势类型。如果相同的话，再选择后面那组，即 I、N、F、P。四对组合都做逐一比较之后，你会得到由 4 个字母组成的一个优势类型，如 ENFP、ISTJ 等，请把这组优势类型写在下面的横线上。

问卷所揭示的优势类型是：＿＿＿＿＿＿＿

在 MBTI 性格类型测试问卷结果分析中，对四个维度八个向度（偏好）都有详细的描述，请您认真自我评估，究竟哪种偏好的描述更接近于真实的自己，最后把结果写在下面。

在 E 和 I 向度上，我认为更接近我本性的是：＿＿＿＿＿＿＿

在 S 和 N 向度上，我认为更接近我本性的是：＿＿＿＿＿＿＿

在 T 和 F 向度上，我认为更接近我本性的是：＿＿＿＿＿＿＿

在 J 和 P 向度上，我认为更接近我本性的是：＿＿＿＿＿＿＿

自我评价所揭示的优势类型是：＿＿＿＿＿＿＿

两者综合，我确定我的优势类型是：＿＿＿＿＿＿＿

7. MBTI 四维度八向度性格类型介绍

青春期是个体性格的塑成期，青春期过后每一个体会具有相对稳定的个性类型，这种个性会随着年龄的增长，伴随人们很长一段时间，并在之后的岁月里不停地完善和发展。这就是我们经常说的，随着年龄的增长，人们的性格也会随之变化。依据荣格的人格理论，人们的性格成型以后，就很难变化，正所谓"江山易改，禀性难移"。人们性格的变化是随着周边环境和人生经历等因素不停变化的，性格是动态变化的，之前未体现出来的特征也可能在之后的人生中表现出来。如果用左手与右手来比喻，个体的 MBTI 倾向就是他最熟悉使用的那只手，随着年岁的增长和阅历的增加，他也会练习使用另外一只手。MBTI 有四个分量表，它们分别是：外倾—内倾（E—I），感觉—直觉（S—N），思维—情感（T—F），判断—知觉（J—P）。

第一个维度：根据个人的能量更集中地指向的位置的不同，可分为外倾与内倾两种类型（E—I）。

假设只能用指定一个维度将人群进行合理区分，这个维度就是内外倾向。内倾和外倾是区分个体的最基本标准，就好比我们将自己比喻为界限，自身以外的世界就叫作外部世界，自身以内的世界就叫作内部世界。外倾倾向的人习惯于将自身的注意力和精力投放在外围的世界，包括外在的人、事物和环境等；内倾倾向的人习惯于将自身的注意力投放在自我的内心世界里，如内心的思想和感情。以上两种倾向的群体，在自己所倾向于的那个部分里会感觉更加自如、更有活力。如果去到相反的那个世界，就会增加焦虑、不安和疲惫的情绪。因此，外倾倾向和内倾倾向的人群之间呈现着显而易见的差别，不能用外向的比较开朗活泼，而内向的比较害羞内敛进行简单概括，而应该具体从多方面来分析（见表 2-6）。

表 2-6　外倾型与内倾型的区别

外倾型 E	内倾型 I
与他人相处精力充沛	独自度过时光精力充沛
希望成为注意的焦点	避免成为注意的焦点
行动，之后思考	思考，之后行动
喜欢边想边说出声	在心中思考问题不善于表露
易于"读"和了解，随意地分享个人信息	相对封闭，更愿意在经挑选的小群体中分享个人的信息
说的比听的多	听的比说的多

续上表

外倾型 E	内倾型 I
高度热情地社交	不把热情表现出来
反应快，喜欢快节奏	仔细考虑后才有所反应，喜欢慢节奏
重于广度而不是深度	喜欢深度而不是广度

参照上述指标，就能够基本确定个体的内外倾向，当然，并不是每一条都与自身完美匹配，但是大部分的基本标准都是八九不离十的。个体也不是时时刻刻都只体现着某一种倾向，生活在社会之中，时常需要调整自我行为以适应工作、生活和社会的节奏。外倾倾向的人也会在权威人士面前表现得比较内敛，内倾倾向的人也会在必要的时候滔滔不绝地发表自己的言论。外倾和内倾无所谓好坏的标准，只要是自己觉得合适的、舒服的、习惯的就是最好的。

第二个维度：根据个人收集信息的方式不同，可分为感觉与直觉两种类型（S—N）。

社会信息的更迭日新月异，我们每天都在接受来自各地的信息，不同类型的群体接收信息的具体方式不尽相同，因此就有了接收信息的感觉型和直觉型之分。面对同一情境，感觉型和直觉型的人注意的重点是不同的，信息获取的渠道也不尽相同。感觉型的人更加注重的是事件的本身和细节；直觉型的人更加注重的是以事实为基础的关系、内容和结论。感觉型的人更相信自己的五官所听到、看到、闻到、感觉到、尝到的，看得见摸得着的，有依有据的信息和事实；直觉型的人则更加注重自己的第一感觉，注重事件本身的弦外之音。在感觉型个体的眼里，直觉型个体的诸多结论都是虚无缥缈的，因为感觉型个体格外注重细节，其结果便是他们擅长记忆丰富的事实与材料，就像一本"词典"，随时都能准确讲出大量数据、概念和定义，于直觉型的人眼里简直不可思议；直觉型个体更精通于解释事实，通过零零散散的信息进行有序拼凑，分析出事情的发展态势。感觉型个体对待任务，习惯按照规则、文件办事，比如依照手册步骤使用家电、看着地图轨迹行驶交通路线；直觉型个体则喜欢跟着感觉走，不喜欢照本宣科、按部就班的那套。两种不同的类型也会产生不同的结果：感觉型的人因为固守现实、按部就班，则按照既定的路径走得更加稳妥一些；直觉型个体因为他们的善于变化、突破现实，导致要么更高效完成任务，要么一败涂地，不可收拾。简而言之，感觉型个体更加注意"是什么"，实际而仔细；直觉型个体则更加关心"可能是什么"。具体说来，区别如表 2-7 所示。

表 2-7　感觉型与直觉型的区别

感觉型 S	直觉型 N
相信确定和有型的事物	相信灵感和推断
喜欢新想法——它们必须有实际意义	喜欢新思想和概念——必须符合自己的意愿

续上表

感觉型 S	直觉型 N
重视现实性和常识性	重视想象力和独创力
喜欢使用和琢磨已知的技能	喜欢学习新技能，但掌握之后很容易就厌倦了
留心具体的和特殊的；进行细节描述	留心普遍的和有象征性的；使用隐喻和类比
循序渐进地讲述有关情况	跳跃性地展现事实，以一种绕圈子的方式
着眼于现实或现在	着眼于未来

大多数人兼具感觉型和直觉型两种特质，区别只是其中一种更突出，成为主要特色，这种主要的特色决定着本人的个性。单一地使用任意一种方式接受信息都不是最好的选择。我们在陶醉于自我原本性格的类型时，也要有意识地补足弱点。直觉型的个体可以暗示自己多多关注生活中的小细节；感觉型的个体则要补足透过现象看本质的能力，多注意思考背后的原因。有调查研究，随着年龄的增长和内在的成熟，个体会更加注重自我性格的完善。

第三个维度：根据个人做决定的方式的不同，可分为思维与情感两种类型（T—F）。

从决策的风格来看，个体可分为思维型和情感型。从字面上看，思维型的人具有理性的倾向，情感型的人则具有感性的倾向，实际上并不完全如此。思维型和情感型，双方都有理性的成分，只是两种群体做决策的风格有所不同。思维型的个体比较看重事实依据，注重逻辑分析，对于规章制度秉持一贯以来的遵守，不善于人情世故，做决策时不会太顾虑人的感受，甚至有时候让人觉得不解风情；情感型的人非常注重情绪体验，具有浓厚的人情味，行事风格侧重于考虑他人的感受，对制度的遵守没有思维型的严格。具体区别如表2-8所示。

表2-8　思维型与情感型的区别

思维型 T	情感型 F
退后一步思考，对问题进行客观的分析	超前思考，考虑行为对他人的影响
重视符合逻辑、公正、公平的价值；一视同仁	重视同情与和睦；重视准则的例外性
容易发现缺点，有吹毛求疵的倾向，倾向于批评	给人快乐，容易理解别人
被认为冷酷、麻木、漠不关心	被认为感情过多、缺少逻辑性、软弱
认为圆通比坦率更重要	认为圆通与坦率同样重要
只有情感符合逻辑时，才是正确的，才可取	无论是否有意义，认为任何感情都可取
渴望成就而激励	为了获得欣赏而激励

性别差异在此维度上也有所区别。据调查研究，女性更加侧重于情感型，而男性更加侧重于思维型。这其中的原因，很大一部分来自社会期望对不同性别造成的影响，人们通常认为女性要更有同情心、感情，而认为男性要更克制理性。实际上，思维型和情感型两者并无所谓好坏的差别，重要的是要彼此理解和倾听，并且尽量避免过于极端的表现，太过于思维型和太过于情感型都不是为人处世最好的方式，否则思维型容易走向给人冷酷的感觉，情感型容易走向给人没有原则和底线的感觉，就是我们通常说的"老好人"。

第四个维度：根据个人最感到舒适的生活方式，可分为判断与知觉两种类型（J—P）。

从不同人群偏好的生活方式这一维度来看，有的人在生活中倾向于循规蹈矩、井然有序，把各项事宜和物品的摆放都处理得井井有条，而还有一些人则习惯于比较随意，不太喜欢规则、约束的生活，前者属于判断型个体，后者属于知觉型个体。在处事方式上，判断型个体做事情注重结果，目的性强，有板有眼，他们的生活轨迹一般都是按照自己的规划和计划来走，生活很有条理，喜欢有序、有规则的生活；知觉型个体则更有活力，有强烈的好奇心，能够适应许多不同的环境和情形，他们更加关注瞬息万变的社会信息，偏好多变，也会将许多可能的变化纳入自己的思考范围内，喜欢灵活、随意和更加开放的生活方式。在日常决策时，判断型个体给人感觉更加果断干脆；知觉型的人则喜欢在收集完各种信息之后，再综合考虑做决定。喜欢逛街，逛了很久还决定不了买什么的人，大多数属于知觉型。两者的具体区别如表2-9所示。

表2-9　判断型与知觉型的区别

判断型 J	知觉型 P
做了决定后感到快乐	当各种选择都存在时，感到快乐
"工作原则"：先工作再玩（如果有时间的话）	"玩的原则"：先玩再完成工作（如果有时间的话）
建立目标，并准时地完成	随着新信息的获取，不断改变目标
愿意知道它们将面对的情况	喜欢适应新情况
着重结果（重点在于完成任务）	着重过程（重点在于如何完成工作）
满足感来源于完成计划	满足感来源于计划的开始
把时间看作有限的资源，认真地对待最后期限	认为时间是可更新的资源，而最后期限也是有收缩的

大部分的人都是两种倾向都兼具，很少只是单纯属于某种倾向。日常生活、工作和学习，以及与他人交往的过程中，也会受到一些因素的影响，改变我们一贯以来的风格和方式，在不同的情境下，也容易激发对立面的特质展示出来。比方说在面临十分紧急的情况和任务的时候，知觉型的人也会突然表现得非常果断，只要有兴致，他

们也偶尔会把生活打理得井井有条，把东西收拾摆放得整整齐齐。但这些并不是他们习惯的生活方式，所以在内心底里很难维持长时间的热爱和舒适感。我们应该在尊重内在的心理感受和偏好的同时，也要注重完善自己个性当中的一些弱点，尽量做到去粗取精。

通过以上四个维度的文字描述，我们可以对照出自己在每个维度上的喜好，将自己倾向的那个维度代码进行标记，由此得到四个字母组成的性格类型，比方说 ISTP 代表的是内倾感觉思维知觉型，ENFJ 代表的是外倾直觉思维判断型。由以上的四个维度结合八个相应的向度，可以组成 16 种性格，我们每个人都必然属于其中的某一种。如表 2-10 所示，每一种性格都是独一无二的，没有所谓的好与坏，也没有所谓的优与劣。我们每个人都要认识到，自己是最独特的存在。

表 2-10 16 种性格类型表

内倾感觉思维判断 （ISTJ）	内倾感觉情感判断 （ISFJ）	内倾直觉情感判断 （INFJ）	内倾直觉思维判断 （INTJ）
内倾感觉思维知觉 （ISTP）	内倾感觉情感知觉 （ISFP）	内倾直觉情感知觉 （INFP）	内倾直觉思维知觉 （INTP）
外倾感觉思维知觉 （ESTP）	外倾感觉情感知觉 （ESFP）	外倾直觉情感知觉 （ENFP）	外倾直觉思维知觉 （ENTP）
外倾感觉思维判断 （ESTJ）	外倾感觉情感判断 （ESFJ）	外倾直觉情感判断 （ENFJ）	外倾直觉思维判断 （ENTJ）

（1）内倾感觉思维判断（ISTJ）。

①严肃，安静，借由集中心志、全力投入及可被信赖获得成功。

②行事务实、有序、实际、有逻辑、真实及可信赖。

③十分留意且乐于遵守秩序（工作、居家、生活均有良好组织及有序）。

④负责任。

⑤照设定成效来做出决策且不畏阻挠与闲言，会坚定为之。

⑥重视传统与忠诚。

⑦传统性的思考者或经理。

（2）内倾感觉情感判断（ISFJ）。

①安静、和善、负责任且有良心。

②行事尽责投入。

③安定性高，常为项目工作或团体之安定力量。

④愿投入、吃苦及力求精确。

⑤兴趣通常不在于科技方面，对细节事务有耐心。

⑥忠诚、考虑周到、知性且会关切他人感受。

⑦致力于创构有序及和谐的工作与家庭环境。

（3）内倾直觉情感判断（INFJ）。

①因为坚忍、有创意及必须达成的意图而能成功。

②会在工作中投注最大的努力。

③默默强力地、诚挚地及用心地关切他人。

④因坚守原则而受敬重。

⑤提出造福大众利益的明确远景而为人所尊敬与追随。

⑥追求创见、关系及物质财物的意义及关联。

⑦想了解什么能激励别人，对他人具洞察力。

⑧光明正大且坚信自己的价值观。

⑨有组织且果断地履行其愿景。

（4）内倾直觉思维判断（INTJ）。

①具强大动力与本意来达成目的与创意——固执顽固者。

②有宏大的愿景且能快速在众多外界事件中找出有意义的模范。

③对所承担职务，能良好策划工作并完成。

④具怀疑心、挑剔性、独立性，果决，对专业水准及绩效要求高。

（5）内倾感觉思维知觉（ISTP）。

①冷静旁观者——安静，预留余地、弹性，会以无偏见的好奇心与未预期原始的幽默观察与分析。

②有兴趣于探索原因及效果。

③擅长于掌握问题核心及找出解决方式。

④分析成事的缘由且能实时从大量资料中找出实际问题的核心。

（6）内倾感觉情感知觉（ISFP）。

①羞怯、安宁和善、敏感、亲切、行事谦虚。

②喜于避开争论，不对他人强加己见或价值观。

③无意于领导却常是忠诚的追随者。

④办事不急躁，安于现状，无意于以过度的急切或努力破坏现况，且非成果导向。

⑤喜欢有自有的空间及照自定的时程办事。

（7）内倾直觉情感知觉（INFP）。

①安静观察者，具理想性，对其价值观及重要之人具忠诚心。

②希望外在生活形态与内在价值观相吻合。

③具好奇心且很快能看出机会所在，常担负开发创意的触媒者。

④除非价值观受侵犯，行事会具弹性，适应力高且承受力强。

⑤具想了解及发展他人潜能的企图，想做太多且做事全神贯注。

⑥对所处境遇及所拥有的不太在意。

⑦具适应力、有弹性，除非价值观受到威胁。

（8）内倾直觉思维知觉（INTP）。

①安静、自持、弹性及具适应力。

②特别喜爱追求理论与科学事理。

③喜爱以逻辑及分析来解决问题——问题解决者。

④最有兴趣于创意事务及特定工作，对聚会与闲聊无大兴趣。

⑤追求可发挥个人强烈兴趣的生涯。

⑥追求对有兴趣事务之逻辑解释。

（9）外倾感觉思维知觉（ESTP）。

①擅长现场实时解决问题——解决问题者。

②喜欢办事并享受其中的过程。

③倾向于喜好技术事务及运动，结交同好友人。

④具适应性、容忍度、务实性；投注心力于会很快见成效的工作。

⑤不喜欢冗长概念的解释及理论。

⑥最专精于可操作、处理、分解或组合的真实事务。

（10）外倾感觉情感知觉（ESFP）。

①外向、和善、接受性强、乐于分享喜乐予他人。

②喜欢与他人一起行动且促成事件发生，在学习时亦然。

③知晓事件未来的发展并会热情参与。

④最擅长于人际相处，具备完备常识，很有弹性，能立即适应他人与环境。

⑤对生命、人、物质享受的热爱者。

（11）外倾直觉情感知觉（ENFP）。

①充满热忱、活力充沛、聪明、富想象力，视生命充满机会，但期望能得到来自他人的肯定与支持。

②几乎能做好所有有兴趣的事。

③对难题很快就有对策，并能对有困难的人施予援手。

④依赖能改善的能力而无须预做规划准备。

⑤为达目的常能找出强制自己为之的理由。

⑥即兴执行者。

（12）外倾直觉思维知觉（ENTP）。

①反应快、聪明、长于多样事务。

②具激励伙伴、敏捷及直言不讳的专长。

③会为了有趣对问题的两面加以争辩。

④对解决新的及具挑战性的问题富有策略，但会轻忽或厌烦经常的任务与细节。

⑤兴趣多元，易倾向于转移至新生的兴趣。

⑥对所想要的会有技巧地找出富含逻辑的理由。

⑦长于看清楚他人，有智能去解决新的或有挑战性的问题。

（13）外倾感觉思维判断（ESTJ）。

①务实、真实、事实倾向，具企业或技术天分。

②不喜欢抽象理论；最喜欢学习并能立即运用事理。

③喜好组织与管理活动且专注以最有效率方式行事以达至成效。

④具决断力，关注细节且很快做出决策——优秀行政人员。

⑤会忽略他人感受。

⑥喜做领导者或企业主管。

⑦做事风格比较偏向于权威指挥性。

（14）外倾感觉情感判断（ESFJ）。

①诚挚、爱说话、合作性高、受欢迎、光明正大——天生的合作者及活跃的组织成员。

②重和谐且长于创造和谐。

③常做对他人有益的事务。

④对其给予鼓励及称许会有更佳工作成效。

⑤最有兴趣于会直接及有形影响人们生活的事务。

⑥喜欢与他人共事去精确且准时地完成工作。

（15）外倾直觉情感判断（ENFJ）。

①热忱、易感应及负责任——具备能鼓励他人的领导风格。

②对别人所想或希求会表达真正关切且切实用心去处理。

③能怡然且技巧性地带领团体讨论或演示文稿提案。

④爱交际、受欢迎及富有同情心。

⑤对称许及批评很在意。

⑥喜欢带领别人且能使别人或团体发挥潜能。

（16）外倾直觉思维判断（ENTJ）。

①坦诚，具决策力的活动领导者。

②长于解决组织的问题。

③专精于具内涵与智能的谈话，如对公众演讲。

④乐于经常吸收新知且能广开信息渠道。

⑤易生过度自信，会强于表达自己创见。

⑥喜于长程策划及目标设定。

（二）发展行为风格

1. 平衡行为风格

MBTI 从四个维度来评估人格，每个维度相对的两种偏好个体都具备，只是人们总是有意无意地运用倾向的偏好，并在偏好的领域培养了充分的信心和足够的能力。但这并不意味着人们从来不去那些非偏好的领域，不培养非偏好领域相应的能力。实际上，人们发展得越成熟就越能够在充分掌握偏好区域能力的基础上，不断使用那些非偏好区域的能力和特质，从而使我们的生活更加丰富和平衡。就像篮球运动的罚球一样，擅长使用的手作为动力手，不擅长使用的手则在罚球时对球瞄向篮筐的方向起到了稳定作用。尤其是在现实的职业情境中，需要根据现实进行调整，因此，平衡我们的行为风格就显得尤为重要！

对待人格类型的正确态度：了解优势、弥补劣势。在 MBTI 中，偏好领域的劣势往往是非偏好领域的优势，对人格的完善需要从非偏好领域的优势中寻找答案。

更进一步，对问题的处理：伊莎贝尔（Isabel）给出了问题解决的四个方面。

（1）搜集数据——用 S 去寻找问题的细节。

（2）脑力激荡各种方案——利用 N 来探索可能的原因及对问题的各种解决方案。

（3）客观地分析——利用 T 去思考每个解决方案的利弊得失。

（4）评估影响——利用 F 去评估这些解决方案对问题中相关人员有何影响。

这个方法，使用了两个大脑功能维度上的四个偏好，任何类型的人一定有两个吻合的偏好，以及两个相反的偏好，而这个方法告诉我们，要有效地解决问题，需要平衡地运用好四个偏好。

2. 发展特定的行为风格

了解特定职业环境对人行为风格的要求，有助于我们进一步培养和发展特定的职业性格。虽然职业环境对人行为风格的要求并不绝对，但不同的职业对从业者会有一般性的特质要求，具体到某个职业（特定组织、岗位类型）或职业环境（如组织文化、人际关系、领导风格等），更会对人有特定的特质要求。现在，请你仔细考虑目标职业对人的要求，并结合行为风格的平衡，进一步来考虑如何培养和发展自己的行为风格。

练习

我的行为风格发展计划

结合本节说的平衡、发展行为风格，完成"我的行为风格发展计划表"。

①根据之前的行为风格探索联系，写出你的 MBTI 类型。

②根据之前对职业世界的了解及目标职业与 MBTI 类型练习，写出你目标职业、岗位的 MBTI 类型代码。

③比较这些 MBTI 类型，从中挑出 3~4 项你最希望发展的特质，从不同的发展方面（如专业学习、社团活动、学生工作、社会实践、兼职、实习、志愿服务、家务劳动、自主活动等）考虑如何发展它们，写出你未来的发展计划。

例如：小李学的是自动化专业，他的 MBTI 类型是 ISFP，在与外界互动上，他希望继续保持沉静思考的特质，但同时多多锻炼自己的表达交际能力；在信息接收方式上，继续保持关注细节、严谨务实的特点，但希望自己在创新能力上下功夫；在做决策的方式上，保持自己的善良和柔和，但要增强对问题的逻辑推理和分析能力，以客观的标准做出冷静的判断，向思考型靠拢；在生活方式的问题上，强化时间观念，提升工作效率。

他心仪的职业是测控工程师，经过访谈等，了解该职业的 MBTI 类型代码是 ISTJ。尽管他认为性格和职业并不存在严格的对应关系，但还是想深入发展 J 型的特质，希望自己在学习方面发展这一特质，他打算：①每周制订学习周计划，定期检查、反馈；②使用手机备忘录、便笺纸等提醒自己每天的待办事项；③学习任务、项目等提前完成，绝对不做临时抱佛脚的事；④保证个人的学习用品井然有序；⑤邀请室友监督自己。

（三）通过意义事件加深对自己的认识

在你过去的人生中，有没有哪些生涯事件让你感觉很有成就感，事件的过程让你感觉很享受其中，也许它对别人来说是微不足道的小事，但对你来说它有着独特的意义？你能想起多少件这样的事情？

无数的心理学理论和生涯发展理论都认同一个观点：人是追求生命意义的，人的一生总是有意或无意地沿着自己内心的生命意义在演进。如果你的人生正在实践着你认同的那个意义感，你就会感觉更充实、更满足、更有自我价值感，有更多的美好体验；如果你的人生偏离了你认同的意义感，你就会感觉空虚、失落、自卑、缺乏希望。

每个人的内心都对生命意义有自己独特的观点，但不是每个人都能清晰地描述出自己的观点，这取决于一个人的生活体验以及反思能力。当你的生命意义潜藏在内心中，你却没法清晰地认识到它，你可能就会难以理解自己面临选择时的某些犹豫和矛盾。生命意义是生涯的最强指南针，因此，我们要通过一系列的手段来让它从你的潜意识当中显露出来，让你能够清晰地看到它，接受它的指引。

而那些有意义的意义事件就起到了这样的作用，那些让你感觉充实、满足、自我价值感高的事情，让你感觉享受其中似乎忘了时间的事情，那些让你觉得很有成就感的事情，都代表着你正在追随着你自己的意义。在生涯心理学中，我们也把符合你生命意义的这些关键内容称为"生涯主题"。

下面，就请同学们一起来体验"意义事件"这个练习，去寻找你的"生涯主题"，去感受你自己生命意义的浮现吧！

第一步，制作意义事件卡片纸。

将 A4 白纸裁成均等的四份，每一份就是一张卡片，每人需要准备 7 张卡片，每张卡片上只写一个意义事件，一共写 7 个。

请回忆你从小到大的人生中所有难忘的意义事件，它们让你感觉有成就感，让你自豪，让你感觉享受其中甚至迷恋其中，让你觉得自己很有价值……请注意，无论别人觉得这件事是否值得骄傲或值得自豪，都不重要，只要你感觉它对你来说是独特的就可以了，唯一的要求是：每件事都需要是围绕你发生的，你是事件的直接参与者，你在其中做了一些事情。请找出 7 件这样的意义事件。

每个意义事件都单独写在一张卡片上，你需要为每个事件起个简单的标题，然后，再简单描述一下事件的关键点。最后，特别重要的是：你要用不同颜色的笔，在每个意义事件中标注出是什么让你感觉有意义、什么让你自豪、什么让你感到了价值。

为什么要写 7 件——如果事件太少，我们很难从中看到反复出现的共性，也很难分出不同的类别。事件太多也会浪费时间，7～10 件是比较合适的数量。

我想不出来那么多怎么办？——别担心，很多同学在刚开始做练习时都遇到过这种情况，但当老师要求他们必须回忆出这么多事件时，大家都会努力地去想，一旦突破回忆的大门，大量的事件就会涌现出来。如果你实在想不出来，建议你按照时间线索去回忆你过去的每一年都是如何度过的，也可以参考下面列举的其他同学意义事件的例子。

为了帮助同学们更好地打开回忆大门，充分地寻找意义事件，我们将过去几年同学们在课堂上写下的意义事件跟大家分享，也许你也能从中找到灵感。

同学们都想到了哪些意义事件？

1. 与学校的课程学习有关的

我曾在某门课上解答出了别人都答不出的难题，让老师和同学们刮目相看；

我学某门课总是比别人学得更快、更好，同学们都向我请教；

我学某门课成绩特别好，还参加了学科竞赛；

我曾在某门课上做了精彩的展示，得了高分；

我曾在课堂上给同学们当过小老师，同学们都说我讲得特别清楚。

2. 与校园活动有关的

我曾参加数学建模竞赛/辩论赛/英语演讲比赛/商业模拟大赛/模拟联合国大赛/模拟面试大赛/创新创业策划书大赛（以及其他各类校园竞赛）等等，其中有些事件让我有成就感；

我曾参加某社团，组织了某些活动，如学生讲座、交流联谊、竞赛活动、外出参观等，其中有些事件让我有成就感；

我曾参加某志愿活动，帮助了别人，让我有成就感；

我曾与别人分享经验，教导别人，让我有成就感。

3. 与个人爱好有关的

某种艺术活动，如演奏乐器、绘画、演唱、舞蹈等，让我享受其中并且有成就感；

某种体育活动，如篮球、足球、排球、游泳、羽毛球、滑板等，让我享受其中并且有成就感；

其他爱好，如棋牌类、益智类等，让我享受其中并且有成就感。

4. 与合作有关的

曾与团队合作完成某个项目，攻克某个难题，让我有成就感；

与团队克服了合作的困难，让大家协调一致，让我有成就感。

5. 与职场实习兼职有关的

高质量地完成了某项工作任务，让我有成就感；

工作成绩显著，感到自豪。

......

还有很多其他的经历，比如参加某次夏令营、组织朋友郊游等，以上所举例子只是同学们比较常想到的意义事件，是为了开拓大家的思路，而不是做任何限制，如果你的意义事件跟上面的分类都不相同也没关系，只要是你自己认为有成就感的就可以。

我们来看看小叶同学写下的七个意义事件。

小叶同学的七个意义事件

事件1：被评价为有主见

上小学，有一天下午的历史课老师让下午两点上课之前抄完五遍课文，我在家吃完午饭后就赶紧写，眼看着上学时间快到了，我就自言自语地说，我是在家写完再走呢还是去学校再写呢？当时家里有个客人就建议我写完再走吧，但我想了想，觉得去学校写更好，于是我说，还是去学校写更好，就立刻收拾文具准备走，那个客人就跟我妈说，你家孩子真有主见。后来我想她未必是想夸我，但那是我人生第一次被评价为有主见，我很喜欢这个评价。

事件2：争取吃早餐的权利

上小学时，为了教室卫生，老师不许大家在教室里吃早点，但是我们几个离家远的同学很难早起在家吃早点，我爸说小孩子现在正在长身体，早餐非常重要，学校的规定不合理。于是我第二天就公然带早点进教室，并且鼓动几个同学通知自己的家长，最后联合好几个家长一起向老师争取到了在教室吃早点的权利。

事件3：破坏力

小时候特别爱把买来的芭比娃娃的头发剪了，衣服也扒下来，用我们家的布和线给娃娃做新的，还有一天趁我妈做饭的功夫把家里床单给剪了。但是，妈妈没有说我；我不清楚冰激凌是怎么做的，就把我姑姑的面霜等各种化妆品掺到一个小碗里搅拌，还把姑姑的口红当画笔在门上画画，姑姑和奶奶很生气地说我，妈妈让爸爸给姑姑买了新的，然后很耐心地告诉我不是自己的东西不要乱动，我也终于知道了冰激凌和面霜是什么东西。

事件4：通过长时间的努力提升成绩

无论是小学、初中、高中还是大学，我的学习成绩都体现出一个发展模式，就是刚入学时成绩平平，甚至还会出现较大波动，但通过2～3年的努力，成绩越来越好，越来越稳定，到毕业时成绩已经相当具有竞争力。

事件5：喜欢舞蹈

从小我就喜欢跳舞，上小学、初中一直在校舞蹈队，也算是主力队员，高中因为学习任务太重就没有继续了。但我一直都是业余的，没有经过专业训练，自己心里一直觉得有遗憾。所以，在自己靠做家教挣到一笔钱后就报了个专业的舞蹈班学习舞蹈，老师说我很有天赋，很有舞感。我跳舞的时候觉得自己完全沉浸其中，很美好、很放松，即使是枯燥的基本功练习我也很喜欢。

事件6：担任社团社长

我一上大学就对心理学很感兴趣，报名参加了一个心理社团，我不是学心理学专业的，但通过我的努力和主动，得到了上届社长的认可，在我大二时选我做了社长。我自豪的地方是我因为来自小城市，学习成绩也不突出，也没有什么特长，在与人交往和当众讲话方面还挺羞涩紧张，但我本着脸皮厚的精神，一直坚持去做一些其实我心里也会紧张害怕的事情。我一直表现得很主动，即使上台说话紧张得哆嗦，我也会坚定地让自己走上去。那样的一段经历改变了我，让我对自己更有自信。

事件7：学习国画

大一报了一门山水国画的选修课，每周上课两小时，用毛笔、颜料画石头、山、松树之类的，虽然我画技一般，但我特别喜欢画画的过程。有一天下午我在宿舍完成一幅松树图，其实画画之前刚跟宿舍同学有点矛盾正在生气，但开始画画后我立刻就忘了一切烦恼，很快就完全沉浸其中，两个小时一晃而过。那个下午的感觉让我印象深刻。

第二步比较关键，就是从每件事中寻找让你觉得有意义的那些"元素"。

你可以问自己：在这件事中，是哪个部分让我感觉最为自豪？是哪个部分让我特别享受其中？哪个部分让我感觉最有成就感？哪个部分让我感觉有独特的意义？然后用不同颜色的笔在事件描述中圈出关键词或者另外标注出来。最后，将这些关键词总结分类。

我们再来看看小叶同学找到了哪些关键词，她是如何分类的。

小叶从七个事件找到的关键词

表2-11 事件与关键词

事件1：被评价为有主见	有主见、喜欢这个评价、自己的事情自己做决定
事件2：争取吃早餐的权利	占据主动权、挑战不合理的规定、不盲从老师、提出想法就开始行动、对生活有控制欲
事件3：破坏力	好奇心、动手尝试、破坏性、父母的支持和包容、增长知识、体验、新鲜感
事件4：通过长时间的努力提升成绩	相信长时间的努力会有效、不在意暂时的波动、对人生有控制感、不在意别人的评价、对最初的失败不会丧失信心
事件5：喜欢舞蹈	艺术、美好、自由表达自己、对艺术的敏感、放松、掌控自己的生活、不怕过程中的枯燥
事件6：担任社团社长	脸皮厚、挑战自己的限制、主动、勇敢、不怕丢人、突破自己、自信心、掌控生活
事件7：学习国画	忘记烦恼、沉浸其中、享受过程、美好、时间一晃而过

小叶对关键词的分类：

第一类：主动和掌控感，包括有主见、自己的事情自己决定、占据主动权、对生活有控制欲、对人生有控制感、掌控生活等。

第二类：喜欢艺术和自由表达，包括艺术、美好、自由表达自己、对艺术的敏感、忘记烦恼、沉浸其中、享受过程、美好、时间一晃而过。

第三类：自信心，包括勇敢、不怕丢人、突破自己、自信心。

第四类：不在乎别人的评价和暂时的失败，包括脸皮厚、不怕丢人、不在意别人的评价、对最初的失败不会丧失信心、不在意暂时的波动。

第五类：好奇心和新鲜感，包括增长知识、体验、新鲜感、好奇心、动手尝试。

小叶的分类首先建立在对每件事的意义的深入挖掘上，她不仅看到了事情本身对她的意义，还找出了事件背后教给她一种怎样的人生道理。对事件本身挖掘越深，就越能够找到一些深藏于内心的人生信念。其次，当你总结出了一大堆关键词，在分类的时候难免会感觉有重复和交叉，这是没关系的，我们毕竟不是做逻辑归类题，我们的目的是探索自己内心的想法，所以，只需要你自己感觉更像哪一类就分入哪一类，而且也允许重复和交叉。最关键的，你的分类最好是体现你内心的不同追求，而不是仅限于事件表现的意思。

好了，现在该你自己动手啦！

……

分类结束了吗？你对自己的分类感觉如何？你对自己有什么新的发现吗？如果你担心自己观察得不够全面，你也可以和同学互相观察对方的分类，并互相提供建议。但是请注意，你写下来的分类需要是你自己认同的，别人的建议只是帮助你开拓思路，供你参考。

第三步是个高潮，你需要试着去寻找你的"生涯主题"。

你需要从你写下来的关键词和分类中深入思考和挖掘：你觉得有什么是从小到大一直贯穿在你人生中的内容吗？那些让你有成就感的元素之间有什么内在联系吗？让你感觉有意义的事情彼此之间有什么一致的地方吗？这几个问题有点难，我们可以先来看看小叶同学找到了什么。

小叶找到的生涯主题

小叶再次对七件事情的关键词进行了思考，寻找其中反复出现的一致的东西，最后她找到了三点最重要的。

1. 自由感和对生活的掌控感。
2. 喜欢新鲜、美好、有艺术性的事情。
3. 不怕失败、不在乎别人评价地突破自己的限制，让自己有更多可能。

小叶做出这个总结后不由自主地想，是什么让她形成了这样的人生追求呢？也许是天生性格中的追求自由，也许是小时候父母对她少约束让她习惯了为自己的生活做主，也有一些求学的经历让她更相信自己的努力比别人的评价重要……这些都有可能。

做完这个练习，小叶有一种看清自己人生的感觉，就像透视一样找到了自己人生的过去、现在和未来的联系。无论这些生涯主题是怎么来的，小叶十分确定这些东西对她是万分重要的，是她在未来的职业和人生中都不能放弃的，她会带着这些感悟再去思考职业选择和规划问题。

轮到你自己了，请试着去思考和挖掘，这不是一蹴而就的过程，如果你以前从没有这样思考过自己，那么可能你需要多琢磨几次。如果你担心自己思维受限，也可以把它们分享给你的好友，让他们帮助你想一想其中的联系。你也可以在课堂上跟同学、老师分享，看看大家都有什么观察。

请注意：如果别人表达了某种观察，而你不是特别认同，那你不必强迫自己接受，也不用马上反驳，不如先记下来，慢慢想想这个观察对你有什么启发。

还需要注意的是：这个练习是希望你找到自己潜意识当中存在的生涯主题，你没有必要为了找联系而找联系，如果你确实感觉它们彼此之间没什么联系，那不如先放在那儿，也许你的人生就是在追求着很多不同的主题，又或者未来的某个时刻，你会有自发的感悟，只是现在还没有准备好。

第四节　职业能力与探索

一、能力的内涵

（一）能力的含义

能力，指的是一个人在从事某件事情时，所表现出来的在思维方式、处理方式、效率等方面的效果。对事物而言，就是所创造出来的价值和利益的大小；对个体而言，它体现了一个人的价值。从心理学上来看，能力是指个体行为、思维、情绪、意志、想象力和创造力等各种独特的心理特征的总和，它是人们顺利完成某项工作或某种活动的最具个性的心理特征。

（二）能力的类型

职业能力常以专业技能、可迁移技能、自我管理技能等三个类型划分。

1. 专业技能

专业技能指的是知识技能，专业能力是指从事具体的职业活动所需要的特定技能及与其相应的知识，包括单项的和综合的技能与知识。它是劳动者胜任职业工作、赖以生存的核心本领，专业能力是基本的生存能力。对专业能力的要求是合理的知能结构，强调专业的应用性、针对性。而更高层面上的专业能力还指对新技术的理解力、职业的适应性、合理化建议、过程优化、质量意识、安全意识、经济意识、时间意识、工作岗位的卫生等。例如，对于医生这个职业来说，其专业能力即包括解剖、组织胚胎、生理、生化、病理、药理、诊断学等专业知识和将各种知识综合而来的临床实践能力；从更高层面来说，医生要具有救死扶伤的职业精神和较高的道德水准。由于医生的工作对象是人，而且是特定生活环境下的人，因此，临床医师还必须了解环境，如天文、地理、气象等因素对人的影响；由于人的社会属性，医生还被要求了解病人的心理。

2. 可迁移技能

可迁移技能指的是一般的通用能力，第一类是方法能力。方法能力是指具备从事职业活动所需要的工作方法和学习方法，包括制订工作计划的步骤、解决实际问题的思路、独立学习新技术的方法、评估工作结果的方式等。方法能力是基本发展能力，对方法能力的要求是科学的思维模式，强调方法的逻辑性、合理性。在更高层次上的方法能力还包括分析与综合，全局与系统思维，整体与创新思维，决策、迁移能力，信息的截取、评价和传递，目标辨识与定位，联想与创造力等。比较核心的方法能力主要包括批判性思维和信息能力。第二类是社会能力。社会能力是指具备从事职业活动所需要的行为能力，包括人际交往、公共关系、职业道德、环境意识。例如与同龄人相处的能力，在小组工作中的合作能力、交流与协商的能力、批评与自我批评的能力以及认真、细心、诚实、可靠等。社会能力既是基本生存能力，又是基本发展能力，对社会能力的要求是积极的人生态度，强调对社会的适应性、行为的规范性。进一步发展后的社会能力还指社会责任感、群体工作的协调与仲裁、参与意识、语言及文字表达能力等。比较核心的社会能力主要包括沟通能力以及领导与合作能力。

3. 自我管理技能

自我管理技能指的是自我的健康、情绪、时间、目标等管理能力，自我管理能力是通过自我觉察、自我调整，使自身行为发生改变并达到自己设定标准的能力。自我管理能力的提升帮助个体完善人格、提升心智水平，帮助个体更好发挥自身优势，扬长避短，有利于帮助个体更好实现个人价值。《礼记·大学》中提到了修身、齐家、治国、平天下之间的关系。"修身"恰恰要求一个人有较高的自我管理技能。修身的前提是格物致知，因此提升自我管理能力的前提是学习自我认知相关知识，结合管理学的思维，在生活中不断观察、反思、改变自身。自我管理技能是职业素养的重要组成部分，是个人品质和价值观的直观体现。

智联招聘《2023年大学生就业力调研报告》显示，企业看重的人才素质排名前十的分别是责任心、抗压能力、人际沟通能力、逻辑思维能力、语言表达能力、积极上进能力、团队协作能力、高效执行力、学习能力。

（三）能力与职业

1. 能力需要和职业相匹配

不同的职业需要不同的能力。"三百六十行，行行出状元"，一方面说明了每一行都会出精英；另一方面也说明了术业有专攻，每一个行业都需要与之相匹配的能力。诚然，做自己特别喜欢的工作，是职业成功的重要标志。但是，如果自己喜欢这份工作，可是却没有足够的能力去胜任它，不仅对自己是一种压力，对单位来讲，也是不能接受的。所以，一个人在进行职业选择的时候，既要思考自己喜欢什么、适合什么，还要看是否有能胜任这项工作的潜力和素质。能力，是一个人是否能够胜任职业的先决条件，"没有金刚钻，别揽瓷器活"，只有当一个人具备了胜任该职业的核心能力，才能够在职场中立于不败之地。比如上文所提到的八种能力方面，每一种能力特别突出的人，都会有他所胜任和适合的职业。

2. 能力可以通过职业来培养

个体的能力不是一成不变的，而是通过不断学习慢慢增强。我们在大学里所学的知识和技能，或许不能百分百完全吻合一份职业。但是，这份职业所需要的能力，可以在正式从事这份职业的过程当中，通过后天的努力和学习培养起来。一般情况下，同学们在大学里所接受的教育是通识教育，或者称之为自由教育，它教给大家的不是一种可以变成现实财富的能力，而是一种思考和解决问题的方式，一种在未来步入社会后可以胜任任何学科和职业的思维能力。比如，我们很多人在毕业之后，如果一时找不到与自己大学所学专业特别相关的职业，完全可以用大学里所学到的基本能力，先选择一份较为相关又比较喜欢的职业，这就是我们通常说的可以胜任职业的一般能力。而从事该职业所需要的特殊能力和关键能力，并不是一开始就能具备的，而是需要在工作中通过不断学习、不断积累、不断实践逐渐获得。比如，人们看中医，都喜欢看年龄大一些的老中医，不愿意选择年轻的，尽管年轻的医生也具备这类疾病的专业知识，然而从职业发展的角度来看，这是由于年轻医生具备的是从事该职业的一般能力，而核心能力，是需要实践和时间的积累的。而且，想成为老中医，是需要几十年的积累的。能力与职业的这层关系，也充分体现了学无止境，要活到老学到老。

二、能力的探索

（一）通用能力的培养

1. 学习新信息

学习新信息是改善通用能力的核心方法。通过获取新的信息，开阔自己的视野，拓宽"观察框架"；通过了解新的思考逻辑，掌握更多的规则，更新"思考路线"；通过借鉴新的观念，形成新的习惯，修正自己的"价值导向"。思维能力、人际交往能力、合作能力、领导能力、信息能力都能通过学习得到提高。网络与书籍是获得新信息的方法，网络中的信息新，但可能会有点碎片化，而书籍中的知识系统性会好很多。

2. 尝试新环境

提升个人通用能力的另一个有效方法，就是尝试一个新的环境。旧的行为模式、思维模式都是建立在旧的环境的基础之上的，换一个环境有利于打破僵化的思想，得到新的体悟，这能为树立批判性思维创立一个外部条件。人们需要有意识地创造条件，让自己有在各种环境下工作、生活或旅行的经历，体会各种自然和人文景观、文化、风土人情、生活方式，获得新的知识。文艺工作者有一种工作方式叫作"采风"，泛指采集一切民间的创作与风俗，在不同的环境中，接收不同的思维方式，在创作上吸取新鲜的养分，这即是"尝试新环境"的作用，也是当代文艺生生不息蓬勃发展的动力之一。

3. 直面困境

不回避、不隐藏问题，而是积极地面对问题、困难与挑战，积极地分析原因，是个人学习、提升的重要契机。困境中的自己往往能发现自己的不足之处，此时做针对性的提高往往比平时的努力还要有效。只有敢于离开舒适区，才会有更快的成长，而直面困境是很好的成长机会。

4. 情景规划

情景规划指开发一系列新的情景，在某种现如今不存在的背景下思考具体问题。这种方式有利于练习者以新的视角或方式观察这个世界。从某种意义上讲，情景规划法的特别之处就在于它能提高练习者全局统筹规划的能力。

5. 深度会谈

相对于个人学习，与他人的交流，更可能让自己"豁然开朗"，正如人们常讲的"听君一席话，胜读十年书"。深度会谈是指深入、高层次、高质量的倾听、沟通与共享，其目的不是探究真相，而是在沟通交流的过程中深度地发掘自己的思想，同时接受一些不同于自己的观点。深入会谈有利于摒弃自己的成见，悉心倾听，并通过深入的理性思考，对我们认为理所当然或顺理成章的一些经验、工作程序、方法或假设提出质疑，借以发现隐藏在事物背后的真正规律。

（二）STAR 事件描述法提炼能力

撰写成就事件（5~10个）是一个发现自己能力优势的有效的方法，理由是它证明了我们实际上具备的能力。别人的成功，你可能无法复制，但你自己的成功经验是可以复制的。可以从个人经历选取一些事件，只要符合以下两条标准即可：一是你喜欢做这件事时的感受；二是你完成它以后收获成就感和满足感。

撰写成就事件，可以使用 STAR 行为事件描述法，也就是事件要包含以下要素（见图 2-5）：

S——Situation，情景，当时面临什么情况？

T——Target，目标，需要完成的任务是什么？

A——Action，行动，你采取了哪些行动达成目标？

R——Result，结果，最后的结果怎么样？

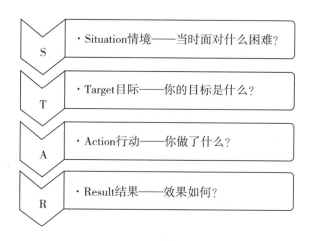

S　·Situation情境——当时面对什么困难?

T　·Target目标——你的目标是什么?

A　·Action行动——你做了什么?

R　·Result结果——效果如何?

图 2 - 5　STAR 事件描述法

【案例】李想同学大一时候参加了许多社团机构面试招聘,但是都面试失败,当时怀疑自己的能力,情绪低落,见其他同学都找到了自己心仪的组织,希望自己也可以找到一个锻炼自己的平台。于是他调整好情绪,找到班导学姐求助,学姐鼓励继续尝试,并推荐应聘辅导员助理。李想同学总结此前面试的经验,思考自己的优势和劣势,重新制作简历和练习面试口头表达,终于面试成功。在工作期间表现优秀,获得了学工办老师的一致好评,获得了"优秀辅导员助理"荣誉称号。

S——各类社团机构面试失败,自我怀疑。

T——至少成功面试一个组织。

A——调整情绪,求助学姐,总结经验,重新采取行动。

R——应聘成功,工作表现获得好评。

STAR 行为事件描述法,可以让你快速有效地提取三种能力,比如从这个同学的成就事件就可以看出:

专业知识技能——简历制作和面试技巧。

可迁移技能——沟通能力、表达能力。

自我管理技能——情绪调节能力。

如果你能够按照 STAR 的方法,写出 5~10 条成就事件,就可以绘制出你的成就事件表了(见表 2 - 12)。

表 2 - 12　成就事件表

成就事件	专业知识技能	可迁移技能	自我管理技能
成就事件一			
成就事件二			

续上表

成就事件	专业知识技能	可迁移技能	自我管理技能
成就事件三			
成就事件四			
成就事件五			

在面试中使用 STAR 法则介绍自己，也可以让自己所具备的各种能力一目了然。

在大学中有许多学习和训练自己能力的机会，这些能力都是可以迁移到未来的工作中去的（见表2－13），完全没有必要担心自己没有能力，你可以在大学四年中为自己的能力做好准备。

表 2 – 13   大学生事件和能力对应表

大学事件	可迁移到企业中的能力
专业学习	专业技能，学习能力
学生干部	组织管理能力，沟通协调能力
社团活动	专业技能，团队合作能力
各种竞赛	专业技能，抗压能力
社会实践	工作经验，实际工作能力
同学交往	人际交往能力，沟通能力
调研报告 撰写论文	信息搜索能力，写作能力
班级活动	执行能力，团队合作能力
打工实习	工作所需的各种能力和职业态度
娱乐休闲 业余爱好	工作与生活平衡能力，时间管理能力
自我生活管理	时间管理能力，理财能力，生活自理能力，规划能力
求职	资源整合能力，信息搜索能力，识别判断能力，沟通能力，抗压能力

第五节 职业价值观与探索

一、价值观的内涵

（一）价值观的含义

价值观是指人们在处理事情、做出抉择时的一种内心活动。通俗地讲，就是个体对某件事情或者某个事物好与坏的看法和判断，而这种判断不是基于外在的社会和道德规则，而是基于个体自己内心的准绳和行为准则。

一个人的价值观决定着他对周围的人和客观事物的看法，它掌控着一个人的行动和思想观念。只要个人内心是认可并相信的、觉得有用有价值的，才会选择去做，否则根本不会去做，而且往往追求的是利益最大化。

（二）价值观的基本特点

1. 持久性与稳定性

一个人的价值观在特定的历史和时代条件下，在一定的时间和环境中，是相对较为稳定和持久的。而且，大众认可的价值观，也是同样稳定的。比如，对于偷窃者，一般都会认为他应该受到相应的法律制裁。

2. 选择性与历史性

一个人所处的时代不同，所生活的社会环境不同，那么他的价值观形成的外在影响条件就会不同，因而价值观也就随之不同。每个时代的人都有每个时代人共同的价值观，比如，改革开放初期，人们的价值观就是吃饱肚子，脱贫致富就可以。而在实现中国梦的新时代，人们不仅关注物质的丰富，而且也追求更美好幸福的生活。另外，一个人的价值观会受到重要他人的影响，如在孩童时候，父母和周围的小伙伴对他的价值观影响比较深。而在成年时代，权威人士、报纸、社会名人、信任的老师对他的价值观的影响就比较深刻。

3. 主观性

首先，不同个体之间具有不同的价值观，即我们所说的价值观不一致。其次，不同个体之间，由于受个体知识、情绪、习惯等因素的影响，对同一事物会有着不同的价值观和看法。再次，价值观的正确与否、好与坏的区分标准，都是根据一个人内心的尺度标准来进行衡量与评价的。一部分人认为正确的事情，另外一部分人可能并不赞同。甚至有些大众认为正确的价值观取向，在少部分人眼里就会变得扭曲。因此，为了社会的正常发展，为了弘扬社会正能量和积极力量，要引导人们朝着正确的方向走。我们国家提出了新时代社会主义核心价值观，即富强、民主、文明、和谐、自由、平等、公正、法治、爱国、敬业、诚信、友善，分别从国家层面、社会层面和公民基本道德层面，来引领整个社会向着正确的价值观方向前行。

（三）价值观与职业

价值观会影响和决定个体对职业的选择。俗话说人各有志，个体往往都会选择与自己价值观相符合的职业。因为只有当自己所选择的职业和自己的价值观相符合时，个体才会更喜欢这份职业，在从事这份职业的时候才不会有太大压力，而且工作效率会更高，从这份职业当中获得的成就感也会随着工作年龄的增长而越来越高。因为价值观决定着职业的选择，所以有关研究便将人们对于工作的选择和已有的工作的需求所表现出来的评价称之为职业价值观，也就是我们常说的择业观。

一个人的择业观会受到金钱、个人兴趣、个人能力、名利、社会环境等方面的制约。所以，需要我们正确处理好职业价值观与这些因素的关系，明确自己职业选择的核心需求，从而更科学、合理地制定职业生涯规划和职业方向。当前社会发展迅速，职业类型五花八门，社会分工更加细致，对大学生的职业选择和职业价值观产生了很大的影响。特别是现如今每一个家庭对大学生的教育投资都非常大，投入越多，期望值也就越高。然而，许多人对于社会现实、职场要求与自身条件都不是很清楚，职业价值观带有盲目性，他们想的是"我想干什么就干什么""干不好了我就辞职""我不喜欢了就辞职"。据相关调查表明，大学生毕业当年的跳槽率在逐年增加，只有少部分人工作稳定没有跳槽，因为这类人在大学时就进行了很好的职业规划，拥有正确的职业价值观，而且在毕业之前就找到了自己喜欢且会长久从事的工作。

因此，我们要树立正确的职业价值观。首先，大学生在进行职业选择时，都会将金钱和薪酬作为首要考虑的因素，这诚然没错。然而，对于现在的我们而言，自己的知识、能力、阅历等还不足以让自己一走入社会就能从事可以获得大量金钱报酬的工作。甚至有些大学生还幻想着一夜爆红、一夜暴富，这样的职业价值观是不可取的，而且也是很危险的，很容易上当受骗，很容易被社会上的不法分子利用，导致自己误入歧途，严重的可能会失去生命。所以，我们要理性地看待金钱与职业，特别是在当下毕业生人数逐年增加，受疫情等社会公共卫生事件、外部环境影响，就业形势变得严峻的情况下，需要我们对金钱有更合理的期望，将眼光放得更长远，注重自我成长和能力的培养及发展。

其次，追求名利也是一个人进行职业选择的重要影响因素，因为有了欲望，才会有动力。但是，名利可以使人获得职业的成功，也会使人陷入自我毁灭之中。所以需要我们在进行职业选择时，根据社会的规则和自己内心的准则，将对于名利的追求控制在一定的程度，不仅要对自己有利，而且也要对社会有益，要有舍有得、知足常乐。

综上，我们需要树立合理的金钱薪酬观，把自己的职业选择与求真务实、脚踏实地的职业定位结合起来，把自己的职业理想与国家、社会的共同理想统一起来，为职业发展找到现实的基点，努力响应国家的号召，到基层去、到祖国和社会最需要的地方去，在基层中学习知识、培养能力，树立起不怕吃苦、基层就业的职业价值观。在职业竞争中受到挫折的时候，要勇往直前、敢于面对，从心里面告诉自己现在所遇到的困难、挫折和挑战都是职业选择中必须经历的，也是暂时的，是可以通过百折不挠的努力战胜的。一味地抱怨是没有用的，理性、理智、科学地分析其中的问题，然后及时调整，让自己有良好的职业心理状态，才能在求职的过程中越挫越勇，最终百战百胜。

二、价值观的探索

（一）价值观探索

美国社会心理学家米尔顿·洛克奇在《人类价值观的本质》一书中总结了 13 种价值观。下面，跟着洛克奇一起探索自己的价值观吧！

📖 **练 习**

首先，请从以下这 13 种价值观中选择你认为重要的 8 个。

然后，依次删减，直到剩下最重要的一个。写出每次删掉的价值观，并说明理由。

表 2 - 14　十三种价值观

1	成就感	提升社会地位，得到社会认同；希望工作能受到他人的认可，对工作的完成和挑战成功感到满足
2	美感的追求	能有机会多方面地欣赏周围的人、事、物，或任何自己觉得重要且有意义的事物
3	挑战	能有机会运用聪明才智来解决困难；舍弃传统的方法，而选择创新的方法处理事物
4	健康	包括身体和心理健康：工作能够免于焦虑、紧张和恐惧；希望能够心平气和地处理事物
5	收入与财富	工作能够明显、有效地改变自己的财务状况；希望能够得到金钱所能买到的东西
6	独立性	在工作中能有弹性，可以充分掌握自己的时间和行动，自由度高
7	爱、家庭、人际关系	关心他人，与别人分享，协助别人解决问题；体贴、关爱，对周围的人慷慨大方

续上表

8	道德感	与组织的目标、价值观、宗教观和工作使命能够不相冲突，紧密结合
9	欢乐	享受生命，结交新朋友，与别人共处，一同享受美好时光
10	权利	能够影响或控制他人，使他人照着自己的意思去行动
11	安全感	能够满足基本的需要，有安全感，远离突如其来的变动
12	自我成长	能够追求知性上的刺激，寻求更圆融的人生，在智慧、知识与人生的体会上有所提升
13	协助他人	认识到自己的付出对团体是有帮助的，别人因为你的行为而收获颇多

我选择的要删掉的 7 个价值是：_____

第一次删掉_____ 原因是：_____

第二次删掉_____ 原因是：_____

第三次删掉_____ 原因是：_____

第四次删掉_____ 原因是：_____

第五次删掉_____ 原因是：_____

第六次删掉_____ 原因是：_____

第七次删掉_____ 原因是：_____

最后剩下_____ 原因是：_____

（二）职业价值观探索

下面通过完成职业价值观测评量表，探索自己的职业价值观取向吧！

练 习

表 2 - 15　职业价值观测评

序号	问题	从不	偶尔	有时	经常	频繁	总是
		1	2	3	4	5	6
1	我希望做我擅长的工作，这样我的内行建议可以不断被采纳						
2	当我整合并管理其他人的工作时，我非常有成就感						
3	我希望我的工作能让我用自己的方式，按自己的计划去开展						

续上表

序号	问题	从不	偶尔	有时	经常	频繁	总是
		1	2	3	4	5	6
4	对我而言，安定与稳定比自由和自主更重要						
5	我一直在寻找可以让我创立自己事业（公司）的创意						
6	我认为只有对社会做出真正贡献的职业才算是成功的职业						
7	在工作中，我希望去解决那些有挑战性的问题，并且胜出						
8	我宁愿离开公司，也不愿从事需要个人和家庭做出一定牺牲的工作						
9	将我的技术和专业水平发展到一个更具有竞争力的层次是成功职业的必要条件						
10	我希望能够管理一个大的公司（组织），我的决策将会影响许多人						
11	如果职业允许自由地决定自己的工作内容、计划、过程，我会非常满意						
12	如果工作的结果是我丧失了自己在组织中的安全稳定感，我宁愿离开这个工作岗位						
13	对我而言，创办自己的公司比在其他公司中争取一个高的管理位置更有意义						
14	我的职业满足来自我可以用自己的才能为他人提供服务						
15	我认为职业的成就感来自克服自己面临的非常有挑战性的困难						
16	我希望我的职业能够兼顾个人、家庭和工作的需要						
17	对我而言，在我喜欢的专业领域内做资深专家比总经理更具有吸引力						
18	只有在我成为公司的总经理后，我才认为我的职业人生是成功的						
19	成功的职业应该允许我有完全的自主与自由						
20	我愿意在能给我安全感、稳定感的公司中工作						

续上表

序号	问题	从不	偶尔	有时	经常	频繁	总是
		1	2	3	4	5	6
21	当通过自己的努力或想法完成工作时，我的工作成就感最强						
22	对我而言，利用自己的才能使这个世界变得更适合生活或居住，比争取一个高的管理职位更重要						
23	当我解决了看上去不可能解决的问题，或者在必输无疑的竞赛中胜出，我会非常有成就感						
24	我认为只有很好地平衡个人、家庭、职业三者的关系，生活才能算是成功的						
25	我宁愿离开公司，也不愿频繁接受那些不属于我专业领域的工作						
26	对我而言，作一个全面管理者比在我喜欢的专业领域内做资深专家更有吸引力						
27	对我而言，用我自己的方式不受约束地完成工作，比安全、稳定更加重要						
28	只有当我的收入和工作有保障时，我才会对工作感到满意						
29	在我职业生涯当中，如果我能成功地创造或实现完全属于自己的产品或点子，我会感到非常成功						
30	我希望从事对人类和社会真正有贡献的工作						
31	我希望工作中有很多机会，可以不断挑战我解决问题的能力（或竞争力）						
32	能很好地平衡个人生活与工作，比达到一个高的管理职位更重要						
33	如果在工作中能经常用到我特别的技巧和才能，我会感到特别满意						
34	我宁愿离开公司，也不愿意接受让我离开全面管理的工作						

续上表

序号	问题	从不 1	偶尔 2	有时 3	经常 4	频繁 5	总是 6
35	我宁愿离开公司，也不愿意接受约束我自由和自主控制权的工作						
36	我希望有一份让我有安全感和稳定感的工作						
37	我梦想着创建属于自己的事业						
38	如果工作限制了我为他人提供帮助或服务，我宁愿离开公司						
39	去解决那些几乎无法解决的难题，比获得一个高的管理职位更有意义						
40	我一直在寻找一份能最小化个人和家庭之间冲突的工作						

问卷计分方式：

完成测试后，在测试中的 40 个题目中，挑选出其中 3 个得分最高的项目（如果各项目的得分相同，就请挑选自己最感兴趣的项目类型）。在每个测试项目的后边再加 4 分（比如，第 20 题得了 6 分，则该题再加 4 分就变为 10 分）。将每一测试题目的分数都填入表 2-16 中，在按照每"列"进行分数的叠加得到最后的总分，再把每列的总分除以 5 得到每个列的平均分，填入下表之中。注意：在计算整个测试的平均分总和之前，记得将最符合自身想法的三项题目额外加 4 分。

表 2-16 职业锚测评计分表

类型	TF	GM	AU	SE	EC	SV	CH	LS
加分项	1	2	3	4	5	6	7	8
	9	10	11	12	13	14	15	16
	17	18	19	20	21	22	23	24
加分项	25	26	27	28	29	30	31	32
	33	34	35	36	37	38	39	40
总分								
平均分								

结果与分析：

根据分数高低，确定自己最重要的三种职业锚，并进行反思。

 练习思考题

1. 自我认知的含义和方法是什么？
2. 常用的职业测评有哪些？
3. 在生活中如何通过事件提炼自己的兴趣、能力、性格、价值观？
4. 兴趣、能力、性格、价值观是稳定的还是动态变化的？

第三章　职业探索

学习目标

1. 基本认识职业地图，了解职业、工作单位、行业与产业、职能的关系。
2. 掌握高校学生职业探索的路径和具体做法。
3. 学会运用多元化的职业信息探索方式进行信息搜索和鉴别。

本章重点

1. 深入了解职业类型和明确职业定位的意义。
2. 重点掌握高校学生毕业去向的类型和实现计划的具体措施。
3. 学会利用互联网和社会支持系统获取职业信息。

本章难点

1. 结合自我探索、职业探索的信息，对自己的职业生涯长期目标和近期目标有一定的方向。
2. 掌握信息访谈的关键要点并运用到实际生涯规划过程中。

课堂导入

李开复：大学本科毕业后应该考研还是出国？

我认为考硕士正确的动机应该是：对某专业有兴趣，并且希望学得更深入透彻；考博士正确的动机应该是：对某专业有更强烈的兴趣，并希望做最高深、创新性的研究。就我个人而言，我对冒险性、带有高度困难的研究抱有极大热情。

但是，今天大部分学生考研的动机却是：希望增强自己在某热门专业所在领域中申请工作或进一步深造的实力。所以，更多人在报考研究生时会选择最热门的专业，也有很多人借此当作"学校晋级"的机会，也就是进入一流的研究生院攻读硕士，然后再依靠这个一流学府的知名度进一步选择出国或进入优秀的企业工作。这个动机是完全不符合研究生院培养学生深造的初衷的，但是它也是可以被社会所广泛理解、认同的。中国现有的人力资源市场比较畸形，竞争异乎寻常的激烈。最好的公司的待遇甚至可以是普通公司的5~10倍。而这些公司每年申请者众多，完全可以百里、千里，甚至万里选一，根本不可能面试每一个申请者，考研本身就变相地成为高级企业的第一层筛选过滤层。通过这层筛选，企业在招聘时可以节约面试成本。于是，有些公司可能只招收名校的学生，或是只招收有硕士、博士学位的学生。

这种"学历贬值"的状况绝对不是好的现象，但是它却反映了真实的实际情况。它鼓励着学生对名校、读研加大了追逐的步伐。所以一般而言，想进优秀的公司最好的途径还是通过考研来进入名校。

针对学生考研的问题，我的建议是：

（1）考虑出国的可能性。出国能够帮助你学习最新技术、开拓生活视野，因为国外较好的学校里的师资、资源、教学方式都领先世界。我赞成有能力出国的人可以尝试一下出国读书，无论是读博士、硕士，还是重读一个本科——当然，重读本科一般代价太大，所以这种情况并不适合大部分人。出国读一个硕士或博士所需要的时间与在国内读硕士、博士所花费的时间是一样长的，尤其在国外读博士通常会提供奖学金，所以可以考虑出国。当然，大家要选择一个不太差的学校。最后要提醒大家的是，美国的签证不容易拿，所以你可以多申请几所不同国家的高校，比如考虑一下加拿大、英国、澳洲等地。

（2）如果你决定留在国内，同时又有意向去做研究工作，那就更应该考研。尽量报考一个比你现在所在学校更好的学校，选择一个你感兴趣的科目，找一个值得尊敬的导师。一般来说，我会建议你选择一个曾经出国读书、有足够经费、年龄较轻、目前仍在一线动手做研究的老师做导师。当你读博士时，最好选择一个可以尽量少做与研究无关的纯粹经济项目的实验室，选择一个可以让你专心做研究课题的老师。如果你打算选择一个完全不动手的资深教授，那至少也要确定他有很多科研经费，为人谦逊厚道，而且确保他愿意找一个年轻有为的助教来帮助你。

（3）如果你只是为了进一个好公司工作而决定考研，那我建议你尽量报考一个比你现在所在学校更好的学校，选择一个你感兴趣的科目，选一些以后工作中会用得上的课题，挑一个热门又实际的论文题目，找一个有管理或商业经验的导师。

（4）无论出国还是留在国内读研，在报考研究生（硕士）前，我建议大家先上网多查查与你的选择有关联的细节。你应该全方位地考虑你的选择，比如：学校是否优秀？校方是否能帮助你下一步——例如出国、就业——的选择？你希望选择的老师是否曾得到学生的好评？他所做的课题你是否感兴趣？他是否有一定名望？他是否有很多经费可供科研？他目前是否依然能做研究工作？

（5）如果你觉得你不考研也能找到好工作，同时你也不想去读一个你完全没兴趣的专业，那你可以选择一个各方面因素都适合你的公司。你需要考量的因素包括：公司是否有很好的培训员工的计划？是否有爱护属下的老板？是否有挑战你的工作和学习的机会？如果那个公司这几个方面的因素都与你的期望所吻合，我相信：当你的同学拿到硕士学位时，也许你比他们进步更多。

（6）在人生规划中，我建议同学们牢记一点：从下一步的下一步往回计划。做什么决定前都可以想想：我即将要做出的那一个决定会在多大程度上帮助到我的再下一步计划。例如：如果你的下一步是要出国读硕士，再下一步是想到美国微软工作，而又不想花家里太多的钱出国读书，这时，你可以去搜索信息：什么学校的硕士是较容易进，而且毕业后到微软的概率最大。你会发现有一个加拿大的大学，Waterloo University，毕业的学生进入微软的概率是非常高的，但是它比许多美国名校容易进，而且学费又低。这些信息网上都有，但是要有耐心和搜索的技巧，还要多建人际关系网——也就是俗称的"人脉"，譬如你可以多认识高你两年级的师兄，多和出国的朋友保持联系，或者直接问微软的员工哪些学校进入微软的概率最高。

出国、考研、就业三者并不是你大二、大三时就急欲要决定的问题。你可以挑两者并行，当你更进一步地知道你的选择时——比如已经得到国外入学许可、考研过关、得到国内公司的 offer，那时你再做出最后的决定。

⚙ 第一节　职业地图探索

一、职业地图与职业定位

在陌生城市旅行，一张地图能够让人准确快速地定位。其实，职业世界也有自己的地图，它可以帮助人们找到适合的职业。这份地图由三个关键坐标组成，分别为行业、工作单位与职能，从表 3-1 中，我们可以看到它们之间的联系：

表 3-1　职业与行业、工作单位和职能的关系

职业	行业	工作单位	职能
销售员	金融行业	外资企业	销售
教师	教育行业	事业单位	教育
厨师	餐饮行业	中小企业	服务

1．职业定位

行业、工作单位、职能这三个坐标共同决定了职业的定位，即：

职业定位 = 行业 + 工作单位 + 职能

2．职业调研：职业信息 PLACE 模型

高效率完成职业调研可以通过职业信息 PLACE 模型六要素搜索：

Position 职位信息——具体包括工作职责、具体任务，以及工作强度。

Location 工作环境——工作的地理位置，在室内还是室外，环境状况，以及工作的安全性等。

Advancement 发展空间——职业的晋升渠道、晋升的速度，工作的稳定性，以及行业和职业的发展前景等。

Condition of employment 待遇安排——包括薪水、社保、进修机会，以及休息休假的安排。

Entry requirements 入职要求——包括学历、经验、技能要求、人格特质等方面的要求。

Experience 他人经验——过来人的经验、教训，以及给新人的建议等。

二、深入了解职业

（一）职业的产生与发展

从人类历史发展来看，职业是随着科学技术和劳动分工的发展而不断产生的，随着社会发展逐渐形成并不断调整着自己的专业内涵和外部特征。

从大约公元前 300 万年算起，人类经历了漫长的旧石器时代、中石器时代和新石器时代初期。当时的职业集中在狩猎、采集和其他日常辅助工作。后来发生了三次具有重大意义的社会分工。

第一次是农业部落和游牧部落从原始的狩猎、采集部落中分离出来，农业和畜牧业成为越来越专门、越来越精细的类型，发展出了农民和牧民这样的职业类型。第二次是手工业同农业的分离。随着铜器、青铜器和铁器的应用，各种手工操作，如金属加工、纺织、制陶、榨油等活动逐渐增多，操作者经验日益丰富，制作技术不断改进，于是有人脱离农业或畜牧业生产而转入手工业的专门化发展。手工业从农业活动中分离，成为各种独立的手工业类职业。第三次是商业和商人阶级的产生，流通本身成为庞大的职业类型。在前两次社会大分工之后，交换得到了长足的发展。交换的不断发展和扩大，使商品生产出现并发展，又反过来促进了交换的进一步发展。不间断的交换活动使部分脱离生产的商人职业得以生存、发展和昌盛。

在漫长的农业社会后，人类社会经过工业革命进入了现代社会。有人认为工业革命又可分为三次：第一次是以蒸汽机为代表的大机器的发明和使用，让生产力超越人

力的局限，大生产成为可能，这次工业革命催生了第一批产业工人；第二次是电的发明和使用，实现了更大范围的能量运输，这次工业革命革新了人类的生产方式，产业工人的工作形态、职业内容升级；第三次是20世纪60年代以来的信息革命，直接将地球带进地球村时代，经济全球化和信息化使得服务业成为经济的主要增长产业，也带来了无数全新的职业。

当下，随着互联网的飞速发展和生命科学的重大突破，人类正在经历被称为"智能革命"的第四次工业革命。人工智能、物联网、大数据、云计算、5G等技术将会带来一大批全新的职业。同时，每次工业革命在产生新的职业的同时，也将消灭一批以过时技术技能为特征的老职业。

（二）职业的分类

职业分类是以工作性质的同一性为基本原则，对社会职业进行的系统划分与归类。所谓工作性质，即一种职业区别于另一种职业的根本属性，一般通过工作内容、工作对象、从业方式等的不同予以体现。一方面是根据职业活动工作特征的相异程度进行职业的划分；另一方面是根据职业活动工作特征的相同程度进行职业的归类。我们可以看出，职业是根据工作的内在属性——职业活动的工作特征来确定的，当从事某一新类型职业活动的人达到一定数量后，我们就可以将这个类型命名为一个新职业。

1. 职业星空

美国大学入学考试中心（ACT）通过对500多种常见职业的研究，做出了一个大致与霍兰德兴趣类型接近的2个维度、6类、23种的职业群分类，如图3-1所示。现实社会中的职业基本上被包括在这个庞大的"星空"图中。

2个维度是人（people）—事物（things）维度和数据（data）—思想（idea）维度。人—事物维度指的是我们的工作对象是人还是非人的事物，包括机器机械、自然、动植物等，比如教师、警察、护士、心理咨询师等职业的工作对象都是以人为主，就偏向人这一端，电脑程序员、飞行员、建造师、农民等职业的工作对象都是非人的事物，就偏向事物这一端；数据—思想维度是指在我们的工作中处理的信息是高度结构化、精确化的数据，还是开放性强、有很大主观性的思想信念。比如会计、文书记录、市场销售等职业，其处理的数据是非常精确、客观的，而偏向思想这一端的职业有艺术创作者、哲学家、作家等。

6类职业是：商业交际工作类别、商业操作工作类别、技术工作类别、科学工作类别、艺术工作类别、社会工作类别。

23种职业群分别为：A. 市场与销售；B. 管理与规划；C. 记录与沟通；D. 金融交易；E. 储存与分派；F. 商业机器、电脑操作；G. 交通工具的操作与修理；H. 建筑与维护；I. 农业与自然资源；J. 手工艺与相关服务；K. 家庭、商业电器维修；L. 工业电器的操作与修理；M. 工程学与相关技术；N. 医药学与技术；O. 自然科学与数学；P. 社会科学；Q. 应用艺术（视觉）；R. 创造、表演艺术；S. 应用艺术

（写作与演讲）；T．综合性健康护理；U．教育与相关服务；V．社会与政府服务；W．个人、消费者服务机构。

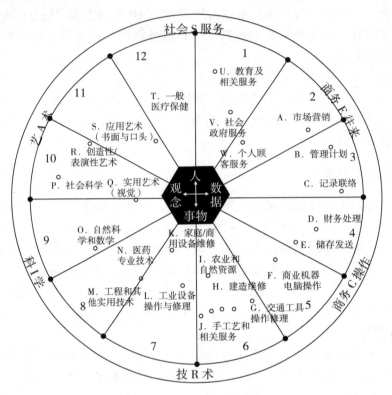

图 3-1　ACT23 种职业群"星空"

2．我国的职业分类

我国于 1999 年正式颁布了《中华人民共和国职业分类大典》（以下简称《职业分类大典》），2015 年、2022 年分别对《职业分类大典》做了修订，最新版本中职业划分为 8 个大类、79 个中类、449 个小类、1 636 个细类（职业）、2 967 个工种。围绕制造强国、数字中国、绿色经济、依法治国、乡村振兴等国家重点战略，将工业机器人操作员和运维人员、农业数字化技术员和农业经理人等也纳入新版《职业分类大典》。经调整，与 2015 版《职业分类大典》相比，在保持 8 大类不变的情况下，新版《职业分类大典》净增 158 个新职业。8 个大类：第一大类为"党的机关、国家机关、群众团体和社会组织、企事业单位负责人"；第二大类为"专业技术人员"；第三大类为"办事人员和有关人员"；第四大类为"社会生产服务和生活服务人员"；第五大类为"农、林、牧、渔业生产及辅助人员"；第六大类为"生产制造及有关人员"；第七大类为"军队人员"；第八大类为"不便分类的其他从业人员"。

2015 版的《职业分类大典》增加了绿色职业标识。通过对具有"环保、低碳、循环"特征的职业活动进行研究分析，将部分社会认知度较高、具有显著绿色特征的 127

个职业标示为绿色职业，旨在注重人类生产生活与生态环境的可持续发展，推动绿色职业发展，促进绿色就业。绿色职业活动主要包括：监测、保护与治理、美化生态环境，生产太阳能、风能、生物质能等新能源，提供大运量、高效率交通运力，回收与利用废弃物等领域的生产活动，以及与其相关的以科学研究、技术研发、设计规划等方式提供服务的社会活动，如环境监测员、太阳能利用工、轮胎翻修工等职业。绿色职业以"绿色职业"的汉语拼音首字母"L"标识。

2022 版《职业分类大典》首次标识了 97 个数字职业，占职业总数的 6%。同时，延续 2015 年版《职业分类大典》对绿色职业标注的做法，标注 134 个绿色职业，占职业总数的 8%。其中既是数字职业也是绿色职业的，共有 23 个。

3. 学职平台

为了帮助中国大学生更早更好地了解社会、了解职业世界，教育部直属单位"全国普通高校学生信息咨询与就业指导中心"，利用"学信网"的相关资料，组织全国五十多所高校参与，共同研发了中国大学生"学职平台"（https://xz.chsi.com.cn/home.action），在"学职平台"的"职业百科"栏目中，介绍了我国大学生从业数量最多的一百多个职业，职业信息包括职业定义、任务职责、知识背景、大学课程、职业技能、从业资格、常用工具、薪酬待遇、工作环境、发展前景、职业道德等 11 个部分，是目前为止对职业信息介绍最为充分翔实的信息平台。除了"职业百科"栏目外，"学职平台"上还有"职业案例"和"职业微视频"栏目，能够帮助大学生身临其境地了解职业的真实情况。

综观中外的职业分类，我们能够看出，职业是依据其工作对象、工作内容或者工作所需要的技能等工作本身的特性为原则来分类的，这些职业特性与工作者的兴趣、能力类型密切相关。大学生在选择未来所从事的职业时，当然需要全方位地认识自己，由于大学时代人的基本观念初步建立，而且尚未经过时间的检验，就要注意不能局限自己，需要在认识的同时把自己充分地开放给未来的无限可能性；要充分挖掘职业信息，综合分析这些信息的来龙去脉，尝试评估它们在整个人和人群需求与科学技术等发展链条中的阶段。把独一无二的自己和这个纷繁复杂的现实连通起来，如此便可沿着生涯道路的台阶拾级而上。

三、了解工作单位

绝大部分职业都是存在于某个工作单位中的，了解社会上工作单位的类型有利于了解整个职业世界。

工作单位基本上可以根据单位的基本职能分为政府行政机关、企业、事业组织三大类。

1. 政府行政机关

政府是以某种合法程序产生的权力机构，其职能是管理社会和提供公共服务。管理社会是指通过立法为全社会建立运行规则，提供公共服务是为全社会成员提供基础的公共产品和公共服务，如基础建设、安全保障、教育环境、就业环境等。广义的政府行政机关是指国家的立法机关、行政机关和司法机关等公共机关的总和，代表着社会公共权力，在我国包括各级党委、人大、政协、人民政府、法院和检察院。狭义的政府是指国家行政机关，即人民政府。在我国，政府特有的重要职能是制定社会、经济发展目标和规划，采取措施保障国民经济健康、有效地运行，保障社会和谐、科学地发展。

2. 企业

企业的职能是创造社会财富。它是企业家组合运用各种生产要素（土地、劳动力、资本、技术等），从事生产经营和社会服务等经济活动，向市场提供商品或服务，换得经济利益的组织，它是国民经济的基本单位。在我国，根据所有制性质，可以将企业分为以下几类：全民所有制企业、集体所有制企业、私营（个体）企业、混合所有制企业（中外合资经营企业、中外合作经营企业）和外商独资企业。

企业在本质上是"一种资源配置的机制"，其通过对社会经济资源的优化配置，降低整个社会的"交易成本"，创造经济价值。各种规模、各种类型的企业渗透到社会的方方面面，满足各种需求，实现社会生活的有效运转。

3. 事业组织（Institutional Organization）

事业组织是指既不以赢利为主要目的，也不履行行政管理职能，而是以社会共同利益、人们的共同福祉为目标，承担某种社会责任，为社会提供某种服务的单位。

在我国，事业组织分为两大类：一类是正在进行体制改革的由政府主办的各类事业单位，它是国家为了社会公益目的，由国家机关举办或者其他组织利用国有资产举办的，从事教育、科技、文化、卫生等活动的社会服务组织，包括各类公立学校、公立医院、科研院所、行业协会等。另一类称为民间公益组织，基本等同于国外的非营利组织（NPO）或非政府组织（NGO）。世界银行把任何民间组织，只要其目的是保护环境、维护穷人利益、援贫济困、提供基本社会服务或促进社区发展，都称之为非政府组织。

NGO 是"非政府组织"英文"Non-Governmental Organization"的缩写，NPO 是"非营利组织"英文"Non-Profit Organization"的缩写。NGO 和 NPO 这两个概念是从不同的角度对民间社会组织的称谓，非政府组织是从"国家—社会"的角度着眼的，在政府的权力和责任未及之处，某种社会组织就会占据政府无力顾及的空间，这就是社会空间。从政治权力的角度来说，与政府组织相对应的是社会性组织或非政府组织；非营利组织则是从"经济—社会"的角度着眼的。从这一角度来看，与经济组织（企业）相对应的是社会性组织，经济组织是营利组织，社会性组织就是非营利组织。因而，它们被统一称作民间组织，即在社会中介于政府与企业之间，兼具非政府性与非营利性的社会性组织，它们既不是政府机构也不是经济组织。清华大学秦晖教授指出：可以用公益还是私益、强制还是志愿这两个维度来划分三个部门。第一部门就是政府部门，是用强制的办法来分配资源，提供公共物品的；第二部门可以称为企业部门，或者营利部门，按照市场原则运作，追求利益的最大化，是采用交易手段来创造、提供私人物品的；第三部门则是通过志愿的机制提供公共利益的组织，如果强调它跟强制手段的区别，那么它就是非政府组织（NGO），如果强调它的公益性和非营利性，那么它就是非营利组织（NPO）。

在很多国家，社会组织对社会发展的推动和影响已经比肩政府和企业，它正在成为社会政治、经济、环境等领域的第三支柱。有学者就把各种形式的社会组织大体划分为以下五个类别。

一是公益服务类社会组织。这类社会组织的活动范围包括公益慈善、扶贫济困、救灾救济、环境保护、文化教育、社区建设以及城乡社会发展等。

二是政策倡导类社会组织。这类社会组织关注边缘群体、易受伤害脆弱人群和弱势群体，积极倡导构建相应的政策法规。追求社会公正，致力于社会发展中形成的各种差别歧视及社会矛盾的解决，以及法律、政策的完整。

三是工商经济类社会组织。这类社会组织积极参与市场运营、谋求市场利益，在降低交易成本、提供产品服务等方面发挥着重要的作用。

四是政治参与类社会组织。这类社会组织数量不多，影响很大，其主要特点是广泛的政治参与，它们以表达政治诉求、扩大政治权力、谋求开展政治活动的公共空间乃至实现政治目标为宗旨，其中也不乏危害法治和社会治安的隐形破坏性社会组织。

五是一般社会领域的社会组织，主要包括学术性团体、宗教性团体、职业性团体等，这类社会组织一般不直接介入政策倡导、公共服务提供、政治参与、市场运营等社会过程中，它们通常有其特定的活动领域以及相关人群。这类社会组织的数量很多，种类繁杂，但具有较强的稳定性。

四、了解行业与产业

我们在了解了工作单位后，还应当更深一步了解该单位所属的行业和产业。不同的行业在我国有着不同的发展前景，有些是朝阳行业，有些是支柱行业，了解行业的发展前景是大学生对工作世界探索的重要内容。

1. 行业

行业是指为社会提供同类产品或者服务、从事相同性质活动的所有单位集合，如各级各类学校构成了教育行业，各种软件公司、网络公司构成了 IT 行业，各个建筑公司构成了建筑行业等。

国民经济行业分类是中华人民共和国国家标准，规定了全社会经济活动的分类与代码。1984 年，国家制定的《国民经济行业分类与代码》（GB 4754—84）是国民经济行业分类国家标准的最初版本。1994 年、2002 年、2011 年和 2017 年，国民经济行业分类国家标准历经四次修订，并更名为《国民经济行业分类》。分类采用经济活动的同质性原则划分，每一个行业类别按照同一种经济活动的性质划分。分类共分为门类、大类、中类和小类四个层次，共包含门类 20 个，大类 97 个，中类 473 个和小类 1 382 个。其中 20 个行业门类分别是：①农林牧渔业；②采矿业；③制造业；④电力、燃气及水的生产和供应业；⑤建筑业；⑥交通运输、仓储和邮政业；⑦信息传输、计算机服务和软件业；⑧批发、零售业；⑨住宿和餐饮业；⑩金融业；⑪房地产业；⑫租赁和商务服务业；⑬科学研究、技术服务和地质勘查业；⑭水利环境和公共设施管理业；⑮环境管理业；⑯居民服务和其他服务业；⑰教育；⑱卫生、社会保障和社会福利业；⑲文化、体育和娱乐业；⑳公共管理和社会组织。

　　2. 产业

　　产业是行业的集合，是对经济活动最基本的描述。产业是根据社会生产活动发生的顺序对其进行划分，一般分为三个大类：第一产业、第二产业和第三产业。产品直接取自自然界的部门称为第一产业，第一产业为第二、三产业奠定基础；初级产品进行再加工的部门称为第二产业，第二产业是三大产业的核心，对第一产业有带动作用；为生产和消费提供各种服务的部门称为第三产业，第一、二产业为第三产业创造条件，第三产业发展促进第一、二产业的进步。虽然三类产业的划分是国际通用方法，但三类产业的范围不尽相同，随着经济的发展，划分标准也在不断变化。2013 年我国的产业分类：第一产业是指农、林、牧、渔业（不含农、林、牧、渔服务业）。第二产业是指采矿业（不含开采辅助活动），制造业（不含金属制品、机械和设备修理业），电力、热力、燃气及水生产和供应业，建筑业。第三产业即服务业，是指除第一产业、第二产业以外的其他行业。第三产业包括：批发和零售业，交通运输、仓储和邮政业，住宿和餐饮业，信息传输、软件和信息技术服务业，金融业，房地产业，租赁和商务服务业，科学研究和技术服务业，水利、环境和公共设施管理业，居民服务、修理和其他服务业，教育，卫生和社会工作，文化、体育和娱乐业，公共管理、社会保障和社会组织，国际组织，以及农、林、牧、渔业中的农、林、牧、渔服务业，采矿业中的开采辅助活动，制造业中的金属制品、机械和设备修理业。

　　在我国，第三产业在整个经济结构中的比重远低于发达国家，我国作为"世界工厂"，制造业仍旧是支柱产业，但长期来看，第三产业的发展将是我国经济发展的重心所在，将是未来劳动力需求最大的产业。

　　那么，职业、单位、行业和产业是什么关系呢？是不是由小到大的层级包容的关系呢？由上文可知，产业是由行业组成的，行业是由单位组成的，但单位和职业并非大小包容的关系。任何一个单位都包含了若干个不同的职业从业者，而一个职业也可以同时存在于不同的单位中，比如基本上每个单位都会有财务会计的从业者。一个科学家既可以在科学院工作也可以在高校当老师；一个法律工作者既可以在法院工作也可以在企业或者NGO当法律顾问。因此，我们在考虑未来工作的时候，需要考虑职业和行业两个要素，职业决定了我们的工作内容，行业决定了我们跟什么样的人合作，共同为社会提供什么产品或者服务。

五、了解职能

在企业中，会划分不同的职能模块，不同企业中对这些职能模块的称呼可能会有不同。一般来说，企业按照职能来分类，有以下 8 个基础职能：销售、市场、研发、生产和服务、客服、财务、人力资源和行政（见图 3-2）。

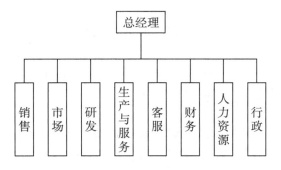

图 3-2　一家公司的组织职能架构图

1. 销售

销售是企业的经济命脉，是营销组织架构的重要组成部分，其销售业绩的好坏直接影响公司的生存发展。销售业绩压力大，需要较强的沟通能力、应变能力和抗压能力，具有业务开拓能力。

2. 市场

市场是营销组织架构的另外一个部分，如果说销售是拉近产品与消费者的物理距离的话，市场则负责拉近产品与消费者之间的心理距离。市场还可能会细分为：产品管理，负责新产品的开发战略；市场开发，负责现有产品的定位与市场推广战略，包括价格定位和价格策略；市场宣传，负责产品的具体活动，例如广告、促销、活动、产品介绍等。通过这样的手段不断激发市场需求。市场需要较强的沟通能力、数理分析和策划能力。

3. 研发

研发是为了满足客户不断变化的需求，设计、优化产品功能和原型。在一些制造类型的企业里可能会没有产品研发职能，而是会有一些工艺的研发。产品研发需要较强的专业能力，想进入这个领域需要有深厚的专业功底作为基础。

4. 生产与服务

对于制造型企业来说是以产品生产为主，主要职责是组织生产、降低消耗、提高生产率，按时保质为客户提供所需的产品。对于服务型的企业（企业咨询、心理咨询、设计）来说则是以服务为主的，他们的主要职责是服务客户满足需求，达成外包的任务。生产和服务需要具备一定的专业能力，对执行力、组织协调能力要求高。

5. 客服

客服的职能是按照要求为客户提供服务，分为售前、售中和售后服务三种类型。

从广义上来说，任何能提高客户满意度的内容都属于客户服务的范围。客服需要较强的人际交往能力和沟通能力，同时需要较强的应变能力和关系协调能力。

6. 财务

财务职能的目标是使得企业利润最大化，基本职能是资本的融通（筹资管理）、现金的运营（财务管理）和资本运作（投资管理）三项。会计、金融专业的人都可以进入财务领域。财务需要较强的专业能力、思考能力和判断鉴别能力。

7. 人力资源

人力资源的职责是为企业发展提供配套人力支持，分为六个模块，包括战略、绩效、薪酬、招聘、培训以及员工关系。对新人来说，一般都是从一个板块开始做起，然后通过岗位轮换逐渐扩展到其他的板块，最后获得职业的综合发展。人力资源需要较强的亲和力、综合处理事务的能力和风险防范能力。

8. 行政

企业行政管理包括相关制度的制定和执行推动、日常办公事务管理、办公物品管理、文书资料管理、会议管理、涉外事务管理，还涉及出差、财产设备、生活福利、车辆、安全卫生等。小规模公司的行政可能还会集成财务、人力资源的工作职能。行政工作的最终目标是通过各种规章制度和人为努力使部门之间或者关系企业之间形成密切配合的关系，使整个公司在运作过程中成为一个高速并且稳定运转的整体。行政需要较强的组织能力、管理能力、人际和事务处理能力。

拓展阅读

无边界职业生涯

无边界职业生涯成为越来越多人喜欢的选择，这个概念于1994年提出来，指"超越单个就业环境边界的一系列的就业机会"。强调以就业能力（employability）的提升替代长期雇佣保证，使员工能够跨越不同组织实现持续就业。也就是传统社会所谓的练内功，同时也与现代社会正在发生的技术革命期待的有灵魂的、充满活力和创造力的工作者合拍。流水不腐，变动中找到平衡，需要更高的技巧，也是更稳定的平衡。人，只有成为自己，才能拥有核心竞争力，才能真正参与到自己的未来的创建中去。这和只有民族的才是世界的是一个道理。

在成长过程中，自己的目标不应只限定在一个特定的职业和狭窄的技能训练范围，而应追求一种综合的目标，强调培养自己广泛的职业适应能力，以便有机会进入不同的领域工作，能够适应不断变化的工作世界的需求，为个体更加积极、主动参与社会做准备。

生涯教育的目标不是要人成为自己完全的掌控者。人定胜天、心想事成是人太自大导致的偏离常态的错误认知。生涯教育的真实目标是期望每个人在与外界复杂互动的过程中自觉关注这个"我"。我们是不可能在庞大的世界中成为一切事物的决定者，但也不能成为漂流不定的飞絮。坚持自己，并在社会现实中不断地做出理性妥协，同时觉察到自己的选择是当下的最优选择。在这个逻辑下就可以理解干一行和爱一行的先后关系。我们追求去选择自己爱的工作，但也应接受自己妥协之后的工作并且从中找到爱的角度、培养对它的爱。

AI 来了

一个全新时代正在到来，ChatGPT 的到来让人们思考了更多，在这个看似越来越复杂多变、越来越不可控的世界里，个体的职业发展实际上有了更多的可能，由于科技降低了很多技能的门槛，因此我们越来越容易发挥自己的优势，走一条完全不同于前人的职业道路。

比如，音乐作曲是很专业的技能，以前要想作曲，最起码学很久的作曲知识、训练基本的技能，现在智能科技降低了作曲的门槛，你只需要用你的灵感、对人生的感悟、听音乐的经验，形成一个好听的旋律，哪怕是一小段哼出来的调调，人工智能作曲软件就能帮你作曲，甚至扩写成一首完整的曲子。不光音乐，绘画也是一样。很多人学绘画，无论是学水彩、学油画还是中国画，都要学很多年，现在也不用了，一个人工智能程序，只要你输入你的构思，它会帮你完成很多事情。这类新职业或许叫人工智能艺术家——人工智能艺术家强调的不再是艺术技能，只是单纯的技能已经不构成竞争优势，甚至说，技能就是能够被机器掌握的，剩下的是创意。未来科技和艺术应该在创意的角度极大地融合，越来越多的艺术家和科技一起探索边界，科技能干的都应该交给科技，然后人去干那些科技都无法做到的事情。这才是人存在的真正价值，这也是为什么我们现在这么重视创造力的培养，因为在人工智能时代，大量已有的、可重复的工作都会被机器所取代，唯有创新才是人类无法被替代的。

第二节 高校学生职业探索

一、当代的工作形式

在很多大学生的心目中，朝九晚五就是经典的工作方式，但随着社会的发展、科技的进步，现代社会可以选择的工作形式远不止这一种。

（一）全职工作

一般意义上，我们说到大学生就业的时候，都是指这个概念。它曾经包含了户籍关系迁转、干部身份确认、工资关系启动，甚至粮油配给关系启动。它往往意味着很长时间，甚至一个终生契约。现在，更多的是指更为稳定的、每周 40 小时工作时间的确定的工作。全职工作人员目前仍然是大多数组织的核心和中坚力量。

（二）非全职工作

非全职工作就是每周工作时间不足 40 小时的工作，或者稳定性稍低的工作。眼下越来越多的组织期望新员工和组织之间有更多的相互磨合时期。在这个时期，不一定要按照全职方式进行，但是可以更好地实现相互的深入了解，以最终确定是否成为全职员工。有不少的外聘员工、派遣员工等实际上都可能逐步成为全职员工。一些新兴的组织甚至主要采用这个办法来完成全职员工挑选。

（三）弹性工作时间

弹性工作时间主要强调时间的自由，更多关心目标的达成而不是工作时间的要求。它的出现与新技术的使用有密切关系，比如网络的飞速发展。也与社会生活中实际上已经发生的新型、复杂需求有关，比如更为激烈的竞争对确定的工作时间概念的消解，就整个地球而言，任何时间都是一些人的在岗时间。当然，弹性时间也是对新时代家庭事务处置、休闲方式选择、城市交通问题更为个性化的积极应对的产物。

（四）轮班工作

轮班工作大多指 24 小时轮转的工作。可能是技术需要，比如有些研究需要连续观测；也可能是机器本身的需要，有些设备只有连续工作最优；当然也可以是任务需要，比如赶工期；或者仅仅是国际化的需要，比如航空、网络、军事等。

（五）兼职

从事多个职业，或者因为物质需要急需获得更多报酬；或者因为兴之所至，对多个事物感兴趣。

（六）共享工作

这是出于特殊的照顾家庭等需求的一些合作工作类型。基本上就是对一个全职工作的合作完成模式。可能每个人完成每周 20 小时或者更少的工作时间。大多是事务成分较多的工作，不需要特殊的技术和连续性考量的工作。

（七）远程办公

主要是在国际化的背景下充分运用网络技术新生的工作类型，这种方式越来越普及。与大学生比较有关系的是远程面试等。

（八）自由职业者

自由职业者或者描述为更为自由的职业从业者。无论是时间还是方式，都更为个性化。这个领域越来越庞大，咨询、演艺、顾问等领域在现代社会中发挥着越来越重要的作用，人群规模和需求有增无减。

（九）合同工作者

按照合同约定，实施项目化操作。按照约定周期和要求进行的工作，也是新兴工作的一个重要类型。

从以上描述可以更为清晰地感受到正在发生的第三次技术革命对整个工作世界带来的激烈变革，革命还在继续，变革方兴未艾。

二、高校学生职业探索

当前，高校学生毕业去向有升学（考研、保研、境外留学）、考公务员或进入事业单位、到企业（国企、外企、民企）就业、"三支一扶"、"西部计划"、大学生村干部、特岗教师计划、大学生应征入伍计划等。

大学生的职业探索是在大学期间进行自我探索、了解外部环境，寻找到与自身匹配的职业方向的过程。具体体现为了解职业地图、毕业去向选择，扎实巩固专业知识、参与校内外实践活动锻炼综合素质、积极搜索职业信息。职业生涯规划并非一成不变的，而是自身不断适应社会变化，根据外部环境和自身情况做调整的过程。

（一）升学

本科毕业学生可选择提升学历，到国内外学术机构攻读硕士研究生。完成硕士研究生学业后可以进一步选择升学读博，也可以选择就业。在境内升学可以选择参加研究生考试或者获得免试攻读研究生资格，境外升学可以通过自助申请的方式获得资格。

1. 考研

选择参加全国硕士研究生招生考试方式的简称考研。考研分初试和复试，初试一般为笔试，复试根据所在院校设置考试方式。各招生专业考试科目不同，有思想理论考试、外语课考试、数学课考试以及专业课考试等。考生可以在意向高校的研究生招生主页阅读招生简章获取报考信息，了解初试和复试的参考书目，提前做好备考复习。

一般参加考研的准备：备考时长因人而异，一般在大学三年级时可以了解目标院校，评估自身的能力，针对目标院校搜索信息做好准备。除了全国统一命题的科目，专业课一般由高校自主命题，所以对于学校和专业的选择要尽早决定，决定后需要投入的复习时间较长，尤其对于选择跨专业考试的考生而言。

2. 保研

选择全国推荐免试攻读研究生途径的简称推免（保研）。推免的前提是所读学校必须具有推免资格，有意向以这种方式攻读研究生的本科生需要明确在读学校的推免条件，符合条件申请获得本校推免资格后报名参加意向高校的推免生复试。

一般参加保研的准备：大学期间注重专业学习成绩，为提升竞争优势，尽可能提升学业绩点，有条件者可以在本科期间参与目标专业相关的学术研究、发表学术论文、参与学术论坛等。部分招收推免生的高校还会采取夏令营的模式吸引大学生参与，在大学三年级的暑假可以参加这类夏令营，在夏令营表现优秀的还有机会获得"优秀营员"的称号。在获得本校推免资格后，要提前了解目标院校的报名时间和流程，准备目标院校的复试，一般有笔试和面试形式。

3. 留学申请

选择自主申请方式获得港澳台地区、国外学校录取资格的简称留学申请。申请境外留学需要提前规划、在学校官网了解具体的申请条件和申请流程，不同的学校申请时间和入学时间不一样，一般需要了解院校和专业设置，需要准备好相应的申请材料，如个人简介、成绩证明、实习证明、外语成绩等，部分专业还要求申请者参加 GRE、GMAT 等考试。

一般计划留学申请的学生，在大学二年级或者三年级时候可以了解目标院校的要求，提前准备语言考试，如果目标院校要求有与专业相关的学术或者实践经历，还需有针对性地规划好大学期间的安排。

拓展阅读

国内研究生报考条件（节选）①

第十七条　报名参加全国硕士研究生招生考试的人员，须符合下列条件：

（一）中华人民共和国公民。

（二）拥护中国共产党的领导，品德良好，遵纪守法。

（三）身体健康状况符合国家和招生单位规定的体检要求。

（四）考生学业水平必须符合下列条件之一：

1. 国家承认学历的应届本科毕业生（含普通高校、成人高校、普通高校举办的成人高等学历教育等应届本科毕业生）及自学考试和网络教育届时可毕业本科生。

考生录取当年入学前（具体时限由招生单位规定，下同）必须取得国家承认的本科毕业证书或教育部留学服务中心出具的《国（境）外学历学位认证书》，否则录取资格无效。

2. 具有国家承认的大学本科毕业学历的人员。

3. 获得国家承认的高职高专毕业学历后满 2 年（毕业后到录取当年入学前，下同）或 2 年以上的人员，以及国家承认学历的本科结业生，符合招生单位根据本单位的培养目标对考生提出的具体学业要求的，按本科毕业同等学力身份报考。

4. 已获硕士、博士研究生学历或学位的人员。

在校研究生报考须在报名前征得所在培养单位同意。

第十八条　报名参加以下专业学位全国硕士研究生招生考试的，按下列规定执行。

---

① 资料来源：《2024 年全国硕士研究生招生工作管理规定》。

（一）报名参加法律（非法学）专业学位硕士研究生招生考试的人员，须符合下列条件：

1. 符合第十七条中的各项要求。

2. 报考前所学专业为非法学专业。

（二）报名参加法律（法学）专业学位硕士研究生招生考试的人员，须符合下列条件：

1. 符合第十七条中的各项要求。

2. 报考前所学专业为法学专业（获得法学第二学士学位的人员可报考）。

（三）报名参加工商管理、公共管理、工程管理硕士中的工程管理［代码为125601］和项目管理［代码为125602］、旅游管理、教育硕士中的教育管理、体育硕士中的竞赛组织专业学位硕士研究生招生考试的人员，须符合下列条件：

1. 符合第十七条中第（一）、（二）、（三）各项的要求。

2. 大学本科毕业后有 3 年以上工作经验的人员；或获得国家承认的高职高专毕业学历或大学本科结业后，符合招生单位相关学业要求，达到大学本科毕业同等学力并有 5 年以上工作经验的人员；或获得硕士、博士研究生学历或学位后有 2 年以上工作经验的人员。

工商管理硕士专业学位研究生相关考试招生政策同时按照《教育部关于进一步规范工商管理硕士专业学位研究生教育的意见》（教研〔2016〕2 号）有关规定执行。

第十九条 报名参加单独考试的人员，须符合下列条件：

（一）符合第十七条中第（一）、（二）、（三）各项的要求。

（二）大学本科毕业后连续工作 4 年以上，业务优秀，已经发表过研究论文（技术报告）或者已经成为业务骨干，经考生所在单位同意和两名具有高级专业技术职称的专家推荐，回原单位定向就业的在职人员；或获硕士、博士研究生学历或学位后工作 2 年以上，业务优秀，经考生所在单位同意和两名具有高级专业技术职称的专家推荐，回原单位定向就业的在职人员。

第二十条 招生单位不得按单位、行业、地域等限定考生生源范围，也不得设置其他歧视性报考条件。

第二十一条 具有推荐免试资格的考生，须在国家规定时间内登录"全国推荐免试攻读研究生（免初试、转段）信息公开暨管理服务系统"（网址：https://yz.chsi.com.cn/tm）填报志愿并参加复试。在规定截止日期仍未被招生单位录取的推免生不再保留推免资格。已被招生单位录取的推免生，不得再报名参加当年硕士研究生招生考试，否则取消其推免录取资格。

推免生推荐和接收办法由推荐学校和接收单位根据教育部有关规定制订并公布。所有推免生均享有依据招生政策自主选择报考招生单位和专业的权利，推荐学校所有推免名额（除有特殊政策要求的专项计划外），均可向其他招生单位推荐。凡按规定可接受应届本科毕业生报考的学科（类别）、专业（领域）均可接收推免生，但全日制学科专业不得只接收推免生。

其他符合免初试资格（如在部队荣立二等功以上退役人员等）的考生，应在国家规定的全国统考报名时间内登录"全国推荐免试攻读研究生（免初试、转段）信息公开暨管理服务系统"报名。

关于 SAT、GRE、GMAT、LSAT 考试

SAT 全称 Scholastic Assessment Test，也称"美国高考"，是由美国大学理事会（College Board）主办的一项标准化的、以笔试形式进行的高中毕业生学术能力水平考试。其成绩是世界各国高中毕业生申请美国高等教育院校入学资格及奖学金的重要学术能力参考指标。

GRE 全称 Graduate Record Examination，中文名称为美国研究生入学考试。适用于申请世界范围内的理工科、人文社科、商科、法学等多个专业的硕士、博士以及 MBA 等教育项目，由美国教育考试服务中心（Educational Testing Service，简称 ETS）主办。

GMAT 是 Graduate Management Admission Test 的缩写，中文名称为经企管理研究生入学考试。美国、英国、澳大利亚等国家的高校都采用 GMAT 考试成绩来评估申请入学者是否适合于在商业、经济和管理等专业的研究生阶段学习，以决定是否录取。

LSAT 是 Law School Admission Test（法学院入学考试）的缩写。该考试作为美国法学院申请入学的参考条件之一，该成绩将作为预估申请入学者在法学院的正确且合理的推论与判断能力、分析及评估能力之表现，没有资格报考的限制。考试包括三个方面的内容，每部分时间为 35 分钟，另加 30 分钟的写作。三个方面的内容是阅读理解、逻辑推理及分析推理。

（二）公务员和事业单位

1. 公务员考试

公务员，是指依法履行公职、纳入国家行政编制、由国家财政负担工资福利的工作人员。

成为公务员需要通过公务员考试，分为选调生考试、国考和省考。公务员考试的考试科目是行政能力测试和申论，部分职位还有专业科目考试。

（1）选调生考试。选调生只是招录应届毕业生，并且在报考上会对报考资格有更严格的限制，比如年龄、政治面貌、获奖经历、学生干部身份等，符合相应的资格要求才可以报考。选调还有普通选调和定向选调、中央选调三种类型。

（2）国考。国考的全称是中央机关及其直属机构某年度考试录用公务员，也就是中央部委及其直属机构的公务员考试，一般在 11、12 月笔试，次年 3 月份前后组织面试。

（3）省考。全国有不少省份会组织联考，一般在每年的 3 月份左右发布公告，4 月左右考试，部分省市会单独组织考试，比如北京、上海、深圳、广东、浙江、江苏等

地，不参加联考。

2. 事业单位招聘

事业单位是指国家为了社会公益目的，由国家机关举办或者其他组织利用国有资产举办的，从事教育、科技、文化、卫生等活动的社会服务组织。事业单位考试称为事业公开招聘工作人员考试，这项工作由各用人单位的人事部门委托省、市级和地级市的人事厅局所属人事考试中心组织，考试的时间各地不一，可以查询当地人事考试网了解招聘公告和考试形式等资讯。

拓展阅读

事业单位与企业单位、行政单位的区别

一、与企业单位的区别

事业单位是具有公益性质，为社会提供公共服务的组织，事业单位绩效工资和企业绩效工资最主要不同点在于经费来源和保障。企业绩效工资完全取决于企业盈利情况，根据企业的薪酬战略及绩效考核结果进行发放；而事业单位则不同，事业单位根据单位不同类别，其绩效工资的经费来源和保障有所不同。义务教育中小学绩效工资经费来源主要由县级财政保障，省级财政统筹，中央财政对中西部及东部部分财力薄弱地区给予适当补助。其他事业单位实施绩效工资所需经费，按单位类型不同，分别由财政和事业单位负担，但事业单位的创收如何规定是今后需要解决的问题。公益型事业单位如果把主要精力用在创收或提供公共服务也高价收费，这就偏离了公益性事业单位的性质，这些需要通过制度进行规范和安排。

二、与行政单位的区别

（1）内涵不同——行政单位属于国家机关，而事业单位属于社会服务组织。

（2）担负的职责不同——行政单位是负责对国家各项行政事务进行组织、管理和指挥；而事业单位是为了社会的公益目的从事教育、文化、卫生、科技等活动。

（3）编制和工资待遇的来源不同——行政单位使用行政编制、由国家行政经费负担。事业单位使用事业编制，由国家事业经费负担。事业单位有全额拨款的，有部分拨款的，还有事业单位企业化管理的。行政单位人员的工资按《中华人民共和国公务员法》由国家负担，而事业单位则根据不同的管理模式实行不同的待遇。

（三）企业

企业的招聘分为社会人员招聘和校园招聘，校园招聘主要针对应届毕业生。校园招聘又分为秋季和春季的校园招聘会（简称秋招和春招），秋招一般在每年的9—11月进行，春招在秋招次年的3—4月进行，秋招时期参与招聘的企业数量相对更多更集中，应届毕业生可以充分把握机会，投简历、参与笔试和面试获得就业工作机会。在投简历前可以了解企业的类型、目标岗位的招聘要求，制作好匹配度高的简历，做好求职准备，具体可以参考本书关于求职准备的章节。

1．国有企业

国有企业，一般指国有独资或控股的企业，分成国务院国资委管理的中央直属国企（简称央企）和地方政府管理的地方国企。央企主要分布在航天、军工、能源、电力、通信等战略资源行业，比如耳熟能详的中石油中石化、中电信中移动中联通、铁路总公司等。

一方面，央企实力雄厚，竞争优势明显，规模超大，管理机制健全，人才济济，工作稳定，福利较好，是个很好的学习成长平台。另一方面，央企规模大，进入门槛较高，做事情可能需要协调较多部门和关系。数量众多的地方国企竞争实力差异较大，经营不擅甚至会倒闭。文化上国企强调执行，创新速度和个人发展速度也相对较慢。

2．民营企业

民营企业，简称民企，没有外资成分的企业中只要不是国有独资或控股的，均可以纳入民营企业范畴。与天然具有资源垄断优势的国有企业不同，民营企业只有加倍努力才能争取生存空间。民营企业中既有超大型企业、上市公司，也有规模非常小的初创型小微企业。

大型民企通常具备较强的市场竞争力，特别是互联网行业集中了很多快速创新发展的公司，比如腾讯、阿里、小米等。文化创新而灵活，关键岗位待遇丰厚，是很多毕业生的梦想求职地。初创型小微企业有的可能尚未越过企业生存线，不够稳定。中小型民企文化总体因企业老板管理风格不同，体现不同特点，家族式特点明显。

民营企业在用人上重视员工是否能够实际地帮助企业发展，不唯学历资历，更看重业务能力、研发能力等等。不同民营企业的薪酬，差异较大。去小微企业可以一人独当多面，是非常宝贵的全面锻炼和扩大视野的机会，也有股权机会，但同时要考虑个人对职业稳定性的期望。

3．外资企业

外商投资企业简称外企，在市场上与国企、民企共同竞争，因其资金与文化背景，主要特点集中显示为更加尊重员工，工作压力适中，强调绩效考核，重视专业能力，注重培训，薪酬和福利水平较高。去外企工作关键要文化上融合，尊重不同国籍同事文化习惯和个性，努力提升能力和业绩。

除了以上主要的三种类型，还有中外合资、混合所有制、有限合伙等企业组织形式。

（四）政策性导向职业

1．"三支一扶"计划

"三支一扶"指的是毕业生基层落实政策，在毕业后到农村基层从事支农、支教、支医和扶贫工作。依据文件是国家人事部 2006 年发布的《关于组织开展高校毕业生到农村基层从事支教、支农、支医和扶贫工作的通知》。"三支一扶"的服务期限为 2～3年，期满后事业单位拿出一定职位专门聘用，报考研究生、公务员加分，优先录用。

2．大学生志愿服务西部计划

大学生志愿服务西部计划，简称"西部计划"，由团中央、教育部、财政部、人力资源和社会保障部联合实施，针对普通高校应届毕业生或在读研究生到西部基层开展为期 1~3 年的教育、卫生、农技、扶贫等志愿服务，该计划开展于 2003 年。

3．大学生村干部计划

大学生担任村（含社区）党组织书记、村委会主任助理或其他"两委"职务的工作者，称为"大学生村干部"。大学生村干部是新农村建设的骨干力量，村干部的聘用期为 2 到 3 年。

4．农村义务教育阶段学校教师特设岗位计划

农村义务教育阶段学校教师特设岗位计划，简称"特岗计划"，是中央实施的一项支持西部地区农村义务教育的特殊政策，公开招募高校毕业生到西部地区"两基"（基本普及九年义务教育和基本扫除青壮年文盲）攻坚县以下农村义务教育阶段学校任教，特岗计划聘期一般为 3 年。

5．应征入伍计划

指根据国家有关规定批准设立、实施高等学历教育的全日制公办普通高等学校、民办普通高等学校和独立学院，按照国家招生规定录取的全日制普通本科、专科（含高职）、研究生、第二学士学位的应（往）届毕业生、在校生和已被普通高校录取但未报到入学的学生，可以参与国家大学生应征入伍服兵役，我国现行的义务兵役制度服役年限是两年。

征集的大学生以男性为主，女性大学生征集根据军队需要确定。

拓展阅读

大学生士兵退役后享受哪些就学优惠政策?

1．高职（专科）学生入伍经历可作为毕业实习经历。

2．退役大学生士兵入学或复学后免修军事技能训练，直接获得学分。

3．设立"退役大学生士兵"专项硕士研究生招生计划。根据实际需求，每年安排一定数量专项计划，专门面向退役大学生士兵招生。在全国研究生招生总规模内单列下达，不得挪用。

4．将高校在校生（含高校新生）服兵役情况纳入推免生遴选指标体系。鼓励开展推荐优秀应届本科毕业生免试攻读研究生工作的高校在制定本校推免生遴选办法时，结合本校具体情况，将在校期间服兵役情况纳入推免生遴选指标体系。在部队荣立二等功及以上的退役人员，符合研究生报名条件的可免试（指初试）攻读硕士研究生。

5．将考研加分范围扩大至高校在校生（含高校新生）。退役人员在继续实行普通高校应届毕业生退役后按规定享受加分政策的基础上，允许普通高校在校生（含高校新生）应征入伍服义务兵役退役，在完成本科学业后 3 年内参加全国硕士研究生招生考试，初试总分加 10 分，同等条件下优先录取。

6. 退役大学生士兵专升本实行招生计划单列。高职（专科）学生应征入伍服义务兵役退役，在完成高职学业后参加普通本科专升本考试，实行计划单列，录取比例在现行 30% 的基础上适度扩大，具体比例由各省份根据本地实际和报名情况确定。

7. 高校新生录取通知书中附寄应征入伍优惠政策。高校向新生寄送《录取通知书》时，附寄应征入伍宣传单，宣传单主要内容包括优惠政策概要、报名流程指南、学籍注册要求等。

8. 放宽退役大学生士兵复学转专业限制。大学生士兵退役后复学，经学校同意并履行相关程序后，可转入本校其他专业学习。

9. 具有高职（高专）学历的，退役后免试入读成人本科，或经过一定考核入读普通本科；荣立三等功以上奖励的，在完成高职（专科）学业后，免试入读普通本科。

10. 应征入伍的高校毕业生退役后报考政法干警招录培养体制改革试点招生时，教育考试笔试成绩总分加 10 分。

（五）创业

近年来，国家和政府对创业高度重视，相继出台了一系列鼓励创业的政策，把"以创业带动就业"看作是"实施扩大就业发展战略"的重要内容，作为新时期实施积极就业政策的重要任务。教育部、人力资源和社会保障部及地方政府陆续出台了相关政策，鼓励和支持大学生自主创业。

按照《国务院办公厅关于进一步做好高校毕业生等青年就业创业工作的通知》（国办发〔2022〕13 号）、《国务院办公厅转发人力资源社会保障等部门关于促进以创业带动就业工作指导意见的通知》（国办发〔2008〕111 号）、《关于印发〈普惠金融发展专项资金管理办法〉的通知》（财金〔2023〕75 号）等文件规定，高校毕业生自主创业优惠政策主要包括：

1. 税收优惠

持"就业失业登记证"（注明"自主创业税收政策"或附着"高校毕业生自主创业证"）的高校毕业生在毕业年度内（指毕业所在自然年，即 1 月 1 日至 12 月 31 日）从事个体经营的，3 年内按每户每年 20 000 元为限额依次扣减其当年实际应缴纳的营业税、城市维护建设税、教育费附加和个人所得税。对高校毕业生创办的小型微利企业，按国家规定享受相关税收支持政策。

2. 小额担保贷款和贴息支持

对符合条件的高校毕业生自主创业的，可在创业地按规定申请小额担保贷款；从事微利项目的，可享受不超过 30 万元贷款额度的财政贴息扶持。对合伙经营和组织起来就业的，可根据实际需要适当提高贷款额度。

3. 免收有关行政事业性收费

毕业 2 年以内的普通高校毕业生从事个体经营（除国家限制的行业外）的，自其在工商部门首次注册登记之日起 3 年内，免收管理类、登记类和证照类等有关行政事业性收费。

4. 享受培训补贴

对高校毕业生在毕业年度内参加创业培训的，根据其获得创业培训合格证书或就业、创业情况，按规定给予培训补贴。

5. 免费创业服务

有创业意愿的高校毕业生，可免费获得公共就业和人才服务机构提供的创业指导服务，包括政策咨询、信息服务、项目开发、风险评估、开业指导、融资服务、跟踪扶持等"一条龙"创业服务。各地在充分发挥各类创业孵化基地作用的基础上，因地制宜建设一批大学生创业孵化基地，并给予相关政策扶持。对基地内大学生创业企业要提供培训和指导服务，落实扶持政策，努力提高创业成功率，延长企业存活期。

6. 取消高校毕业生落户限制

取消高校毕业生落户限制，允许高校毕业生在创业地办理落户手续（直辖市按有关规定执行）。

第三节 职业信息探索

职业信息在毕业生求职就业过程中起到十分重要的作用，是求职准备的基础，也是通向用人单位的桥梁。在这个知识大爆炸的信息时代，谁先掌握了信息谁就占领了先机。就业也是这样，谁能及早获取信息，谁就获得了求职的主动权。

一、职业信息的类别

职业信息是指与毕业生获得工作职位相关的各类信息，主要包括宏观与微观的就业形势、大学生就业政策与法规、就业途径与方法、职位相关信息等。

作为初次择业的大学毕业生应主要了解以下三个方面的职业信息：

（一）就业政策与法规

第一，需要了解国家关于大学生就业的方针、原则和政策，比如国家对大学生应征入伍、当村干部、到基层和中西部地区就业等的优惠政策。

第二，需要了解国家出台的与就业相关的法律法规，比如《中华人民共和国劳动法》《中华人民共和国劳动合同法》等，学会用法律来保护自己。

第三，需要了解地方的用人政策，比如北京市关于外地生源在北京地区就业的规定、上海市应届毕业生的积分落户政策等。

第四，需要了解学校出台的就业相关规定，比如学校根据国家激励毕业生到基层和中西部地区就业的政策制定的奖励措施、关于应征入伍大学生攻读研究生的优惠政策等。

（二）就业途径与方法

第一，就业体制。毕业生应该清楚毕业生的就业是由国家的哪个部门或哪个机构来负责管理指导，地方各省、市、区的哪个部门或哪个机构来负责管理指导，学校的哪个部门或哪个机构来负责管理指导。这样，当毕业生在求职过程中遇到了困难和问题时，就可以随时向有关的机构咨询、求助。

第二，就业范围。目前，学校管理体制是国家、地方两级管理，因而培养出来的学生将在不同的范围内就业。比如，定向生、委培生、享受专业奖学金的毕业生的就业范围就有明确规定。

第三，就业程序。什么时间开始和终止联系单位；签订就业协议必须履行哪些手续；在学校规定的时间内没有同用人单位签订就业协议，户口和档案将转到何处；调整改派的程序和手续，等等。以上问题，毕业生都要搞清楚。

（三）职位相关信息

对大学生就业来说，职位相关信息是最重要的就业信息。搜集到足够数量、适合自己的招聘信息是成功求职的基础。

第一，职位信息。职位信息包括用人单位的信息、招聘岗位信息、聘任要求条件、联系方式等。

第二，行业发展状况。不同行业随着世界经济与国内经济的变化而变化。大学毕业生应该随时关注国家的宏观政策和发展战略，及时了解掌握同自己专业直接对口或相关的行业、部门和单位的现状和发展趋势。

第三，本专业的就业形势。包括本专业的培养目标、发展方向，在本地区或者全国范围内本专业的就业状况、竞争激烈程度。

二、职业信息获取渠道：互联网

大学生获取职业信息的渠道非常多元，主渠道是互联网：除了高校毕业生就业指导系统，还可以通过人才市场/人才网站、新闻媒体及社交媒体、目标单位网站等获取信息。

（一）高校毕业生就业指导系统

各高校就业信息网、国家部委主办的就业信息网、各省市地区政府主办的就业信息网以及背后支撑这些网站的各级各类就业主管部门和行业主管部门等共同组成了庞大的高校毕业生就业指导系统，它们既统一又相互独立，为高校毕业生搭建了强大的就业信息平台，提供了最为全面、权威的就业政策、就业指导和各类针对毕业生的招聘信息等。

1. 高校就业信息网

首先，毕业生应重点关注本校的就业信息网。本校就业指导中心网站上发布的就业信息是最直接、最有针对性的。各高校就业指导中心和院系学生工作办公室承担着毕业生就业工作的具体落实，工作范畴包括讲解就业形势及政策、收集并发布就业信息、举办招聘双选会、提供就业指导、办理就业派遣等工作；就业信息发布渠道包括学校就业信息网、电子公告栏、各类就业 QQ 群和微信群、"供需见面会"、"专场招聘会"等。毕业生应重点关注本校发布的就业政策、招聘启事、双选会等就业信息。

其次，可以关注其他高校的就业信息网。搜索某种类别的招聘信息，可以查看重点发布此类信息的各重点高校就业指导中心的网站。比如，想求职中小学教师，可以到重点师范院校如北京师范大学、东北师范大学、华东师范大学等高校的就业指导中心网站上查询招聘信息；想求职金融财经类工作，可以到中央财经大学、上海财经大学、西南财经大学等财经类重点大学网站上查看相关的就业信息。

2. 国家部委主办的就业信息网

教育部、人力资源和社会保障部等国家部委建有专门的网站，发布就业政策和就业信息。

国家大学生就业服务平台（http://www.ncss.cn/），此平台由教育部主管、教育部学生服务与素质发展中心主办、全国高校毕业生就业网络联盟支持，是为全国大学生提供就业公共服务的立体化平台。

全国高校毕业生就业网络联盟，是由教育部、原人事部、原劳动和社会保障部、发改委、国资委联合发起的跨部门、面向全社会的国家级供需双向交流平台。

中国公共招聘网（http://job.mohrss.gov.cn/），此平台由人社部主办，其中有高校毕业生服务专区，提供实习、就业、专场招聘会等信息。

中国国家人才网（http://www.newjobs.com.cn/），是由人社部全国人才流动中心主办的人力资源专业门户网站，设有"青年人才就业"，为毕业生提供免费测评，并进行精准人岗匹配。

3. 各省市高校毕业生就业信息网

基本上，各省、自治区、直辖市的大中专毕业生就业指导中心均建有自己的就业信息网，网站名称组合一般是：省名＋高校就业指导中心/高校毕业生就业信息网。具有代表性的省市高校毕业生就业信息网：

北京高校大学生就业创业信息网（http://www.bjbys.net.cn/），设有求职、创业评选、指导、招聘会、专题、视频课程等栏目。

上海学生就业创业服务网（http://www.firstjob.shec.edu.cn/），包括"网上办事""在线求职"和"创业服务"三个子网站。

广东学生就业创业（http://edu.gd.gov.cn/ztzlnew/jycy/），设有学生服务、企业服务、网上办事、创业教育、职位搜索、就业创业指导等栏目。

各类高校毕业生就业信息网上提供的就业信息相对准确、可靠，公益性强，政策集中，具有很好的针对性，无论数量还是质量都具有明显的优势，这是毕业生最直接、最有效的获取就业信息的主渠道，应加以充分利用。

（二）人才市场/人才网站

各级人力资源和社会保障局一般有两个下属机构：人才服务中心和人才市场（有的地市是合二为一）。人才服务中心主要是做人事档案代理、人员调动流动及其相关工作，人才市场主要是做人才就业、人员招聘、人才培训等工作。

人才市场会定期组织各类专场招聘会，毕业生可以直接投递简历，与招聘单位进行面对面交流，这也是毕业生求职的一个渠道。

人才网站是一个交流平台，为个人求职者和人才招聘企业服务。人才网的运营主体包括各级人力资源和社会保障局和专注于求职招聘领域的社会企业。目前国内主要的人才网站有：

1. 综合性人才网站

应届生求职网、前程无忧（51job）、智联招聘、中华英才网、中国专业人才网、中国人才热线、58同城等。

2. 专门行业人才网站

中国教师人才网、高校人才网、中国建筑人才网、中国汽车人才网、中国卫生人才网、外语人才网、服装人才网、制造业人才网、会计师人才网、中国国际演艺人才网、游戏人才网、拉勾网（互联网人才）等。

3. 区域性人才网站

北京地方性人才网：首都人才网、北京人才热线、北京招聘会信息网等。

山东地方性人才网：山东人才网、山东高校招聘网、齐鲁人才网等。

珠三角地区人才网：南方人才网、华跃人才网、卓博人才网、广东人才网等。

通过人才网站求职，最大的优势在于其海量的招聘信息及就业机会，它突破了招聘方与应聘方难以当面沟通的种种限制，大大降低了招聘和应聘成本，有利于实现双赢。但该渠道也有其自身的局限性，招聘信息虽然海量，投递简历的应聘者也是海量的，所以毕业生根据网上招聘信息投递简历后往往大部分会石沉大海，拿到笔试面试通知的概率相对较低。

（三）新闻媒体及社交媒体

广播、电视、报纸、杂志等新闻媒体以及微信、微博、论坛等社交媒体，也是高校毕业生获得就业信息和就业指导的重要渠道。

广播、电视等媒体上经常会介绍各地的人才招聘工作情况，各种就业主管机构制定的政策、法规等就业信息，还会推出求职节目。典型的求职真人秀节目比如江苏卫视和中国教育电视台联合打造的《职来职往》、天津卫视的《非你莫属》、深圳卫视的《你好！面试官》等。大学生通过观看此类求职节目，能够了解职场、学习求职面试经验，树立健康积极的求职观和正确的价值观。

报纸、杂志等媒体上经常介绍一些企事业单位的详细情况及其招聘信息，有些报刊会开设毕业生就业专栏，介绍求职择业的方法技巧以及相关的法律法规及注意事项等。典型杂志如《中国大学生就业》，该杂志由教育部全国高等学校学生信息咨询与就业指导中心主办，是一份为大学生就业和高校就业指导老师服务的专业性月刊。

社交媒体也是查询就业信息和求职经验的重要渠道。很多的就业网站也开通了微信、微博等信息发布渠道，通过订阅可以实现在手机上快捷地查询就业信息。

（四）目标单位网站

毕业生如果有精准的求职定位，明确了自身想在什么行业从事什么职业，最好能主动出击。首先进行市场调研，了解目标行业在特定省份都有哪些用人单位，在初步锁定目标行业、目标区域中比较心仪的用人单位后，可以直接到目标单位网站上去查看他们是否有招聘信息。比如，硕士毕业生小张打算毕业后回到家乡合肥，希望能进高校工作。结合当前就业形势，考虑到自身有丰富的学生干部经历并且很喜欢做助人成长的工作，她将求职目标确定为专职辅导员。因此，她逐一检索位于合肥的 10 个高校的网站，查看人事处发布的招聘启事，发现有 4 所高校在招聘专职辅导员，于是她按照招聘启事的要求投递了简历。

此举虽然前期要耗费大量时间进行市场调研和信息检索，比较费时费力，但从求职效果上来说比较好，有助于找到比较满意的工作。

三、职业信息获取渠道：信息访谈

（一）善用社会支持系统获取信息

利用各种社会关系获得就业信息也是一个非常有效的渠道。对于应届毕业生而言，手中的资源有限，社会经验也较匮乏，但每个人都可以通过自己的社会支持系统来获取就业信息，包括亲朋好友、同学、师兄师姐、校友、老乡、网友等，他们提供的信息往往比较具体、准确。在应聘时，如果有熟人能进行内部推荐，用人单位往往会感觉可信度更高，应聘的成功率也更高。

毕业生应主动盘活自己的人脉网络，在保证信息安全的情况下将自己的应聘需求广而告之，比如在 QQ、微信等社交媒体上，将自己的签名档改为求职需求，如果能细化到省份、行业、职业，针对性就更强了。当人脉圈中的好友看到符合你求职意向的招聘信息时，很可能就会推荐给你。

大学生还应有意识地拓展人脉，在从事专业实习、兼职工作、志愿服务、寒暑期社会实践等与社会机构接触的实践活动时，可以有意识地积累自己的人脉关系，并留意所服务的单位是否有适合自己的就业机会。通过实习实践接触获得的应聘机会，由于学生与用人单位之间已经有了较长时间的接触，应聘成功的可能性也比较大。即便该单位没有留人指标，对于做得好的实习生，他们也往往乐意推荐给同行业的其他单位，毕业生可以借此避免盲目求职，为日后的择业竞争奠定良好的基础。

（二）信息访谈

信息访谈也称"生涯人物访谈"，指的是通过一定数量的职场人士（通常是自己感兴趣的目标职业从业者）面谈而获取关于一个行业、职业和单位"内部"信息的一种职业探索活动。目的是获取高质量的职业信息，助力职业探索和选择。

信息访谈需要提前做好准备，访谈前需要确定访谈对象、访谈形式、访谈时间地点等，访谈前一定要"做功课"，搜索尽可能多有用的资料，可以参考记者和节目主持人采访人物前的准备工作，准备工作中最重要的是列好访谈提纲，访谈提纲的质量影响整个访谈的效果，访谈既要尊重被访谈者，又要获取自己需要的信息，因此这个过程需要谨慎考虑。

🔍 拓展阅读

生涯人物访谈实例①

一、访谈之前的准备

1. 寻找并联系访谈对象（QQ 联系已毕业学长）
2. 确定访谈时间和访谈地点
3. 搜集访谈对象的相关资料
4. 拟定访谈提纲

二、访谈记录

1. 访谈时间：20×× 年 5 月 1 日
2. 访谈方式：网络采访
3. 被访谈人：欧阳显斌
4. 被采访人介绍：腾讯软件工程师，母校研究生毕业。
5. 访谈目的：了解互联网行业。
6. 访谈资料：

Q1：你是怎样进入互联网行业的？

A：当时大学读的计算机专业，研究生也是相关方向，最终对口签约。

Q2：你为成为互联网软件工程师做了哪些努力？

A：①购买教辅书籍，认真复习；②平时多练，提高动手本事。

---

① 资料来源于 https://www.828la.com/p/242743.html 生涯人物访谈 15 篇其十一，内容有删减。

Q3：你对软件工程师这样一个职位有着怎样的定义？

A：这是个需要终身学习的职业，所以要求要有很强的学习本事，同时工作中会有很多加班，所以比较辛苦，要能吃苦耐劳。

Q4：很多人说程序员到30岁如果不能转到管理类，就没什么发展前途了，你怎样看待此观点？

A：其实这是别人的一种误解，30岁其实还有很多人在写代码，奋斗在一线，并且工资也不低，并且这个年龄基本上能够带团队了。

Q5：你的工作性质是怎样的？或者说你平时的工作资料是什么？

A：不一样的软件工程师，工作职责也不相同。主要是参与项目的设计、开发、测试等过程，也有的工程师需要带着几个程序员，指导他们的工作，以及和其他工程师协作工作等。我的工作资料主要就是和团队一齐做项目，相互交流。所以，团队合作在这个行业尤为重要。因为一个项目有可能很大，光靠一个人的力量，很浪费时间。并且一个人要完成一个项目，一方面，这就要求这个人要对整个开放技术相当精通，经过团队的合理分工，大家各自完成自我擅长的领域，就能够比较简便地完成任务了。另一方面，他要能准确地理解需求分析师所要求的实现方面，这个一般就很难做到，如果经过团队的讨论做出，就能够尽可能减少这方面的误差产生。

Q6：你觉得我们在校大学生应当注重哪方面的知识以及技能的强化，才能更好地就业呢？

A：此刻，软件工程专业很吃香。在这个信息化时代，这个软件技术人才也很缺乏。但并不代表，每个软件专业毕业的大学生毕业后就必定能够有个好的就业岗位。我想你也明白，软件工程这个专业，几乎所有的大学，都会开这方面的专业课，此外还有专科院校、技术学校等。能够说计算机专业方面的学生，在中国多如牛毛，要想在这个领域站住脚，必须要求自我本事很强。在平时的学习中，必须要精通至少一门语言，这样在以后应聘岗位时，对口招录才有优势。因为计算机语言在不断地更新，说不定，过些年又流行一种更高级的语言，这就要求我们在学习的过程中，要掌握学习语言的窍门，比如说算法，首先必须得学好，无论哪种语言，算法思想都是一样的，只是表达方式不一样罢了。其次是要有好的学习方法，不能是表面上什么语言都很精通，但实质上各种语言都是浅尝辄止，拿到项目开发上就是一片茫然，那可不行。我们学习语言的目的就是为了做项目以满足人们的需求。所以说，我们的实践操作本事要很强。再有，就是要掌握计算机硬件方面的知识，毕竟我们每一天都是对着这个机器工作，我们要了解计算机是怎样工作的，这样能够让我们更加清楚计算机的整个工作流程。

Q7：那你觉得学校供给的各项培训、实训等很有意义吗？

A：这一点，毋庸置疑。对于你在校大学生来说，平时主要是理论学习居多，学校供给的上机练习等所谓的实验课也是相对较少的，这就会有种"纸上得来终觉浅"的意味。同时让大学生缺乏在机器操作上所获得的各种成就感。而实训，恰恰是离开书本，检验自我本事的好时机。一方面，能够增强巩固自我的理论知识；另一方面，经过上机实验，自我着手真正做出一个项目了，会很有成就感，能够增强学生的学习兴趣。所以，在那里，我期望你也能够抓住学校供给的各种实训机会，这真的是相当不错。

Q8：你的工作时间以及工作环境怎样呢？

A：按照规定呢，我的工作时间是每一天8小时。但你要了解，从事IT行业，准班准点的情景还是十分少的，有时候工作到很晚，就趴在桌子上睡着了。在赶项目的时候，说不辛苦，那是不可能的。可是在平时，我们闲的时候，公司的娱乐场所、活动中心还是不错的，能够说，业余生活很丰富。我觉得呢，不要要求一个公司的工作环境有多好多好，重要的是看那个公司的发展状况、管理规范等。还有就是，对于刚毕业的大学生来说，对薪资要求也不能太过苛刻，因为没有经验的话，工资都不会太高。在毕业后，有了一两年的工作经验，薪水自然会提上去。到那个时候的话，不满意你的薪水，再换工作也就方便多了。

Q9：你觉得从事软件工程师这个职业的未来发展前景如何呢？

A：在我看来呢，在未来，软件工程师的发展前景十分好。因为软件涉及我们生活的方方面面。在这个信息化时代，社会越来越趋向于智能化。能够说，在未来，任何人都离不开软件。无论是生活上的娱乐游戏，还是教学、银行，或是医学，都离不开计算机。可见得，这方面的人才需求量十分大。所以呢，如果你好好学习，掌握这方面的技能，就不必担忧失业的问题了。

Q10：你认为这份职业是否实现了你的人生价值？

A：这份职业不仅仅是一份工作，这份工作使我真正地独立，我依靠自我生活下去。而我的人生目标是经过我们的努力，让人们能够享受计算机科学技术发展所带来的便利，改善人们的生活状态。能够想象一下，比尔·盖茨在看到几乎所有人都在用他们所研发的Windows系统时的那种心境，我想这一刻能够说我们的人生价值得到了实现。

三、访谈总结

1. 掌握好专业知识。

系统地学习专业知识，并且提高对所学知识的灵活运用本事，对于每一个大学生来说都是很重要的。专业知识也同样是未来工作的基础。

2. 德才兼备，做到全面发展。

被访人在交谈中表现出了良好的素质和广泛的知识面，不仅仅工作方面创出一番优异的成绩，为人处事也值得我们学习，是为真正的德才兼备，值得每一个大学生学习。

3. 追求真理，善于创新。

企业需要的是创新性人才，要能够灵活变通，同时，也需要不断追求真理用于探索，这样才算是一个真正的职人，才能培养出职守。这样的精神不仅仅是企业所需要的，对个人的成长之路也有重大意义。

4. 养成勤奋严谨求实的工作作风。

即便是大学中的学生工作也要认真对待，那是我们步入社会进入工作岗位的基础。要摆正心态。

5. 学会和别人相处。

采访别人也是一个和别人开始相处的过程，第一印象往往很重要。在同别人相处的过程中，我们也能发现自我身上的不足，学会如何做人、做事。

虽然这次的采访仅有不到一小时的时间，但我觉得受益颇深。我不但了解了他们的工作状况，也为未来的学习树立了榜样。以前，我在学校总是闭门造车式地学习，只是在学习一些书本上的死知识，很少上机实践，更不明白真正的软件工程师的工作资料。此刻才明白，实践同等重要。此刻看来，我离软件工程师的路还很遥远。以后，首先必须将学习方法加以改善，多上机实践。其次要加强基本功的训练，对计算机硬件方面要有所了解。另外，我对 Java 语言比较感兴趣，争取做到精通这门语言，作为以后的就业基础。

此外，对于被访人此次提到的有关就业形势的解答，我也很有感想。我应当有未雨绸缪的思想，要进取向前冲，不断增强自我的专业技能，以增加将来就业的可能。"机会总是青睐有准备的人。"我必须要不断充实自我才行，对于软件工程师这个职业也更喜爱了，把它作为今后的梦想职业，作为自我的学习目标。相信在日后的学习中，经过不断地查漏补缺，认真学习，能够让我离自我的梦想职业更近一步。

四、如何筛选职业信息

职业信息无处不在，面对数量惊人、鱼龙混杂、真假难辨的海量信息，打赢"职业信息战"，你需要做到以下几点。

（一）宽域的扫描——如何汇聚职业信息

1. 了解国家宏观政策和发展战略

就业形势随着世界经济与国内经济的起伏变化而变化。大学毕业生应该随时关注国家的宏观政策和发展战略，并根据国家政策和战略的调整进行就业行业和就业远景的调整。

2. 了解有志于从事的产业或者行业的分类与结构

求职者应该紧跟社会发展、产业结构的调整，及时了解掌握当前行业的发展趋势；了解职业的分类与结构，以及该职业发展的趋势，使自己能够总揽全局，把握自己，在国家建设的大背景下找到自己的正确位置。

3. 了解当年毕业生总的供求形势

求职者应该了解当年全国毕业生总的供求形势。例如，与自己同时毕业的学生全国有多少，而用人单位的需求有多少，是结构性供大于求，还是局部的求大于供；要了解哪些专业紧俏、就业形势好，哪些专业供大于求、就业形势有待改善等具体的数据和信息。

4. 了解同自己专业直接对口行业的现状和发展趋势

求职者应该了解同自己专业直接对口行业的现状和发展趋势。例如，要时常关注和自己专业对口行业最近的就业市场供需情况，及时掌握对口行业的就业现状和未来的薪酬空间，根据行业的发展趋势，做出属于自己的判断。

5. 了解同自己专业直接对口的用人单位的信息

求职者在选择单位时，往往对用人单位情况不甚了解，又没有一定的对比，于是在择业时带有很大的随意性和盲目性。大学毕业生应该对用人单位有个比较客观的整体评价，掌握用人单位的信息，如用人单位的需求情况、发展前景、需求专业、条件、工资待遇等，及时做出就业预期调整。

（二）犀利的眼光——如何筛选有效信息

求职者为了找到一份满意的工作，会试图尽可能多地获得有用的职位信息，很多求职者南下北上，不停地奔波，甚至错误地认为，一个人掌握有用的就业信息越多，就越有可能选择到切合自身的工作职位。

实则不然，广泛收集就业信息仅仅是择业工作的第一步。更重要的是对就业信息如何进行选择。要选择得好，首先必须能在较短的时间内查阅大量信息，以便从中迅速发现最有用、最重要的信息；其次要鉴别、判断，去粗取精，去伪存真，善于识别信息的准确性、全面性、有效性和可行性。这就要求求职者必须通过查询、核实来加以修正、充实，使信息具有有效性，使之真正对自己的求职活动发挥积极推动作用。

在对信息进行筛选时应当遵循以下原则：

1. 重要原则

将收集到的所有就业信息进行比较、初步筛选之后，首先把重要的就业信息选出，列为首要目标，而一般信息则仅做参考，留作备份。

2. 适合原则

适合原则是筛选信息的核心所在。信息对自己是否重要，其依据就是是否适合自己，好高骛远、人云亦云、迷失自我，都是筛选信息之大忌。求职者应当格外关注那些与自己的专业、性格、兴趣、能力和特长相符的职位信息，因为它们更适合自己的发展，成为自己未来职业的可能性更大。

3. 实效原则

掌握的就业信息要具有时效性。一般而言，就业信息具有一定的有效期，越是新近发布的信息，越具有较高的使用价值，这对于单位招聘计划、相关就业政策等尤其如此。过时的信息、政策常会干扰或误导当事人的求职活动。因此，对求职者来说，及时拥有最新的职位信息，或许就多了一份胜算的把握。

把握了上述三个原则，求职者一般就掌握了关键的、最有价值的就业信息，接下来就是如何对这些有效信息进行进一步深入的分析了。

（三）及时的反馈——如何利用就业信息

人才市场瞬息万变，就业信息有很强的时效性，当求职者收集到广泛的信息并加以分析处理后，一旦选定，就要及时主动与用人单位主管人员联系，不要犹豫不决，更不能守株待兔，否则"机不可失，时不再来"。

在如何利用就业信息方面，求职者可以采取"三步走"的战略：

1. 第一步，及时联系

求职者应主动询问考核的方式、时间、地点和要求，并准备好一套自己完整的求职材料，使需求信息尽早变成供需双方深度沟通的重要桥梁，及时与用人单位联系也能体现出你积极的态度，为求职成功增加砝码。

2. 第二步，充分准备

求职者根据对需求岗位的准确分析，准备相应的求职材料、自我介绍、面试的衣着、礼仪以及面试中可能遇到的相关问题的解答。

3. 第三步，调整期望值

求职者根据筛选出来的需求信息的要求对照检查自己的不足，及时调整自己的期望值以及智能结构。这一做法尽管在毕业前的有限时间内有些仓促，但无动于衷依然故我的做法却是绝对错误的。求职者应该记住：犹豫不决会痛失良机。

（四）谨慎的防范——如何甄别虚假就业信息

现在就业信息的来源、传播渠道复杂多样，一般来说，大家搜集到的就业信息都会或多或少带有一定的模糊度，可谓真假难辨，有的求职信息纯粹是子虚乌有、空穴来风；有的信息则仅仅是单位出于一种宣传的目的，而非真心实意地想录用新人，这样的招聘广告含有大量的水分；有的甚至是一些非法机构发布的具有欺骗性、欺诈性的聘用信息，它们常通过收取报名费、中介费和面试费等达到骗取学生钱财的目的。因此，建议求职者首先要判断这些信息的真伪，避免走弯路，对那些值得怀疑、可信度低的就业信息进行认真分析，及早将虚假性或欺骗性的信息排除在外。

虚假就业信息一般有以下特征，毕业生要严加防范：

1. 招聘信息发布渠道不正规

如公交车站、大马路、广场等一些公共场合胡乱粘贴的招聘小广告。这些小广告鱼龙混杂，往往在薪酬待遇方面夸大其词，一般情况下都是虚假信息，求职者千万不要相信。

2. 入职门槛过低

有些公司薪酬开得高，以设置"责任底薪加提成"的方式，要求员工必须完成公司规定的业务额。当你达不到目标，不仅拿不到报酬，还白白浪费了时间和金钱，有些公司甚至会找借口炒你鱿鱼。

3. 就业机会莫名而来

一些"骗子"公司或传销公司在网络上搜集毕业生资料，主动约会面试，并以此施以行骗、抢劫。当求职者被要求到异地面试时，更应该多加提防。

4. 要求缴纳费用作为保证金

一些骗子公司往往要求求职者缴纳一定数量的保证金、押金以及培训费等巧立名目的费用，目的是骗取求职者钱财。

5. 冒用其他单位名字或制作其他单位盗版网站进行招聘诈骗

有的不法分子会盗用其他单位信息以其名义在网站上发布虚假消息，有的甚至盗版其他单位的网站公开发布虚假招聘信息，以非法手段欺骗广大求职者。

练习思考题

1. 你掌握了职业定位公式和职业信息 PLACE 模型吗？
2. 你认为大学第几年需要确定职业目标？
3. 你认为职业探索可以通过哪些途径进行尝试？
4. 搜索三个近期新兴的职业并分析该职业的任职条件和要求。

第四章　职业决策

1. 了解职业生涯决策理论，运用理论指导个人生涯决策。
2. 掌握职业决策风格类型。

🔍 **本章重点**

1. 明确职业决策对于个人生涯规划的意义。
2. 掌握职业决策常用方法和工具。

🔍 **本章难点**

1. 结合职业决策理论熟练运用决策方法和工具。
2. 探索个人的决策风格并运用于实际职业决策中。

📖 **案例导读**

英语? 还是心理学?

山姆·米斯克是世界上教育评估领域的顶尖心理学家之一。当他去世以后，他的讣告里提到了他的早年经历。

山姆·米斯克在费城长大，父亲萨穆勒是一位政府官员，他是父亲最小的孩子，也是家里唯一的男孩。他的母亲卡罗林是一家工厂的女裁缝……他高中的成绩让他拿到宾州大学的全额奖学金——起初这份奖学金的提供者打算不给他，因为山姆的家庭太穷了，幸运的是，在山姆的高中提出了强烈的抗议后，他们最终给了山姆奖学金。

在宾州大学，山姆也曾为选择英语还是心理学而煎熬。如果不是扔硬币，山姆也许永远不会成为知名的评估专家。他的解决方法就是扔硬币——心理学赢了，山姆不仅在此领域获得了本科学位，还拿到了硕士学位（1953 年），并在普林斯顿大学获得了博士学位（1954 年）。

广告？还是投资银行？

MBA 毕业之后，内德有两个非常好的工作选择——一个是广告，另一个是投行。他很难选。尽管好的地方各不相同，但每个都很诱人。他也没多少时间做决定。每家公司都不停催他决定。

他和他的妻子就这个问题探讨了无数遍，当他们开车从旧金山到奥克兰穿过湾区大桥的时候，他的妻子玛丽终于对他说："如果这两个都很好，为什么不扔硬币决定呢？"

"好主意"，内德说。当时他们正好碰到堵车，于是他停了下来拿出硬币，"正面去广告公司，反面就去投行"。

他扔了硬币，是正面。"好的，"他说，"广告公司，我来了。"

接着他们安静地开了七英里到达奥克兰。在桥的另一端，内德说："那个决定不对，我要去投行。"

他接受了投行的工作，最近已经成了银行销售部的一员。

注意这两个例子的区别。山姆接受了硬币的决定，内德拒绝了。山姆也可能拒绝硬币的决定，转而选英语。这样的结果我们谁也猜不准。不过，两个故事中，扔硬币都打破了僵局，帮山姆和内德理清了思路。他们发现，有时候做出一个决定然后向前走一下，比在两个选择中相持不下要好。

◌ 第一节 职业决策理论

一、职业生涯决策的概念与特点

职业生涯决策，是个人根据各种环境和自身条件，为实现个人职业发展目标而制定的行动指南和方案。生涯决策，是指整个决策的过程，是一个提出问题、确立目标、设计和选择方案的过程，而不仅仅是一个结果。一方面，决策无处不在，成长的过程中总是伴随着决策成熟度的提高，提升自己的决策能力比教师、家长直接提供一个选项更为重要。另一方面，完美的决策是不存在的，面对决策时感觉到困难，往往不是对得到的不满意，而是缺乏全面评估、判断以及权衡利弊的能力。因此，生涯决策不仅是选择方向和机会的过程，同时还是放弃其他可能性的过程。

职业生涯决策的特点可以概括如下：

第一，生涯决策路线的确定，主要受个人性格特点和对风险的偏好程度影响，是选择保守稳进，还是挑战冒险，主要取决于个人的主观判断和决定。

第二，生涯决策没有标准答案。生涯决策不是解决眼前客观、具体的问题，而是在环境和个人不断变化发展的前提下进行的对未来发展的计划和决策。而决策的好坏评价，不能只用固定的标准来做简单的优劣判断，决策本身自有优点、缺点，对决策的评价需与个人人格特质和发展程度相结合。

第三，生涯决策是一个持续的过程，并且是一个不断面临选择和放弃的历程。但凡需要个人做出抉择的情境，都存在着两个或以上的选项，而做决策就是在多个选择的分析对比中，做出最适合个人发展的决定，放弃其他的可能性。

二、职业生涯决策理论

（一）克朗伯兹生涯决定社会学习论

克朗伯兹认为遗传因素和特殊能力、外部环境和经历事件、学习经验、工作取向技能等四个因素影响到一个人的生涯决定。

1. 遗传因素和特殊能力

遗传因素特指包括性别、种族、外表等在内的要素，在一定程度上决定了个人学习和工作的能力范围以及职业和接受教育程度的选择范围。个人特有的某些特殊能力如智力、艺术能力、创新能力、团队协作能力等，也会影响个人学习和工作的状态和经历，以及从这些经历中获得的新的技能和兴趣。因此，这些能力的发展和培养，较大程度上影响了个人对职业的选择和发展。

2. 外部环境和经历事件

克朗伯兹认为，影响学习和职业选择的要素中，既有个人自身因素也有外部环境因素，且外部环境因素具有更大的影响作用。这里的外部环境，主要指来源于人类社会活动的环境，包括政治、经济、文化、科技等要素，如创新创业政策，社会就业岗位数量和质量，各行业、职业的劳动报酬水平，人民受教育水平的高低，工作的环境和法制的规范等；当然也包含"天灾人祸"等引起的周围环境的改变或自然灾害的影响，如海啸、地震、台风以及自然资源的开发等。

3. 学习经验

克朗伯兹的生涯决定社会学习理论指出，学习经验在每个人身上都是独一无二的，并且作为重要因素不断影响着个人的生涯发展。日常生活中，有两种学习经验影响着个人的生涯决定，这也是克朗伯兹社会学习理论中最简约的形式，即工具式学习经验和联结式学习经验。

（1）工具式学习经验（instrumental learning experiences）。克朗伯兹指出，连续的工具式学习经验是获得有效的、成功的职业生涯规划所必备的因素。工具式学习经验有三部分主要内容。

①前因，包括外界环境和事件经历，及其对个人产生的刺激效应。

②心理活动和个人行为，也即认知意识、情感情绪和观念意志，以及外在的行动和行为表现。

③后果，从行动和行为表现直接产生的结果，及其引起的个体在心理活动上的反应，如认知、意识和情感等。

（2）联结式学习经验（associative learning experiences）。联结式学习经验，指的是个人的意志或情绪与外部环境的刺激相关联，外部因素的刺激能引起个人在情绪上的积极反应或者消极反应。而当原本产生中性影响作用的刺激，在出现时同时伴随着其他能够使个体产生积极或消极情绪的刺激，这种伴随状态就产生联结效应，从而将原本属于中性的刺激转变成积极的或消极的刺激作用。

这是克朗伯兹提出的社会学习理论中的另一种形式，它吸取了班杜拉社会学习理论的观察学习和心理学中的古典学习理论的观点。日常生活中，这样的观念时常伴随着我们，如幼儿园老师的工作都很轻松、蓝领工人收入都很低、外科医生都很有钱等刻板观念，都是因联结式学习经验而获得，这些观念也较大程度上影响着个人的职业选择和职业生涯决策。

4．工作取向技能

克朗伯兹的生涯决定社会学习理论所提出的遗传因素和特殊能力、外部环境和经历事件、学习经验等因素互相独立，同时也互相影响、作用，并共同促进个人特有的工作取向技能的形成，如特定的情绪反应和认知模式，生活、学习、工作的个人习惯，分析和解决问题的方式和能力以及是非判断能力和价值标准等。

（二）认知信息加工理论

在进行生涯发展理论研究的过程中，詹姆斯·桑普森、加里·彼得森和罗伯特·里尔登等人通过简化复杂问题，剔除理论模型中不必要的变量，抓住问题本质，梳理了一系列关于生涯发展理论的假设。

（1）人们在感受和思考的基础上进行生涯选择。

（2）进行生涯选择的过程，是个人解决具体问题的行动过程。

（3）解决生涯发展问题的能力，主要取决于个人的认知程度和思考能力。

（4）生涯决策要求个人具备充分的动机，以及具备良好的记忆力。

（5）生涯发展是持续进行的，贯穿个人毕生学习和成长的过程。

（6）个人的思考方式和能力以及对生涯问题解决的程度，决定了生涯发展质量。

通过对以上关键问题的研究，加里·彼得森、詹姆斯·桑普森和罗伯特·里尔登共同提出了新的生涯发展理论——认知信息加工理论，并在合著的《生涯发展与服务：一种认知的方法》一书中进行了阐述。

加里·彼得森等人认为，生涯发展与咨询的过程即是信息加工能力的学习过程，并参照信息加工的特性，通过信息加工金字塔的图示（如图4-1所示）来呈现这一理论体系。

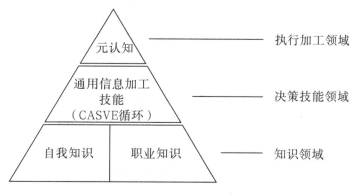

图4-1 信息加工金字塔

知识领域位于金字塔最底层，包含自我知识和职业知识，也即个人对自身兴趣、性格、技能和职业的认识，以及个人对具体职业工作内容、对人才的要求和薪酬待遇、发展空间等的认识。这两方面的信息掌握得越充分，金字塔的底层基础也就越扎实。

金字塔中间是决策技能领域，该理论体系提出CASVE循环决策方法，包括沟通、分析、综合、评估和执行五个阶段，这一内容将在下文进行详细介绍。

金字塔最上层的元认知，也称为执行加工领域，其作用在于对个人习得和认知活动进行指挥，负责活动过程的调节。在积累了底层的关于自我和职业的知识，且掌握了CASVE循环的步骤的基础上，什么时候启动和终止这个循环的过程，在这个过程中需要从底层提取什么信息，提取多少信息，以及这个过程进展是否顺利，都由元认知来指挥和监控。

认知信息加工理论，提出了信息加工技能CASVE循环步骤，强调了元认知在学习过程中的重要指挥作用。金字塔模型作为帮助个人了解、认识职业生涯发展的框架，同时也为职业发展咨询师提供了有效的咨询工具。

（三）生涯决策风格理论

有学者根据人们做决策时候的信念、态度、行为等方面进行研究，对人们的决策进行了风格类型归类。通常分为三类理论：第一类，先天个性决策论。认为决策风格取决于决策者先天的个性。第二类，情势决定论。认为不同决策风格的人依据决策任务与决策环境进行决策。第三类，相互作用决定论。认为决策风格既受个性影响，又受决策任务与环境的影响，因此需要考虑两种因素的相互影响。

美国学者丁克里奇最早提出决策风格理论，在1968年，他通过对人物进行访谈研究，将人们的决策风格归结为八类：烦恼型、冲动型、直觉型、拖延型、宿命型、从众型、瘫痪型和计划型。

哈瑞恩在丁克里奇基础上进行划分，提出四种决策风格：理智型、直觉型、依赖型和犹豫型。斯科特和布鲁斯认为决策风格是在后天的学习经验中逐渐形成的，并将决策风格划分为五种类型：理智型、直觉型、依赖型、回避型和自发型。

第二节　职业决策风格探索

一、决策风格类型

测试你的决策风格：摘苹果

有一片苹果园，你被允许进去摘苹果，但只许前进不许后退，只能摘一次，要摘一个最大的，你会怎么办？

A：对视野内的苹果进行比较，形成一个大概的标准，再根据这个标准选择最大的苹果。

B："我感觉这个大！"就摘这个了。

C：去问看苹果园的人，让他告诉我什么样的最大，或者问旁边的人什么样的最大。

D：先别管了，走到最后再说吧。

E：稍微比较，迅速摘一个。

在面对职业决策的时候每个人受个体的经验、知识、能力、性格和气质等多重因素的影响，都有自身独特的行为方式，这种独特的决策方式就是个体的决策风格。

上一节提到的丁克里奇决策风格理论，把决策风格分成八个类型。

1. 烦恼型：我就是拿不定主意

面对决策，有些人会在收集信息上花费大量的时间和精力，为了清楚确认可有的选项，反复向前辈、专家咨询或进行对比、比较，却难以做出决定，他们通常感觉到自己总是拿不定主意。出现这种情况，不是因为人们掌握的信息不够多，而是为某些不必要的情绪和非理性信念所困扰，比如担心自己做出错误的决定、为决策可能不够完美而感到担忧等。

2. 冲动型：先决定，以后再考虑

与"烦恼型"相反，这类人群易于迅速做出决定，不再进一步收集更多相关信息或考虑其他更多的可能性和选择。他们通常认为应该先做决定，细节问题以后再考虑。冲动的决策方式，可能是为了回避困难，也可能是不愿意花时间去深入探讨问题。这种决策方式的缺点，就是可能导致错失机会，在更好的选择面前犯下同样的错误。

3. 直觉型：我觉得是对的

有些人做决定靠直觉，他们通常无法说出选择的理由是什么，只是独断地"觉得"，凭感觉做出选择和决策。当人们无法充分获取环境情况中的各种信息时，通常会倾向于依靠直觉做判断。直觉往往缺乏事实依据和逻辑分析，有时甚至因为社会的成见或狭隘的个人经验而产生较大的误差。

4. 拖延型：我还没有准备好

这种决策风格的人群习惯将对问题的考虑和行动延后进行，感觉自己还没有准备好或者需要时间再想想。大学生群体中，常见"我还没有准备好，什么都没学，怎么去工作？"等现象，就是典型的拖延。拖延型的人心中常抱有这样的希望，总是觉得自己没有准备好，或者对自己突然的爆发充满信心。然而，没有哪个困难或问题的解决是一蹴而就或者突然就被外力消灭掉的，每一次直面问题的实际行动才是解决的正确方式。

5. 宿命型：命中注定的，我也就是这样了

有些人不愿意对自己做出的选择承担责任，而将一切后果都归结为宿命的安排。他们习惯于认为自身或事业的发展都是命中注定、非自己所能改变的，甚至在遇到困难和挫折时怨天尤人，总觉得命运待自己不公平。当一个人将自己生活和事业的主导权交给外部环境、他人或"命运"时，他容易放弃主观能动，容易觉得无力、无助，甚至觉得自己永远都是受害者，而自己所谓的无法控制的悲惨命运正是放弃了对自己生活和发展的"主动权"和主观努力而造成的。

6. 从众型：应该不错吧，因为他们都觉得挺好

大学生中不乏这样的人群，做决策时倾向于随大流、人云亦云而不能独立地判断，他们常说"别人都是这么做的，我也这么做应该不会错"或者"我爸妈说了……所以应该这样……"。比如，在争取出国深造、应聘进外企、考研、参加各种培训班、考各种资格证书等方面，这种类型的人往往不是出于自己的兴趣、需要和能力做出的选择和规划，而是因为"大家都这样做"或者"爸妈让我这么做"。从众的人表面上看选择了一条多数人实践过的、看似最安全的道路，而实际上本人对自身了解不充分、选择上过度依赖外界意见、内心缺乏安全感，这种情况下做出的决策往往与个人特质不符，容易导致效率低下甚至半途而废。

7. 瘫痪型：一想到这事儿就焦虑，不想面对

有些人知道应该做出决定，却无法开始决策过程，也不愿意对决策负责，在内心深处总是笼罩着焦虑、不想面对的阴影，而这种害怕承担责任的心理可能源于家庭环境在其成长过程中的影响。

8. 计划型：保持理性，按标准化模型思考

这种决策风格的决策者，除了倾听自己内在的声音，还考虑外在的环境要求，善于学习或采用某种思维方式或推理方式，理性地考察个人和环境条件，从而得到较为科学和恰当的决策。

【案例问题：生活中你曾经采用过哪些决策模式？你最常用的是哪种？】

根据你对"自己"和"环境"认知的多少，还可以将上述几种决策类型做如图4－2所示的划分。

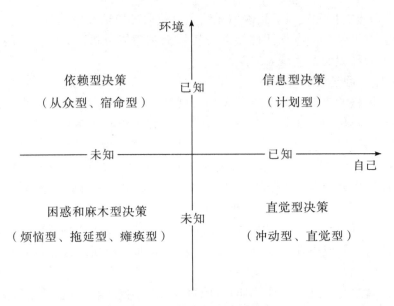

图 4-2　决策风格类型划分表

不同的决策风格都有其优劣之处，都可以在某种程度上满足决策者的需要，重要的是识别自身的决策风格，并有针对性地进行调整。

二、决策风格测试

生涯决策需要理性的分析和感性的选择，以及决策之后的执行。每个人做决策的时候，都会受个人风格以及决策相关信息的影响。对于有些人来说，悬而不决也是一种决策，不过是糟糕的决策。也许最好的决策，并不是完美的决策，而是决策后因为自己的不断行动，而给生命带来的可能。

 练　习

表 4-1　测测你的决策风格

序号	题目	是/否
01	我时常草率地做出判断	
02	我做事时不太喜欢自己出主意	
03	遇到难做决定的事情，我通常会把它先放一放	
04	做决定时，我会多方收集所必需的一些个人及环境的资料	
05	我常凭第一感觉就做出决定	

续上表

序号	题目	是/否
06	做事时，我喜欢有人在旁边，好随时商量	
07	遇到需要做决定的时候，我就紧张不安	
08	我会将收集到的资料加以比较分析，列出可选择的方案	
09	我经常会改变自己所做的决定	
10	发现别人的看法与我不同，我常常会不知该怎么办	
11	我做事老爱东想西想，下不了决心	
12	做决定时，我会认真权衡各项可选择方案的利弊得失，判断出此时最好的选择	
13	做决定之前，我一般不做什么准备，临时看着办	
14	我很容易受别人意见的影响	
15	我觉得做决定是一件痛苦的事	
16	做决定时，我会参考其他人的意见，再斟酌自己的情况，来做出最适合自己的决定	
17	我常不经慎重思考就做决定	
18	我常常在父母、家人、老师、同事或朋友催促下才做出决定	
19	为了避免做决定的痛苦，我现在不想做决定	
20	做决定时，我会经过深思熟虑之后，明确决定一项最佳的方案	
21	我喜欢凭直觉做事	
22	我喜欢让父母、家人、师长、同事或朋友为我做决定	
23	我处理事情时常会犹豫不决	
24	当已经决定了所选择的方案，我会展开必要的行动准备，并全力以赴去执行	

测评结果说明：

01、05、09、13、17、21　直觉型

02、06、10、14、18、22　依赖型

03、07、11、15、19、23　拖延犹豫型

04、08、12、16、20、24　信息型

了解自己的决策因素

在以往的人生经历中，你曾经面临过哪些重要的选择？找出三个你认为你在人生发展中最为重要的选择。

选择一：＿＿＿＿＿＿＿＿＿＿＿＿＿＿＿＿＿＿＿＿＿＿

选择二：＿＿＿＿＿＿＿＿＿＿＿＿＿＿＿＿＿＿＿＿＿＿

选择三：＿＿＿＿＿＿＿＿＿＿＿＿＿＿＿＿＿＿＿＿＿＿

对于以上的选择，请回答以下问题：

1. 当时你的目标和情境是怎样的，有哪些选择？

2. 这个决定对现在的你来说，意味着什么？

3. 如何评价这个决定，是否满意？

4. 在上述选择中，有哪些因素影响了你的决定，影响程度有多大？请用数字 1～5 进行表示，其中 5 为强烈影响、1 为轻微影响。

表 4-2　了解自己的决策因素

外部因素	影响度	内部因素	影响度
家庭成员的期望		自信心	
师长的期待		对变化的恐惧	
家庭责任		对未知的担心	
文化因素		害怕做出错误决定	
性别因素		害怕失败	
发展需要		害怕被嘲笑	
其他因素		其他因素	

第三节　职业决策方法与工具

一、CASVE 循环

认知信息加工理论，介绍了信息加工金字塔，其中间领域——决策技能领域 CASVE 循环将在本部分进行详细介绍。

信息加工金字塔的中间领域——决策技能领域 CASVE 循环如图 4-3 所示。

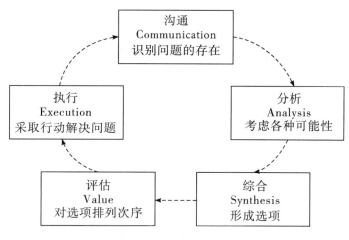

图 4 - 3   CASVE 循环

CASVE 循环主要功能在于,对来自金字塔底层的知识进行处理和储存,也即对个人获得的自我知识和职业知识进行数据分析、信息合并、资料评估等过程的加工处理,具体包含以下五个阶段。

沟通——信息沟通:个人意识到问题所在,并确认个人需求。

分析——信息分析:对与问题相关联的信息进行对应和分析。

综合——选项形成:缩小研究范围,产生若干个可行的解决方法选项。

评估——选项评估:进行选项择优排列,获得选项的优先顺序。

执行——方案执行:根据选项制定策略方案并付诸行动。

1. 沟通——信息沟通

信息沟通,是指进行来自内部、外部的信息交流,目的在于促使个体获得现实与理想之间差距的意识。

内部的信息交流,也即情绪反应和身体状态发送给个人的信号,如在找工作过程中产生的焦虑、挫败、暴躁等情绪,以及在身体上表现出来的失眠、乏力、胃肠道功能紊乱等症状,这些情绪反应和躯体反应信号,都在提醒着个人进行内部交流的需要。外部的信息交流,也即个人受到来自外部环境,包括社会发展和周围事件等外部信息的影响。如新闻报道了应届毕业生人数、经济发展指数和社会创造岗位数量等信息,使个人意识到就业危机;在翻译员岗位实习过程中,了解到工作对翻译员的知识储备和技能水平的要求以及翻译员前辈的职业发展路径,个人意识到自身知识和技能的缺乏,决定通过读研深造提升个人竞争力。

在这一阶段,个人通过信息交流,通过个人感受和外部信息反应,确认自己的职业选择。

2. 分析——信息分析

信息分析,是指个人针对已获得的自身性格、兴趣、知识、技能等自我知识以及外部环境、事件信息等,进行观察、思考和探究,从而对第一阶段已经意识到的理想与现实之间的差距，进行更充分、透彻的理解。

在信息分析阶段，首先进行如人格特质、兴趣特长及理想期待等自身信息的分析，如我的性格适合文科类还是理科类专业的学习、我理想的工作生活状态是怎样的、什么样的职业与我的专业和兴趣符合等。之后再对来自外界环境的信息等进行处理，包括具体的职业和发展选择及其相应的环境变化对个人的知识和能力要求、对个人和家庭生活所产生影响的情况、要求个人付出的努力等。如完成大学学业后决定"北漂"，除要了解目标职业的相关信息，对于非北京本地人口来说，常常需要提前考虑居住和交通等生活成本对生活质量的影响、到陌生的环境求职和生活会遇到什么样的困难和挑战、长期离家工作生活对家庭带来怎样的影响等。

3. 综合——选项形成

这一阶段的任务，是根据前两个阶段获得的知识及分析之后获得的有效信息，通过对选择范围进行"先扩大后缩小"的处理方式，最终确定若干个可行性较高的选项。在分析阶段，我们对个人自身的各方面情况有了较详尽的了解，个人每个方面的特质分别对应、适合一些相应的职业；在形成选项这个过程中，就要把这些对应的职业记录下来，形成一个"扩大"版的职业参考清单，再就清单进行"缩小"抉择，从中选取出现频次较高的具体职业若干个，一般选取 3~5 个。

这个阶段的最后，还需进行选项和个人问题的对照，检验这些选项是否能实现个人理想和现实之间差距问题的解决。如不能解决问题，步骤进行到此还要回到上一阶段重新进行信息分析；如问题得以解决，就可以进入下一个阶段选择评估。

4. 评估——选项评估

在上一阶段，个人确定了能够解决理想和现实差距问题的若干个可行的选项，本阶段进行的是对这些选项的具体评价，评估个人应聘和胜任该职业的成功率，以及该职业选项对个人可能产生的影响，进而获得优先选项的排序，如可以借助 SWOT 分析法和生涯平衡单等进行评估。

5. 执行——方案执行

前面完成了沟通、分析、综合和评估四个步骤，为个人缩小了职业选择范围、确定了匹配度和可行性最优的职业，而能否做出成功的职业选择，还要在执行阶段指定行动方案并开展具体实践行动，即开始求职。

如果在此阶段又遇到未曾预测或难以克服的困难导致职业问题不能得到解决，那么可以返回到沟通阶段，再次进行 CASVE 循环，直到职业生涯问题被解决为止。而每一次的循环经验，都为下一轮循环的信息沟通积累了经验，有助于下一轮循环效率的提高，有助于促进职业问题得到更全面的解决。

二、SWOT 分析模型

SWOT 分析，也称为优劣势分析，就是通过调查，将与研究对象紧密相关的各种内部优势（S）、劣势（W）和外部机会（O）、威胁（T）等进行项目列举和矩阵排列，再将各项因素进行匹配和分析，从而获得一系列辅助决策的结论。

1. 评估自己的长处和短处

用列表的方式清晰呈现自己感兴趣的事情和个人长处，以及自己不感兴趣的事情和个人弱项，如表 4-3 所示。

表 4-3　SWOT 分析表 (1)

个人自身长处 (S)	个人自身弱项 (W)
工作经验 教育背景 丰富的专业知识和技能 特定的可转移技巧（如沟通、团队合作、领导能力等） 人格特质（如职业道德、自我约束、承受工作压力的能力、创造性、乐观等） 广泛的个人关系网络 在专业组织中的影响力 ……	缺乏工作经验 学习成绩差，专业不对口 缺乏目标，且对自我的认识和对工作的认识都十分不足 缺乏专业知识 较差的领导能力、人际交往能力、沟通能力和团队合作能力 较差的寻找工作的能力 负面的人格特征（如职业道德败坏、缺乏自律、缺少工作动机、情绪化等） ……

2. 分析职业机会和威胁

各行各业的发展对个人来说都存在着不同程度的机会和威胁，清楚列举并分析这些外部条件有助于个人进行能力与职业的匹配，促进个人就业和职业发展，如表 4-4 所示。

表 4-4　SWOT 分析表 (2)

职业环境的机会 (O)	职业环境的威胁 (T)
就业机会增加 再教育的机会 专业领域急需人才 由于提高自我认识，设置更多具体的工作目标带来的机遇 专业的晋升机会 专业发展带来的机会 职业道路选择带来的独特机会 地理位置的优势 强大的关系网络 ……	就业机会减少 由同专业的大学毕业生带来的竞争 具有丰富技能、经验、知识的竞争者 拥有较好的寻找工作技巧的竞争者 名校毕业的竞争者 缺少培训、再学习造成的职业发展障碍 工作晋升机会十分有限或者竞争激烈 专业领域发展有限 公司不再招聘与你同等学历或专业员工 ……

3．短期职业目标

在运用SWOT模型进行分析评估之后，初步确定个人短期职业发展目标，如3～5年内，个人希望从事的职业、职位晋升情况、薪酬提高程度以及相关的资源积累等4～5个职业发展目标。每一个目标的确立，都应与个人自身优势相匹配。

4．短期行动计划

为使上一个步骤确立的职业目标得以实现，个人还应为每一个目标制订细致的行动计划，细致到阶段性的学习和工作行动以及相应需要完成的具体任务，同时也包括风险预测及向外界寻求帮助的预案。

三、生涯抉择平衡单法

生涯抉择平衡单多用于问题解决模式，用以帮助面对重大决策难题的决策者尽可能具体地从各个角度评价分析各种可供选择的方案，预先对各方案实施过程中可能遇到的风险进行预测和分析，进行加权分值计算获得各项决策的优先顺序，进而为个人重大决策提供有效参考。

生涯抉择平衡单主要由物质层面上的个人得失与他人得失，以及精神层面上的个人得失与他人得失等四个部分构成。

运用生涯抉择平衡单法进行职业决策的具体操作：

（1）进行个人偏好的职业选项列举，一般3～5个。

（2）进行各个职业选项利弊得失的分析和计分。依据平衡单得失判断的四个方面，进行各项职业的逐一分析和计分，计分以十一点量表（从＋5到－5）体现得失程度，用分值进行职业选项的衡量。

（3）进行各个考虑因素的计分。个人在不同的发展阶段和情境中对各项利弊得失的考量也有所不同，平衡单法的设计考虑到不同状态下各项因素的不同重要程度，设计了各项考虑因素的重要程度加权计分。个人在该环节中根据利弊因素的重要程度计算1～5倍的分数进行计分。

（4）进行各个职业选项的得分小计。进行各个职业选项的正、负分加权计算后，累加所有得分获得生涯选项总分。

（5）进行各个职业选项的优先次序排列。依据总分高低，排列优先顺序，可以此作为职业生涯发展的决策参考。

练习

生涯抉择平衡单①

表4-5　生涯抉择平衡单

考虑因素		重要性的权数（1~5倍）	职业选择一		职业选择二		职业选择三	
			+	−	+	−	+	−
个人物质方面的得失	1. 收入							
	2. 工作难易程度							
	3. 升迁的机会							
	4. 工作环境的安全							
	5. 休闲时间							
	6. 生活变化							
	7. 对健康的影响							
	8. 就业机会							
	……							
他人物质方面的得失	1. 家庭经济							
	2. 家庭地位							
	3. 与家人相处的时间							
	……							
个人精神方面的得失	1. 生活方式的改变							
	2. 成就感							
	3. 自我实现的程度							
	4. 兴趣的满足							
	5. 挑战性							
	6. 社会声望的提高							
	……							

① PETERSON G W, SAMPSON J P, REARDON R C. Career development and services: a cognitive approach [M]. Pacific Grove, CA: Brooks/Cole, 1991.

续上表

考虑因素		重要性的权数 （1~5 倍）	职业选择一		职业选择二		职业选择三	
			+	−	+	−	+	−
他人精神 方面的得失	1. 父母							
	2. 师长							
	3. 配偶							
	……							
加权后合计								
加权后得失差数								

【案例：小颖的生涯决策平衡单】

基本情况：小颖，女，广东某大学教育技术学专业三年级学生，性格外向，开朗活泼，喜欢与人交往，口头表达能力很强，是学院学生会干部，组织能力强。还有一年就要毕业了，她考虑自己的职业有三个发展方向：中学信息技术教师、市场销售总监、考取计算机专业硕士研究生。以下是她的具体想法。

1. 中学信息技术教师：小颖认为这个职业是她的本专业，存在着最大的专业优势，工作也比较稳定，但目前社会需求量并不大。

2. 市场销售总监：小颖希望用 10 年的时间能实现这个目标，认为这个职业符合自己的性格、兴趣的需要，同时她也利用暑期和课余时间兼职做过销售的工作，她认为可以利用自己的专业来帮助自己更好地辅助销售工作。

3. 考取计算机专业硕士研究生：小颖的父母都是高校的教师，他们希望小颖能够继续深造，以后到高校任计算机专业教师。但小颖认为虽然高校教师工作稳定，收入也不错，但她不喜欢计算机专业的教学工作，且考研也有一定的困难。

下面是小颖利用生涯决策平衡单做出的职业决策的结果：

表 4-6　小颖的生涯决策平衡单

考虑因素		重要性的权数 （1~5 倍）	中学信息 技术教师		市场销售 总监		考研	
			+	−	+	−	+	−
个人物质 方面的得失	1. 适合自己理想的生活方式	5		3	9			5
	2. 适合自己的处境	4	8		9		7	
	3. 有较高的社会地位	3	5			3	9	
	4. 工作比较稳定	5	9			9	9	

续上表

考虑因素		重要性的权数（1~5倍）	中学信息技术教师		市场销售总监		考研	
			+	−	+	−	+	−
他人物质方面的得失	1. 优厚的经济报酬	4	5		8		9	
	2. 足够的社会资源	5	8		7		9	
个人精神方面的得失	1. 适合自己的能力	4	8		9		7	
	2. 适合自己的兴趣	5	5		9			8
	3. 适合自己的价值观	5	6		8		5	
	4. 适合自己的个性	4	7		9		6	
	5. 未来发展空间	5		3	8		9	
	6. 就业机会	4	3		8		9	
他人精神方面的得失	1. 符合家人的期望	2	6		5		9	
	2. 与家人相处的时间	3	7		4		9	
加权后合计			312	30	399	54	384	65
加权后得失差数			282		345		319	

小颖案例分析：

1. 在进行职业选择时，小颖最为看重的就是是否符合自己的兴趣、职业价值观、职业是否有发展空间、是否符合自己的理想生活的需要等几个方面。

2. 通过生涯决策平衡单的决策之后，小颖的决策方案的得分情况是：市场销售总监＞考研＞中学信息技术教师。综合平衡之后，市场销售总监较为符合小颖的职业生涯目标。

练习思考题

1. 你掌握了职业决策的流程和工具方法了吗？
2. 你了解自己的决策风格类型吗？是否可以通过努力调整改变？
3. 如果使用生涯决策平衡单的结果仍然让你困惑，你该怎么办？

第五章 职业规划

学习目标

1. 理解职业生涯的定义和特征。
2. 了解职业生涯规划相关理论和意义。
3. 掌握职业生涯规划框架和方法。

本章重点

1. 职业生涯规划书的撰写。
2. 了解职业生涯行动的意义并学习应用。

本章难点

1. 后现代主义职业生涯规划理论的了解和应用，发挥个体在职业生涯中的创造性。
2. 在实践中提升生涯行动能力，帮助个人实现职业生涯规划目标。

第一节 职业生涯规划理论

一、职业生涯规划的定义和特征

职业，是指个人运用自己掌握的知识和能力等，在参与社会生产活动的过程中创造物质和精神财富，同时个人通过劳动获得相应报酬作为物质生活来源，在经济和精神需求上获得满足的工作。

职业生涯，即职业发展经历，它是指个人在一生中的职业发展以及与之相联系的行为、活动、价值观、发展状态等连续性的经历和过程；职业生涯即是个人在社会生活中参与实践锻炼以及实现个人理想的过程，也是毕生职业、职位变迁的体现。个人的职业生涯可以归纳为以下三个特征。

一是独特性。由于性格、兴趣、能力和价值观的差异，每个个体都具有自己独特的职业理想，每个人发展环境和实践状况也各不相同，因此不同个人都有独具个性的职业发展道路。

二是发展性。每个人的职业生涯都是一种发展变化的过程。比如在 30 岁之前，多数人仍处在对个人、社会和未来的探索阶段；在 30 ~ 40 岁之间，个人积累了一定的经验，工作方面也打下了一定的基础；在 40 ~ 50 岁之间，工作上更容易取得明显的成果；而在 50 岁之后，工作、事业的发展趋于稳定，个人在物质生活上得到满足，进而开始思考如何回报社会。这就是职业生涯的发展性。

三是整合性。人是社会关系的总和，人不能脱离社会而存在，个人的职业生涯是个人与他人、个人与环境、个人与社会互动的过程。个人所掌握的知识和能力、积累的资源和信息对其职业发展都有着重要的影响，而工作和发展的环境也能对个人是否坚定从事某种职业的信念产生影响。社会上新职业的出现、职业需求的变化，也会引导个人对自己的职业生涯发展进行不断的分析和思考。

大学生职业生涯规划，指的是大学生在校期间对个人职业生涯进行系统规划的过程，不仅包括未来的职业规划，还包括大学在读期间的学习规划、社会实践规划。大学期间是否开展职业生涯规划以及所做规划的质量，直接影响大学期间的学习动力和成长状态，更将影响未来求职就业以及长远职业发展的成败。从狭义的角度看，大学阶段的职业生涯规划是未来职业发展的准备期，其主要任务在于为未来的职业和事业发展做好计划规划、知识储备、技能等方面的准备。大学阶段是系统地进行学习和实践的重要阶段，为培养个人迅速适应职场的能力、长远的职业发展眼光，在学期间接受系统的职业生涯辅导并开展训练和进行实践是相当必要的。

二、职业生涯规划的基本理论

20 世纪初，美国职业辅导运动开始后，生涯辅导相关的理论模型逐步建立，学者们尝试通过不同途径揭示个人在社会角色和生涯方面的问题，相应理论的提出和运用，为个人在职业和生活方面的分析和决定提供了支持。

（一）职业兴趣理论

职业兴趣理论是美国约翰·霍普金斯大学心理学教授约翰·霍兰德（John Holland）于 1959 年提出的职业发展理论。该理论指出，在人们进行的各种活动和事业中，兴趣对推进事业的发展表现出巨大的动力，个人兴趣、人格类型与个人职业发展密切相关，凡是从事符合个人兴趣的职业，人们都能更自觉、积极地投入更多精力，在工作的同时愉快地享受职业。霍兰德提出"人格特质与工作环境相匹配"理论，并将通过现实型、研究型、艺术型、社会型、企业型和常规型等六种类型将人格进行分类，由此提供了一个重要的生涯辅导理念：把个人特质和适合这种特质的工作联系起来。在职业兴趣理论研究等基础上，霍兰德为职业兴趣的测量工具，编制了职业偏好量表（Vocational Preference Inventory）和自我职业选择测试表（Self-directed Search）。在职业咨询、辅导和评估中，这两种职业兴趣量表的使用结合个人能力测试，对个人职业发展分析和指导起到了极大促进作用。

拓展阅读

霍兰德人格与职业匹配理论——六种人格类型[①]

1. 现实型（Realistic Type，R）

特点描述：此类型的人具有顺从、坦率、谦虚、自然、实际、有礼、害羞、稳健、节俭、物质主义的特征；爱劳动、有机械操作的能力。喜欢做和物体、机械、工作、动物、植物有关的工作，是勤奋的技术家。

典型职业：社交要求不高的技术性工作，如机械员、工程师、电工、飞机机械师。

2. 研究型（Investigative Type，I）

特点描述：此类型的人具有分析、谨慎、批评、好奇、独立、聪明、内向、条理、谦逊、精确、理性、保守的特征；有数理能力和科学研究精神。喜欢观察、学习、思考、分析和解决问题，是重视客观的科学家。

典型职业：要求具备思考和创造能力，社交要求不高，如科研工作者，从事生物学、医学、化学、物理、地质学、天文学、人类学等研究的科学家、工程师。

3. 艺术型（Artistic Type，A）

特点描述：此类型的人具有复杂、想象、冲动、独立、直觉、无秩序、情绪化、理想化、不顺从、有创意、富有表情、不重实际的特征；有艺术、直觉、创作的能力。喜欢用想象力和创造力，从事美感的创作，是表现美的艺术家。

典型职业：艺术性的，直觉独创性的，从事艺术创作的，如作家、音乐家、画家、设计师、演员、舞蹈家、诗人。

4. 社会型（Social Type，S）

特点描述：此类型的人具有合作、友善、慷慨、助人、仁慈、负责、圆滑、善于社交、善解人意、说服他人、理想主义、富洞察力的特征；有教导、宽容，以及与人温暖相处的能力。喜欢与人接触；以教学或协助的方式，增加他人的知识、自尊心、

---

① HOLLAND, J L. Making vocational choices：A theory of vocational personalities and work environments [M]. 3rd ed. Odessa, FL：Psychological Assessment Resources, Inc, 1997.

幸福感，是温暖的助人者。

典型职业：与人打交道的，具备高水平沟通技能，热情助人的，如教师、心理师、辅导人员。

5. 企业型（Enterprising Type，E）

特点描述：此类型的人具有冒险、充满野心、独断、冲动、乐观、自信、追求享受、精力充沛、善于社交、获取注意、知名度高等特征；有领导和说服他人的能力。喜欢以影响力、说服力和人群互动，追求政治或经济上的成就，是有自信的领导者。

典型职业：管理、督导、具有领导力的，善于言行，有说服力的，如企业经理、政治家、律师、推销员。

6. 传统型（Conventional Type，C）

特点描述：此类型的人具有顺从、谨慎、保守、自抑、顺从、规律、坚毅、实际、稳重、有效率、缺乏想象力等特征；有敏捷的文书和计算能力。喜欢处理文书或数字数据，注意细节，按指示完成琐碎的事，是谨慎的事务家。

典型职业：注重细节讲究精确的，办公、事务性的，如银行人员、财税专家、文书处理人员、秘书、数据处理人员。

（二）职业生涯发展理论

唐纳德·舒伯（Donald Super）是最为重要的"过程取向"的理论家之一。他在20世纪50年代开始提出关于生涯发展阶段的新思路。舒伯将人的职业生涯发展分为成长、探索、确立、维持、退出等五大发展阶段，这个过程和人的生理及心理发展一样，每个阶段都有一定的特征和目标，如果未能顺利完成前一阶段的发展任务，后一阶段的发展就会受到影响，从而导致职业上的障碍。舒伯提出了生涯彩虹理论，他认为，生活角色是我们理解生涯概念的良好途径，每个人在一生不同的时间阶段里承担着一种或多种角色。而对于每个个体来说，每一种生活角色的强度随着时间而变化，各种生活角色的结合及其强度成为每个人的生涯基础。职业生涯发展理论的发展，促使研究者的目光从就业本身扩大到了整个职业生涯。

（三）特质因素理论

最早的职业辅导理论，是弗兰克·帕森斯（Frank Parsons）提出的特质因素理论，又称帕森斯人职匹配理论。1909年，帕森斯在《选择一个职业》一书中提出"职业选择的焦点是人与职业相匹配"。这一观点指出，每个个体都具有自身相对稳定的特质，而每种职业也都有相对稳定的因素。

人的特质，是指包括兴趣、人格、能力倾向和价值观等方面在内的个人的人格特征，这些特征的表现水平可以通过心理测量工具来进行评估。而职业的"因素"，是指在具体某个职业上人们要获得成功所应具备的能力和条件，这些能力和条件要求，则是通过对具体职业的深入认识和分析而获得。具备不同特质的个人都有与其相适应的职业类型；个人的特质与职业的因素相匹配的程度越高，则个人在这项职业上获得成功的可能性就越大。

他强调，在职业生涯规划中，需要掌握有关个人以及各种选择的高质量信息。一个人如果缺乏对自身和职业或工作的了解，或是推理能力不足，那将有可能做出糟糕的职业选择。帕森斯认为，高质量的自我评估、职业和就业信息，再加上专业的咨询者，是帮助人们更好开展职业生涯规划的关键要素。

（四）生涯决定社会学习理论

20 世纪 70 年代，心理学家阿尔伯特·班杜拉（Albert Bandura）提出社会学习理论，它是以经典行为主义、强化理论和认知信息加工理论为基础的。后来，克朗伯兹（J. D. Krumboltz）将之引入生涯辅导领域，提出生涯决定社会学习论（the social learning theory of career decision making）。该理论旨在解释个人的教育与职业喜好和技能如何形成，以及这些喜好和技能如何影响个人对各种课程、职业和工作领域的选择。个别因素对个人的生涯决定虽只有若干程度的影响，但不同因素交互组合，却使得不同的人做出不同的生涯决策。克朗伯兹列举出影响一个人生涯决策的四类因素：

1. 遗传因素和特殊的能力

遗传特质包括种族、性别、智力、外在的仪表和特征；特殊能力包括音乐能力、艺术能力、肌肉的协调能力。这些因素在某种程度上影响了个人的职业表现或个人所获得的经验。

2. 环境的情况和事件

社会学习论认为，影响教育和职业的选择因素中，有许多发生于外在环境，是非个人所能控制的。这些环境的情况和事件，有的源于人类活动（社会、文化、政治或经济的活动），有的源于自然力量（自然资源的分布和天然灾害）。

3. 学习经验

每个人有独特的学习经验，这对于个人的生涯抉择具有重要的影响。以下两种学习经验，是社会学习理论中最简约的形式，用以说明学习经验对生涯决定的影响。

（1）工具式学习经验。主要内容包括前因、内隐与外显的行为和后果。前因包括了各种环境的情况和事件，以及个人在生活中遇到的刺激；行为包括内在认知和情绪反应，以及外在的行动；后果则包含了直接由行动造成的影响，以及当个体体验到这些后果时的认知与情感反应。这一派理论认为，凡成功的生涯规划和职业发展所需技能，均能通过连续的工具式学习经验而获得。

（2）联结式学习经验。联结式学习经验综合了班杜拉社会学习理论的观察学习和学习心理学中的古典条件学习。个人通过观察真实和虚构的模型，通过对人、事之间的比较来学习对外部刺激做出反应。某些环境刺激会引起个人情绪上积极或消极的反应。如果原来属于中性的刺激与使个人产生积极或消极情绪反应的刺激同时出现，这种伴随在一起的联结关系就会使中性的刺激也具有积极或消极的情绪作用。

4．工作取向的技能

前面提到的各种因素以及不同的学习经验等，会以一种交互影响的方式锻炼出个人特有的工作取向技能。这些技能包括解决问题的能力、工作习性、心理状态、情绪反应和认知的历程等。

（五）认知信息加工理论

认知信息加工理论是职业测评的理论基础。这一理论研究认为，一个人如何做出职业生涯的决策，以及解决生涯问题和生涯决策的整个完整过程，就揭示了他的职业生涯的发展路径。换言之，职业生涯发展就是个体面临职业选择和情境时进行决策的过程。在20世纪90年代初期，美国心理学家桑普森（Sampson）、彼得森（Peterson）、里尔登（Reardon）就提出从信息加工取向看待生涯问题解决的认知信息加工理论。

认知信息加工理论认为，个体生涯选择的基础是个体认知与情感之间的交互作用，生涯选择的过程就是问题解决的过程，这一解决过程的能力是由个体的认知决定的，生涯问题的解决需要依靠繁重的记忆任务来完成，决策的过程必定需要有较强的动机作为支撑。随着个体知识结构的增加、累积和变化，生涯发展也随之变化，它的成熟度由个人解决问题的能力决定，最终是与自我认知有关。职业生涯咨询的目标是促进咨询者信息加工能力的提升和发展，增强咨询者解决问题和做出决策的能力。

认知信息加工理论认为生涯发展与咨询的过程，也是个体学习信息加工能力的提升过程。这一理论的提出者将个体进行信息加工的逻辑过程构建成一个金字塔模型（见图4-1）。首先，在金字塔最底层的是关于知识信息领域的内容，包含了关注自我知识和职业知识的领域。在金字塔中间的是关于决策制定技能领域的内容，涵盖了五个主要阶段：沟通—分析—综合—评估—执行。在金字塔最上层的是关于执行加工领域的内容，也被称为"元认知"，元认知是对自身认知活动的调整、监督和控制的过程，包含再感知、再思维、再记忆的活动（Fulavell，1978），它是一种高级的自我察觉、自我言语和自我监控。

认知信息加工理论认为，知识信息领域就像计算机内存里的数据文件，要定期进行储存。决策制定技能领域就像是计算机里的处理程序，将储存的知识进行加工。执行加工领域就像是计算机的控制功能，控制计算机按照指定的命令进行操作。中间的决策领域是对一般信息进行加工的功能，可分为学习的五个循环阶段来完成，又称为CASVE循环（见图5-1）。详细内容，已在第四章展开论述。

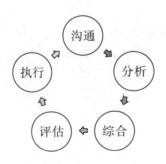

图 5-1　CASVE 五步循环

（六）后现代生涯理论

后现代生涯理论指的是20世纪末西方后现代主义的世界观和方法论涉入了生涯领域并给生涯领域注入了新的思想观念。后现代主义的特征是：接纳不确定性和片段性、反对绝对权威唯一的真理、尊重多元的事实、尊重多样性和差异性、尊重个体体验和主观解释、强调个体叙事和创造意义。后现代主义观点影响的生涯理论和研究目前较为流行的有：生涯混沌理论、无边界职业生涯理论、生涯建构理论和生涯咨询领域叙事取向咨询、生涯教练技术等等。后现代生涯理论回应了变化的社会环境和复杂而独特的个体真实的生涯情境。第一，强调生涯的个体性和差异性。第二，强调生涯是"非线性发展""无边界""动态开放"的，具有不可预测性和不确定性。第三，强调"适应"而非"匹配"。第四，强调个体的创造性，个体是主动创造者，是自己的生涯问题专家。

拓展阅读

生涯混沌理论如何看生涯

你觉得你的生涯能够被精确"规划"吗？你觉得你的生涯之路会是一条遵循因果关系的线性路径吗？你能像做数学、物理计算题一样，把影响你生涯发展的各种因素罗列清楚并准确计算它们的影响效果吗？

答案是否定的。你应该听说过蝴蝶效应：亚马孙雨林一只蝴蝶翅膀偶尔振动，也许两周后就会引起美国得克萨斯州的一场龙卷风，也就是说，初始条件十分微小的变化经过不断放大，会对其未来状态造成极其巨大的影响。在我们的生涯发展中处处存在着蝴蝶效应，童年时一次偶然的经历、读书时碰到的某位老师、一次考试的失败、上大学时偶然接触到的行业、找工作时偶然遇到的机会……都有可能对你最终的人生选择产生巨大影响。而这些影响就像蝴蝶扇动翅膀对龙卷风的影响一样难以预测。

既然无规律可循，那我们还学习生涯规划做什么？同学们不要太消极，生涯混沌理论就告诉我们：人的生涯因为受到各种因素的复杂影响，表面上貌似无序，但内在却存在着一种无序中的"有序"，这种有序不同于我们一般理解的线性因果关系，而是一种"整体有序"。它当中存在着某种引力中心（混沌理论中称为"吸引子"），它会吸引着系统内的所有运动都向它靠拢。站在整个系统的层面上观察，你就能看清这个系统呈现出的整体规则。

一位高校生涯咨询师曾在生涯自传中描述了自己在大学中转专业的一段经历，或许可以帮助大家很好地理解这一点。

我高中学的是理科，高考填志愿时选择了师范大学的化学专业，如果按照线性路径，我最有可能成为一名中学化学老师。然而我刚进大学就因为太想家陷入抑郁情绪，为了解决自己的抑郁情绪，我参加了学校的一个心理互助社团，然后接触到心理学系的学姐，在她的介绍下阅读了大量心理自助图书，然后就产生了学习心理学的想法。更大的机遇在这时出现了，在转专业并不多见的20世纪初期，学校突然在那一年宣布学生可以根据个人意愿转专业，我恰好最先知道这个消息，然后就在各种机缘巧合下，顺利成为心理系的一名学生，最终走到今天，成为一个心理学老师。

这个看上去需要多种偶然相结合的生涯路径，真的完全是偶然吗？在学习了生涯心理学后我改变了最初的看法，其实其中有着强有力的"吸引子"，就是我对研究人的兴趣要远远大于研究物。正因为对人的内心有强烈的兴趣，我才会关心自己为什么会有抑郁情绪，才会强烈地想要解决自己的情绪困扰，才会自主阅读大量心理学图书，才会在转专业充满不确定的情况下坚定地选择这条路。我也曾想过，如果我早一年上大学学校还不允许转专业，或者我大一的成绩不好达不到转专业标准，抑或我晚一年上学转专业竞争急剧激烈，我可能都无法成功转到心理系，那我就会成为一名中学化学老师。那我会放弃对人的兴趣吗？不会，我会努力成为一个了解学生、理解学生、研究学生心理的化学老师，说不定也会找机会自学心理学并在学校里兼职为学生提供心理帮助。所以，看上去我现在的职业状态是各种偶然因素的结果，但其中有一些"吸引子"会让我无论走什么路，都可以殊途同归。

这位老师用自己的生涯经历解读了生涯混沌理论所说的：表面无序，整体有序。要强调的是，能让你的生涯系统呈现出整体有序的是"吸引子"，简单说来就是你的人生中强烈要追求的东西，可能是某种兴趣，也可能是某种意义或价值。这就是"生涯主题"起的作用，它在你意识不到的情况下，已经在整合着你人生中的各种经历，如果你目前还不清楚自己的"生涯主题"是什么，那我们就从你看似无序的人生经历中去提取它。

生涯混沌理论的内涵比我们所介绍的要更为复杂，涉及的概念比较抽象，感兴趣的同学可以以"生涯混沌理论"为关键词搜索更多知识和信息。

你过去人生中众多的经历：一件有趣的事、一个让你印象深刻的陌生人、一次冒险的经历、一部让你感动的电影……你也许从未想过它们和你的职业方向有什么关系。但根据生涯混沌理论，貌似无关的经历之间其实都存在着某种内在联系。

⚙ 第二节　职业生涯规划探析

一、职业生涯规划前提

（一）明确的职业理想与目标

在个人职业生涯规划体系中，职业理想起到重要的指引和调节作用。个人在做职业选择时，通常是以其职业理想为出发点，而职业理想也必然受到社会现实和成长环境的制约。个人职业理想的确立，主要依据个人性格、特长，同时还必须依据社会发展的需要，只有符合国家和社会发展需要、符合人民群众利益的职业理想，才是正确的、高尚的、具备现实可行性的。充分了解社情民意，有助于大学生将个人志向与国家、社会利益和人民需要有机地结合起来。

（二）科学开展自我认识和职业分析

一方面，进行深入的自我认识，可以借助科学的方法和手段，对自己的性格、兴趣、气质、能力等进行全面剖析，清楚认识个人优势与不足，从而扬长避短，避免规划中的盲目性，达到规划高度适宜。另一方面，现代职业具有自身的区域性、行业性、岗位性等特点，对职业进行分析，就是要对职业本身及其所在行业的发展现状和前景有深入而全面的了解，如平均薪酬待遇、人才供应情况、行业团体规范等，还应特别了解职业及行业所特别要求的知识储备和职业技能。

（三）构建合理的知识结构

知识的积累是成才的基础和必要条件，但一个人真正的知识水平并非纯粹通过知识积累程度来体现。现代优秀人才不仅要掌握较高层次的文化知识，还应当在学习积累过程中形成合理的知识结构，从而帮助个人创新创造能力的发挥。

（四）培养职业需要的实践能力

知识水平和综合能力是用人单位选择人才的重要依据。大学生在进入岗位之初，在逐步适应社会和工作环境的同时，还应重点培养自己的实际业务能力、社会交往能力、判断决策能力、创新创造能力、组织管理能力等，在实践和锻炼中不断提升个人学习能力和心理调适，从而满足不断变化、提升的社会和职业需要。

（五）参加社会实践和职业训练

职业训练主要指职业技能的培训，如时间管理、信息处理、筹备会议、文书准备和社交谈判等。大学生在校期间，可以通过社会实践、志愿服务、"三下乡"活动、见习实习、创新创业活动等从事社会服务和实践等提前进行职业训练，促进自身思维方式调整、职业意识激发和行为习惯改善，为今后职业生涯做好准备。

拓展阅读

大学生社会实践的主要形式

1. 暑期"三下乡"活动

暑期"三下乡"活动是指全国大学生在团中央的号召下，利用暑假时间自愿报名参加送文化、科技、卫生到农村、基层。这项活动已持续多年，并取得了可喜的成绩和成效。每年暑假，大学生志愿者围绕"三下乡"活动主题，充分发挥自身文化知识优势，在农村和基层进行先进科学知识宣讲，特别是发挥个人专业技术和技能，将个人所学运用到农村的生产、生活中，同时体验基层民众生活，调研基层社会现状。暑期"三下乡"活动为大学生投身新农村建设搭建了良好平台，也为大学生走出校园、了解国情社情提供了实践渠道，将高校育人与新农村建设紧密联系到一起，同时提高了大学生的思想认识、实践能力和综合素质，为国家未来的发展培养了优秀人才。

2. "青年志愿者"行动

志愿者，是指在不谋求物质和利益回报的前提下，自愿参加相关团体组织并服务于社会公益事业，为帮助有需要人士提供具有一定专业性和技能性的服务活动的个人。大学生青年志愿者利用课余时间，参加扶贫开发、社区建设、环境保护、大型赛会、应急救助、海外服务等各类服务活动，弘扬着"奉献、友爱、互助、进步"的志愿者精神，在奉献中彰显自身价值，找到人生目标，在专业学识、思想境界和家国情怀等方面收获突破与蜕变。

3. 课外科技活动

课外科技活动，是指大学生利用课余时间参加校内外的学生科学研究和竞赛活动等。大学生参加课外科技活动形式多样，有的参与到实验室、校内老师的科研项目中，有的参与到企业或其他单位的技术开发和产品开发中，有的参与政府部门或群众组织开展的专题调研活动。课外科技活动，不仅充分培养大学生的主动性和创新精神，而且大学生还可以参加国家、教育部门及一些行业协会组织的相关竞赛活动，在比赛中检验自己，提高能力。例如"挑战杯"全国大学生课外学术科技作品竞赛，是目前全国最权威且极具代表性的课外科技竞赛。这项赛事有效地激发和培养了青年大学生的创新意识，促进了高校素质教育的深入发展，同时在社会发展和经济发展等方面产生了积极的影响，享有高校科技创新"奥林匹克"的盛名。

4．课外创业活动

在国家提出大众创业、万众创新的号召下，特别是国家和各地政府出台一系列扶持大学生创新创业的优惠政策后，学习之余投身自主创业的大学生人数日趋增长。国家和各地政府开展了大学生创业计划大赛，如"挑战杯"全国大学生创新创业大赛、中国"互联网＋"大学生创新创业大赛等，这类竞赛在深化高等教育综合改革、激发学生的创造力、培养造就创新创业生力军等方面取得明显成效。赛事同时注重推动成果转化，有效促进了"互联网＋"新业态形成及服务经济提质增效升级，实现了以创新引领创业、以创业带动就业，推动高校毕业生高质量创业就业。

5．勤工助学活动

勤工助学是高校学生资助工作的重要构成部分，也是学生锻炼提升个人综合素质和获得经济困难资助的有效途径。勤工助学，指学生利用课余时间，通过参加学校组织的工作和劳动项目取得合法报酬，在锻炼和提升个人能力的同时改善学习和生活条件的实践活动。由于国家发展的迅猛进步以及城乡家庭生活条件的迅速提高，传统理念上的"勤工俭学"逐渐向"勤工者未必俭学者"转变，结合人才发展实际和学生实践需要，勤工俭学正向符合时代发展的体制和形式推进创新改革，高校学生不仅通过劳动获得报酬改善生活，在个人能力锻炼和实践积累等方面都获得提升，同时增强了对社会的认识，而"助学"的理念也正在逐步取代原有的"俭学"内涵，勤工助学逐渐成为大学生参与社会实践的有效形式之一。

6．专业实习活动

专业实习是高校根据专业设计和人才培养方案，组织大学生到企业，特别是到所学专业对口的专业岗位上，开展实践工作和体验岗位的实践活动形式。实习活动促进学生将所学的理论知识与实践结合起来，提高动手能力，加强社会活动能力。一方面，实习过程中，学生深入了解所学专业的内容及其运用，在实践中更加了解专业、熟悉专业、热爱专业；另一方面，通过实践，学生更加巩固和加深理解在课堂所学的理论知识，专业技能在实际操作中得到锻炼，进一步培养和提高了个人的社会实践能力。

二、职业生涯规划的主要框架

（一）自我评估

对自己进行全面、综合的评估，是职业生涯规划框架中的首要部分。要保证职业生涯规划的有效性和可发展性，个人必须在开始规划之初，就对自身情况进行充分审视、了解和认识，做好包括气质类型、个性性格、兴趣爱好、知识水平、技能水平、发展需求以及价值观等方面的分析和评估，明确自己能做什么、想做什么、应该做什么，可采用价值观量表、兴趣量表、人格量表等辅助进行个人自我评估。

【案例：大学生小铭的自我评估】

1. 我的性格：大家都说我是个活泼开朗的人，很善于与人交流，人缘也比较好，但是很多时候在一些场合我会缺乏自信，有的时候患得患失，总是考虑得太多，所以错过了一些很好的机会。来到大学，发现人外有人、天外有天，懂得只要自己努力了就不后悔，不管结果是不是第一，只要自己尽力了就是最好的了。我待人真诚、热情，但性格比较直爽，有的时候容易伤人，虽然尽力在改变，但是还需要进一步改善。我是个很好的合作伙伴，做事踏实认真，大家交给我的事情总能很好地完成，一丝不苟。

2. 个人兴趣：喜欢唱歌、健身、打羽毛球等。很喜欢玩，但是也很关心时事和政治方面的新闻，从测评分析报告中得出，我属于典型的研究型，对抽象的、分析的、灵活的定向任务性质的职业比较感兴趣，喜欢寻根问底，热衷于思考问题且擅长分析，独立性强。另外，对社会型的工作也比较有兴趣。

3. 职业能力：我逻辑推理能力比较强，信息分析能力也不错，比较喜欢对复杂的事物进行思考，工作认真负责，善于规划自己的方向与目标，善于利用自己的优势。抗压能力偏低，有时过于谨慎，不敢尝试新鲜事物。

4. 个人特质：观察力强，我这个人有很强的责任心，因而对工作比较热情，能吃苦耐劳，是努力工作的典型，并且秉着"一旦开始，我就要努力做到最好"的理念做任何事，总是试图用理论分析各种问题。

5. 职业价值观：从我的测评结果可以知道，管理、成就感和自我实现取向是我最重视的。我认为"不想当将军的士兵不是好士兵"。

（二）社会环境分析

社会环境分析，是对我们所处的社会中的政治、经济、法制、科技、文化、语言、卫生等宏观因素的分析。社会环境分析对大学生职业生涯规划乃至人生发展都有着重大影响，通过对包括国际、国内与所在地区在内的多层次社会大环境的分析，来了解和认清自己所处环境中的政治、经济、科技、文化、法制、政策要求及发展方向，以更好地寻求符合个人发展条件和愿望的发展机会及路径。职业生涯规划中的社会环境分析，就是对所选定的某个或某类职业在社会环境中的发展过程、所处的社会地位以及社会发展趋势对此职业的影响，具备较全面和清晰的认识，包括对与职业相关的社会分工、专门性的知识和技能要求、薪酬待遇水平、满足个人精神发展需求的程度等因素的发展变化趋势。

【案例：大学生小军的社会环境分析】

1. 随着经济全球化趋势的加强，我国与世界经济的联系越来越紧密。其中，最重要的莫过于经济的交融，随着中国的不断开放与发展，中国特色社会主义市场经济必将会更加深远地发展，而社会对于经济人才，尤其是高端经济人才的需求会越来越多。

2. 当今世界进入大发展、大变革、大调整时代，美国作为世界唯一超级大国的国际地位下降，中国在世界经济格局上的地位再度提升，在未来相当长的一段时间内，中美博弈尤其是经济上的博弈尤为关键，中国发展所面临的内外经济形势也越来越复杂。

3. 一个国家强大而且融入世界一个同样显著的标志是国家话语权的提升。党的十八大以来，中国的媒体发展有了显著的进步，同 CNN、BBC 等向世界发声的世界性媒体相比，中国媒体接下来的发展只会更快。随着我国改革开放进入深水区、"五位一体"的战略发展布局要求，新时代下文化体制改革将更加强调媒体未来发展的重要性。

4. 在过去的十年间，中国的纸媒、电视媒体、网络媒体有了突破性的发展，进入新时代，网络新媒体的激烈竞争初露端倪，整合纸媒、电视媒体、广播媒体、网络媒体的新媒体，在未来相当长的一段时间，将成为中国媒体发展的重头戏。

5. 社会逐渐发展，对于人才的复合型提出了更高的要求，同时也更加注重人才及工作的专业化发展。所以，经济与媒体的纵深对接，同时影响政治、文化领域，必将在今后中国的发展上有更大的作为。

（三）职业生涯机会评估

职业生涯机会评估，是指在进行社会环境分析的基础上，对来自经济发展、社会生活等各种外部环境因素对个人职业生涯发展产生影响的评估，包括长期机会和短期机会的评估。个人的职业发展和生涯发展，都是在一定的社会环境中进行，必然受到环境中来自政治、经济、文化和科技等方面要素的影响。特别是近年来，社会的快速变迁、科技的高速发展、市场的竞争加剧等都对个人发展产生了重大影响。因此，对个人所在社会环境特点、变化发展情况、个人在环境中的地位、环境对个人产生的影响和提出的要求等进行及时的分析和认识，持续进行生涯机会的评估，从而准确把握职业发展机会至关重要。通常可以采用 SWOT 分析法对个人优势、劣势、机会和威胁等进行分析，看到自身竞争力和发展机会，同时认识到自己的不足和外在威胁，从而对各种生涯发展机会进行评估。

【案例：大学生小豪的职业生涯机会评估】

电气及其自动化，是以培养现代电气工程师为目的的专业，也是我国高校开设得最久的专业之一。多年来，它长盛不衰的奥秘就在于：电作为人类物质生活供应的基本保障，对社会和经济发展具有极大影响。

该专业就业方向：

1. 制图员，一般也从事一些设计工作，主要是跟着师傅，每天的主要工作在于图标修改、输图，工作量比较大，不轻松，但如果学好了 ProE 或 UG，在这个行业里面还是大有可为的。

2. 设计员，也要画图，还可以学到很多专业的设计知识，前途更好。

3. 电气维修，多在现场工作，可以积累很多实际的工作技能和经验，但比起以上两种，在工作环境和行业地位等方面，差别较大，且需要长年的工作经验。

4. 专科/技校的老师，工作环境单一，工作时间比较规律，有寒暑假假期，待遇尚可，但不利于专业技能的继续深入学习和发展。

5. 设备、仪表等方向的测试和检验工作，多在液压、汽车等行业，或安检所等；对口专业，且薪资尚可。

6. 机械销售代表，对专业技术要求不高，需要了解和不断更新产品知识，要口才了得，对社会交际技能要求较高。

7. ……

（四）职业生涯目标确定

职业生涯目标是指个人一生职业发展的方向、设想和希望到达的目的地，是职业生涯规划的核心部分。职业目标代表着个人职业发展的最高成就，它建立在对自身、职业、环境、发展计划等充分认识的基础上，是对个人成熟、理性和进取意识等的集中反映，又是个人职业发展的不竭动力和指路航标。职业生涯目标包括人生目标、长期目标、中期目标与短期目标等形式，在制定时应遵循以下原则：①明确性。目标必须是具体且明确的，对每一项工作职责所要求的行动描述清晰、目的明确。②可量化。目标必须能量化、可测定，要有定量数据，如数量、质量、时间等。③可实现。目标所需的行为是在个人可控制的范围内，且最好具备一定的挑战性。④现实性。符合自身条件和环境情况，能把自己的目标与职业环境或组织的发展目标相协调。

【案例：大学生小军的职业生涯目标确定】

1. 目标职业名称。

凤凰新媒体财经频道总监。

2. 工作职责。

（1）熟悉各大主流财经媒体来源，及时跟踪媒体网站的更新情况，保证新闻发布的时效性和准确性；对理财各频道以及理财相关栏目的升级改造提出方案和建议，配合技术开发部门完成改版。

（2）参与理财类产品及应用工具的设计和开发；策划、组织和实施理财类专题报道、活动以及专家访谈。

（3）负责把握财经频道与其他频道的对接，同时通过各种活动与各大门户网站保持联系。

3. 发展前景。

（1）凤凰卫视作为全球最大华语媒体，拥有1.7亿中国大陆收视人群，品牌价值228亿元，位列"中国五百最具价值品牌"传媒业前三，发展前景良好。

（2）国际调查机构盖洛普所做的一项调查显示，中国人对凤凰卫视的认知度和麦当劳等世界著名品牌齐名。凤凰品牌具有强大的综合影响力。

（3）自1996年启播至今发展迅猛。开播十多年来，打造出一个多媒体、全方位的媒体集团，除凤凰卫视中文台、资讯台、欧洲台、美洲台、电影台、香港台外，更有平面媒体《凤凰周刊》和新媒体平台凤凰网，形成强势互动。

（4）2011年，凤凰网在纽约上市，正式升级为凤凰新媒体，将在未来寻求更大突破，引领中国媒体的发展。

4. 确立职业目标。

（1）短期（在校期间）：绩点争取4.0以上，成为优秀毕业生；利用课余时间和寒暑假，在媒体公司实习，积累工作经验，提早适应社会和工作环境。

（2）中期（毕业后5年内）：进入凤凰新媒体等单位工作，进入工作经验积累阶段，担任部门普通职员等工作，为未来职业升级做准备。

（3）中长期（毕业后第5~10年）：学习媒体知识，熟练掌握专业领域工作技能；出国留学深造，掌握金融知识，同时学习管理学专业知识；回国后向公司管理层方向发展，目标是部门总管。

（4）长期（毕业10年后）：发展阶段，目标是担任频道总监，在较高职位上不断学习，开拓社会资源；带领团队推动凤凰新媒体的不断发展。

（五）制定行动方案

行动方案的制定过程，就是在目标指引下，进行具体步骤和措施方案设计的过程，这一过程中比较重要的行动方案包括职业生涯发展路线的选择、职业的选择以及相应的教育和培训计划等的制定。行动方案的制定，首先，需要分解职业目标，也即是将一个总目标分解成多个直观的、可以操作的小目标、阶段性目标；其次，在找到目标和现实差距之后，在行动计划中完善策略，比如通过实习、兼职和社会实践等主动获取更广泛的工作或者职业体验，获得更多社会资源和信息支持；再次，执行计划后立即行动，并在执行中学习做好时间管理和风险、干扰应对。

【案例：大学生小彤的阶段性行动方案】

作为大学二年级学生，经过一年的摸索，我对自己的专业和个人兴趣有了更深入的了解，目前已经明确自己主攻法学的专业方向。英语作为一项工具，作为今后拓宽个人发展空间的技能，这门学科的学习和练习，我不能轻视。于是，围绕法学和英语这两个主要学习和提升的目标，我为大学四年进行了如下学习规划：

1. 2023—2027年：大学里面有便利的资源条件，比如图书馆、自习室、语音室等，我要利用好校园环境，认真学好专业知识，在社团活动中培养自己的工作能力和人际交往能力，全方位锻炼自己的能力，提升个人综合素质。

2. 短期目标：提高个人的知识储备和文化素养，备考研究生；扎实掌握法学专业知识和专业技能，通过国家司法考试，高分通过英语六级考试；合理安排好业余时间，在寒暑假和周末通过实习和兼职等方式更多接触、了解社会。

法学方面学习：提升个人要求，认真对待每一门法律课程，在学习中分析自己的擅长方向，从而尽早确定将来的考研和就业方向。多泡图书馆，利用好校园图书馆这一便利的资源，遨游书海、读书解惑，多研读法律案例从而培养自己的法律思维，提高法学敏感度。多向老师和同学们请教，每门科目都要力争高分，综合绩点争取3.8

以上。争取在大三之前，制订详尽的考研及司法考试备考计划，在大三一开始就进行考试备战，并在大三下学期、大四上学期进行系统的考试准备，争取以优秀的成绩顺利通过。

英语方面学习：从现在开始为六级考试积极做准备，如每天保证早上晨读20分钟、晚上练习复习20分钟，通过不断完善和复习自制词汇本以巩固词汇记忆；每周完成六级真题、模拟题2~3套以增强题感；休闲时间段借助美剧、电影来刺激自己进行口语训练，提高英语表达能力。

健康方面自我提醒：控制并记录日常饮食，不暴饮暴食、不节食；每周喝奶茶、冷饮不多于2次；每周进行3~4次体育锻炼，增强体质。

效率提升自我提醒：在每个学期初计划好未来寒暑假的工作学习安排，在假期前列出日程计划，安排好研究生备考学习计划，提前准备；每天做好时间计划表，按任务完成情况打卡，保证规律作息。

（六）评估与反馈

职业生涯规划的评估与反馈，是职业生涯规划中必要的检查和督促环节，是促进职业目标化管理的有效手段。评估和反馈的过程，是个人对自身、职业和社会的认识不断完善的过程。通过评估和反馈，来判断职业生涯发展过程中的变化和问题，督促个人更深入、全面地了解自己，促进发现个人不足、改进工作方法、梳理和调整规划思路。评估和反馈应贯穿于职业生涯规划方案执行的全过程，包括定期评估和不定期评估。

如表5-1所示为职业生涯规划的360度评估反馈表。

表5-1 职业生涯规划的360度评估反馈表

评价方式	评价人	评估要素	评估标准
自我评价	本人	1. 自己的才能是否得到充分施展。 2. 是否满意自己在组织中的发展、社会进步中的贡献。 3. 是否满意自己职称、职务、工资待遇的变化。 4. 是否满意自己处理职业生涯与其他人生活的关系的结果	根据个人的价值观念及个人知识能力水平
家庭评价	父母、配偶、子女以及其他重要家庭成员	1. 是否获得家人理解。 2. 是否获得来自家人的支持和帮助	根据家庭文化

续上表

评价方式	评价人	评估要素	评估标准
组织评价	上级、平级、下级	1. 是否得到下级、平级的赞赏。 2. 是否得到上级的肯定和表扬。 3. 是否有职称、职务的提升或职务责、权、利范围的扩大。 4. 是否在工资和福利待遇方面获得提升	根据企业文化及企业总体经验结果
社会评价	社会舆论、社会组织	1. 是否在社会舆论上获得好评。 2. 是否获得来自社会组织的认可和奖励	根据文明程度以及社会文化背景

练 习

职业生涯规划书的撰写

表 5 – 2   大学生职业生涯规划书

目标职业	·目标职业探索 1. 选择目标职业的动机： 2. 目标行业分类、发展趋势： 3. 列举与该行业相关的企业： 4. 目标职位主要职责、要求： 5. 目标职位的准入门槛： 6. 工作时间、生活形态： 7. 职位晋升空间、路径： 8. 其他：

续上表

职业目标与自我认知	·个人价值观、能力优势、兴趣特点与职业目标要求的匹配情况（科学分析个人现实情况与目标要求的差距，明确个人不足） 1. 职业价值观：（能够将个人理想与国家需要、经济社会发展相结合） 2. 个人能力优势：（个人专业知识、通用素质、就业能力分析） 3. 个人兴趣特点：（与职业相关度）
行动计划与行动成果	·成长具体行动（专业知识、通用素质、岗位能力、求职能力提升计划） 1. 专业知识提升计划： 2. 通用素质提升计划： 3. 岗位能力提升计划： 4. 求职能力提升计划： ·目前已实施的行动及成果：
评估与调整	·评估方式： ·备选方案：

◌ 第三节　职业生涯能力与行动

一、学习时间管理

管理时间就是管理自己的价值、行为，让生命中的每一天更富有意义。

（一）时间管理的前提：目标——知道自己想要什么

1. 前进方向的指南针——创建总体计划

每个人心中都有一个梦想，这个梦想会不断牵引着我们一步步前进。梦想一般比较遥远和宏大，可能会模糊，也可能会发生变化。我们需要做的是按照梦想的方向，向前看一段时间，可能是未来十年、大学四年、当前一年、一个季度、马上来临的一个星期或当下的每一天，如图 5－2 所示。就大学生而言，首要的是需要对自己大学期间的学习生活有一个总体的规划。

图 5－2　模糊目标与具体目标

2. 照亮脚下的手电筒——合理的目标管理

有了总体计划，接下来要设定具体的阶段性目标。目标管理有个 SMART 原则。

S——Special 具体化。目标要尽可能明确具体，有的目标很美好很模糊，比如我想做个好人、我想学习进步，都需要进行具体化的处理。

M——Measurable 可衡量。我们要尽可能把目标量化，比如大学期间身体健康，可以量化为通过学校体能测试；良好的人际关系，可以量化成每个星期和远方好友保持一次电话联络等。

A——Available 可实现。目标最好是既高于当前一点，又不能太高，就是自己跳一跳可以达到，比如，参加 100 m 预赛被刷，那我的目标设为进入复赛、决赛，就会比设为拿前三名更为可信有效。

R——Relevant 相关性。目标要和自己的现实相连接，比如我们的身份是学生，主要的目标应该与学生的角色相符。

T——Time-bond 时限性。任何一个目标都要有时间的约定，否则就无法衡量进度。而每完成一个时间段的目标，对自己都是一个小小的激励。

📖 练 习

让自己的目标更"聪明"（SMART）点

每组 6 人，共 15 分钟。

各自列出本人的月目标，全组在一起，每人轮流说出自己的目标，其他组员给出建议，帮助他把目标具体化为一个符合 SMART 的目标。

（二）时间管理的核心：行动——知道怎样去得到你想要的，并去实际得到它

1. 要事第一

综观高效能人士的好习惯，其中之一必然是能够做到要事第一。例如一些慕课牛人能够快速取得突破，原因在他们的内心和时间表上，将参加在线学习排在第一位，他们时刻清楚知道，对自己而言，什么最为重要和迫切，不易受干扰。

常用方法：目标指引下的任务清单

以日计划为例，如图 5 - 3 所示，第一步，列出所有需要明天处理的事情；第二步，估算每件事情需要的时间；第三步，把当下的事情分出轻重缓急；第四步，划掉完成的任务。

A 重要且紧急	B 重要但不紧急
C 紧急但不重要	D 不紧急也不重要

图 5 - 3　列出任务单

A. 重要且紧急——需要优先处理，比如下一周要进行期中考试或者主办活动，为此要进行备考、筹办，另外还有救火、抢险等。

B. 重要但不紧急——比如学习、做计划、与人谈心、体检和毕业论文的撰写等。我们需要注意把大块的事件分割成小步骤，每一个步骤在相应的时间点就变成了 A 类事件。比如，论文撰写过程很漫长，但是切分成选题、开题、大纲、成稿、修订、答辩每一步时，情况就不一样了。

C. 紧急但不重要——只有在优先考虑了重要的事情后，才来考虑这类事。比如同学打球缺人，突然打电话请吃饭等。人们常犯的毛病是把"紧急"当成优先原则，而不是把"重要"当成优先原则。其实，许多看似很紧急的事，适当的延后和放弃是无关大局的。

D. 既不紧急也不重要——有时间再处理，比如购物、娱乐、消遣等事情。

在对事件进行分类的时候，背后实际上体现着我们的价值观——就是我们认为重要的事物，想成就一个怎样的自我。有的同学说最在乎学习成长，那么宣扬的事物是

否有相应的行动体现，就能印证价值观的相符或者背离。因此，做好时间管理，首先确认的是我们内心的人生价值理念，而后在梦想上开花，在目标上落地，在行动上体现，对结果负责。

2. 全身心投入

当有了合理的目标之后，就要看我们的执行了。经常会有同学，人坐在教室里，思绪却飞到了球场，或者做起了美好的"白日梦"。专注于当下，集中自己的精力，当体会到无我的状态时，才是好的身心合一。就是说，该学习就学习，该玩就好好玩，这才会有最大的成效。

练 习

事件四象限分类练习

1. 根据本人的月目标，列出相应的行动计划。
2. 将每项行动按 ABCD 进行分类。

每天三件事打卡练习

清晨列出本人当天重要的三件事（不含日常性事务），按照重要性排序，发到同学群里。

先做 30 天，标题加上进度如"赵小宝的 5/30"，表示第 5 天打卡。

每天记录当天完成情况。

（三）时间管理的保障：战胜拖延——识别实现目标过程中的阻碍，并克服它

有了时间管理的技能基础，我们来看看它最大的敌人——拖延症。

拖延症是一种现代时髦的"病"，似乎不少人都有那么一点。他们总是处于计划中、等待中，一拖再拖，直到最后的时刻，连滚带爬地惊险过线，拖延者通常会因为如释重负和精疲力竭而近乎崩溃。有时候，还会因为没有掌握好最后的时间而误事。然而每一次，他们都会想，"这次我要早点开始"，然后随着时间的推移，事情依然没有眉目。在他们眼里，觉得还会有时间，还抱有希望，接下来，又在自责、内疚、后悔，不断在怪圈中循环。

1. 看见自己的拖延

有了拖延症状，我们需要发现自身的弱点，努力克服和转化，形成良好的习惯。拖延的产生有其根源，下面我们看几个有鲜明特点的原因：

（1）喜欢轻松舒适的自觉习性。当我们需要处理一件事情的时候，经常会有声音在头脑里说道，这个事情太难了、太复杂了，很费功夫，时间还早得很，明天再做吧，今天先玩一会。或者说，其他的事情比较简单，先把简单的事情做完吧，然后集中精力完成这项任务。是当下事件的困难吓到了我们，还是其他事件的轻松诱惑了我们？

人们习惯于获取更轻松更舒适的感觉，从而加大了复杂事件行动的困难。

（2）压力、控制。被时限任务所要求，我们会产生一种被控制感。而通过拖延，人们会获得一种"不受控制而反抗的自由快感"，从而获得短暂的精神愉悦。最后，这种拖延会让我们在最终期限的压力下迅速完成任务。

当压力适度时，人们会比没有压力时更容易产生一定的紧迫感和动力。因此当最后的时间线临近的时候，人们会产生巨大的紧张感、压力，来调动自身的状态去帮助自己投入到工作中。有位刚毕业的研究生，论文阶段有半年，他基本上每个环节都是到最后才动笔，总共加在一起的时间也就是一个星期，借助压力和众人的督促才跟跟跄跄没有延期毕业。高压下的任务完成质量往往不高。

更加糟糕的是，这种痛苦体验让你更加讨厌时限任务，下次布置任务的时候，你会更加沉迷于这种"自由快感"——好像一个不断借债还钱的人。拖延会越来越严重。

（3）完美主义。追求完美几乎是每一个人的天生倾向，从工作标准上衡量，完美是一件好事情，会促成更好质量的产品、更加周到的服务。为什么完美主义的人往往很容易拖延？

完美主义的重要缺陷，是在一个环节上用了过多的时间和精力，导致其他环节资源不足，甚至根本无法完成。可以说，过于追求某一个细节的完美，恰恰是整体不完美的原因。

有个寓言故事，说的是妈妈让老大和老二上山砍柴。他们手上的砍刀比较钝，老大拿着刀随便磨了几下就上山了，老二想先把刀磨快了再上山，已经锋利无比了，还是继续磨。结果等老二终于决定出门刚到山脚下的时候，老大下山了。我们可以看到，工欲善其事必先利其器，磨刀是有必要的，但过于关注第一步的完美，也导致了砍柴这个整体任务无法完成。此时一边磨刀，一边砍柴，反而是更好的策略。

很多由于完美主义而严重拖延的人因为长期处在被父母、上级严格要求不允许犯错的环境下，担心被指责，思维的聚焦点放在减少错误上，自然会不再关注时效性。我们需要看到自身性格里的完美成分，在需要完美的环境里展现我们的细致、一丝不苟，在不需要完美的环境里懂得放下。

2. 挥手告别拖延

（1）目标的牵引。这也是前面所说的梦想的力量。当清晰的、有价值的愿景在前方的时候，我们把当下的自己和未来做连接，不断告诉自己，向梦想、目标前进，完成任务将会得到回报，将会实现自我看重的价值，而这种价值回报可以抵御来自轻松事件的诱惑。每当完成一件清单事件的时候，我们可以把它划掉，这是一种反馈，会产生一定的激励作用。

（2）觉察而非控制。美国哈佛大学心理学教授丹尼尔·韦格纳曾主持过一个"不想白熊"实验，告诉参加者可以去想任何事情，就是不要去想北极的白熊，看能够坚持多长时间。然而参加人员接到这个任务后，控制自我不去想的时候反而比自然的时候想得多，当一回神要监控什么的时候，脑子里全是"白熊"。因此，当诱惑来临、思维走神漫游的时候，不要通过强行抑制，而是告诉自我"这个想法又来了"，慢慢把注意力转移到当下的事情上来，才会有助于自我重新控制注意力。

（3）自我激励。我们可以把任务分解成更小的任务，不断去实现它。比如三天要交一篇读书笔记，那就第一天看书，第二天打提纲写初稿，第三天修订。在每一步的时候，都对自我有精神或者物质上的奖励。比如，完成第一天可以去散散步，或者做一件自己喜欢的事。

（4）自我对话。这是一个非常有意思的过程，一味地强制有时候会适得其反。当我们正在做任务事情的时候，可能会有小小的思想冒出来，想去玩一会。这个时候可以尝试对自己说（如图5-4所示）。

这样，你至少可以获得30分钟的工作时间。

而当我们处于玩乐中，想切换回工作状态，就困难了。这个时候，我们依然可以尝试说（如图5-5所示）。

这个时候，我们依然至少获得了30分钟的工作时间。

图5-4　自我对话（1）

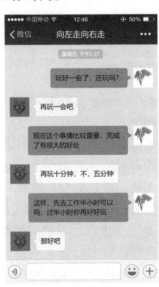

图5-5　自我对话（2）

（5）结构化拖延。这是一种斯坦福大学的约翰·佩里教授归纳的利用自我内疚感的办法来成就其他的事件，就是利用拖延的特点，在排清单的时候，把重点事项放在最前面的同时，把一些其他必须要做的事件放在清单后面。这个时候人们为了避免做最前面的任务，会怀有内疚的心情努力做清单后面的任务。当后面的任务完成了，或者更重要的任务来临排在最前面，就自然会去做之前的重要任务了。

（6）请求他人监督。很多同学喜欢宅在房间里，打游戏、上网一整天，实际上是一种人和人之间的割裂，更容易产生拖延症。人是群居性的高等生物，有相互的参照，宅在房间里只能参照拖延的自己。因此，走出房间，参与集体性的活动，拖延会很大程度上有所改善。同时，我们也可以利用好友之间的监督，让自己在乎和看重的人监督自己，也可以在群体面前主张自己的行动，把自己放在一个不宜拖延的空间位置。

（7）立即行动，少量开始，尽快开始。围绕远大计划开展行动，面对长期的任务立刻动手，当天就完成其中一部分，做一点是一点，在抑制拖延方面有着意想不到的作用，没必要在最后一刻被逼得发狂。同时，我们可以自行设定最后的绝对期限，让自己的紧张和压力提前到来。很多同学临考试前一天通宵抱佛脚，不如尝试逐渐提前一周、两周开始复习，效果会更好。

3. 时间管理的 Tips

（1）软时间优先。我们在安排事件的时候，往往习惯于把一些比较弹性或者比较私人的、无须和别人确认的事情往后排，比如学习一项课余技能、课余读几本书、去打羽毛球、和远方的好朋友通个电话等，我们称这些时间为"软时间"。

这其实是一个错误的排序方式，因为排序取决于对于你的重要程度。否则软时间永远都会处于可能被延后的状态。

有个故事叫《和自己约会》，讲到某人想做一些让自己快乐的事情，但苦于各种应酬，总无时间。有一天他问自己：如果你总是为了别人的约会推掉自己的时间，为什么不找时间与自己约会呢？他给自己定了个计划：每周三晚上7点至9点，他在日历里面标注"一个重要的约会"，从而拒绝一切应酬联络，把时间完全交给自己。两小时时间里恣意地看看喜欢的书或者电影，坚持了一段时间以后，和自己约会成为了自己的一个习惯，个人状态也逐渐好了起来。时间就是这样，你看重什么，就会为它让路。

个人成长也是一个长远的话题，不是短时间就能见效，可是它始终不会是一项非常紧急的事情，这就需要我们专门为这样的软事件优先安排好时间。

（2）控制信息爆炸。随着互联网和移动互联网的兴起，网络、手机几乎是大学生生存的必备。我们可以通过课后的练习，记录一下自己有多长的时间花在了网络和手机上（不包含利用它们学习）。它们是和外界联系、快速获取信息的工具，但是我们不少人沉溺于微信、微博、QQ空间、抖音等中，不去刷朋友圈就会心里不踏实，怕会错过重要信息。其实这种担心大可不必，真是有重要的事件会有人打电话找你，真是你最关心的人你自然会去他的主页去看有没有更新。而社交媒体里夹杂着大量良莠不齐的信息，而且有价值的信息也呈碎片化，需要我们对网络时间做出合理安排。一是可以利用碎片化时间阅读碎片化信息，保证自己有断网时间，比如上课、自习时就让手机网络关闭，让自己的精力专注于把整块时间用于学习等重要事件，在排队、等公交、休闲时间再去刷圈、刷博。二是要有定期整理邮箱、讯息等习惯，有的同学在不同的社交媒体上加入了非常多的群，邮箱、社交媒体的未读信息一大堆，根本看不过来，不重要的群不如退出或者取消提醒功能，让自己的网络媒介更加干净。

时间是最稀有的资源，不能管理时间，就不能管理其他的事情。——杜拉克

时间管理是基础的自我管理技能，有效利用时间，才能更大价值发挥效用。做好时间管理，首先要有长远目标的牵引，创建远期的规划，设定合理的符合 SMART 原则的当下目标。其次是要采取行动，在过程中保持要事第一的原则，把事件进行分类，

保持精力的专注与投入。最后是注意发现自己身上是否有拖延的现象，并采取合适的措施改善这一问题。

练 习

我的时间去哪了（监控与规划练习）

第一周只用"监控"栏，对自己的活动进行监控，详细了解自我的时间支配状况。把每天按照 15 分钟的时间进行切割，记录一切事情所占用的时间。当开始某项活动时，就写在对应的时间点上，以最接近的时间为准，比如你 7 点 05 分起床，就记在 7 点处。事实上，许多有效的管理者都经常制作这样的一份时间记录，每月定期拿出来检讨。

第二周同时使用"监控"和"规划"两栏。

表 5-3　监控与规划

星期一 9 月 1 日

监控		规划	
07：00	起床	07：00	
07：15	洗漱		
07：30	早餐		
07：45			
08：00	上课	08：00	
08：15			
08：30			
08：45			
09：00		09：00	09：15
……			
12：00	午餐		
……			
	午休		
	上课		
	活动		
	晚餐		

续上表

星期一　9 月 1 日

监控		规划
	晚自习	
	洗漱	
23：00	就寝	

　　评估一下汇总的时间，看看自己的时间，比较一下估算、监控和规划。做有系统的时间管理，先要将非重要性的和浪费时间的活动找出来，尽可能将这类活动从时间表上排除出去。

表 5-4　估算—监控—规划

汇总表	时间段：9 月 1 日—9 月 14 日			
类别	第一周前估算	第一周监控	第二周监控	第二周规划
上课				
自习				
用餐				
运动				
上网闲逛				
睡觉				
……				
总计	168 小时	168 小时	168 小时	168 小时

📖 **练 习**

本学期的个人时间规划练习

　　制定自己的本学期个人时间规划，先设定好希望在哪些方面取得进展，再在每个方面设计相应的目标和行动，最后把行动落实到每日的时间计划中。

二、学习情绪管理

（一）做自己情绪的主人

人不是情绪的奴隶，而是可以调适和掌控情绪，令人生取得更大成功和幸福。同样的一件事情，会因所持的人生态度不同而有不同的感受。当我们面对不良情绪时，没有人有义务照顾我们，要靠自己经过有意识的练习才会得到更好的调适。有哪些方法改变不良情绪呢？

总体而言，是一个"2W1H"的三部曲。

1. What——自我觉察产生怎样的情绪

有时候，我们面对一些周边事件会产生不同的心理反应。比如甲同学喜欢对他人的发言进行评论，特别是提出批判性意见，而且特别不注重方式，言辞比较刻薄。当自己的发言被甲批判时我们可能不舒服，逐渐演化成甲一讲话，自己就很反感。我们需要意识感知到当下自己有这种真实情绪的产生，内心告诉自己正在觉得他特别讨厌，用一种客观的、有抽离的眼光来看自己的情绪。做到这一点，当你知道"我现在有点生气"的时候，你会惊喜地发现，这时往往自己已经处于愤怒之外了。

2. Why——为什么我会产生这样的情绪

我们需要找到引发情绪的原因，比如：为什么会生气？为什么会反感？别人批判我的观点我会不会反感？甲批判别人的观点我会不会反感？甲和我交流其他的事情我会不会反感？我是对甲有习惯性的反应，是甲的言辞和态度让我难堪惹恼了我，还是他的批判反驳就已经让我不适？我只能接受肯定而不允许别人对我说"不"吗？……找到引发反感情绪的原因，才能对症下药。

3. How——怎样有效舒缓处理、表达自己的情绪

我们可以尝试很多方法，是自己适当地宣泄，还是委婉提醒对方注意发言的方式，抑或是坦然面对观点的争议？下面会重点介绍一些常见的情绪处理方式，想想看什么方法对自己是比较有效的。

（二）情绪 ABC 模型：从根源上调整情绪

20 实际 50 年代，美国心理学家艾利斯提出了情绪产生的 ABC 模型。当面对 A（Activating Events）诱发事件的时候，C（Consequence）情绪、行为反应等的结果并不是由 A 事件产生，而是由 B（Beliefs）即人对 A 的信念、认知、评价或看法产生。就是说 A 只是产生 C 的间接原因，而 B 才是产生 C 的直接原因。比如说如果班级组织出游，说好了九点钟在门口集合，小明却迟迟不来（A），作为组织者的你一定会非常生气（C1），发誓见面以后要当众骂他一顿。但几分钟后，你收到小明同寝室人的短信，说他昨晚发高烧被送医院，刚醒过来马上提醒同学给你发短信请假，怕你担心。你心

里的怒气变成了对他的同情，甚至还觉得这个家伙挺靠谱的（C2）。同一个情境下你却感受到完全不同的两种情绪，因为第一次你认为："人不应该随便迟到"（B1）；第二次你认为："病人应该好好休息"（B2）。这就是情绪的 ABC 理论。

情绪管理的高手，内心都有一套有很好的信念，帮助他把各种外界事件处理成积极的情绪。王安石曾有一首诗，"风吹屋檐瓦，瓦坠破我头；我不恨此瓦，此瓦不自由"，他是个不错的情绪管理者。反过来，如果一个人有很多不合理的信念，他就容易被各种事情触发，引发不良情绪。

不合理的 B 信念有哪些呢（表5-5）？

表5-5　大学生常见不合理信念

常见类别	不合理信念举例
规划误区	生涯怎么能规划，走一步看一步呗
	我只想安安稳稳找份工作，让那些志向宏大的人规划去吧
	趁着大二集中精力规划规划，以后没时间了
情感	她为什么拒绝我，以后在她面前我还怎么做人
	这人真讨厌，一见他就烦，这活动我不参加了
学业	这课有啥意思，以后又用不着，出去玩吧
	又挂了，被打败，我就不信这样搞不定……唉，又挂了
	这专业好，赚钱多，以后就业没问题，老妈真英明
能力	上台主持？别开玩笑了，天生不是这块料
	做那些社会工作有啥用，我又不想当官

于是我们可以采用一个合理的信念驳斥对抗 D（Disputing）不合理信念的干扰，产生了 E（Effect）即认知、情绪、行为的改善，如图5-6所示。

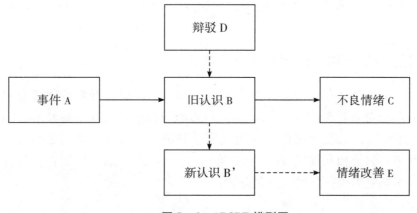

图5-6　ABCDE 模型图

我们用一个常见的事件来说明 ABCDE 模型的具体应用。很多人在公开场合说话会紧张，那么如何客观地看待这个现象，让自己减轻压力，更加自信自如地表达呢？一起来看看下面这个例子（见表 5 – 6）。

表 5 – 6　ABCDE 示例

问题情境 A	在公开场合发言演讲
不合理观念 B	最怕当众讲话了，千万别出错，否则会被人笑话的，丢面子丢大了
情绪/行为反应 C	紧张、焦虑、面红耳赤、结结巴巴，无法集中注意力，想好的都忘了说
反驳不合理观念 D	可能不是那么好，但结果真的有那么糟糕吗？别人会整天想着我出丑的样子，天天评论我吗？ 我想不出差错，就一定能表现得好吗？有些结果怎样并不完全由我控制。 我为什么非要表现那么好呢？难道敢于尝试不是一种勇气吗？别人难道就一定比我强吗？那些演讲家难道不需要经过练习吗？
处理问题的态度 E	如果我继续坚持这个信念，我会更焦虑，而且会更糟。 你想紧张就紧张吧，你想脸红就使劲红吧，爱怎样怎样吧！ 放松自己，不练习怎么能进步！

三、大学生常见情绪类别和情境的处理

（一）面对考试、论文、活动的焦虑

这大多是因为过于看重事件的结果而造成的，可能给自己定的目标太高、心理压力太大，存有"必须成功不能失败""我一定比别人做得好""我不能辜负父母老师的期望""我学习能力差"等不恰当的观念。因此要先丢开或改变这些观念。对于能力不足的部分，去提高一些处理问题的技能，比如更好的复习方法、组织协调活动的能力等。

（二）面对争执、矛盾时的情感激动易怒

这种情况多是缺乏站在对方的立场看问题的能力，不能冷静处理问题造成。产生矛盾冲突时，首先是要保持冷静克制，意识到动怒的情绪时，先尽量转移、暗示、缓解或避免怒气发作，然后在平静的时候再去商量解决。有时候，室友之间会因为琐事产生一定的冲突，只要相互尊重体谅不同的学习生活习惯、尽量控制自己的行为不对他人产生不好影响就可以很好解决这类问题。

（三）面对误解、失败、情感挫折时的苦闷压抑，甚至自卑、抑郁

这种情况常见于发生误会不被人理解、过于注重颜面而不敢表达真实观点、受到失败和挫折的打击、被失恋困扰、自身存在"缺陷"等，要注意接受人际交往中的基本原则，比如相互尊重与理解、求同存异、理清亲密的关系与适度的距离、感情建立于双方的亲密基础之上和自觉自愿不强求等。同时，要培养一定的承受挫折心理准备，正视自己的短板，能够积极地自我评价，关注和发挥优势，纠正错误的"缺陷"观，如不能接受先天残疾、个人容貌特点、农村家庭等。

（四）面对荣誉、奖励的虚荣和妒忌

这种情况下要先正视自己，客观看待别人和荣誉本身，把不甘落后的好胜心态转化为积极进取的动力，把重心放在学习和各类有益身心的活动中。北宋文学家范仲淹在其名作《岳阳楼记》中说，"不以物喜，不以己悲"，我们需要意识到荣誉只是表扬、肯定的一种形式，更大的成绩源于自我成就与认可。

四、情绪管理小贴士

（1）有了负面情绪，我们要尝试用前面提到的方法去缓解，但并不是要让自己憋屈，而是要通过适当的转移宣泄，让自己的不良心境尽快降下来，不能积压在心里成为自己的负担，否则会对自己的身心健康产生不利影响。

（2）可以用适宜的方式表达自己的情绪、诉求，要想一想自己的方式是否妥当，会不会对他人带来不便，真诚的沟通、积极的态度、坦率的胸怀，辅以合适的方法，会无往不利。

练 习

情商故事：你会怎么办？

3人一组，每个人选择下面的一个故事，进行下列活动：

通读故事，一个人根据自己内心的感受，真实地回答故事后面的问题。另外两人讨论：听见这个回答，你的感受是什么？这种感受背后的信念是什么？你会建议他如何让自己管理好这种情绪？

1. 你和同学小A一起入校同专业学习，平时关系很好，成绩也并列第一，他有文体特长，你担任社团主席，他是你所在社团的骨干。评选十佳大学生投票时，你落选了，他当选了。这时的你会怎么想，你会觉得小A不如你，但他运气和人缘好，或者为评选不公而愤懑吗？还是会觉得他确实有些方面比自己做得好呢？你和小A的关系会继续保持吗？……

2. 有一天，你在一个偏僻的银行取钱，遇上了抢劫。由于反抗，罪犯的匕首划伤了你的右臂。经过治疗，你痊愈了，当然会留下一个疤，这时的你会怎么想，你是觉得自己很倒霉遇上了抢劫而郁闷烦躁呢，还是觉得自己捡回一条命非常幸运而庆幸呢？如果两种想法都有，哪一种会多一些？……

3. 各举一个自己和身边人发生争执不快的事例，当对方和自己产生过度的情绪反应之后，关系有没有复合到争执之前的那样？如果复合了，是如何恢复原来的关系的？对你有什么启示？如果没有复合，你现在有新的想法吗？

拓展阅读

幸福是快乐与意义的结合。——泰勒·本–沙哈尔（哈佛大学《幸福课》主讲）

本–沙哈尔认为：幸福感是衡量人生的唯一标准，是所有目标的最终目标。寻找真正能让自己快乐、有意义又能发挥优势的目标，是获得幸福的关键。一个幸福的人，会有情绪上的起伏，但整体上能保持一种积极的人生态度。

我们要知道，情绪并不是由某一诱发事件本身直接引起的，而是由经历这一事件的个体对这一事件的解释和评价所引起的。因此，改变情绪的关键在于改变我们对事物的看法。一旦觉察到负面情绪的产生，就要静心体察自己的感觉，转变自己的认知角度，等到情绪缓解退去再去处理情境中遇到的问题，然后去反思，问问自己为什么会产生这样的情绪，找到情绪背后的根本原因。

有了积极健康正向的情绪，我们每个个体才能够发现身边更多的美好、更多的希望，就会带来更多的投入，汲取更多的幸福。

练 习

ABCDE，我的情绪我做主

请选择一件自己最近遇到，并且激发你负面情绪的事情。尝试用下面的结构填写表5–7。比如，大学英语6级没通过……

表5–7 ABCDE练习

问题情境A 事情的经过是	
过去观念B 我当时认为	
情绪/行为反应C 我的反应是	

续上表

反驳不合理观念 D 我还可以这么想	
处理问题的态度 E 这对我有什么改变	

（一）情绪与压力

未来职场中，经常面对的是繁重的工作压力和复杂的人际关系。面对工作、生活、家庭、自我，有的人不能很好调适，从而产生工作倦怠、恶劣人际、身心问题，开始走下坡路。而保持健康的情绪状态、适度的工作压力、良好的人际关系发挥重要的调节作用，让同事和客户感受到来自你的乐观精神、积极处事、与人为善，将会影响"场"的氛围，产生良好的互动场效应，有助于在工作和生活中获得更高的成就和幸福。

这一章节里，我们需要正视"压力"。

1. 压力的合理性

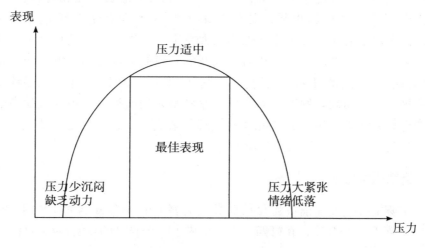

图 5-7　压力的合理性

学习工作中，产生适度的压力会对学习工作起到正向的促进作用，获得最佳的表现和业绩。压力过大会干扰情绪，过小又缺少动力感，因此我们需要找到令自己平衡的压力感。

日常中很多同学会有这样的体验，当面对公众演讲、表演、体育比赛的时候难免会紧张，可适度的紧张感反而使人更加专注、发挥潜能、调动身心，会让演讲、表演、竞赛更加出彩。

2. 压力的缓解

除了前面介绍的情绪缓解方法外，还有一个压力公式可以使用：

$$（期望－现实）×弹性系数＝压力$$

其中，期望是指社会期望、自我角色，现实是对现状的认知，弹性系数是自我的个性特点。

通过公式可以看到，压力来源于外在的学习、工作、环境和内在的个性。这个公式表达的含义，一是要做自己，给自己订立合理的目标，不好高骛远，不用生活在其他人的眼光、期待和光环中；二是要客观评估自身的能力、资源，量力而行，比如英语底子弱、家庭经济状况一般、申请奖助学金有困难的同学不一定非要选择出国；三是要发挥个人优势，比如喜欢和人打交道的同学不需要整天待在实验室，不喜欢和人打交道的同学不需要勉强自己做销售工作，通过这些方面的调整，可以让自己保持在适度的压力状态下。

（二）情绪与未来

管理情绪的能力不仅包含了体察自我，还要能够感知他人。能够从他人的角度去看待处理问题、思考和理解世界，是面向未来的一项重要能力素养。在将来的职场——一个很多现在的职业会被计算机的强大数字处理能力替代的环境下，或许基于情感情绪的微妙感知与处理还是机器力不能及的。我们可以看到，世界知名设计公司 IDEO 的优秀设计正是来源于对人们的深刻观察与理解，中国的小米公司始终站在客户的角度去积极思考推动创新发展，都取得了业界骄人的成果。斯坦福大学商学院的大部分学生会选修人际动力学来提高情绪的体察共情能力，我们也需要从现在开始，学习提高这一项与未来职业相链接的全新能力。

（三）情绪职场故事

台湾大学陈嫱芬教授（前雷曼兄弟亚洲副总裁）在国际知名 MOOC 平台 Coursera 开设了"职场素养"公开课，在第四讲中，她讲了一个自己的真实情绪事件：

我比较早就做了汇丰银行投行在台湾区的总经理，当时很骄傲，以为自己不得了。当时 Lehman Brothers（雷曼兄弟）还是一个非常非常优秀的金融机构，我非常幸运地顺利取得了一个高管的职位，信心满满地去接受挑战。坦白讲，我一到了香港，没工作几个月，很快就发现自己的专业知识和技能在亚洲金融中心是不足够的。心里开始忐忑，很心虚，但是，我是部门里唯一的女性主管，是银行在亚洲区第一位女性副总裁，我的自我期许很高，坚持一定要表现亮眼。

情况是这样子，我的办公室里面有一两位男性主管，过去也做过台湾企业的生意，看着我刚刚到香港，还在准备执照的考试，在高阶的会议里就提出他们不满意我们银行在台湾业务开展的速度。

其实言下之意是，我做得不好，绩效不佳。最难受的是，在会议当中，这位男性主管直接说，来吧，我来帮你做生意吧。

我立刻解读，这是非常挑衅的言语，情绪就冒上来了，但是，我心里知道对方说的也有事实，只是压抑不了自己的怒气。中午的时候，我的大老板邀请大家一起去吃饭，我就板着一张脸说，我有事情，不能去！（换作是你，是不是也会这样反应呢？）

没想到我这位美国籍的大老板走到我的办公室跟我说，Philis，你知不知道让一个华人女性坐上这个位子是多困难的事情，你应该有一个志向做一个好的典范，让未来的女性也可以成为真正的金融家，同事之间的沟通是针对事情讨论，直来直往就是最好的效率，何况他说的是为了机构的业务着想。

我的主管接着说，你不妨想一想并且决定，你是把你的专注力放在你被冒犯上，还是向这位同事请教如何做好生意呢？这纯然是你个人的选择。若是你觉得自己反应过度，那么我现在告诉你，你现在要立刻做的事情是想一想如何恢复原来你与那一位男同事的友善的合作关系。我的主管板着脸告诉我，这是每一天的功课。对内、对外都是如此。

我的眼泪没有掉下来，我静静地想了两分钟，深深地省察刚才开会的过程，我的决定是，我很轻快地出席了这个餐会。

很意外的是过程当中每一位同事都是开开心心地在吃饭，在讨论公事，根本就没有人提及原先干扰我的那个让我当时心里起伏得乱七八糟的厌烦的事情。

这件事对我有很深的启发，我很少再去设想同事对我是心存敌意的，我反而花很多的时间去体会事情真正的原委。并且我们绝对不要停在我们自己冒出来的这些情绪当中走不出去。这个启发在我日常生活中也起了很不错的效果，我想，一个人能够在朋友圈当中得到人缘，有幸福的家庭，有强大的心力，这些都有着密不可分的关系。当然，这绝对不是很简单就可以做到的。但是只要我们认识了这个原理，多多实践，多多体会，慢慢你一定会有很好的进步。

五、设立短期目标，重视偶发事件

（一）设立短期目标

你是否一定要有一个长远的职业目标？如果没有的话你要怎么办？答案是"放轻松"。在充满各种可能性的世界里，你并不是必须要有一个明确的长期目标，甚至不需要回答这个问题。

一方面如上文所说，我们身处一个高度复杂的社会大系统，职业发展受到很多未知的、不可控因素的影响，无法做出长期的规划和安排。另一方面，我们自己也处在不断的成长变化之中。传统职业规划的假设是能够像使用 B 超、CT、核磁共振成像了解身体器官一样使用各种心理量表来准确测量我们的性格、兴趣、能力、需要和价值观，然后以此为指南针找到适合我们的未来职业。那么，这个假设是成立的吗？心理测量作为心理学历史最为悠久的实际应用，其社会价值已经得到广泛认可，尤其是在人才选拔和职业选择中发挥了非常重要的作用，用人单位和个体都可以根据自己的测评结果做出恰当的决定。但是心理测评用在长期职业规划上就存在很大的问题，今天的测评结果只能用于今天的职业选择，而不大适合选择未来的职业，原因就是我们的这些特征在大学期间并不是稳定不变的，甚至会发生巨大的变化。

【案例：生命中那些偶然的事】

2001 年的秋天，我上美术系研究生二年级。那时的我对自己人生的规划是在国内读完硕士后去伦敦继续学习，然后再回到国内的大学里，教书，画画，过平静而悠闲的生活。

一个周末，我和两位画家朋友一起去逛潘家园与古玩城，逛完后，其中一位画家说他有个朋友，刚在附近开了个画廊，于是，一行三人去参观画廊。参观的过程颇为愉快，都是些难得一见的名人佳作。画廊总经理李小姐招待我们饮茶、聊天。没想到第二天，我接到李小姐的电话，问愿不愿意去画廊工作。我一时惶然，李小姐告诉我，她认为我更适合做艺术经营管理，她相信我会做得很好。我难以决定，于是便去问导师。我的导师是一位充满智慧的人，他告诉我，即便要做艺术家，有在画廊工作的经验也是有益的，更何况一个人在年轻时不用去设定一定要做什么、不做什么，可以多学习尝试，然后再决定要走的路。

我开始了在画廊的实习。二年级结束后，我接任了总经理的职务，上午在学校上课，12 点下课后赶到画廊上班到晚上 9 点，负责联络艺术家，策划展览，向收藏家做推荐与讲解。就这样，我在这个画廊工作了四年，我工作的画廊成为中国及东北亚最知名画廊之一。

在画廊工作期间，再次发生了一件当时看来没有任何征兆与迹象的事情。2003 年时，几位朋友成立了中艺博文化传播有限公司，创办国际画廊博览会。然而这个公司却经营不善，两年后，股东们要出售这个公司。我颇感可惜，遂花钱把这个公司买了下来，并从画廊辞了职，全心全意举办画廊博览会。去年春天的第三届，我们的国际画廊博览会举办得很是成功，在这个基础上，今年我们付出了更多的努力，规模上大了不少，预计比去年更要精彩。

偶尔回头看这几年走过来的路，深有意外之感。原本是一个"默默的"人，"默默的"个性，甚至喜欢的也是高冷更有些阴沉的色彩和莫兰迪的最朴素的静物，而今却要面对这样多的事，这样多的人。惊诧于命运的偶然之余，常会忆起初中时代读过的罗伯特·弗罗斯特一首诗中结尾的句子：

"也许多少年后在某个地方，我将轻声叹息把往事回顾。一片树林里分出两条路，而我选了人迹更少的一条。从此决定了我一生的道路。"

——王一涵

前面说到，我们的高中时代由于高考导致学习、生活的内容很单一，局限在几门高考课程上，我们内在的兴趣和能力天赋都没有发展和展示的途径。上大学后，学习内容变得大为丰富，除了有全新的专业课程，还有大量的有趣的选修课。在课程学习外，大学的社团活动也多姿多彩。我们喜欢学什么、喜欢做什么，擅长什么、不擅长什么，认为什么有价值有意义，并不是固定不变的，也不是只通过冥想和内省就能够发现的，而是在有了充分的经历如学习了各种课程、从事了各种活动后，经过比较才能明白的。正如上面案例中王一涵的导师所说，一个人在年轻时不用去设定一定要做什么、不做什么，可以多学习尝试，然后再决定要走的路。王一涵开始认为自己就是"默默的"个性，喜欢朴素的静物，没想到在偶然的机会下尝试了经营管理的工作后，对自己的能力、性格有了全新的认识，逐渐成长为国内艺术品市场上的杰出代表。

【案例】一个农村孩子很难去设想自己的终极理想，能够吃饱就算万幸。但随着年龄的增长，我开始向往土地之外的生活，梦想自己能够像城里人一样走进大学读书。所以我生命的第一个目标就是考上大学，离开农村。第一年高考失利，我紧接着考了第二年；第二年高考失利，我紧接着考了第三年；前两年连普通大专院校都进不去，第三年却意外地被北京大学录取。这是我生命中第一次体会到人生会有意外的惊喜发生，而这一惊喜又是和我持续不断的努力密切相关的。

抱着这种态度，我一直努力到今天。在一场严重的肺结核之后，我意外地变成了一个乐观的人，因为我知道了生命的脆弱，所以更加珍惜每一缕阳光；在联系出国屡次无望的情况下，我意外地收获了新东方学校，拥有了一份自己的事业；在经过了很多的生死考验后，我意外地把新东方变成了美国纽交所的一家上市公司；在经过无数次的蜕变和洗礼后，我意外地把自己从一个书呆子、教书匠变成了管理着八千员工的还不算太糟糕的企业领导。

——新东方董事长俞敏洪

人对自己兴趣、能力和个性的认识，都是基于过去的生活经验而做出的。那么，随着大量新的经验产生，在不断的体验、不断的比较下，会不断产生新的认识，然后逐渐清晰。因此，大学阶段是人们探索自我、发现自我、建立自我的关键时期，在这个过程中，人们不需要急于对自己下结论，而要通过更积极地投入到大学生活中，在不同的学习内容中、不同的活动过程中、大量的实践中去形成对自我的认识。

如果我们对高中或大学时代的俞敏洪进行职业测评来预测他的理想职业，依据他在高中和大学期间的表现，估计没有人能为他设计出企业家的职业长期目标。正因为我们自己在大学期间会在兴趣、能力、价值观、性格等各方面发生改变，因此，你无须试图通过了解这些去预测不可触摸的未来，为自己做长远的职业目标定位。

那么，了解自己的这些特性还有意义吗？当然。了解自己想要什么、重视什么、擅长什么、喜欢什么非常重要，不过其重要性不在于帮助我们确定长远的目标，而是做近期、当下的选择。如上文所说，我们在选择C、D或者E为近期目标的过程中，自己的兴趣、能力、价值观和性格会参与其中，让我们能够牢牢把控人生发展的主动权。在第四章，我们会帮助你认识自己的这些特质，进而去尝试如何在生活中去实践你的发现。

如果你认识到自己有很强的逻辑思维、数理能力和批判性思维，那么，多去参加一些科研活动吧；如果你相信环保对于社会和个人的价值，那就去参加相关的社团吧；如果你有很强的组织管理能力，那就尝试加入一个组织，去做影响他人的工作吧！大学的课程和社团门类繁多，不同的课程会给予你不同的知识，不同的社团会锻炼你不同的能力，不同的课程和不同的社团组合起来会塑造你独有的能力结构，从而为你铺就属于你的职业通路。数学、物理、生物等自然科学类专业课程上学习的知识和技能，能够用来从事科研工作，治疗癌症、艾滋等疾病，解决我们面临的能源问题与环境问题；哲学、历史、社会学等社科专业培养出的观察力与判断力，能够服务于政府和各类社会机构，减轻和消除无家可归与贫困、犯罪问题和各种歧视，让这个国家乃至世界变得更加公平和自由；各类实践性课程和社团活动能够逐渐累积和发展创新意识和思维，可以去建立新的企业和新的商业模式来制造就业机会，推动经济的增长。第二章大学生活与职业发展会深入讨论这些内容。

既然长期的发展路径不易规划，长期的目标不易确定，那么，如果我们还没有长期的目标，就让我们暂且放弃"为自己确立长期目标"这个想法吧！我们将注意力收回到当下的生活，抓住现在，聚焦于目前你所知的、所未知的和所能学习的各个方面，审视自己的生活，发现新的挑战，然后为自己设定 1～3 年的中短期目标，努力去实现。在你不懈的探索过程中，你慢慢地会发现你的人生使命，你会渐渐清晰你要往哪里去。未来不是规划设计出来的，而是从现实生活中一步一步走出来的，与其担忧未来，不如抓住当下。因为还没有远大理想目标而感到迷茫的你，现在身上的压力变小了吗？

必须要说明的是，职业发展并无放之四海而皆准的普遍真理，环境和个体的差异会带来发展方式的差异，多数人在年轻时还需要更多的摸索试探，然后再决定自己的人生方向，但也有少数人或者因为有某方面强大的天赋、强烈的兴趣，或者已经完成充分的探索，或者已经形成强大的意义认同而形成了稳定、清晰的长期发展目标，那么，就为它努力吧！只不过在努力的过程中，要保持开放的心态，根据外界的情况做出适当的调整而不是僵化、刻板地执行原定计划。

（二）重视偶发事件

一项关于职业发展的研究发现，70%的个体的职业决策受到了偶发事件的影响。

偶发事件是指不在人们事先安排和预料范围内的事情。生命中那些超出计划范围的事件以及突发状况，比起我们精心安排的事情，往往更能影响我们生命中重大的决定。一次偶然的会面，一次失约，一次临时决定的假期旅行，一个偶然的讲座报告，一个偶然认识的朋友……这些各种各样的经历都可能影响我们生命的方向和职业的选择。

我们生活在一个开放的复杂系统中，注定了我们要面对很多的偶然事件，环境越丰富，人和人的联系越多，偶发事件就越多。人们愿意到大城市生活，实际上就是在追求一种充满新奇、偶发事件的生活。人的出生本身就是一个偶发、无法被自己规划的事情，一生的发展也因为有各种偶发事件而充满了各种可能。如果人生的一切都是被规划、安排好的，那也将是毫无趣味的吧！事实上，像王一涵那样受偶发事件影响人生方向的例子比比皆是。

马云是在1995年被聘为翻译到美国出差偶然遇到产生不久的互联网的；美籍华裔脱口秀明星黄西是在一次偶然的讲笑话中开始自己的职业转型的；著名经济学家张维迎认为自己的人生就是由一连串偶然的事件组成的；俞敏洪如果没有受到北大的处分就不会辞职创办新东方；如果没有恢复高考，张艺谋可能就会在国棉八厂做一辈子工人。

偶发事件有些是积极的，有些是消极的。正如塞翁失马焉知非福的故事一样，有些积极的事件背后蕴藏着消极的内容，有些消极的事件恰恰是人生转机的伪装，能够抓住机遇或者将貌似消极的事件转变成真正的人生契机，需要我们用正确的态度去面对。

失去双腿、肾脏、脾脏对于任何一个人来说，都是难以承受的负面事件。但艾米·珀迪做到了，她通过乐观面对，将这个残酷的偶发事件转换成了人生的巨大财富。她在一段时间的消沉之后，拒绝继续消沉下去，选择了接纳现实，追求新生活的勇气让她将这个偶发的负面事件转变成了人生的机遇。

【案例】19岁那年，我是一名按摩治疗师。那时的我能去任何地方，我感到自由、独立、安全。生活就在我的掌控之中。

但这时我的生活出现了逆转。一天我感觉自己得了流感便提早回到了家，我住进了医院，医生诊断为病毒性脑膜炎。在接下去的两个半月里，我失去了脾脏、肾脏，失去了左耳的听力，两腿膝盖以下被截肢。当我的父母用轮椅把我从医院推出来的时候，我感觉自己像是被拼起来的玩具人。此后几个月，我彻底失去了信心，逃避现实，对假肢置之不理，我在身体上和精神上彻底地崩溃了。

但是我知道，生活总要继续，我必须得跟过去的艾米告别，学着接纳新的艾米。我忽然明白，我的身高不必再是固定的5英尺5英寸（1.68 m），相反，我想多高就多高，想多矮就多矮，这完全取决于我跟谁约会。如果我去滑雪，那么脚再也不会被冻到。最大的好处是，我的脚能做成任意大小，穿进商场里的任何打折靴子。我做到了，这是没脚的好处！

我开始做白日梦，我梦到和小时候一样，幻想自己优雅地走来走去，可以自由地帮助身边的其他人，可以去快乐地滑雪，我要去感觉风拂过我的面庞，感觉我的心跳加速。似乎从那时开始，我的人生开始了新的篇章。

4个月后，我回到了滑雪场，回去工作，然后回到学校。在2005年的时候我参与投资了一个专为青年残疾人服务的非营利组织，让他们能参与到极限运动中来。再后来，去年二月，我赢回两座世界滑雪锦标赛金牌，这使我成为世界上滑雪排名最高的女残疾选手。

11年前，我失去了双脚，我不知道能做什么。但如果今天你问我，是否愿意回头，让我的人生再回到原来的轨道，我的答案是：NO！因为我的脚没有让我失去能力，而是逼我依靠自己的想象力，打破任何藩篱。因为在我的意识深处，我可以做任何事，成为任何人。那些痛苦与厄运看似是生活的终结，但也正是想象力和故事开始的地方。不要把人生中的挑战和困难当作坏事，相反你应从正面去看待它们，让它们作为点亮你我想象力的美好礼物。它会帮助我们超越自我、飞跃藩篱，看人生的阻碍到底能为我们带来哪种惊喜。

——艾米·珀迪（Amy Purdy）

重视偶发事件还不止于用积极乐观的态度面对负面的意外，而且，更要去规划偶发事件。偶发事件可以规划吗？如果能够规划那还叫偶发事件吗？规划偶发事件并不意味着去刻意安排一件"偶发"的事件，安排出来的的确不能够叫偶发事件。规划偶发事件是指通过有意识的行动去增加某一事件的出现概率。虽然我们不能安排某些事情的发生，但是，我们要知道，幸运绝非偶然，那些对于某些人的成功看起来是巨大幸运的事件，其背后都有着一定的必然性，和主人公的努力是无法分开的。用毕业求职这件事情来说，几乎所有的就业都是偶发事件，因为大学生无法安排用人单位贴出招聘启事，更无法安排自己喜欢的公司聘用自己。但学生可以通过积极参加招聘会、主动发送简历和求职信、认识想进入行业的从业者、和其他同学一起建立求职网络等方式来扩大自己的求职成功概率，这样做不能保证一定会求职成功，但一定能够增大成功概率，这就是规划偶发事件。

练习思考题

1. 你了解了哪些职业生涯规划理论？
2. 你掌握职业生涯规划书的基本框架了吗？
3. 偶发事件对个人的职业生涯规划有什么影响，列举一件对你产生影响较大的偶发事件。

第六章 就业形势与政策

学习目标

1. 了解大学生就业市场现状。
2. 认识当前大学生就业形势，以便摆正就业心态和找准就业定位。
3. 清楚与自身职业规划相关的就业政策。

本章重点

1. 国家现有的就业政策及倡导的就业方向。
2. 对当前就业市场的了解和确立正确的就业择业观念。

本章难点

1. 毕业生就业的基本程序及政策。
2. 结合自身情况，思考如何利用好国家相关政策。

第一节 大学生就业市场

当代大学生主要是通过就业市场来实现就业。大学生就业市场是随着社会主义市场经济体制的建立和高校毕业生就业制度改革的深化而逐步建立与不断完善的，它不仅能更有效地调配高校毕业生资源，而且是学校与用人单位的桥梁，更推动了高校的教育教学改革。由于大学生就业市场服务于高校毕业生，因此具有几个特点：一是针对性。大学生就业市场与社会其他各类劳动力市场的区别在于，大学生就业市场是专门为具有一定学历层次、较高的专业知识水平和能力的广大高校毕业生群体提供就业服务的。二是初次性。大学毕业生就业经验相对不足，而就业需求又较为迫切，因此可能产生就业期望值过高与现实之间的矛盾。三是时效性。大学生就业在时间上具有集中性，由于全国大学生毕业的时间基本一致，要在毕业年度内让大多数的毕业生落实就业，任务十分艰巨，否则毕业生将面临待业问题。

一、大学生就业市场的现状

（一）我国大学生就业市场仍处于起步阶段

虽然各地政府部门和高校都会定期组织大型招聘会以及校园宣讲会等，但单单此类就业服务无法满足日益增长的毕业生就业需要。要实现各种资源的更有效整合对接，就需要高校或者专门的中介组织搭建起毕业生与用人单位之间的畅通桥梁，从而建立更完善的市场机制。

（二）市场法律法规和管理制度不健全

国务院明确了中央和地方两级管理，以地方管理为主的高校毕业生就业工作管理体制，批准建立了高校毕业生就业工作部际联席会议制度，全国毕业生就业工作由教育部归口管理。但构成大学生就业市场的各个组成部分和环节，毕业生、用人单位、市场管理方之间的相互作用、合理制约机制，对市场中收费的项目及标准、协议书的签订、违约的制裁、纠纷的仲裁、毕业生和用人单位合法权益的保障等还不是很完善，使得毕业生就业的成本增加。

（三）毕业生面临"卖方市场"变为"买方市场"

随着我国高等教育模式从传统的精英教育逐渐大众化，大学生不再是计划经济体制下的"宠儿"，也不再处于高校毕业生小于社会需求的"卖方市场"。高校毕业生就业越来越趋于市场化，毕业生和用人单位之间实行双向选择，同层次、同专业的毕业生之间竞争日渐激烈，毕业生已处于供大于求的"买方市场"。

（四）市场对毕业生的要求提高

由于毕业生就业已形成"买方市场"，用人单位在选择毕业生时也更加理性，综合素质成了用人单位评价毕业生实力的主要参考依据。除了扎实的基础知识和宽广的知识面，毕业生的政治思想素质和品德、事业心和责任感、吃苦耐劳的精神、团队协作精神、动手能力等都是用人单位招聘时纳入考虑的因素。

二、大学生就业市场的发展

（一）供求形势继续变化

高校的持续扩招将造成毕业生人数继续呈增长趋势，但短期内社会的用人需求增速有限，这将造成部分高校或专业的毕业生"供大于求"继而求职难的结果。经济形势不断变化，竞争越激烈，用人单位对毕业生的要求也将进一步提高，因此毕业生的就业重心将向基层单位和边远地区下沉，以谋求更多就业机会。

（二）无形市场的作用将日益彰显

大学生就业市场可分为有形市场和无形市场，无形市场没有固定的场所和地点，毕业生和用人单位双方可通过网络平台或某种媒介进行信息传递。随着信息科学技术的高速发展和普遍使用，无形市场的地位日渐重要。无形市场打破了时间、地点等方面的限制，使信息交互更加畅通、快速和便捷，毕业生通过网络不但能查询用人单位资质和岗位信息需求，而且能远程完成面试等求职流程，因此毕业生就业工作信息化也将成为毕业生就业工作的新趋势。

（三）各级政府、高校、中介机构逐步走向联合

随着毕业生规模的不断扩大，分别由国家各级政府部门、高校、人才中介机构独立举办的毕业生就业市场单独运作起来收效不够显著。未来，三类市场应从全局出发，共享资源，加强合作，形成统一、规范、高效的毕业生就业市场体系：高校就业市场作为毕业生就业的主渠道，各级政府应加强市场调控和监管，中介市场为高校就业市场做必要补充。

（四）就业市场信息更有效反馈高校人才培养

高校每年调研并分析毕业生就业状况，编印成册，包含毕业生总体就业率、就业结构、就业流向、升学情况、薪酬水平和对学校的意见建议等数据及信息。这些反馈可以为学校的人才培养和教育教学改革提供参考，通过了解学生的就业期望和需求，提升就业工作的服务水平与质量，促进毕业生更高质量、更充分就业。

第二节 大学生就业形势分析

高校毕业生是宝贵的人才资源，做好高校毕业生就业工作，事关民生福祉，事关长远发展。近年来，由于大学招生规模不断扩大，大学毕业生人数逐年攀升，就业竞

争加剧。大学生就业形势严峻几乎是每年都存在的现象，就业形势可以反映一段时间内就业市场的整体趋势。部分大学生由于自身素质、专业技能等难以满足企业招聘要求，很难找到与其预期相匹配的就业岗位和适应激烈的就业竞争。大学生就业前对就业形势有一个理性和清晰的认知，有助于更具针对性地调整就业目标和策略，提升求职的成功率。

一、全国毕业生就业情况

（一）就业率

第三方社会调查机构麦可思研究院发布的《2023 年中国本科生就业报告》（就业蓝皮书）显示，2022 届本科生毕业半年后毕业去向落实率为 86.0%，与 2021 届（87.8%）、2017 届（89.0%）相比呈现持续缓慢下降趋势。其中"双一流"院校毕业去向落实率 91.1%，高于地方本科院校 85.0%。2022 届大学生毕业半年后"受雇全职工作"的比例为 62.2%，"国内外读研"的比例为 20.1%，"准备考研"的比例为 7.1%，"待就业"的比例为 6.9%，"自由职业"的比例为 2.0%，"自主创业"的比例为 1.2%。

（二）就业地域分布

2022 届在东部地区就业的占比（51.9%）最高，其次是西部地区（24.6%），结合各地区本科院校毕业生占比和毕业去向落实综合来看，东部地区对人才的吸引力（毕业生占比 38.5%、毕业去向落实率 88.0%）最强，毕业生流入较多；另外，从三大经济区城来看，长三角、珠三角地区对人才的吸引力较强，有较多本科毕业生流入上述地区；京津冀地区随着北京市非首都功能疏解，一些企事业单位和公共服务机构逐步迁移至周边，加之北京市高科技和创新产业的发展，对高学历层次毕业生的需求提升，应届本科毕业生就业竞争压力加大，外流的情况增加。

（三）就业行业分布

从毕业生就业行业的占比看，2022 届本科毕业生半年后就业最多的行业类是"教育业"，其后依次是"信息传输、软件和信息技术服务业""建筑业""金融业"等。从变化趋势来看，毕业生在"教育业"就业的比例较往届下降较多。"双减"政策实施以来各类教育辅导和培训机构得到进一步治理和规范，本科毕业生在教培行业、房屋建筑业就业比例下降较为明显；此外，信息技术产业需求放缓；集成电路、装备制造、能源供应等领域需求增长。与此同时，毕业生在"建筑业"就业的比例也下降较多，特别是房屋建筑领域，基础设施建设领域保持稳定。伴随着毕业生考公意愿的不断增强以及近几年来公务员招录规模的连续扩大，毕业生在政府及公共管理领域就业的比例呈上升趋势，2022 届达到 6.8%，五年内上升了 0.8 个百分点。

（四）薪酬水平

应届本科毕业生薪资稳步提升。从近五年的数据来看，应届本科毕业生月收入基本呈现逐年上升的趋势，2022 届达到 5 990 元，涨幅达 16.7%（剔除通货膨胀因素影响后涨幅达 7.5%），明显高于城镇居民 2022 年月均可支配收入（4 107 元）。近五年"双一流"院校、地方本科院校毕业生薪资均有提升，2022 届分别达到 7 336 元、5 721 元，"双一流"院校增长更快。从各学科门类毕业生毕业半年后的月收入来看，工学月收入持续最高，经济学和管理学月收入分别列第二、三位。教育学月收入相对较低，这类专业毕业生主要服务于公办教育机构。薪资水平与就业市场人才供需情况、行业发展水平以及用人单位起薪水平均有一定关系。

（五）就业满意度

应届本科毕业生的就业满意度上升较为明显。从近五年的数据来看，2018 届、2019 届本科毕业生的就业满意度均为 68%，从 2020 届开始上升，到 2022 届达到 77%；从不同类型院校来看，"双一流"院校毕业生就业满意度持续高于地方本科院校；各学科门类的就业满意度均有明显提升，具体来看，2022 届医学就业满意度最高，其后依次是工学、法学、教育学、理学、艺术学等。其中，工学就业满意度排名上升较为明显，2022 届已升至第二位。工学专业毕业落实与就业质量整体保持相对稳定且水平较高，这也促进了毕业生就业满意度的提升。

二、大学生就业形势严峻的成因分析

（一）客观因素

1. 我国经济增长放缓

我国经济已步入发展新常态阶段，其特征之一是由高速增长转向中高速增长，对就业的拉动作用因此减弱，人才市场竞争加剧，初次工作的毕业生获得岗位的概率降低。2020 年疫情突发给原本平稳运行的经济带来更大挑战，中美贸易争端等国内外不确定性因素对企业发展（尤其是中小型企业）产生诸多不利影响。近几年，需求不足和内生动力偏弱成为影响我国经济复苏的重要因素。国际经贸环境急剧变化，出口又受到全球经济下行带来的外需放缓和地缘政治军事冲突等影响。同时，吸纳青年群体最多的中小企业对未来预期不稳，扩张意愿不足。一些行业的就业需求疲软，有的企业推迟或减少招聘，劳动力市场的有效需求减少，新增岗位不足，岗位供给有限，导致周期性失业人口占总失业人口的比重增加，而大学毕业生等青年群体是对周期性失业较为敏感的群体。

2. 待就业总量逐年增加

高校的持续扩招使得毕业生的供给量不断增加，增幅远大于市场所能提供的岗位数，再加上历年来未就业或失业的毕业生，导致人才过饱和。教育部在 2024 届全国普通高校毕业生就业创业工作网络视频会议中的数据显示，全国高校 2024 届高校毕业生规模预计 1 179 万人，同比增加 21 万人，是我国有史以来高校毕业生人数最多的年份。

3．就业结构矛盾突出

由于经济体制改革、产业结构调整等宏观经济政策的实施，产业升级力度加大。从制造业转型来看，目前我国制造业正向高端化、智能化、绿色化转型，急需培养和造就高技能青年人才队伍，但制造业一线工人往往面临待遇较低、发展通道不畅、培养培训投入不足等问题，加之依托大数据、人工智能等新技术出现的新就业形态对青年群体的吸引，一部分青年人不愿意到制造业企业工作，存在产业需求与青年就业意愿不匹配的问题。以互联网经济为代表的新经济、新产业发展迅速，互联网、电商行业招聘的需求量增大，目前高校的专业设置和教学培养对经济形势和就业市场变化的反应不够及时，造成了与社会需求之间的结构性矛盾。供需不匹配将导致大学生就业难、就业专业不对口比例高、高端制造业人才短缺等一系列问题。

4．毕业生需求存在明显区域差异

由于我国区域经济发展不协调，中东部"北上广深"等一线城市和沿海区域经济发展速度较快，在薪酬水平、发展机会和生活水平等方面都更加符合当前大学生的就业选择，因此吸引力较大。而欠发达的内陆中西部地区，相对较难吸引和留住人才。此外，招聘需求在区域上也有较大的规模差别，其中珠江三角洲、长江三角洲区域的招聘需求占全国的约一半，中原区域尚可，西部地区占比最少。

5．科技取代部分人工

近年来，我国随着智慧生产、人工智能、生命医学、教育等领域的科学技术发展，收银员、搬运工等低技能的劳动力需求减少，程序员等高技能劳动力需求增加。同时，由于金融科技的飞速发展，金融业对低端金融人才的需求量日益减少，但仍有一些普通高校大量招收经管类学科专业学生，而高校培养智慧生产、人工智能等领域人才的能力有限，这导致毕业生就业困难和部分行业招聘难的问题更加突出，劳动力市场结构性矛盾也变得更加严重。科技还在不断发展，未来将会有越来越多的人工岗位面临淘汰。

（二）主观因素

1．就业过渡性特征明显

这种过渡性特征主要包括角色转换和技能转换两种类型。一方面，从学校到劳动力市场，毕业生要经历个人身份由学生到劳动者的转变。对大学的依赖性与自我认知的不足使得大学毕业生角色转换相较于其他劳动群体的角色转换有更多的困难，这在一定程度上影响毕业生等青年群体快速进入新的角色。另一方面，从学校到劳动力市场，大学生也要经历技能转换。相比学生时期将从书本中学好专业知识、构建知识体系框架作为主要任务，职场人则更多地需要将掌握的理论知识转换成职场技能，依靠个人本领完成工作任务，通过劳动展现自身价值，这对长期处于被动接受知识的大学生提出了较大的挑战。

2．毕业生就业期望过高

毕业生对我国人才及就业市场的现状认知不足，就业期望与现实需求形成反差，主要体现在工作单位、薪酬、工作区域等方面，造成了当前并非找不到工作而是找不到理想工作的"就业难"形势。尽管在高校就业指导工作系统多年的引导下，一批毕业生自愿响应国家号召，选择到西部、到基层、到国家需要的地方就业，但仍有很多大学生在就业选择时出现严重的个人利益与社会利益的错位，忽略市场实际需求分布，盲目追求高薪资、发达地区以及"铁饭碗""高大上"的岗位。

3．"慢就业""懒就业"现象增多

"慢就业"一般是指一些大学生毕业后既不打算马上就业也不打算继续深造，而是选择游学、支教、在家陪父母等形式，慢慢观望和思考自己之后的职业道路的现象。"慢就业"的大学生可分为两类：一类是有自己明确的职业规划，只是放慢脚步或避开求职高峰；一类则演变成消极的"懒就业"，安于啃老，完全没有就业意图。部分毕业生受到个人利益至上、安逸享乐至上等价值观影响，片面追求个人兴趣和理想，没有正确认清实际情况，错过了最佳就业时期，不得已加入"慢就业"求职的队伍中。其中部分毕业生认为"要就业就好业"，希望进入行政机关、事业单位、国有企业等传统观念中的好单位，执着于编制考试，在连续应考中成为"慢就业"的一员。

4．自身综合素养不高

我国大学生经历高考后，普遍心态放松，大学期间的学习意识不强，缺乏主观能动性。据调查，打游戏、旷课、追剧等占据了当代大学生的大部分课余时间，甚至课堂上玩手机的现象都较为严重。部分大学生浑噩度日，并没有认真学习专业知识和技能，不注重身体素质、心理素质、文化素质的锻炼和逻辑思维、开拓创新等多方面的自我提升，社会实践经验不足。临毕业找工作时，缺乏就业竞争的资本，难以满足用人单位的用人标准，因而在求职过程中易处于劣势。

5．缺乏职业规划

很多大学生几乎没有进行过职业规划，甚至大学专业的选择都是未经过深思熟虑的。进入大学后，一些高校不重视职业生涯规划与就业指导课，并未开设系统的相关课程或者所开设的课程标准、教学内容与社会需求存在脱节，师资不够专业，加之学生本人不重视，职业生涯规划的概念难以发挥实际作用。做好职业规划能够调动学习积极性，以目标为导向进行更有计划、有针对性的学习，培养自身到目标领域就业的相关知识技能，积累相关经验，以便在毕业求职时更有竞争力。相反，毫无职业规划，只是盲目地"随大流"找工作，则成功率较低。

三、未来大学生就业发展趋势

（一）从业方式更加灵活多样化

以物联网、大数据为标志的信息和通信技术已经蔓延到各个行业的各个角落，建立在"互联网＋"基础上的新就业范式已经逐步取代机器大工业时代的就业范式，企业的生产模式与组织形式也在此推动下进行调整，由此促进就业方式的转变，工作种类朝多样化发展。新型就业方式有以下几种。一是创新驱动型就业，如人工智能技术创造了数据标注员、算法工程师、云客服、受众分析员、优化师等新职业；二是新技术与传统经济相融合产生的新经济所创造的就业，即新经济就业，如阿里巴巴、Uber、滴滴出行、Airbnb 等创造的新就业模式；三是创业式就业，如电商、网站、IT 与软件开发、音像视频领域；四是依托于信息技术和市场分工细化带来的新兴职业，如网络摄影、叫醒服务、酒店试睡员、产后修复师等。就业方向多元化不仅能够增加就业机会，而且可以平衡社会对人才的需要。

（二）永久性职业减少

只有少数人能拥有"永久性"的工作，而从事计时、计件或临时性职业的人会越来越多，传统的固定职业越来越有可能被更加灵活的非固定职业所取代。知识经济的出现使得越来越多的工作包含对知识的加工而不是简单的物质处理，知识性和服务性职业增多，而这两类职业更有可能交由外部的顾问或独立的专家完成，因此不需要全职的、长期的固定职员。从雇主角度来看，他们也更倾向于招聘临时工来填补职位空缺，以便给自己留有更大余地。

（三）非标准化雇佣形式快速增加

一方面，越来越多的毕业生不愿受固定工作环境与工作时间的传统限制，积极追求灵活自主的自由职业，由此产生一大批"斜杠青年"，自主工作、追求实现个人价值成为这个群体的标签；另一方面，伴随着平台企业的进一步发展壮大，就业门槛不断降低，仅需要一部手机或者一台电脑就可以实现自主创业或者再就业，极大地吸引了毕业生涌入自由职业者的行列。自由职业者因其工作时间和地点的灵活弹性，不仅满足灵活择业的需求，同时也成为许多企业招聘职工的首要选择，企业为了适应市场需求的剧烈变化，不断调整组织结构，出现了非标准化雇佣方式的趋势，像雇佣派遣、临时工、兼职工等非标准化雇佣形式的员工数量快速增长。平台企业本着"不求所有，但求所用"的用工需求，对于劳动者进行灵活雇佣，以此减少终身或者长期雇佣，既降低了用人成本，也提高了专业化程度，以此来实现利益的最大化。

（四）互联网行业需求继续增长

随着信息产业迅猛发展，互联网行业的人才需求在逐年扩大。近几年互联网行业景气指数不断上升，且增速显著高于我国宏观经济景气指数，说明互联网行业正成为拉动我国经济增长的重要引擎。同时，互联网正处在由消费互联网向产业互联网过渡的阶段，未来互联网行业关注的重点是如何利用好大数据、物联网、人工智能等新型技术来赋能传统行业发展，以达到与实体经济协调发展。

（五）"一带一路"和粤港澳大湾区建设带来更多机遇

共建"一带一路"是中国"构建全方位开放新格局，深度融入世界经济体系"的重大部署，也是"开展更大范围、更高水平、更深层次的区域合作，共同打造开放、包容、均衡、普惠的区域经济合作架构"的战略举措。"一带一路"倡议不但使沿线国家实现了互联互通、经济合作，且带来了可观的就业机会。中国与"一带一路"沿线国家的合作正在稳步推进，还将与更多的国家展开合作，这必然需要大批相关专业人才来支撑。粤港澳大湾区长期以来是中国市场化程度和国际化水平最高、私营经济活力最强、创新驱动发展全国领先的重要区域之一，以不到全国 1% 的土地面积、5% 的人口创造了全国约 12% 的 GDP。因该区域产业结构丰富，且拥有腾讯、华为、碧桂园、美的等行业巨头，释放出巨大的经济能量和人才吸引力，部分行业和岗位存在人才缺口。

第三节　就业政策解读

大学生就业虽面临种种困难，但国家和地方也出台了多项鼓励和帮扶政策。就业政策对指导就业活动有深刻意义，了解并合理利用相关政策是大学生顺利就业的关键。

一、国家关于大学生就业的政策

（一）引导毕业生服务国家发展战略

1. 引导毕业生面向国家重大战略计划就业

教育部要求各地各高校要主动对接国家经济社会发展的人才需要，围绕"一带一路"倡议、雄安新区建设、长江经济带发展、粤港澳大湾区建设、海南自贸试验区建设等，引导毕业生到重点地区、重大工程、重大项目、重要领域就业。要落实区域协调发展战略，鼓励毕业生到中西部地区、东北地区和艰苦边远地区就业创业。要加大对"三区三州"等深度贫困地区的教育脱贫攻坚力度，结合实际制定激励政策，引导毕业生到贫困地区就业创业。

2. 促进毕业生在新兴领域就业创业

各地各高校要结合学科专业特色，主动对接以技术集成和商业模式创新为特点的新业态人才需求，充分利用平台经济、众包经济、共享经济、数字经济等新业态，支持鼓励毕业生实现多元化就业。配合有关部门落实相应的社会保障政策和灵活就业、自主创业扶持政策，引导毕业生主动适应新就业形态、新用工方式。

3. 鼓励毕业生到国际组织实习任职

国际组织是制定国际规则、协调多边事务、分配国际资源的重要平台，是全球治理的重要阵地。加快培养推送高校毕业生到国际组织实习任职，有助于扩大到国际组织工作的后备人才队伍，提升我国在国际组织人员规模，对于更好地统筹国内和国际两个大局、增强我国在国际规则制定中的话语权，对于提高高等教育人才培养质量、实现毕业生更宽领域和更高质量就业，具有重要意义。

教育部《关于促进普通高校毕业生到国际组织实习工作的通知》（教学〔2017〕6号）对各地各高校的培养推送毕业生到国际组织实习任职工作提出了明确要求，其中包括以下政策支持：①加大资助力度。国家留学基金委进一步拓展国际组织实习项目领域和范围，制定选派管理办法，将高校与有关国际组织开展合作进行选派的学生以及自行联系获得国际组织实习岗位的学生，纳入资助范畴，经评审后予以资助。鼓励各地各高校采取地方专项扶持、高校配套、社会捐助和学生个人共同承担的经费支持方式，积极推送高校学生到国际组织实习。②完善教学管理。各地各高校要根据《普通高等学校学生管理规定》，进一步完善现行政策，建立灵活的学习制度，给予计算相应学分等政策支持。高校在校生到国际组织实习，学校可为其保留学籍，最长至2年；学生实习期满后应向学校提出复学申请，学校经审查合格后同意复学，并可根据其实习经历和实习内容认定为公共必修课或实践实习课程的学分。③优化就业服务。到国际组织实习的毕业年度内高校毕业生，毕业时其户口档案可申请保留在学校2年（直辖市按有关规定执行）。2年内落实就业单位的，可视为应届毕业生，根据相关规定，为其办理就业手续。超过2年的，学校将其在校户口及档案迁回家庭所在地。④支持升学深造。高校在制订本校推免生遴选办法时，结合本校具体情况，将学生到国际组织实习情况纳入推免生遴选指标体系。

此外，国家留学基金管理委员会出台《国家留学基金资助全国普通高校学生到国际组织实习选派管理办法（试行)》，对符合条件的到国际组织实习的高校学生予以资助，包括一次往返国际旅费、资助期限内的奖学金和艰苦地区补贴，资助期限为3~12个月。

（二）拓宽政策性就业渠道

1. 大学生志愿服务西部计划

根据国务院常务会议精神，从2003年开始，团中央、教育部、财政部、人力资源和社会保障部共同组织实施西部计划，按照公开招募、自愿报名、组织选拔、集中派遣的方式，每年招募一定数量的普通高等学校应届毕业生和在读研究生到中西部贫困县的乡镇一级从事为期1~3年的志愿服务工作。志愿者服务期满后，鼓励扎根基层，或者自主择业和流动就业，并在升学、就业方面给予一定政策支持。

（1）报名条件。普通高校应届毕业生或在读研究生，到岗之前获得毕业证书或学位证书，通过西部计划体检；有志愿服务经历的优先录用。

（2）服务内容。共设乡村教育、服务乡村建设、健康乡村、基层青年工作、乡村社会治理、卫国戍边、服务新疆、服务西藏等 8 个专项。

（3）招募流程。报名—选拔—体检—发放《确认通知书》—集中培训和派遣—补招。

（4）相关待遇。西部计划作为中央举办、地方受益的国家项目，所需经费由中央和地方财政共同承担：①中央财政按照西部地区每人每年 3 万元（新疆南疆四地州、西藏每人每年 4 万元）、中部地区每人每年 2.4 万元的标准给予补助。地方财政统筹中央财政补助资金和自身财力，按月发放志愿者工作生活补贴，承担志愿者社会保险单位缴纳部分，为志愿者购买重大疾病、人身意外伤害等商业保险。②各县级项目办及基层服务单位积极为志愿者提供交通、住宿和伙食等方面的便利。

（5）服务期满优惠政策。志愿者服务期满后享受以下优惠政策：①服务 2 年以上且考核合格的，服务期满后 3 年内报考硕士研究生的，初试总分加 10 分，同等条件下优先录取。②参加西部计划项目前无工作经历的志愿者服务期满且考核合格后 2 年内（研究生支教团志愿者自研究生毕业时开始计算），在参加机关事业单位考录（招聘）、各类企业吸纳就业、自主创业、落户、升学等方面可同等享受应届高校毕业生的相关政策。③服务期满考核合格的，按规定符合相应条件的，可享受相应的学费补偿和助学贷款代偿政策。④服务期满考核合格的，依实际服务年限计算服务期及工龄（参加工作时间按其到基层报到之日起算），并在服务证书和服务鉴定表中体现。⑤服务期满 1 年且考核合格后，可按规定参加职称评定。⑥出省服务的和在本省服务的志愿者享受同等优惠政策。

2．"三支一扶"计划

"三支一扶"计划是人力资源和社会保障部牵头，中央组织部、教育部、财政部、农业部、原卫生部、国务院扶贫领导小组办公室、共青团中央共同组织开展的高校毕业生到农村基层从事支教、支农、支医和扶贫工作的简称。服务期限一般为 2~3 年。

（1）报名条件。招募对象主要为全国普通高校应届毕业生，并应具备以下条件：①政治素质好，热爱社会主义祖国，拥护党的基本路线和方针政策。②学习成绩合格，具有相应的专业知识。③具有敬业奉献精神，遵纪守法，作风正派。④身体健康。

（2）服务内容。支教：支援乡镇基层教育事业，主要从事九年义务教育中的小学、初中学科教育。支医：支援乡镇基层医疗卫生事业，主要从事临床诊疗、中医诊断、医疗救护、医学检验工作等。支农：支援乡镇基层农业生产工作，主要从事涉农产业（种植业、养殖业、深加工等）建设工作。扶贫：支援乡镇基层扶贫攻坚工作，主要从事与农村脱贫致富相关工作。

（3）招募流程。报名—资格审查—考试考查—体检—公示—聘用—培训上岗。

（4）相关待遇。自 2018 年 9 月 1 日起，中央财政对"三支一扶"人员的工作生活补助标准为：西部地区按每人每年 3 万元给予补助，其中新疆南疆四地州、西藏按每人每年 4 万元给予补助；中部地区按每人每年 2.4 万元给予补助；东部地区按每人每年 1.2 万元给予补助。中央财政给予新招募且在岗服务满 6 个月的"三支一扶"人员一次性安家费 3 000 元。"三支一扶"人员在岗期间的工作生活补贴参照当地乡镇机关或事业单位从高校毕业生中新聘用工作人员试用期满后工资收入水平，在艰苦边远地区服务的可享受艰苦边远地区津补贴。

（5）服务期满优惠政策。根据历年国家"三支一扶"相关通知文件，志愿者服务期满后可享受的优惠政策主要有：①原服务单位有职位空缺或有相对应的自然减员需补充人员时，要聘用服务期满考核合格的"三支一扶"大学生。相关事业单位公开招聘工作人员，应拿出不低于40%的比例，聘用具有2年以上基层工作经历的高校毕业生，在同等条件下要优先聘用"三支一扶"大学生。②对于准备自主创业人员，可享受行政事业性收费减免、小额贷款担保和贴息等有关政策。③到西部地区和艰苦边远地区服务2年以上，服务期满后3年内报考硕士研究生初试总分加10分，同等条件下优先录取。对于已被录取为研究生的应届高校毕业生参加"三支一扶"项目的，学校应为其保留学籍。④服务期满考核合格的"三支一扶"大学生，根据本人意愿可以回到原籍或到其他地区工作，凡落实了接收单位的，接收单位所在地区应准予落户。⑤进入国有企事业单位时，由接收单位按照所任职务比照同等条件人员确定其职务工资标准，其服务期限计算为工龄，在今后晋升中高级职称时，同等条件下优先评定等。⑥参加"三支一扶"计划前无工作经历的人员服务期满且考核合格的，在2年内参加机关事业单位考录（招聘）、各类企业吸纳就业、自主创业、落户、升学等方面可同等享受应届高校毕业生的相关政策。⑦高职（高专）毕业生参加"三支一扶"，服务期满考核合格的，可免试入读成人高等学历教育专科起点本科。对已落实就业岗位的大学生，各级"三支一扶"办公室要按规定落实助学贷款代偿政策、工龄计算、服务年限视同社会保险缴纳年限等政策。

3. 大学生村干部计划

大学生村干部计划，即选聘高校毕业生到村任职，是2008年起党中央为加强农村基层组织建设，培养有知识、有文化的新农村建设带头人、党政干部后备人才而开展的选派项目。该项目工作期限一般为2~3年，工作期满后，经组织考核合格、本人自愿的，可继续聘任；不再续聘的，引导和鼓励其就业、创业。

（1）报名条件。30岁以下应届和往届毕业的全日制普通高校专科以上学历的毕业生，重点是应届毕业和毕业1~2年的本科生、研究生，原则上为中共党员（含预备党员），非中共党员的优秀团干部、优秀学生干部也可以选聘。

参加人力资源和社会保障部、团中央等部门组织的到农村基层服务的"三支一扶""志愿服务西部计划"等活动期满的高校毕业生，本人自愿且具备选聘条件的，经组织推荐可作为选聘对象。对于各省（区、市）此前已经选聘到村任职的高校毕业生，本人自愿，通过组织考察推荐，可转为选聘对象。

（2）服务内容。主要履行宣传落实政策、促进经济发展、联系服务群众、推广科技文化、参与村务管理、加强基层组织等职责。选聘的高校毕业生到村第一年，是中共正式党员的，一般安排担任村党组织书记助理职务；是中共预备党员或非中共党员的，一般安排担任村委会主任助理职务；是共青团员的，可安排兼任村团组织书记、副书记职务。

（3）招募流程。报名—资格审查—考试—体检—公示—决定聘用—培训上岗。

（4）相关待遇。中央财政补助西部地区大学生村干部人均每年2万元，中部地区人均每年1.5万元，东部地区人均每年0.8万元，不足部分由地方财政承担。此外，中央财政按人均2 000元的标准发放一次性安置费。比照本地乡镇从高校毕业生中新录用公务员试用期满后工资水平确定工作、生活补贴标准，在艰苦边远地区工作的，按规定发放艰苦边远地区津贴，补贴、津贴按月发放；参加养老社会保险。在村任职期间，办理医疗、人身意外伤害商业保险。

（5）服务期满优惠政策。各地政策略有不同，国家层面的优惠政策主要有：①在村任职2年以上，具备"选调生"条件和资格的，经组织推荐，可参加选调生统一招考。②在村任职2年后报考党政机关公务员的，享受放宽报名条件、增加分数等优惠政策，同等条件下优先录用。县乡机关公务员应重点从选聘到村任职的高校毕业生中招录。③被党政机关或企事业单位正式录用（聘用）后，在村任职工作时间可计算工龄、社会保险缴费年限。④到西部和艰苦地区农村任职的，户口可留在现户籍所在地。⑤服务期满、考核称职以上的大学生村干部，经县（市、区）组织人事部门推荐，可转聘为街道社区工作人员、非公有制企业党建工作指导员或其他社会管理和公共服务岗位工作人员。⑥服务期满、考核称职以上的大学生村干部报考研究生，初试总分加10分，同等条件下优先录取，其中报考人文社科类专业研究生的，初试总分加15分。⑦符合国家助学贷款代偿政策规定、聘期考核合格的，其在校期间的国家助学贷款本息由国家代为偿还。

4. 农村义务教育阶段学校教师特设岗位计划

农村义务教育阶段学校教师特设岗位计划简称"特岗计划"，2006年起由教育部、财政部、原人事部、中央编办联合启动实施，公开招聘高校毕业生到"两基"攻坚县农村义务教育阶段学校任教。聘期为3年。

（1）报名条件。①符合招聘岗位要求，具有相应的教师资格证书，应符合《中华人民共和国教师法》《教师资格条例》等法律法规规定的普通话水平、身体条件和心理条件。符合新时代中小学教师职业行为十项准则要求，无刑事犯罪记录和其他不得聘用的违法记录。②要求本科及以上学历，以师范类专业为主，小学阶段可适当招聘师范高等专科学校毕业生。③年龄不超过30周岁。④参加过"大学生志愿服务西部计划"、有从教经历的志愿者和参加过半年以上实习支教的师范院校毕业生同等条件下优先录取。⑤支持鼓励符合条件的退役军人到中小学任教，可综合考虑服役年限等因素对退役军人相应放宽年龄限制。

（2）工作内容。工作地点范围为：原集中连片特殊困难地区、中西部国家扶贫开发工作重点县和省级扶贫开发工作重点县，西部地区原"两基"攻坚县（含新疆生产建设兵团的部分团场），纳入国家西部开发计划的部分中部省份的少数民族自治州以及西部地区一些有特殊困难的边境县、少数民族自治县和少小民族县，到初中及小学任教。

（3）聘用流程。公布需求—自愿报名—资格审查—考试考核—集中培训—资格认定—签订合同—上岗任教。

（4）相关待遇。特岗教师在聘任期间，执行国家统一的工资制度和标准；其他津贴补贴由各地根据当地同等条件公办教师年收入水平和中央补助水平综合确定。省级财政负责解决特岗教师的地方性补贴、必要的交通补助、体检费和按规定纳入当地社会保障体系，享受相应的社会保障待遇（政府不安排商业保险）应缴纳的相关费用，以及特岗教师岗前集中培训和招聘的相关工作等费用。

（5）聘任期满优惠政策。①鼓励特岗教师3年聘期结束后，继续扎根基层从事农村教育事业。对自愿留在本地学校的，要负责落实工作岗位，将其工资发放纳入当地财政统发范围，保证其享受当地教师同等待遇。②可推荐免试攻读教育硕士，特岗教师3年聘期视同"农村学校教育硕士师资培养计划"要求的3年基层教学实践。③实施该计划的地区今后城市、县镇学校教师岗位空缺需补充人员时，应优先聘用特岗教师。

（三）鼓励毕业生应征入伍

大学毕业生走进兵营服义务兵役既是社会发展的需要，是军队现代化、国防现代化发展的需要，也是当代青年的神圣义务。大学生征兵是指部队每年从应届大学毕业生中招收义务兵，经国务院、中央军委批准，自2020年起，将义务兵征集由一年1次征兵1次退役，调整为一年2次征兵2次退役。现行的义务兵役制度服役年限是2年。

1. 应征条件

根据国家有关规定批准设立、实施高等学历教育的全日制公办普通高等学校、民办普通高等学校和独立学院，按照国家招生规定录取的全日制普通本科、专科（含高职）、研究生、第二学士学位的应（往）届毕业生、在校生和已被普通高校录取但未报到入学的学生。

年龄：男性普通高等学校在校生为年满17～22周岁、大学毕业生放宽到24周岁。女性普通高等学校在校生和毕业生为年满17～22周岁。

2. 入伍程序

（1）网上报名预征：有应征意向的高校毕业生可在征兵开始之前登录"全国征兵网"（网址为 https://www.gfbzb.gov.cn）进行报名，填写、打印《应届毕业生预征对象登记表》和《高校毕业生应征入伍学费补偿国家助学贷款代偿申请表》（以下分别简称《登记表》和《申请表》），交所在高校征兵工作管理部门。

（2）初审初检：毕业生离校前，在高校参加身体初检、政治初审，符合条件者确定为预征对象，高校协助兵役机关将《登记表》和《申请表》审核盖章发给毕业生本人，并完成网上信息确认。

（3）实地应征：高校应届毕业生可在学校所在地应征入伍，也可在入学前户籍所在地应征入伍。

（4）体检政审：组织高校应届毕业生在学校所在地征集的，结合初审、初检工作同步进行体格检查和政治审查，在毕业生离校前完成预定兵，由学校所在地县（市、区）人民政府征兵办公室为其办理批准入伍手续。政治审查以本人现实表现为主，由其就读学校所在地的县（市、区）公安部门负责，学校分管部门具体承办，原则上不再对其入学前和就读返乡期间的现实表现情况进行调查。

（5）在入学前户籍所在地应征入伍的，高校应届毕业生毕业前将户籍迁回入学前户籍地，持《登记表》和《申请表》到当地县级兵役机关参加实地应征，经体格检查、政治审查合格的，由当地县（市、区）人民政府征兵办公室办理批准入伍手续。

3. 优惠政策

高校毕业生应征入伍服义务兵役，除享有优先报名应征、优先体检政审、优先审批定兵、优先安排使用"四个优先"政策，还享受以下优惠政策：

（1）优待政策。入伍大学生按规定享受优待政策，优待金由批准入伍地发放，其家庭享受军属待遇，由户籍所在地负责落实相关优待。

（2）学费补偿、国家助学贷款代偿及学费减免。国家对应征入伍服兵役的高校学生，在入伍时对其在校期间缴纳的学费实行一次性补偿或获得的国家助学贷款实行代偿；应征入伍服兵役前正在高等学校就读的学生（含按国家招生规定录取的高等学校新生），服役期间按国家有关规定保留学籍或入学资格、退役后自愿复学或入学的，国家实行学费减免。学费补偿、国家助学贷款代偿及学费减免标准，本专科生每人每年最高不超过 20 000 元，研究生每人每年最高不超过 25 000 元。

（3）考试升学优惠。①考试升学加分：普通高校应届毕业生应征入伍在退役后 3 年内和普通高校在校生（含高校新生）应征入伍退役后在完成本科学业后 3 年内，参加硕士研究生招考的，初试总分加 10 分，同等条件下优先录取；在部队荣立二等功及以上的，符合研究生报名条件的可免初试攻读硕士研究生。②复学可转专业：大学在校生（含新生）入伍，高校保留学籍或入学资格，退役后 2 年内允许复学或入学；经学校同意，退役复学还可转入其他专业，并免修军事技能等课程，可直接获得学分。③"退役大学生士兵"专项硕士研究生招生计划：每年安排一定数量专项计划，专门面向退役大学生士兵招生，专项计划规模控制在 8 000 人以内，在全国研究生招生总规模内单列下达，原则上不得挪用。

（4）就业优待。①高校毕业生士兵退役后一年内，可视同当年的应届毕业生，凭用人单位录（聘）用手续，向原就读高校再次申请办理就业报到手续，户档随迁（直辖市按照有关规定执行）。②退役高校毕业生士兵可参加户籍所在地省级毕业生就业指导机构、原毕业高校就业招聘会，享受就业信息、重点推荐、就业指导等就业服务。③在招录公务员、参照公务员法管理机关（单位）工作人员，招聘事业单位工作人员时，同等条件下优先录用（聘用）符合政府安排工作条件的退役大学生士兵；退役士兵报考公务员、应聘事业单位职位的，在军队服现役经历视为基层工作经历，服现役年限计算为工龄。④国有、国有控股和国有资本占主导地位企业在拿出一定比例的工作岗位定向招收符合政府安排工作条件的退役士兵时，同等条件下优先招收退役大学生士兵。

此外，各省、市还设立了更多大学生入伍优待政策。

（四）支持毕业生自主创业

1. 税收优惠

持人社部门核发的就业创业证（注明"毕业年度内自主创业税收政策"）的高校毕业生在毕业年度内（指毕业所在自然年，即 1 月 1 日至 12 月 31 日）创办个体工商户、个人独资企业的，3 年内按每户每年 20 000 元为限额依次扣减其当年实际应缴纳的营业税、城市维护建设税、教育费附加税和个人所得税。限额标准最高可上浮 20%，各省、自治区、直辖市人民政府可根据本地区实际情况在此幅度内确定具体限额标准。

2. 创业担保贷款和贴息支持

符合条件的高校毕业生可申请最高 30 万元的个人创业担保贷款，由财政给予贴息。合伙创业的，可根据符合贷款条件的合伙创业人数适当提高贷款额度。

3. 一次性创业补贴政策

首次创办小微企业或从事个体经营，且所创办企业或个体工商户自工商登记注册之日起正常运营 1 年以上的离校 2 年内高校毕业生，补贴标准由省级人力资源社会保障、财政部门确定。

4. 职业培训补贴和职业技能鉴定补贴政策

对参加就业技能培训和创业培训的毕业年度高校毕业生，培训后取得证书的（包括职业资格证书、职业技能等级证书、专项职业能力证书、培训合格证书），给予一定标准的职业培训补贴。

5. 落户政策

取消高校毕业生落户限制，允许高校毕业生在创业地办理落户手续（直辖市按有关规定执行）。

（五）鼓励企业吸纳高校毕业生就业

企业是高校毕业生就业的主渠道，中小微企业是高校毕业生就业的主阵地。

（1）企业招用毕业年度或离校 2 年内未就业高校毕业生、登记失业的 16～24 岁青年，可享受一次性吸纳就业补贴。招用登记失业半年以上的高校毕业生，可予以定额依次扣减增值税、城市维护建设税、教育费附加、地方教育附加和企业所得税优惠。

（2）小微企业当年新招用高校毕业生等符合条件人员人数达到一定比例的，可申请最高不超过 400 万元的创业担保贷款，由财政给予贴息。

（3）高校毕业生到中小企业就业的，在专业技术职称评定、科研项目经费申请、科研成果或荣誉称号申报等方面，享受与国有企事业单位同类人员同等待遇。

（4）国有企业扩大高校毕业生招聘需求，符合相关规定的，经履行出资人职责机构或其他企业主管部门同意，统筹考虑企业招聘高校毕业生人数、自然减员情况和现有职工工资水平等因素，可给予一次性增人增资。

（5）招用登记失业半年以上且持就业创业证或就业失业登记证（注明"企业吸纳税收政策"）的高校毕业生，与其签订 1 年以上期限劳动合同并依法缴纳社会保险费的企业，自签订劳动合同并缴纳社会保险当月起，在3年（36个月）内按实际招用人数予以定额依次扣减增值税、城市维护建设税、教育费附加、地方教育附加和企业所得税优惠。定额标准为每人每年6 000元，最高可上浮30%，各省、自治区、直辖市人民政府可根据本地区实际情况在此幅度内确定具体定额标准。

（六）强化高校毕业生就业指导和帮扶

1. 加强生涯教育和就业指导

强化大学生生涯发展与就业指导课程建设，修订完善课程教学要求。推动各高校以全覆盖、精准化、特色化为目标，将课程建设作为强化就业指导服务的重要内容，作为必修课列入教学计划，给予学时学分保障。持续办好就业指导公益直播课，提供丰富优质课程资源；遴选打造一批优秀就业指导课程和教材；加强高素质专业化教师队伍培养，打造内外互补、专兼结合的就业指导教师队伍。充分运用现代信息技术，探索建立学生成长电子档案，为学生提供个性化、精准化、便捷化的就业指导服务。

2. 做好就业困难群体的帮扶

①为困难家庭高校毕业生提供求职补助，或对已成功就业的困难家庭毕业生给予奖励；各级机关考录公务员、事业单位招聘工作人员时，免收困难家庭高校毕业生的报名费和体检费。对享受城乡居民最低生活保障家庭、获得国家助学贷款的毕业年度内高校毕业生，可给予一次性求职创业补贴，补贴标准由各省级财政、人力资源社会保障部门会同有关部门根据当地实际制定，所需资金按规定列入就业专项资金支出范围。②对登记失业的高校毕业生，各地公共就业服务机构要提供政策咨询、职业指导、职业介绍等公共就业服务。③将离校未就业毕业生列为重点工作对象，建立专门台账，提供"一对一"个性化就业跟踪帮扶。

3. 切实维护毕业生就业权益

积极营造平等就业环境，严格落实"三严禁"要求，各类校园招聘活动中不得设置违反国家规定的有关歧视性条款和限制性条件。加强就业安全教育和诚信教育，引导用人单位与高校毕业生及早签订就业协议书或劳动（聘用）合同并如实履约。及时发布求职就业预警信息，帮助毕业生防范求职风险。会同相关部门加强联合监管，依法严厉打击虚假招聘、售卖协议、"黑职介"、"培训贷"等违法违规行为。

二、政策倡导的就业方向

一是促进多渠道就业。大学生应转变就业观念，不只是"随大流"选择光鲜亮丽的工作，要结合自身条件选择适合的职业路径，服务基层或到中小微企业工作也可以纳入就业的考虑范围。二是鼓励自主创业。深入推进大众创业、万众创新，实现以创业带动就业的倍增效应，同时大学生自主创业还能将自我价值实现与社会价值统一起来，更好地为社会做贡献。

第七章　就业准备

学习目标

1. 探索出一套符合自身特点的行之有效的就业心理调适办法。
2. 掌握就业信息的获取渠道，并能够对就业信息进行正确筛选。
3. 掌握求职材料准备的基本要求。
4. 掌握个人简历、求职信的写作原则和技巧。

本章重点

1. 求职择业常见心理问题及调适方法。
2. 获取就业信息的途径。
3. 就业信息的筛选及利用。
4. 了解求职材料的组成。

本章难点

1. 如何及时调整就业心理实现顺利就业。
2. 如何识别各类虚假招聘信息。
7. 掌握撰写求职信的方法与技巧。
8. 掌握制作个人简历的方法与技巧。

⋮ 第一节　就业心理调适

一、求职择业常见心理问题及调适

（一）畏难心理

畏难心理是人在面临不确定性的未来时候感到恐惧、害怕的心理状态，主要是人们把目标想象得非常难，认为自己无法达成目标而感到害怕，因此出现了畏惧情绪，采取了拖延、逃避甚至放弃的应对方式。大学生认为当今社会比较"内卷"，由于竞争压力比以往更大，部分大学生没有做好清晰的就业规划、就业信息掌握不足，对他们而言，就业目标并不具体清晰，因此一想到自己要在就业市场中与他人竞争，就感觉到非常困难、非常吃力，不知道如何应对。

如何克服畏难情绪？

首先，应该了解自己情绪背后的想法，把自己的想法梳理清晰，了解自己究竟害怕什么，逐步拆解自己所认为的"难"，究竟是自己能力不足所致还是目标不清晰不具体、目标对自己而言无法实现所致，做一个思维导图，把害怕的情绪转化为具体可见的内容，便会减轻一部分畏难情绪。

其次，行动是缓解情绪的有效手段，在梳理想法的过程中如果仍然无法理清心中所想，可以通过行动获得进一步的具体前进方向，同时，人只有在行动中才能进一步了解自己和明确目标。比如一个同学一想到考研究生就觉得很难，但是问他为什么难，他又无法给予准确回答，通过绘制思维导图明确为什么难，大概了解到他是因为自己学习成绩不够好，目标院校和专业未确定，从而产生强烈畏难情绪，而让该名同学首先上网查阅研究生招生网获取更多信息、查阅本校研究生自己感兴趣专业近三年的招收录取情况，他便能从行动中获得更多的信息从而进一步明确方向，同时因为行动是一种心理暗示，意味着"我开始主动为自己解决问题，难度即将降低"，因此，行动是缓解畏难情绪、焦虑情绪的有效办法。

（二）自卑心理

自卑在心理学上，是指一种与他人比较时的自我否定，主要表现为自我认知不到位、缺乏自信、自我评价过低。严重自卑会变成心理问题，需要接受专业心理医生的咨询和辅导。求职择业是大学生初入社会的第一步，长时间的校园生活难免会让大学生对社会怀着这样那样的恐惧，对自己适应社会、与人交往的能力缺乏信心，总感觉自己事事都不如别人，容易有较强的自卑感，往往还没上"战场"就打退堂鼓。还有一些大学生刚刚步入社会，充满激情和活力，希望能在工作上发挥自己的才能，得到认可，但是一旦碰壁，就容易自我怀疑，自卑感油然而生。

自卑感的产生与个人成长环境密切相关，原因也是多种多样，既有家庭环境（主要是父母）的影响，有对自我认识的不足，也有环境或社会的原因。在《自卑与超越》一书中，心理学家阿尔弗雷德·阿德勒指出，每个人都有不同程度的自卑感，自卑感的存在并不是一件坏事。一方面，适度的自卑心理可以让人保持谦逊的心态和品格，让人正确认识自身的缺点和不足，并以一种紧迫感的心态推动自我完善，具有积极的意义。另一方面，严重的自卑心理则会产生不良的甚至重大的危害和后果，当一个人希望通过榜样或美好的事物来促使自身进步和努力时，由于比较的心理作用，加上对自己的能力毫无信心，一旦心想而事不成，就很容易认为自己一无是处，从而产生自卑情结，进而对原本追求的事物产生排斥、厌恶的心理，导致自我放弃，不思进取。

这种自卑情结会给大学生的求职之路带来不少消极影响，不仅自信心会大受打击，而且还会降低求职者的就业积极性，更容易错失就业机会。因此，正确认识自我，把自卑心理转化为前进的动力是大学生求职过程中必须迈过的障碍。

如何克服自卑情结呢？

首先，正确评价自己。要认识到"金无足赤，人无完人"，世上没有完美无缺的人。每个人都要学会悦纳自己，学会与自己的优缺点共存，正确评价自己，用发展的眼光看待自己，多发掘自己的优势和长处，可以先从自己的兴趣爱好去发掘，比如有些人在写作、摄影、绘画、运动等方面有特长，有些人则沟通能力很强、心思缜密。也可以静下心来，回顾自己过往的经历中那些最开心最有成就感的时刻。要清醒地发现自身的短板和不足，正确运用优势和强项，并能激发出自己的潜能，取长补短，增强自己的自信心。

其次，放弃与他人的攀比。我们之所以自卑，常常是因为我们总是和他人进行攀比，比学校、比学历、比外形、比薪资等，一旦比不过他人，就会很自卑。一味地用别人的标准来衡量自己，就很难找到自己的价值感，往往也会丢失了自我。尺有所短，寸有所长，世界上没有两块相同的石头，我们都是独一无二的存在，不必拿自己的不足与别人的优势做比较。阿德勒认为，健全的自卑感是与自己的比较，是成为更好的自己，而不是处处与别人比较。人生并不是与他人比赛，我们要做的不是和别人竞争，而是要着眼于自己的内心，觉察自己的每一次微小的进步，多给予自我肯定，建立属于自己的安全感和成就感。

再次，善于开展心理暗示。心理暗示是一种主动的、积极的心理调适过程，对克服自卑心理有着重要影响。每天进行刻意练习，比如刻意记下每天成功做到的两件小事，用自己或他人积极的言语来进行自我激励、振奋心情，从而帮助自己摆脱自卑和内疚。还要注意的是，完美主义会给人带来巨大的心理压力，因此不能过分、刻意追求完美，给自己适当的容错空间和成长空间。

最后，克服惧怕心理。一方面，要正确认识失败，客观分析失败原因，既要分析自身因素也要分析不可抗力，避免陷入盲目自责、内疚的怪圈。另一方面，要学会建立信心、找回自信。在完成一个目标的时候，可以先做那些相对容易又有把握的事情，通过每一次的成功积累信心，再逐步向更困难、更有挑战性的目标迈进。每一次成功都要给自己赞许和鼓励，让自己享受成功的喜悦；每一次失败都要给自己鼓劲加油，让自己勇往直前。

（三）挫折心理

就业挫折心理主要是大学生没达成就业目标导致的挫败心理，理想与现实具有一定差距，大学生对自身的期待较高，但是在实践中发现无法满足期待，尤其是屡次受挫时容易陷入萎靡状态、一蹶不振，因此大学生应当正视就业压力与挫折。考研失败、考公失败、就业海投简历无法得到回应或者面试后收不到 offer 等都会让大学生体会到挫败感。

如何应对挫折？

首先要正确归因，心理学家韦纳的归因理论认为，引起挫折的原因主要有外部因素（如任务难度）、内部因素（如身心状况）、稳定因素（如能力）、不稳定因素（如机遇）、可控因素（如努力）、不可控因素（如别人的反应）六种。大学生在求职受挫的时候应该冷静分析原因，不能在遇到不理想的情况下就认为是自己能力不足、自己太差劲等方面的原因，要考虑是否存在一些外部因素、不可控的因素。所以要尽可能收集更多市场信息、不断调整目标、认识自己，才能更好分析原因。其次要积极乐观看待未来，目前受挫并不代表未来没有希望，要相信不断探索，一定能更清晰认识自我和目标的关系，不断探索必将增强自身实力，使自己能够更好应对困难和挑战。

（四）焦虑心理

焦虑是一种预期焦虑，指的是对无法预测的未来的担忧。当我们面临许多未知且不断变化的事情时，往往会感到不安，这种难以掌控、不确定的感觉会让我们变得无能为力、坐立难安，从而产生焦虑不安的心理。

焦虑是大学生在求职过程中多发、易发的心理问题，非常普遍，也是一种很正常的心理状态。大学生普遍缺乏社会经验、社会锻炼，心理承受能力、抗压能力自然较弱，在第一次面对择业这个人生重大课题时往往倍感压力。有的同学担心"入错行"，不确定自己未来该走哪条路；有的同学忧心忡忡，不知道自己的竞争力到底如何，不知道是要直接就业还是继续深造；有的同学海投了上百份的简历却始终石沉大海，对自己的能力产生怀疑；还有的同学看到用人单位前景好、待遇好，但应聘人数多、招聘要求高、竞争激烈，就失去信心，产生"打酱油""当炮灰"的心态；有的在面试时情绪过度紧张，总担心自己"可能通不过面试""缺乏应变能力""表达能力不够好"等。这些现实的问题让大学生焦虑不已。

其实，大学生都要正确认识到，焦虑情绪是人生中每个重大进程都会出现的正常现象，求职就业自然也会不可避免有这种情绪。一般来说，适度的焦虑说明我们对求职就业很重视，对选择自己人生的第一份职业很慎重，这种正向压力能给予我们强大的动力，克服惰性和随意的心态，以更加积极进取、认真负责的态度进行求职。因此，大学生都需要有适度的焦虑感和紧迫感。但是过度的焦虑情绪是一定要避免和重视的，如果无法在一定时间内化解的话，就极易引发心理障碍，严重打击学生求职的积极性，降低学生求职意愿，扰乱学生正常的心智，影响正常求职活动开展，错过最佳的求职时间和机会，导致就业失败。

克服焦虑心理关键在于有好的心态和理念。人生不可能一帆风顺，总会遇到风浪。市场经济是竞争的经济，竞争无处不在。面对竞争和挑战，大学生要注重自身竞争意识的培养，学会将焦虑情绪转化为推动自己前进的动力，敢于直面风险挑战，不惧失败，越挫越勇。当然，求职过程中还要注意保持耐心，不能急于求成，更不能有一蹴而就的心理，要做好长期战斗的准备。同时也要设立合理的求职目标，正确看待自身局限，减少不必要的挫折和打击，减轻焦虑情绪。

（五）怯懦心理

毕业生在求职时，由于经验不足，往往在面试中会出现怯场的心理问题。面试前，忐忑不安，如临大敌；面试时，思路紊乱、语无伦次，更有甚者满头大汗、双手发抖，辛苦准备的"台词"也忘得一干二净，导致发挥失常，也自然难以受到用人单位的赏识。怯懦往往会造成情绪紧张，任何人都会紧张，有时适度的紧张感反倒有助于我们精神高度集中，反应速度加快。所以，首先要正视紧张，适当的紧张对于用人单位来讲是完全能够接受的。在面试前要做好充分的准备工作，所谓"知己知彼，百战不殆"，对用人单位的情况、岗位的工作内容要有一定的了解，对面试中可能出现的提问要提前做好准备，通过模拟面试，找出可能存在的问题与不足，增强自信心。同时给自己积极的心理暗示，告诉自己要以一颗平常心正确对待面试，不要把一次面试的得失看得太重要。在面试中，当自己感到紧张的时候，可以用自嘲的口吻把自己的感受说出来，既可以让自己心态轻松些，也是与面试官的一种情感交流。越是紧张越是要敢于注视面试官的眼睛，进行适当的眼神交流，适当增加一些如点头、做手势这样的肢体语言。同时还可以通过观察发现面试官在服装搭配、肢体形态、说话技巧等方面的不足，建立一种心理优势和心理安慰：面试官也不是高高在上的，我们是平等的，我不要被对方的气势压倒。回答问题时不要着急，可以考虑三五秒钟，整理好思路后再作答。在回答的过程中，要有意识地控制语速，放慢说话速度，不慌不忙、不卑不亢，平和地把自己的想法说出来，紧张情绪也会自然而然得到缓解。

（六）依赖心理

依赖是大学生缺乏独立意识、自主意识的表现，不愿意面对现实、正视困难、承担责任，总是想回避问题、依赖别人，总是想不劳而获，等着别人为自己安排好一切。

这种依赖心理在求职就业过程中主要表现为没有做好就业工作的心理建设和心理准备，缺乏清晰的职业目标和人生规划，害怕面对激烈的就业竞争，怠于开展就业准备，希望家长、学校能给自己解决就业。他们或是迷信"关系"，自信认为工作不是问题，家里肯定都能为自己解决好，根本不需要担心；或是缺乏自主决策、独立判断能力，不知道是选择就业还是继续深造，不知道是选择这个行业还是那间公司，每一步都需要家长给自己拿主意，在犹豫不决、反反复复中白白错过了很多好的就业机会。这些都是不成熟的想法，百害无一利。求职就业的过程是大学生从学校走向社会的过渡阶段，是人生一次必不可少的历练，也是一次自我认知的升级和深入了解社会的契机。在求职过程的实战中，与用人单位"真刀真枪"的磨炼，不仅有利于锻炼自己的求职技巧，增强就业竞争力，还能丰富就业渠道、增加就业机会、扩大就业范围，让自己有更多选择的余地和空间。如果对就业抱着无所谓、不在乎的心态，任由别人或父母来设计他的人生，那他在人生的征途中将时时处于被动的位置。一个不能把命运紧紧地掌握在自己手里的人，又怎么能在人生的道路上爬坡越坎、披荆斩棘，闯出一片属于自己的事业和天地呢？

克服依赖心理，首要的就是要培养独立意识。大学毕业生要用成熟的眼光和心态看待自己，把自己当作一个独立生活的个体，消除等、靠、要的思想，积极面对激烈的就业竞争，认真规划自己的职业生涯，勇于尝试、不畏失败，把生活的主动权掌握在自己手中。即使是家里有"关系"可以就业的，也要努力尝试找到更好更优的职业选择，而不是完全依赖父母，自己做"甩手掌柜"。靠"关系"或许可以得意一时，但靠能力才能成就一世，正如陶行知所言："滴自己的汗，吃自己的饭，自己的事情自己干，靠人靠天靠祖上，不算是好汉！"

（七）嫉妒心理

嫉妒心理是社会交往过程中常见的心理现象，是看到他人的才能、成就、素质等高于自己时所产生的一种既有羡慕又有忌恨的狭隘情绪。在求职的过程中，有的学生看到同学比自己先找到工作或者找到比自己好的工作，特别是觉得有些人成绩不如自己好、能力不如自己强，反而找到了更好的工作，往往就很容易滋生嫉妒心理。有些人会把嫉妒心放在心里，鞭策自己努力找到更好的工作；有些人则会把嫉妒心变成对别人的打击，有意无意就挖苦讽刺、冷嘲热讽；有的则把同学朋友当成竞争对手，时刻防着备着，制造紧张气氛，人际关系恶化；有的甚至采取种种不正当的手段破坏别人竞聘。不良的嫉妒心理其实是不能正确认识自己的表现，既影响了别人求职，也影响了自己的心态、破坏了自己的品质、耽误了自己就业。大学生一定要正视嫉妒心理，努力消除嫉妒心理。一是要有开阔的胸襟，为别人取得的成绩感到高兴，正面看待别人比自己优秀的事实；二是真诚待人，多站在对方的角度设身处地为对方着想，坦诚地肯定对方；三是培养豁达的人生态度，不尽如人意之事莫耿耿于怀，自己力所不能及之事莫强求。

二、常见就业心理误区、对策及范例

（一）"落脚"心理

1．问题

有的毕业生在临近毕业时，看见周围的同学一个个都找到工作了，可自己还没有着落，心里不免着急，于是有的学生就抱着"实在不行就随便先找份工作糊口，以后待不下去了或者找到更好的工作后再跳槽"的想法，丝毫不考虑行业前景如何、企业发展如何、岗位设置符不符合自己的愿景。作为一种务实的就业态度，"落脚"心理确实有助于大学生尽快实现就业。但由于"落脚"以降低自身标准、要求和期待为前提，也会带来一些风险和问题：一是很多毕业生在找到工作后就自我满足了，失去了继续去找更好的、更符合自己发展的工作的动力。在工作中也会因为不是自己擅长领域而不断出错，既泯灭了自己一些特有的天赋，也产生了挫败感。二是由于不是自己真正热爱的职业，在工作中也往往没有激情，感受不到工作带来的快乐和幸福，从而使得求职者的职业发展遭遇瓶颈。三是容易造成用人单位的疑虑。抱有"落脚"心理的大学生，往往会把第一份工作看作"跳板"，一旦有更合适的工作，就立马跳槽，说走就走，很多企业被迫成为"培训基地"，影响了工作的正常开展和企业的发展，给企业带来了不小的损失。因此，对于频繁跳槽、无奈"屈就"、忠诚度低的"人才"，用人单位往往会望而却步。

2．对策

"先就业后择业"的就业理念不能说是一种错误的理念，但也不是最优的理念。这个理念鼓励学生面对现实，有效避免眼高手低、好高骛远，确保稳定就业。但是在"落脚"单位的选择上，还是应该先找准自己的职业定位，尽可能接近自己的职业规划，符合自己的职业理想，既不能盲从，也不能过于着急。

3．范例

小周有清晰的职业规划，虽然是商务英语专业毕业，但一直梦想进入四大会计师事务所从事审计工作。虽然多次碰壁，但她并没有产生"落脚"心理，随便找一份工作应付生活，而是坚持自己的职业规划和理想，一边工作一边努力提升自身能力，通过自考 ACCA，自学 VBA 和 Python 计算机程序，从事相关实习积累工作经验的方式，终于在毕业半年后成功入职普华永道中天会计师事务所，如愿以偿找到了自己心仪的工作。

（二）"一步到位"心理

1．问题

有的毕业生很清楚自己要的是什么，对自己期望较高，在求职中不甘心"将就"，

"执着"地想找到自己理想的工作，力图"一步到位"。这其实是注重自我职业规划的一种表现，但也会带来一些负面影响和问题：一是选择工作过于挑剔，追求百分百契合，容不得半点瑕疵，容易出现眼光跟上了但实力跟不上的情况，殊不知你理想的工作也想找到理想的他，而你不一定配得上；二是标准过于绝对，选择就会缺乏弹性和空间，容易造成患得患失的心理，给自己造成极大的心理压力。

2. 对策

职业规划是一个长期计划、动态调整的过程，不可能一步到位、一劳永逸，需要根据社会发展的大局大势和个人成长的经历，合理调整就业期望值，弹性指导自己做出正确的决策。学生应更多地认识自我，根据自身能力、性格特点、优势劣势等制定出较为合理的职业规划，并以此为导向脚踏实地追逐自己的职业理想。要自觉抵制和放弃激进、急于求成的想法，瞄准一个目标一步一个脚印前进，注重日积月累，实现从量变到质变的转化。

3. 范例

小林的本科是工商管理专业，对自我职业定位是管理类相关工作。但由于各种主客观原因，没有公司给他提供管理类岗位。他并没有气馁，而是调整了原本"一步到位"的想法，先是到了一家互联网公司从事市场营销工作。在这期间，他在工作中展示了出色的业务能力和管理天赋，得到了公司的重点培养，逐步被提升为营销部助理、经理。数学上两点之间的最短距离是直线，可是生活中实现理想的捷径往往是曲线。这里讲的"曲线"不是倒退，而是扬弃。要明白，实现理想的环境和过程本身就是多变数的，我们要有不得不走弯路然后逐渐逼近彼岸的思想准备，否则就容易碰壁。

（三）"名气情结"心理

1. 问题

大学毕业生普遍都希望自己未来的工作单位有名气。这既是因为有名气的单位一般都有较雄厚的实力、较稳定的发展前景、较健全的工作体制机制、较广阔的发展成长空间，无论是学生还是学生家长、学校老师，一般都会更为青睐；同时也因为部分学生把能不能去到有名气的单位当作一种炫耀、比较的资本，去了不知名单位就觉得低人一等。特别是在校期间表现优异的同学，更容易有"名企"情结，觉得进不了"名企"自己的面子就挂不住。可以说，很大一部分毕业生竞争去名气大的单位也是为了满足自我虚荣心的一种表现。在这种心理驱动下，会让一部分学生不能正确评价自身能力，形成不切实际的自我定位；也会让部分学生单纯为了名气而选择这个单位，不考虑这个单位或岗位是否适合自己；同时也会加剧竞争，一部分只盯着"名企"的学生可能会反复遭遇挫折，形成较大的心理压力和不良心理问题。

2. 对策

其实无论是大企业还是小公司，毕业生在求职时更多应该考虑的，是资源的获取、发展的潜力和能力的匹配。确实相对来说，大公司的资源比较多，但这些资源可能与你无关或者说你尚且无权取用。同样是大企业，产业与区域的不同，也会影响到发展潜力的高低，有发展潜力的小公司和进入夕阳行业的大企业，你会选哪个？而在能力的匹配上，你的才能是否和大公司的要求匹配，是否有用武之地，如果空有才能和满腔抱负，却在这个人才济济的企业无从施展，久而久之斗志就会被消磨掉。而且，大企业有更精细和完善的社会化大分工，每个人只是生产链条的一环，接触到的也只是一小部分工作，难以从整体上认知和把握企业整体的发展。而在小公司工作，则有机会参与到公司运营的方方面面，感受和把握企业整体发展的趋势，更能激发一个人全面均衡发展的潜力，在多岗位历练中找到自己的方向。因此，大学毕业生要综合考量各种利弊因素，从自身实际出发，选择最适合自己的就业单位。

3. 范例

彭某是某世界 500 强企业的中层管理人员，刚毕业时曾一心想进世界 500 强企业，但在求职中一直碰壁。权衡利弊后，他最后进了一家初创企业，但通过两年时间的努力，他的能力得到快速提升，工作十分出色，不久之后便顺利进入到大企业，成为一名中层管理人员。

（四）"赶时髦"心理

1. 问题

对于不少大学生来说，社会上的热门行业就是他们眼里的"香饽饽"，总能吸引着一批又一批的毕业生蜂拥而入，丝毫不考虑自身条件和发展前景。虽然热门行业确实会比一般的行业有更多的发展机遇和空间，但并不是每个人都适合，也不是每个人都能在热门行业里找到发展的路径，因此不能为了赶时髦而一窝蜂往热门行业涌。一来随着社会的快速发展，新行业层出不穷，旧行业也正在消失，没有永远热门的行业，"职业贵贱"的观念也正在慢慢淡化。特别是近年来随着新技术革命的发展，行业更新换代的速度越来越快，数年间就能让一个行业从辉煌走向衰落，所以不必总是盯着"热门"。二来大学生更需要考虑的是自身条件与行业的匹配度。包括自身专业是否符合行业工作的要求，自身性格、兴趣爱好是否会让自己在这个行业中有一定的优势，自身的职业规划是否能在该行业得到实施，等等，而不是一股脑儿就往热门行业冲锋。换句话来说，如果能在冷门行业中找到自己的一席之地，沉下心来提升能力、积累本领、锻炼心智，完全有可能取得令人赞叹的成绩。

2. 对策

就业时单纯考虑一个行业是否热门是没有意义的。热门行业不一定适合自己，冷门行业也有可能成就自己。最重要的是明确自身职业发展规划，坚定战略定位，不为一时的社会舆论所影响，也不为身边同学的选择所干扰，更不要只听信父母的一家之言，要相信自己内心的呼声，综合自己各方面条件后选择自己最喜欢、最热爱的行业或职业，用理性战胜喧嚣的声音。

3. 范例

陈某毕业于师范院校的中文专业，受到同学鼓吹的"房地产行业是热门行业"的影响，在毕业后毅然选择了进入房地产行业，担任一家房地产公司房产策划一职。刚开始，他以为房产策划只是写写文案，负责楼盘的宣传，以自己的专业应该可以游刃有余、怡然自得。但是，工作一段时间后，他发现自己内向沉稳的性格并不适合这份需要较强沟通能力的工作，再加上房地产策划涉及很多专业知识，远比想象中的工作压力大，而他本身也没有对这个行业有太大的热情，这些都让他非常失落。在仔细考虑过后，陈某遵从自己内心的选择，离开了这个所谓的热门行业，去到了一个更符合他性格和专业的教师岗位。他也在这个岗位上找到了工作的热情，越来越得心应手。

（五）"盲目自信"心理

1. 问题

（1）期望值过高。应该说，存在这个问题的还是少数，而且大多存在于优秀学生当中。这些学生自恃名牌大学、热门专业、成绩优秀等良好条件，在就业时盲目自信和乐观，却对自身短板和问题认识不足，总想着还有更好的、自己值得更好的，由此错过了很多很好的机会，最后反而找到了不是很理想的工作。

（2）物欲太多。很多大学生不考虑发展前景、职业成就，反而过多考虑眼前收益，对薪资、住房、奖金等有太多的期望，对用人单位漫天要价，常常让用人单位都觉得不可思议。

2. 对策

毕业生在求职时应该充分评估自己的能力、学历、工作技能等，提出适当的要求，不能只是单方面想到自己成绩优秀，也要想到自己社会经验不足，切忌漫天要价。高薪资当然是大部分人都想得到的，但是更需要了解自己的真实求职需求，有些条件并不是工资就能解决的，比如和谐的工作氛围、人性化的工作制度、充足的晋升空间、足够的锻炼机会等，如果一家公司的工作氛围很符合你，即使刚开始的薪资比自己预期的要低一些，也不要急着拒绝，不妨再考虑考虑。总之，要用平稳的心态和长远的眼光做出自己的就业选择，千万不能拘泥于眼前的利益，盲目自大，错过一些很好的就业机会。

3. 范例

宋某大学毕业后在广州一家企业从事文员工作，但他一直心有不甘，认为自己本科学历干文员实在是"大材小用"。于是辞掉了工作，几经努力，在一家合资企业当上了"行政主管"。但由于他只有理论知识，缺乏实际管理经验，结果处处碰壁，难以把正常的工作开展好，影响了公司的实际运营，很快就被公司辞退了。

（六）"玻璃心"心理

1. 问题

有的大学生过五关斩六将迈入职场，进入试用期后，却发现原本踌躇满志的自己在工作岗位上总"被忽视"，经常被前辈指使来指使去做着"打杂"的活，有时因为工作上的小失误受到领导的批评，觉得自己"受委屈"，最后试用期还没过，就固执地认为这份工作不适合自己，草率离职。大学生在职场生活中的"玻璃心"主要是因为还没适应从学校到社会的转变，仍然用学生的思维应对工作。进入社会以前，学生都处在家庭和学校的包围之中，可以说是集万千宠爱于一身，很自然就形成了"自我中心"，什么都习惯"以我为主"。进入职场之后，不会有这么多关心关爱，有的只是激烈的竞争，以及大多基于利益和现实的需求，没有人会再小心翼翼地呵护他们的"玻璃心"。

2. 对策

要学会用职场的思维、成熟的心态看待问题，不能再把情感停留在学校阶段。初入职场，作为资历尚浅的职场新人，就应该抱着谦卑学习的态度，比别人多做一些、勤快一点，不见得是坏事，任何工作都是经验的积累。不要偏激地把领导的"严厉"当成一种刁难，要知道"爱之深"，方才"责之切"，虚心接受批评，将它化为激励我们发奋进取的动力，保持一颗上进心，只有通过磨炼，才能成为更好的自己。

3. 范例

周某，毕业于广州一所"985"大学，毕业后成功入职一家大型外企，试用期三个月。刚进公司的时间里，周某还没有接触到具体的项目，做得最多的事情就是帮助项目组订餐和准备开会用的投影仪等设备，并准备会议资料等。周某时常感到不开心，觉得自己不受重视，做的都是谁都能做的杂活。后来在和前辈诉苦时，前辈告诉她自己当年也是这么过来的，而且很多事情现在看起来是小事，但其实只要用心做好每一件事，一样能有所收获。比如如何准备好一场会议，确保不出纰漏；准备会议资料的过程其实也是让自己熟悉业务的过程。把每一件简单的事做好就已经不简单了。听了前辈的话，周某恍然大悟，积极调整心态，适应职场生活，努力提高自我，能力出众的她很快便得到提拔。

三、求职择业过程中的心理调适

（一）转换角色，适应社会需要

很多大学生由于没有工作经验，往往不太重视自己的第一份工作选择。但其实第一份工作非常重要，找到适合的工作，明确职业发展规划，实现自身价值，对今后的职业发展都有很大帮助。面对不断变化的就业环境，大学生要积极主动地适应社会形势的发展。一是要做好充足的准备。家事国事天下事，事事都要关心。无论做什么工作都离不开经济社会的大环境，要对国家大政方针、国际时事要闻有一定的了解，才能从整体上把握好发展的方向。同时也要时刻关注自己所学专业在社会发展中的变化，了解该专业在国家大局中的地位和作用。社会飞速发展，四年前还是"热门"的专业，也许四年后就变"冷"了，专业建设跟不上社会的变化和需要，学生就业必定就会有困难。面对这种情况，大学生要对自我进行深入分析，对职业环境进行科学研判，把个人职业发展同社会发展有机结合起来，适时调整自己的职业规划，审时度势，化被动为主动。绝对不能把自己和社会对立起来，只有适应社会的需要，才能在社会立足。二是主动适应角色的转变。从学生到职场是一个重大的转型，要主动、尽早做好思想上、能力上的转型准备。在学校的学习不能再只"唯书""唯成绩"，还应重点提升自己的综合素质，补足自身短板，增加自身的"资本"，提高自己的价值，尽快实现从学生角色到"适者生存"的职业角色的转变，以较高的综合竞争实力和较强的社会适应能力，在未来就业竞争中掌握主动权。

（二）客观评价自己，树立良好心态

"人贵有自知之明"，一个人如果不能客观正确地评价自己，"不识庐山真面目"，往往容易产生心理障碍，或表现出对自我的不满和排斥、自怨自艾，或盲目自信、自视甚高。正确认识和评价自我是一种特别重要的能力，可以从个人和他人的评价中、从以往成功和挫折的经验中不断升级自我认知，更好地把握自我，明白自己擅长什么、不擅长什么。正确认识自己有助于建立良好的心态，牢牢抓住属于自己的工作机遇，避免"四处碰壁"和"徒劳无功"。

树立良好心态要努力做到以下几点。

1. 确立适当的择业目标

"人职匹配"应是毕业生确立择业目标时应遵循的原则。毕业生在全面了解社会需求、正确认识自我的基础上，确立与自己实力相当或接近的择业目标，这样有利于树立自信，使自己在择业中占据优势地位；也有利于在今后的工作岗位上，发挥自身所长，更好挖掘潜能，促进个人的发展和事业的成功。

2. 避免从众心理

身处择业洪流中，毕业生往往容易在择业群体的影响或压力下，改变自己原有的就业期望值，盲目跟随大众的想法、模仿朋辈的决策，使自身的就业选择呈现出一种非理性的状态，表现出不切合自身实际的从众行为。克服从众心理，需要毕业生在择业过程中避免盲目性认知、攀比性认知和片面性认知，坚持实事求是，树立符合个人实际情况的就业目标，最大限度克服或者消除外在因素对自己就业选择和决策的干扰，将实现自身价值、服务国家大局、契合社会需要有机结合起来，坚定地走好自己的路。

3. 避免理想主义

过高的期望值不仅会对顺利就业造成严重影响，也会对未来的事业发展、人生走向造成影响。每个学生都要怀有理想，都要对生活、对未来充满期望。但有些毕业生，对未来生活抱着无限憧憬，刻意追求最满意的结果，脱离实际，往往就会错过原本已经较好的就业机会，一旦错过这些机会又会造成心态失衡，执拗于找到更好的工作，

最终错过了最佳的就业时间，甚至就业困难，严重打击自信心。有的毕业生由于成绩优秀，常常"这山望着那山高"，在各种纠结中痛失机会，有的甚至让用人单位觉察出来，即使招录进去也会为未来的发展埋下不好的伏笔。

4. 克服依赖心理

社会关系是一个不可回避的问题，有好处，更有弊端。"亲朋"关系或许是快速进入职场的捷径，但过于容易地得到一份工作并不是好事，没有经历求职的锻炼就少了一种能力和一种对生活不易的感悟，容易不珍惜来之不易的机会。而且依仗"关系"谋得工作后，如果不自立自强、积极作为，开拓进取，也会很快"现出原形"，毕竟进入职场后，关键还是看个人的能力，如果自己本身无法胜任工作，那么即使背后关系硬如铁，也还是不能走得长远和稳当。

（三）正确对待挫折

人生不如意十之八九，求职也不例外，也许是自己的付出得不到回报，也许是屡次求职都以失败告终。遇到挫折都是正常的，也是难免的，切勿因此而沮丧，更不要怀疑自己、自暴自弃。阿里巴巴集团的创始人马云在创业成功前经历了很多的挫折，大学刚毕业时，他申请了 30 份工作，但是都被拒绝了。他参加警察的招聘，5 个人里录取 4 个，他是唯一被拒绝的。他向哈佛大学递交过 10 次入学申请，每次都毫无例外地被拒绝。多年以后，谈起自己曾经的这些经历，马云说："一路走来最让我感到骄傲的事情不是取得了什么成绩，不是存活下来，而是化解每一次危机，战胜每一个挫折。"法国著名作家巴尔扎克说过："苦难对于天才是一块垫脚石，对于能干的人是一笔财富，对于弱者是个万丈深渊。"由此可见，真正的强者都是历经失败、挫折，千锤百炼才能成就的。求职就业中一时的不如意恰恰是锻炼意志、提升自我的好机会。遇到挫折后我们应该保持乐观的心态，可以通过积极的心理暗示、适度宣泄等方式进行自我调节，认真分析每一次失败的原因，有针对性地做出调整和改善，昂首挺胸再出发，前方还有更好的机会。

大学生既要有远大的职业理想，不能仅仅只为了一份工作养活自己，也要脚踏实地从低做起，用实干和拼搏赢得尊重。常常有学生感叹求职择业真难，实现职业理想就更难了。市场经济大潮下，就业竞争是必然的，而且职业理想的实现是一个长期的过程，与目前的择业没有必然的联系。原花旗集团董事会主席和 CEO 桑迪·韦尔，他的第一份工作是在一家股票经纪公司当跑腿的员工，工作就是把证券凭证交付给其他公司。这些成功者的经历充分说明，选择什么行业不是最重要的，最关键的是看人。桑迪·韦尔在做跑腿工的时候，每天利用下班的时间自学股票金融业务、恳求公司领导让自己参加经纪人资格的必修课考试，备考经纪人执照。可见，职业起点低并不会阻碍我们实现梦想。只要我们在自己的第一份工作中从点滴开始，积累经验，每一步都是为了更靠近自己的梦想，做个职场有心人，相信终有一天能挖掘到职业中蕴藏着的"成功"。

四、个人就业心理调节的方法

（一）注意转移法

当就业不良情绪出现又不易控制时，可以尝试用转移注意力的方法，把注意力转移到能产生积极肯定情绪的活动或事物上来，让自己自然忘掉不良情绪。如与朋友一起聚会、听听令心情舒畅的音乐、进行自我娱乐等，用充实有意义的活动把自己的时间填满，就能恢复心理平衡。

（二）适度宣泄法

当在求职择业中遇到各种挫折或困难时，产生不良情绪是正常的，有些学生会把这种情绪埋在心底，自认为"成熟"的标志就是"我很好"，凡事不想和身边的人说免得他人为自己担心，殊不知这样一味将不良情绪藏在心里，不及时消化的话，久而久之，受到的伤害就越大。因此，一旦感觉到自己有不良情绪，就要积极进行自我调整或向他人寻求帮助，尽快改善情绪，纾解压抑的心情。其中一个行之有效的办法是找一个可信任、可倾诉的人，把自己内心的苦闷一股脑儿向他"倾泻"出来，这个人可以是你的家人、朋友，甚至可以是一个陌生人。不要觉得向他人倾诉是"矫情"的表现或者觉得麻烦他人，其实家人、挚友都很关心自己，他们可以在情感上给予自己支持和理解。说不定在这个排解不良情绪的过程中，还可以收获一些心得体会、对问题的新认知、解决问题的新办法、克服困难的新思路。还有一种方法是自我消化，自己可以通过跑步、打球等运动量较大的活动，把不良情绪释放出来，恢复心理平衡。

（三）放松训练法

放松训练法是按照一定的程序，通过训练，有意识地控制或调节自身的生理和心理活动，以此应对紧张、焦虑、不安的情绪，使生理和心理放松，从而镇静情绪、振奋精神。如果学生在找工作或者在正式工作的过程中遇到了自己无法排解的心理问题，就要及时向专业人士寻求帮助，在他们的指导下开展放松训练。

（四）自我安慰法

自我安慰是一种非常有效的心理治疗手段，越是心理素质强的人越是懂得自我开导。如果在求职应聘某个公司时已经做了最大的努力和争取，仍然遭遇了失败，就应该坦然地接受和面对，不必一味强求，更不必郁郁寡欢。要积极主动与自我对话，"塞翁失马，焉知非福"，通过自我安慰，乐观面对未来，保持心态平和。

（五）ABC 情绪疗法

ABC 情绪理论认为激发事件 A（activating event）只是引发情绪和行为后果 C（consequence）的间接原因，而引起 C 的直接原因，则是个体对激发事件 A 的认知和评价而产生的信念 B（belief）。即人的消极情绪和行为障碍结果（C），不是由某一激发事件（A）直接引发的，而是由经受这一事件的个体对它不正确的认知和评价所产生的错误信念（B）所直接引起，这种错误信念也称为非理性信念。通常有几种类型：绝对化的要求、过度化概括、糟糕至极。绝对化的要求指的是人们认为某些事情应该是按一些道理、自己的意愿出发，认为某些事情"应该"那样发生，比如面试失败了，我不应该难过，我应该理性总结经验。过度化概括指的是以偏概全，比如两次笔试失败了，认为我总是笔试失败，我是一个很愚蠢的人。糟糕至极，容易把事情往最消极的方向联想，比如认为在毕业时候没有找到工作的话，人生也陷入了绝望。其实这些都是非理性的想法，导致人容易感到消极。

因此，通过认知纠正，改变信念，以理性的思维方式代替非理性的思维方式，比如把认为就业理应"顺利和理想"的观念，纠正为"就业遇到挫折和困难是很正常的"，就可以最大限度地减少不合理的信念给人们情绪带来的不良影响。

第二节　就业信息准备

一、就业信息的收集

在当今的社会竞争中，信息已然成为一种非常宝贵的资源。一个人是否具备收集信息的能力，是否能快速找到自己需要的信息，将很大程度上决定其发展的快慢和综合竞争能力的高低。掌握及时、可靠、准确、全面的就业信息，就能快人一步占得先机，赢得主动权。

所谓的就业信息，就是与就业有关的各方面消息和情况，包括就业政策、就业机构、劳动力供求双方的情况、经济发展形势与趋势、劳动用工制度、干部人事制度、毕业生资源及就业制度等。本章中就业信息专指用人单位的招聘信息。"机会只青睐那些有准备的人。"毕业生首先要认识到就业信息的重要性，自发地、主动地、有目标导向地收集就业信息，认真分析梳理，为成功就业奠定坚实基础。

（一）就业信息收集的目标

有的毕业生在求职过程中没有清晰的目标，对自己的职业定位不明确，面对浩如烟海的就业信息，往往容易迷失其中，最后对自己收集到的杂乱无章或者过于单一的信息无从下手。所以，明确求职目标、就业方向是求职过程中至关重要的第一步，它有助于我们更有针对性、有计划、有目的、有重点地收集信息。

就业目标其实是人生目标的一个方面，不能孤立地看待就业，一定要与自己长远的规划结合起来，立足发展的眼光、开阔的视野，结合专业、兴趣、爱好，最重要的是遵从自己的内心。我们可以把就业目标的确立分解为以下几个明确的步骤。

第一，问问自己"我想要什么"。选择一份工作最重要的是想清楚这份工作能给予我们的最大意义是什么——如获得行业准入机会、积累工作经验、赚取工资。应该说，每个人对毕业第一份工作的定位都是不尽相同的，但意义都是重大的。所以，不要忽视这个问题，想清楚自己需要什么。

第二，如果一时想不清楚上一个问题，可以对"行业、职位、组织"进行一个排序。比如一个金融专业的本科生在确定求职目标时，首先明确自己想进入的行业，是证券还是银行？然后考虑职位，是投资理财还是资产管理？最后考虑组织类型，是国企、私企还是外企？

第三，在综合考虑现实需要、专业方向、成功机会的基础上，把自己的职业选择一一列出来，有多少列多少。

第四，将上述职业选择与自己的性格、能力、特长、爱好等方面做一个匹配，进行排序，得出最优和次优目标。

第五，重新审视这个目标与第一个问题的答案是否吻合或者贴近。

第六，如果吻合，这就是经过慎重思考得出的职业目标；如果不吻合就重新开始第二个步骤。

（二）获取就业信息的途径

一般来说，毕业生获取就业信息的途径是比较明确的，主要包括政府渠道、学校渠道、市场渠道和其他渠道。其中，政府和学校提供的信息是最为真实可靠的。

1. 政府渠道

政府部门一直把就业作为民生大事，历来高度重视高校毕业生就业工作，通过制定完善就业法律法规、出台就业政策、提供就业津贴、举办大型招聘会和人才交流会等服务大学生就业创业。大学生要定期留意各级政府在人力资源网站或人才服务中心发布的各类信息。

2. 学校渠道

（1）学校就业工作主管部门。高校作为大学生就业最直接的服务者和责任人，熟悉国家最新就业政策和要求，掌握政府部门、社会各界、用人单位的人才需求，举办大型校园招聘会、小型专场招聘会等为高校毕业生创造就业机会、提供就业途径。大学生要每天浏览学校就业工作主管部门的网站和公众号等平台，掌握第一手资讯；同时珍惜学校创造的机会，积极参加校园招聘会。

（2）校园宣讲会。每年不少用人单位都会选择走进校园，面向毕业生举办专场宣讲活动。校园宣讲会是校园招聘的主要渠道，它能够在学生群体中获得更为深入的品牌宣传效果，从而吸引到更为精准的学生群体。对于求职目标明确的学生来说，可以有选择地参加宣讲会。而对于目标尚处于锁定阶段的学生，多参加宣讲会是一个帮助自己尽快锁定求职目标的渠道。因为宣讲会是一个很综合的信息发布会，除了介绍企业文化、招聘信息、招聘要求，还往往有校友回来分享工作感受，而且现场一般设有提问环节，是个很好的和用人单位交流的机会。有的宣讲会还会在现场收简历以及组织笔试、面试等环节，是个不可错过的机会。

（3）学校推荐就业。学校一般都拥有很丰富的校友资源，很多校友企业都与学校有着广泛、深入的合作经历，其中不少都是学校优势学科直接对口的单位，这些校友企业一般都愿意招收本校的人才，学校也会积极向校友企业推荐优秀的毕业生，这就为大学生就业开辟了新的途径。

3. 市场渠道

（1）综合性人才招聘会。每年各大城市都会举办形式多样的招聘会，如大学生普遍都比较熟悉的毕业生专场招聘会、面向特殊行业的专业招聘会等。此类招聘会规模庞大、招聘单位众多、行业分布广泛，为大学生提供了大量优质的就业岗位和了解就业市场行情的机会。大学生通过与用人单位直接面对面的沟通，既能丰富自己的求职经验，又能获取到一些在网上了解不到的信息。需要注意的是，参加此类"赶集式"招聘会，一定要有自己较清晰的求职目标，不要人云亦云，盲目从众。还要打印好多份个人简历，遇到心仪的单位，主动上前沟通，并把简历送上，给招聘人员留下一个好的印象。

（2）网络求职。在互联网日益发展壮大的今天，网络求职、网上招聘因其方便快捷的特点已渐渐成为一种省时省力省钱的择业新方式，供需双方可在网上及时交流、沟通，非常方便。一般来讲，网络求职有两种渠道：一种是登录目标用人单位的官网。一般官网都会有个栏目是"人才招聘"，里面会发布该单位的人才招聘信息，这个渠道的竞争相比于专门的招聘网站会小一些，往往可以直接面对单位人力资源主管。另一种是直接去招聘渠道进行求职。目前较为知名的招聘渠道有智联招聘、前程无忧、BOSS直聘等，招聘渠道对于求职者来说一般是免费使用的，也有收费服务。对于求职者来说，多渠道注册，针对性求职是最有效的办法。

4. 其他渠道

（1）社会实践和实习。参加社会实践和实习不仅是一种能力的锻炼，也为就业打下了坚实的基础。一方面，通过社会实践，大学生可以真真切切感受到一个单位是怎么运作的，对人才的要求是怎么样的，进入职场需要具备怎么样的能力和素质等方面情况，会对就业有一个初步的认知。另一方面，实习的过程就是一个展示自我的过程，通过努力完成单位下达的任务和工作，不仅可以赢得好感和信任，也能为自己赢得一些意想不到的机会。这也就是为什么很多学生实习的单位最后都变成了就业的单位。因此，大学生都应该努力创造机会，积极参加各种社会实践、实习活动，在实干中认识、提升自己、塑造自己，为未来参与社会竞争储备能力和机会。

（2）通过各种社会关系求职。每个人都有自己的关系网，如亲戚朋友、老师同学、校友球友等，这些关系对于求职就业来说，也是一种资源。比如老师会在充分考虑毕业生和用人单位的匹配度的基础上，向用人单位推荐毕业生。校友一般在同行业甚至同单位工作，通过他们可以了解很多行业资讯、单位信息、岗位需求等，从而在竞争中领先一步；家长和亲友更是会尽最大努力为学生就业提供就业帮助。如果能把这些资源全部开发，那么在就业过程中的机会就会多很多。

总而言之，在我国目前良好的经济发展态势下，就业的机会是充足的，求职的渠道也是多种多样的。毕业生既要结合自身需要，选择合适的渠道，也要多措并举，尽量尝试不同的渠道，为自己创造更广阔的就业空间。

（三）就业信息收集的原则

1. 真实性

真实安全是高质量就业的前提。虚假信息和骗局无处不在。一些中介机构经过精心包装美化成"正规公司""高端企业""专业顾问"，四处发布招聘信息，许下各种不着边际的承诺，专门骗取介绍费。有的单位甚至赤裸裸地打着"招聘"的旗号，向应聘者收取保证金、培训费、服装费等各式费用，既骗取了钱财也耽误了毕业生求职时间。也有一些单位为了吸引更多求职者的关注，肆意夸大本单位的地位、规模，承诺虚假的高薪高福利，承诺与实际情况不符的工作内容、工作条件等。甚至还有不法分子将求职者引入传销集团、卖淫窝点。虚假的就业信息已经严重危害到了求职者的信息安全、经济安全乃至人身安全。因此，在收集就业信息时，毕业生一定要选择可信度高的渠道，时刻保持警觉，具备从纷繁复杂的信息中发现虚假、欺诈等信息的能力，遇到拿不准的、有疑惑的，一定要多方查证，"宁可信其有，不可信其无"，防止落入到各种陷阱中。

2. 针对性

在这个网络信息大爆炸的时代，面对海量就业信息的冲击，毕业生如果不能把好"方向盘"，就很容易迷失方向。因此，毕业生一定要根据自己的职业目标，结合自己的能力、特长、专业等因素综合考虑，坚持目标导向和结果导向，有的放矢，绝不能漫天撒网。

二、就业信息的筛选

毕业生收集到相关信息后就要进行筛选整理、分析对比、综合研判，将自身特点、岗位特点、企业特点、行业特点、地区特点进行匹配，理性、科学地审视自己的选择方向，真正做到"运筹帷幄之中，决胜千里之外"。在进行就业的筛选和处理的方法上可把握以下三点。

（一）整理分类

整理的过程也是自我了解和了解招聘单位的过程，其中最重要的是进行人职匹配和科学排序。将与自己的专业、能力及兴趣匹配的信息提取出来，制定一个就业信息统计分析表格，包括但不限于七方面的信息：招聘单位的名称及主要负责人（要准确），招聘工作负责人或联系人（包括联系方式），招聘单位的主要情况（性质、业务内容、规模、发展方向等），招聘岗位（工作的主要内容），条件要求（人数、学历、专业、职业资格等），薪资待遇，截止时间。整理好后，按照信息的重要性对表格进行排序。

（二）深入了解

对于一些特别重要的就业信息，一定要想方设法多做了解。首先，要核实用人单位的基本情况，通过网络、亲朋、学校等渠道，掌握用人单位的主要负责人、工作地点、业务特点等基础信息，确定单位真实可靠。其次，要深入了解用人单位的招聘喜好、对求职者的要求、未来发展方向等，做到知己知彼，才能在之后的求职过程中处于主动地位，才能在面试中让面试官感受到你对这份工作的热情和执着，这一点在求职中很重要。

（三）考虑长远

大学生要学会用发展的眼光看待当前的就业问题。经济社会的发展处于不断的变动中，没有什么专业是可以一直处于"核心""热门"位置的；热门的行业不一定能产生杰出的成就，冷门的行业或许更易取得突出的成绩。今天的冷门或许明天就是国家急需的特殊技能，是社会不可或缺的人才。因此，大学生要辩证看待当前的发展和长远的未来，不要纠结于一时的"热"与"不热"，更重要的是找到自己的兴趣爱好，找到自己的职业理想，并为之努力奋斗。

三、常见就业陷阱、案例及启示

每年7月，大学毕业生一批批离开校园，走向社会，然而就业难的问题成为最现实的问题。这些求职心切，自身又没有多少社会阅历和经验，防范意识薄弱的毕业生，就成了很多不怀好意的单位或个人眼中的"小白兔"，他们精心设下各类就业陷阱，以此谋取不义之财或达到不可告人的目的。毕业生稍不留神就会深受其害。因此，大学生要学会识别并防范就业陷阱。在这里，按照行骗动机不同，我们将常见的就业陷阱分为以下两种主要类型。

（一）钱财陷阱

1. 传销陷阱

"传销"是伴随着直销这一营销模式而出现的。它是指组织者或者经营者发展人员，通过对被发展人员以其直接或者间接发展的人员数量或者销售业绩为依据计算和给付报酬，或者要求被发展人员以缴纳一定费用为条件，取得加入资格等方式牟取非法利益，扰乱经济秩序、影响社会稳定的行为。近年来，随着移动互联网、网络购物、跨境电商等网络概念和营销方式的发展，传销手段也在不断"升级换代"，虚拟性和隐蔽性更强，令人防不胜防。但是，无论传销的形式如何变化发展，其本质仍然是缴纳入门费、发展下线人员、拉人头组成层级、以下线人员的"业绩"作为获利依据。

随着大学生就业难问题的凸显，传销界出现了以"高薪招聘"为幌子实则诱使大学生从事传销活动，牟取非法利益的传销骗术。他们通过各种渠道发布各类虚假"高薪招聘"信息，将"上钩"的求职者骗至传销窝点，接着对求职者实施"人身控制"或"以情感人"（营造一种虚假的带有欺骗性的友好、进步、团结、平等、快乐、互助的环境氛围，取得求职者的信任，让求职者放松警惕。目前越来越多的传销组织，更倾向于采用这种更具隐蔽性的控制方式）。紧接着就开始抓住求职者渴望工作、渴望成功的心理特质，用"一夜暴富"实施洗脑，施加精神控制。最后，"洗脑"成功后的受骗者就成了传销者的"提线木偶"，开始通过各种诱骗手段去发展自己的下线，而往往他们最先选择的目标就是自己身边的亲友，即典型的"杀熟"。

【案例】小陈在找工作的时候，无意间发现一家公司发布的招聘信息很符合自己的期望，无论是薪资待遇还是职位设置都很不错，是很少能见到的"好工作"。于是，小陈心动了，他按照招聘信息里的邮箱地址投出了自己的简历。几天之后，小陈就收到了该公司人力主管的"电话面试"，面试非常专业，这让小陈对这家公司的真实性深信不疑。翌日，人力主管再次来电，说小陈已通过面试，但按照公司规定，在正式签订劳动合同前需要到位于某市的公司总部进行岗前培训。小陈按照公司的要求，只身前往，谁知刚到所谓的公司总部就被所谓的工作人员软硬兼施上了三天"洗脑课"，身份证、手机被以各种名义"借走""扣留"，并被强行以"食宿费、培训费"的名义骗取了 4 500 元。小陈很快意识到这是个传销骗局，于是在假装"配合"的同时积极寻找脱身的办法，终于在一个深夜趁机逃离并报警。

案例分析

传销是国家明令禁止的非法行为，大学生在求职前一定要先核实用人单位的真实性，特别是对久未联系的朋友、同学、亲戚突然来电或者过于热情地介绍某份工作，一定不能轻易相信。如果自己确实对这份工作感兴趣，一定要通过老师、父母等多方面渠道进行调查核实，确保该单位真实可靠方才去应聘。此外，毕业生在求职时，一定要擦亮眼睛、保持良好的心态，不能相信明显不符合常理的高薪，更不能幼稚地认为会有天上掉馅饼的好事，不然"馅饼"就会变成一个偌大的陷阱。

2. 收费陷阱

收费陷阱是指打着招聘的旗号，诈骗求职者钱财的违法犯罪行为，包括收取报名费、档案保管费、体检费、押金、保证金等等。在收费陷阱中，骗子的行骗手法更加花样百出。有的是步步为营，先让求职者缴纳相对较少的钱，第一次骗取成功后，接着再以其他名目让求职者缴纳更多费用，因为求职者往往不甘心第一次缴纳的费用"打水漂"，所以才给了骗子继续行骗的"良机"，当求职者发现受骗要求退钱时，这时骗子会施展各种招数来应对；有的是收取了求职者一定费用后，就立即安排上岗，之后再以各种"工作过错"如"开错货物单价"等为由，要求求职者赔偿公司的"损失"；还有的不正规职介机构与"皮包公司"（无论是否在工商局注册登记，通常都没有任何实际业务）相互勾结，职介以介绍工作之名收取中介费，然后安排到"皮包公司"进行面试，为了不让求职者看出破绽，面试往往很"正规完备"，之后，再以"不符合公司要求"为由成功摆脱求职者，而且现在这类骗局的"善后"策略更加"高明"，求职者往往自始至终被蒙在鼓里，有的求职者就算意识到被骗也很难找到其行骗把柄；此外，还有骗子和一些不正规的医院或诊所勾结，以"体检费"的名义进行诈骗，最后以某项体检指标不达标为由拒绝录取求职者。

【案例】毕业前夕，大学生小丽在网上看到某公司的招聘信息，在投递了简历没多久后，便参加了公司的面试。面试出乎意料的顺利，然后，公司的负责人让小丽交了身份证复印件和500元的建档费及服装押金，并解释说这些费用只是由员工先行垫付，待正式上岗后公司财务便会予以报销。在小丽看来，公司的解释似乎很"合理"，再加上钱也不算多，于是很快便交了费用。一周后，小丽满心欢喜地到公司报到时，发现"公司"早已人去楼空，门口聚集的都是前来"报到"的受骗学生。

案例分析

《中华人民共和国劳动合同法》（以下简称《劳动合同法》）第二章第九条规定：用人单位招用劳动者，不得扣押劳动者的居民身份证和其他证件，不得要求劳动者提供担保或者以其他名义向劳动者收取财物。一般正规的单位都是知法、懂法、守法的，不会在招聘中以任何名义收取任何费用。因此，如果遇到收费的单位，可以大胆地判断，这个单位即使不是骗人，也不会是一个好的单位。毕业生应该提高警惕，面对琳琅满目的费用，要保护住自己的钱包，坚决不掏一分钱，这样才不会踏进骗子布好的收费陷阱。

3. 公关陷阱

在街头、公交站台、电线杆等地方经常可以看到"牛皮癣"式的招聘广告，明目张胆写着"××酒店高薪招聘男女公关人员，月收入××万元"，实质则是利用求职者渴望高薪的心理骗取钱财。求职者只要拨通广告上的联系电话，就会被一步步带入各种精心设计的连环骗局。如通知求职者到某酒店面试，然后又编出各种无法面试的理由，直接通知求职者已经被录用，但是要缴纳一笔保证金之类的费用，并在一天内汇入指定账户。公司收到保证金后就会通知具体上班时间。而求职者一旦照办，骗子就会得寸进尺地继续以各种名义设法骗取更多的钱。而当求职者意识到自己受骗后，骗子最终都会"关机消失"。

【案例】小王毕业后一直没找到令人满意的工作，偶然在公交站台附近电线杆上看到一则写着"酒店高薪招公关"的广告，招聘五官端正、思想开放的青年员工，男女不限，月薪万余。小王抱着试试看的心态，经电话联系，立刻前往对方说的知名酒店应聘。可当他按照对方要求在酒店大堂等候了一会后，对方电话告诉他面试通过了，马上可以安排岗位，不过这之前需要小王先缴纳1 000元的诚意押金，汇到指定账户。小王考虑了一会，还是按对方要求汇钱过去，没过多久，对方又说需要缴纳工作服定制费用。小王突然意识到可能上当受骗了，马上拨打电话过去质问，但对方已经关机失联了。

案例分析

应该说，此类骗术的"技术含量"并不高，很容易被识破，但仍有涉世未深的大学生没有识别出这些具有诱惑力的薪资条件都是骗人的把戏，从而上当受骗、掉入陷阱。因此，大学生要时刻牢记，看到这样的街头小广告或短信千万别心动、别联系。

（二）劳力陷阱

所谓劳力陷阱，是指招聘单位或个人不直接骗取求职者的钱财，而是以各种名义骗取其劳动成果，包括体力、脑力等劳动成果。根据行骗手法的不同，劳力陷阱大致可分为以下三类。

1. 试用陷阱

试用期本意是用人单位和劳动者相互了解、相互选择的期限。但因试用期间的工资、福利待遇和正式录用后有较大差异，加之求职者满心期待能在不久后被正式录用而在试用期特别卖力表现，同时招聘成本又微乎其微，因此"试用期"就被一些用人单位加以利用，以此获得求职者极其廉价的劳动力。一旦试用期结束，用人单位就会一反常态、露出本性，找到各种理由把人辞退或者逼走，再寻找新的求职者进行"试用"。

【案例】小孙是某大学中文系的应届生，毕业后应聘了一家公司的文员职位，上岗前公司和她说要进行三个月的试用期，试用期间月薪500元，试用期过后才签正式合同。就在小孙兢兢业业工作到第三个月的时候，公司开始对小孙各种"找茬"，找各种理由"逼"她离开。在小孙离职后，这家公司仍在大张旗鼓地招人。

案例分析

《劳动合同法》的第十九条、第二十条、第二十一条对试用期做了全面规定，试用期属于劳动合同的法定可必备条款，是非必需条款。劳动合同可以约定试用期，试用期最长不得超过六个月，同一用人单位与同一劳动者只能约定一次试用期。试用期包含在劳动合同期限内。劳动合同仅约定试用期的，试用期不成立，该期限为劳动合同期限。劳动者在试用期的工资不得低于本单位相同岗位最低档工资或者劳动合同约定工资的百分之八十，并不得低于用人单位所在地的最低工资标准。

《劳动合同法》是大学生求职的必修课。用人单位只要和求职者建立了劳动关系，就要订立劳动合同，将试用期与劳动合同分开的做法是错误的，是违反《劳动合同法》的。大学生在试用期无故被"炒掉"后，一定要找劳动部门，必要时运用法律武器，维护自己的合法权益。

2. 招聘考试陷阱

有些用人单位因人手不够或能力不足，便"另辟蹊径"，把公司的工作项目作为招聘考试题目，要求求职者限期限时完成，美其名曰考验求职者的能力，实质上是为了无偿使用求职者的劳动、智力成果，根本没有所谓的录用。这类招聘考试多为文案策划、工程图纸、商标设计等短期可出成果的项目，求职者要有所警惕。

【案例】通过网络招聘，王女士联系上一家同行业公司，应聘该公司的"市场营销主管"一职，在顺利通过初试后，该公司给王女士布置了一项任务考核：给该公司一个准备上市的新产品制定市场推广方案。为了通过考核，王女士丝毫不敢怠慢，废寝忘食连夜做了三天，终于完成方案和PPT。可是在交付成果后，王女士却再也没收到该公司的任何消息。事后，她发现自己的方案被使用在了该公司新产品的市场推广中。

案例分析

《中华人民共和国民法通则》第九十四条规定：公民、法人享有著作权（版权），依法有署名、发表、出版、获得报酬等权利。《最高人民法院关于贯彻执行〈中华人民共和国民法通则〉若干问题的意见》第133条规定：作品不论是否发表，作者均享有著作权（版权）。但王女士要维权就要证明方案是她的作品。因此，求职者一定要具有保护自己劳动成果、知识产权的意识。即使很想要某份工作，也一定要为自己留有备份，同时附上自己的"版权声明"，并保存好招聘单位签收的证据，防止自己的知识产权被窃取。

3. 粉饰岗位陷阱

一些用人单位抓住求职者的虚荣心理，把一些薪酬较低、缺乏吸引力的岗位如业务员、保险员、推销员等，粉饰为"市场部经理""理财顾问""营销助理"等求职者心仪的岗位，以诱惑求职者，其中最具杀伤力也是最隐蔽欺骗的是"储备干部"头衔，吸引了无数大学生。这种陷阱的实质是"高招低用"，也就是所谓的"挂羊头卖狗肉"，以欺骗方式骗取求职者的廉价劳动力。

【案例】大学生小徐在毕业求职时，被某保险公司招聘"储备干部"的信息所吸引，在应聘成功后，公司以"先熟悉工作"为由安排小徐从事保险推销工作，并要求每月都要完成一定的考核任务，否则要按比例扣去相应的工资，而且跑业务的相关费用都要自己负责。小徐刚刚接触这个工作，既没有经验也没有资源，常常都是完不成任务，不但领不到工资，还要自掏腰包承担交通等费用，公司也丝毫没有要栽培他的意思，数月后，小徐愤然辞职。

案例分析

求职者在求职时如果不幸遇上一家"挂羊头卖狗肉"的用人单位，浪费时间不说，还有可能造成经济损失。因此，作为求职者，在求职时应选择正规的招聘网站，多方查证招聘单位的信息，包括有无涉及经济类、劳动争议类诉讼。若该单位存在关联单位的，建议一并对关联单位进行初步了解。在面试时，可适时向面试官再行确认单位及公司情况，签订劳动合同时，应对合同中的岗位信息、工作地点、劳动报酬等进行明确约定。

4. 暗箱合同陷阱

一些用人单位在与求职者签订劳动合同时，故意在岗位待遇等方面使用模棱两可的言辞予以表达，让求职者误以为比较合理，进而欣然签署了合同。一旦入职后，求职者才发现自己受骗了，而用人单位还可以拿出合同来振振有词，刁难求职者。比如，有的用人单位在劳动合同的岗位和工资上留空，结果入职后求职者被安排的岗位与原定的不符，或者拿到手的实际工资远低于面试时口头承诺的工资；还有的用人单位在合同中约定"包食宿"却没有明确食宿标准，入职后求职者才发现"食"的是"粗茶淡饭"，"宿"的是"破旧仓库，且多人同住"。

【案例】应届毕业生小胡应聘到一家快消类公司上班，面试时公司口头约定每月工资6 000元，试用期三个月，试用期间工资为每月3 800元。在签署劳动合同的时候，小胡发现填写岗位和工资的地方是空白的，不过想着找份工作不容易，公司其他人不都是这么签的吗？于是没多想就在劳动合同上签了字。半年后，小胡的工资依然还是3 800元的试用期工资，于是找到人事部门反映情况。公司表示，劳动合同上约定的就是3 800元，并当场出示了合同。小胡这才发现，当初空着没填的工资一栏已经被填上了"3 800元"。小胡也就无法举证该合同的工资额是他签字后才被"填空"的，因此得不到法律的支持。就这样，小胡再不忿也无计可施，吃了个哑巴亏。

案例分析

这个案例说明规范签订劳动合同的重要性。不能因为碍于情面或怕单位不高兴，就选择性忽视合同是否完整、规范、准确，特别是不能留有空白、不能不盖公章、不能缺乏关键信息，决不能贸然签字，否则就容易掉入暗箱合同陷阱。

第三节 求职材料准备

一、求职材料的内容及作用

在经过心理调适、信息梳理分析等一系列准备工作后，就要开始真刀真枪比拼，正式进入求职应聘阶段了。在这一阶段，大学生为了争取到面试的"入场券"，往往会使出浑身解数，首先就是在求职材料上"做好文章"。求职材料具体包括就业推荐表、求职信、个人简历、成绩单、证书复印件及其他相关内容在内的完整材料。一般来说，用人单位首先接触到的是大学生的求职材料，并通过这些材料初步了解学生的能力、素质，初步判断毕业生与应聘岗位是否相宜，是否符合单位的用人需求，是否值得长期培养。可以说，求职材料是大学生求职就业的关键，很大程度上决定了能否得到用人单位的面试机会乃至录取机会。求职材料主要包括以下几个方面。

（一）就业推荐表

毕业生就业推荐表实质上是以学校信誉为担保、向用人单位做出人才推荐的书面材料，综合反映学生基本情况、学习情况、实习经历、奖惩情况、就业方向等信息，一般只供毕业生求职使用，并由就业管理部门统一发放。

毕业生就业推荐表既是毕业生综合素质的证明，也是学生作为应届毕业生身份的证明材料，具有唯一性、真实性和权威性，非常重要。用人单位在招聘的时候，都特别重视查看学生的就业推荐表，并作为考核录用的重要依据。

国家对就业推荐表的使用有明确的规定，每位毕业生限发一份，复印有效，毕业生应聘洽谈时可使用复印件，确定工作后再将原件交给用人单位。

毕业生在填写就业推荐表时，应本着实事求是的态度，根据个人实际情况填写，既不夸张也不谦卑，同时字迹要工整、内容要清晰、页面要整洁。

（二）求职信

求职信是求职者向用人单位自我推荐、表达自己的求职意愿、提出任职请求的礼仪文书。一封好的求职信能向用人单位展示毕业生的认识水平、素质涵养、表达能力、发展方向、决心意愿等，给用人单位留下好的第一印象，从而顺利通过简历筛选进入面试。但如果求职信写得不好或者错漏百出，就是一个重大减分项。因此毕业生一定要对求职信重视，认真琢磨，写出真情实感，同时也要注意格式要求、文字精练。

（三）个人简历

所谓简历，顾名思义就是简单的履历，是大学生求职应聘的"金钥匙"和"敲门砖"。一份好的简历能在瞬间抓住招聘者的"眼球"，让求职者从众多候选人中脱颖而出；一份普通甚至"劣质"的简历也很可能会让一个人才与好机会失之交臂。因此，一定要在简历上下苦功夫、真功夫，精雕细琢，把基本情况简练、准确概括出来，包括个人信息、学习成绩、工作经验、特殊技能、所获奖励、求职意向等。制作简历要秉着对自己高度负责的态度，既要实事求是、不能弄虚作假，又要有所升华、不能简单罗列。

（四）在校期间学习成绩单

在求职中，成绩单往往也是一个隐形的考核标准。一些用人单位会根据毕业生在大学期间的成绩单来初步判断学生的学习能力和自控力，认为成绩好意味着毕业生有极大可能性可以快速适应工作内容，并且在工作中有一个较好的自我驱动力。成绩单要囊括在校期间的所有课程，并加盖学校或学院公章。

（五）获奖证书复印件

用人单位对有获奖证书的学生一般都比较青睐，是一个重要的加分项。毕业生应该将自己大学期间的获奖证书分门别类整理好，如技能类证书（英语四六级证书、计算机等级证书等）、学校类证书（奖学金证书，三好学生、优秀学生干部证书等）和竞赛类证书，及时扫描、复印。既要有纸质版，也要有电子版，既要有原件也要有复印件，妥善管理。

（六）其他材料

主要包括在报纸、期刊上发表的文章，主要的研究成果，有代表性的设计方案等。这些材料是个人能力的很好体现和生动说明，非常具有说服力，是很重要的加分项。一定要结合不同单位的需要挑选最具代表性的材料，精心编排打印呈现给用人单位。

二、求职材料的制作

（一）求职信

1. 求职信的结构
求职信一般由标题、称谓、正文、结尾、落款和附件这几部分构成。
（1）标题。居中直书"求职信"或"自荐书"。
（2）称谓。求职信写作重在规范、准确，不用做到声情并茂，却一定要严谨到位。特别是称谓要符合彼此身份，一般可用"尊敬的××"，如果不明确具体的阅信人名字，也可用职务代替，如"××公司总经理""××公司人事主管"等，不能使用"亲爱的"等口语。

（3）正文。开头应该开门见山、直截了当告诉对方"我是谁""为什么写这封信"，如"我是××大学××专业2024届毕业生，很高兴在××网站得知贵公司招聘××岗位，特拟此求职信自荐"，一目了然。如果本人还具有一些比较突出的亮点，如"通过了司法考试""在四大会计师事务所实习过""连续三年获得国家奖学金"等，也可明确写出。但整个开头要力求简洁明了、特色鲜明、具有卖点，不能过分冗长，让用人单位看得不耐烦。

正文部分要集中"火力"向用人单位进行自我推销，关键在于说服用人单位相信"这就是我要招的人"。因此，可以对照招聘单位发布的职位说明中所列举的要求，一条一条进行陈述说明，指出自己的匹配条件。如用人单位要求"英语六级，沟通能力好"，学生就可以回应"高分通过CET6级考试（××分），在校期间担任学生会体育部部长，组织开展了××次大型体育活动，具备较强沟通协调能力"，以此向用人单位表明：我的能力素质完全符合贵单位的标准，可以为贵单位做出特殊贡献。总而言之，求职者要结合招聘要求，合理展现自身的魅力，突出重点，言简意赅地证明自己可以胜任应聘岗位。切忌夸夸其谈、漫无边际，又或者是卑怯谦恭、唯唯诺诺，最终适得其反。

（4）结尾。求职信的结尾，主要是表明对用人单位的倾慕之情和进一步强调求职的愿望。求职者要真诚表达出认同用人单位的理念、下定决心要加入用人单位、未来一起携手前进等多层意思，既情真意切，又不失礼貌。最后以"恭候您的回信"等作为结束语，点到为止，并附上自己的联系方式。

（5）落款。主要包括署名和日期，一般写在右下角，与正文间隔三行。署名可直接写自己的名字，日期写在署名下一行，一般应写明年、月、日。

（6）附件。可将与招聘要求相关的证明材料，如个人简历、学业成绩单、实习证明、获奖证明等，附在信末连同求职信一起寄送给对方。求职信只是给了用人单位一个初步印象，附件可更全面地向用人单位展示自己的能力素质，让用人单位更深入了解自己、信任自己。

2. 撰写求职信的基本技巧

（1）有的放矢，直指目标。求职信的重点是将能吸引用人单位的东西呈现出来，不能不经筛选，一味地将自己的优点和特长罗列出来，这样会把求职信写成简历，内容过于冗杂、重点不够突出、亮点不够鲜明，就无法一下子抓住用人单位的眼球，引起用人单位的兴趣。例如，有的同学应聘"市场营销专员"一职，在求职信中对自己的文学造诣和文字功底大书特书，而与岗位要求相关的沟通能力、进取精神却没有提及。有的同学认为自己能适应多个岗位的要求，在求职信中同时竞聘两个职位，可能会给用人单位留下实力不强、用心不专的不良印象。

因此，为了保证求职信可以"投"用人单位"所好"，一定要了解清楚用人单位的喜好和招聘职位的需求。写作时应开门见山、简明扼要、有针对性地介绍和突出自己符合招聘要求的优点和特长。

（2）实事求是，客观评价。毫无疑问，求职信的主要功能是自我推销，但自我推销并不等于自吹自擂、炫耀浮夸，说出与事实不符的能力。一个人的诚信是非常重要的。通过一封求职信，经验丰富、阅人无数的用人单位往往能判断出求职者是踏实能干的，还是在自吹自擂。因此，写求职信一定要实事求是、条理清晰地描述自己，可以用定量化的语言，用具体的数字、事实明确自己的价值，既不过分夸大，也不过分谦虚，合理恰当地推销自己。

（3）言简意赅，美观大方。求职信不需要华丽辞藻和卖弄文章，重要的是"对症下药"、务实真诚，否则既浪费阅读者的时间，也容易使人反感。求职信的内容应该简明扼要，最好控制在一页 A4 纸以内，字数在 500～700 字。写得一手好字的同学可考虑采用手写的方式，可能会有出人意料的效果，但一定要注意保持字体工整；其他同学建议采用打印的方式，打印的字号可以使用四号，强调词语加黑加粗，行距适中，格式要全文一致。信封、信纸都要尽量使用白色（或素色），做到美观大方。

（4）诚恳真挚，以情感人。求职信区别于其他材料的一个明显特点就是要注入真情实感，做到"以情感人"。求职者要把求职信作为与用人单位交流思想、交流感情的平台，通过情感上的流露展现自己的价值观和人生观，引起一种思想上或情感上的共鸣。比如，如果用人单位在西部地区，就可以充分表达自己想要到艰苦的地方锻炼自己，为西部地方发展做出自己的贡献；如果用人单位刚成立不久，就可以表达自己要与用人单位一起成长，要成为用人单位发展壮大的见证者、亲历者、参与者。

（5）富有个性，不落俗套。面对堆积如山的求职材料，用人单位往往花在每份材料的时间不超过 30 秒，甚至更短。所以想让你的求职信可以脱颖而出，给用人单位留下深刻的印象，就需要在求职信上不落俗套，比如可以写自己有过什么特别的人生经历，有过什么样的挫折，体现自己的自信和责任感等方面的品质。总之，书写时要有主见，不附和、不随俗、不抄袭、不从众。这样才能使用人单位眼前一亮，收到好的效果。

（6）反复校正，文法无误。用人单位不但可以从简历的文字水平看出求职者的语言表达能力，还能看出求职者的思想水平和做事态度。因此，一定要慎重对待简历中的每一句话，反复琢磨修改，要代表和体现自己的认识、观念和水平；也要慎重对待每一个词、每一个字，不能出现低级的错误，影响用人单位对求职者的印象。

【案例】

尊敬的××公司人事部：

您好！

感谢您在百忙之中阅读我的来信。我是××大学新闻传播专业的一名应届毕业生，近日得知贵公司正在开展招聘，很荣幸有机会向您呈上我的个人资料，希望能应聘贵公司的"新媒体发展专员"一职。

大学期间，我坚持勤勉致知、博学笃行，积累了学识、涵养了品行。曾获××奖学金，考取了计算机××等级证书，这为我在日后工作中继续学习、发展奠定了坚实的基础。

大一到大二期间，我在学校广播中心担任学生助理，协助老师参与校园广播电台的管理和维护。这期间，我学以致用，广泛深入接触了新闻传播在新媒体中的应用，并利用暑假时间到××市广电中心新媒体部进行实习，参与了多项大型活动，得到了部门领导的肯定，充分证明了我的工作能力和对新媒体工作的热爱。大三到大四期间，我任职学院辅导员办公室助理，从中学会了如何和其他人沟通交流，锻炼了自己吃苦耐劳的毅力与团队合作精神。

希望能得到贵公司的青睐，加入你们的大家庭。我将会用我的激情、实干和进取专注于与公司共同成长，一起创造属于我们的辉煌。

随信附有本人简历、有关证明材料，如得面试机会，我将不胜感激。

联系电话：159×××××××

电子邮件：×××××××@163.com

最后，衷心祝愿贵公司宏图事业蒸蒸日上，再创佳绩！

此致

敬礼！

求职人：×××

×××年××月××日

案例分析

先使用恰当的问候语，并开门见山、简洁明了地做自我介绍，说明自己的求职意愿——新媒体发展专员；接着介绍了自己的基本情况，包括专业学习、自身优势和实践经历等，针对性极强；最后表达希望被录用的强烈心愿，以及若能被录用一定好好工作的决心。格式规范，突出重点。全文紧紧围绕"我符合要求、我定能胜任、我有诚意应聘"来写，理由充分，态度诚恳，语言得体。

（二）个人简历

个人简历是能让用人单位最简单、最快速明了地了解求职者的渠道。一般来说，用人单位在招聘的时候都会先查阅简历，再根据简历与在招岗位的匹配度，决定是否让求职者进入面试。如果说就业信息的收集是运筹帷幄之中，决胜千里之外，那么简历就是求职者走出帷幄的第一步。

人事部门每天都要浏览大量的简历，且随着自身工作内容熟练度的提升，浏览一份简历的时间会越来越短，看一份简历，往往只需要 8～10 秒。因此，如何让简历在这 8～10 秒内紧紧抓住招聘者的眼球，让对方一眼相中，这就需要我们能够掌握简历制作的技巧。下面介绍中文简历的写作要诀。

1．简历的制作

简历的内容如下。

第一部分：个人基本信息。（见表 7-1）

表 7-1　个人基本信息表

个人信息	内容	注意事项
姓名	中文名字	亦可写上英文名
求职意向	招聘信息中的岗位名称	计划应聘不同岗位应准备多份简历，清晰注明求职意向，切忌错投简历
照片	个人证件照	使用 1～2 寸 6 个月内免冠证件照，尽量使用蓝色底证件照，证件照服饰可选择白色衬衣，避免过度美化图片，导致证件照形象与本人形象相差较大。可以选择软件制作，为了效果更佳，建议到专业机构拍摄
联系方式	手机号码、邮箱、微信号	需要确认信息无误
政治面貌	群众、共青团员、中共预备党员、中共党员等选项	如招聘条件对政治身份有要求，必须填写
其他	籍贯、家庭地址、学校地址	视要求填写，一般无须提供详细地址

第二部分，个人经历。（见表 7-2）

表 7-2　个人经历表

能力部分	内容	注意事项
教育信息	专业	写上专业的全称，主修专业为必填项，如有辅修专业，应加括号备注辅修专业
	学位与学历	学位一般分学士/硕士/博士学位，学历一般分本科生/研究生学历
	课程与成绩	可以写主修专业主要专业课程，补充大学期间学业绩点及排名
	毕业学校	学校类型会成为用人单位参考标准之一
校园经历	获奖经历	按照获奖类型、获奖等级进行排列。同一类型同一等级的奖项如校级学金无须重复赘述。如获奖类型与求职需求相关度不大可以不罗列

续上表

能力部分	内容	注意事项
校园经历	社会实践经历	说明社会实践项目名称、担任的职务和角色、完成了什么项目，注意文字表达的条理性，运用数据量化成果
	参赛经历	说明参赛项目、参赛等级、担任的职务和角色、参赛过程及参赛结果，注意文字表达的条理性，运用数据量化成果
	学生干部经历	选取 1~2 个具有代表性的职务填写，描述职务工作内容，工作成果
	社团活动经历	如社团活动经历与求职需求匹配度较高，可以描述社团活动内容、担任的职务和角色、工作内容和成果
校外经历	兼职、实习经历	如兼职、实习经历比较多，可以选与专业相关度、与求职意向相关度较高的实习经历填写，描述实习时长、实习工作岗位、工作内容、获得的工作成果
技能特长	语言能力	说明语言证书等级，如已通过大学英语六级考试、已通过日语一级能力测试
	计算机水平	说明计算机证书等级，如已通过计算机中级考试
	驾驶证	部分岗位可能需要求职者获得驾驶资格证
	各类资格证书	如有与岗位要求相符的资格证书可以附上
其他	兴趣爱好	如与求职岗位相关度较高可以补充，如不相关可以忽略
	性格特质	如 MBTI 类型，与求职岗位要求相匹配

2. 简历制作原则

虽然并没有标准说明何种简历才是最完美的，但是优秀的简历通常都具有切合岗位要求、简洁明了、表述专业、内容可信、语言精练、布局合理等特点，无各类错误，如果制作中加入个性特色则更佳。一般来讲，简历制作遵循以下基本原则：

（1）匹配性原则：切忌一份简历投递多个岗位，投递简历要考虑简历的内容与职务相匹配，针对目标岗位的需求有的放矢选取内容填写，把与目标岗位相匹配的经历和技能写上，不匹配的无须填写，用词和描述也尽量围绕岗位需求进行填写，尽量填写"关键词"，因为 AI 时代来临，大数据筛选简历内容是许多公司在尝试的做法。

（2）有效信息原则：一份简历能容纳的内容信息是有限的，因此无论一个人有多么丰富的履历，我们都不可能把所有的个人信息和经历全部堆砌上去，需要删减，比如在个人信息中，我们无须把民族、联系地址、意向薪酬等信息写上去，一来占用了版面，二来对于用人单位而言这是无效的信息，所以我们要考虑填写的内容是否对方所需的有效信息。

（3）极简原则：无论是内容还是排版，都需要符合极简原则，颜色杂乱，字体杂乱且繁多的话，视觉效果非常不好。如果不是特殊要求，简历一般要求一页 A4 纸展现所有内容，无须华丽的封面。书写时须条理清晰、标志明显、字体大小适中，合理使用符号，排版整洁大方。关于排版的设计有许多种方式可以选择，可以通过 Word 文档进行编辑，亦可在网络平台使用已经设计好的模板，直接填充内容。

（4）量化原则：在简历中描述自己的经历时，最好的写法就是把之前的工作或学习成果用数字的形式展现。数字给人的冲击比文字要大得多，想象一下，一页全是字的 A4 纸你一定会首先看到那个阿拉伯数字的，因为数字象征逻辑、证据和事实，比描述性的词语更有力量。因此，在写简历时，要学会用数字量化个人成绩，把成绩排名、实习成绩、获奖情况等尽量用数字百分数来表示，这样用人单位就可以在第一时间抓到这个亮点，然后他就会顺理成章地看到数字周围的文字了。比如，在写实习经历时，如果只写"负责微信微博运营，用户运营以及活动策划"，这样平铺直叙的工作经历随处可见没有亮点，很容易被忽视，如果以量化的方式来思考问题，这句表述就可以修改为"参与运营公司 3 个微信号与 1 个微博账号，运营粉丝总数达 20 万。参与策划 3 次微信投票活动，运营期间微信订阅号新增粉丝 3.5 万人"。这样写言之有物，真实可信，明显亮眼了许多。

（5）对称性原则：人是视觉动物，井井有条比杂乱无章让人视觉上更舒适，尤其是中国文化的美学设计也讲求对称。可以想象马路上共享单车乱停乱放和摆放整齐的两种呈现，我们会发现摆放整齐给人更强的舒适度，简历的内容排版也是如此，对称工整也更方便人们读取目标信息。

（6）换位思考原则：基本上以上五个原则的核心也是换位思考原则，但是此处更加强调的是每一个细节都需要考虑对方的感受，比如制作简历的细节，是否有错别字，所用的文件能否被对方的电脑读取，纸质版的简历是彩色的还是黑白的，纸张的厚度是否选取合适，发送简历邮件的命名是否妥当，发送过去后对方能否直接在正文读取简历，等等。简而言之，每一个步骤都要考虑对方的感受，因为我们是在请求对方阅读我们的信息，如果对方连文件都无法打开，那么从细节可能也能推测出我们的做事风格，作为毕业生真诚、认真负责的态度非常重要。

3. 简历的投递

做好简历下一步便是投递，投递简历也需要讲究技巧，简要介绍各类简历的投递技巧如下：

（1）电子邮件的投递。

邮件标题：一个简明扼要表述准确的邮件标题会让你的简历在众多的邮件中一目了然，建议标题应该为"大学＋专业＋姓名＋应聘岗位＋联系方式"，如果只写求职而没有具体职位，很可能在面试通知时被忽略甚至连邮件都不被打开。

正文：研究表明接近六成的毕业生投递电子简历时不写任何正文。一封简短诚恳的求职信不仅能增加简历被阅读的可能性，也是求职者职业素养的体现。

附件：许多企业为了信息安全，邮件的自动分类会将以附件形式发来的简历误当成病毒或垃圾邮件。所以除非对方有明确要求，请尽量将简历以正文形式粘贴至求职信的下方，注意格式和照片的调整。

职场 E-mail：为自己申请一个办公用的商务邮箱，最好由名字的缩写组成以便对方确认，放弃那些诸如 bigfatcat@……或者 woshinidaye@……之类的邮箱吧，这样的邮箱会极大拉低求职者的职商，不仅不专业，也对别人不尊重。

投递时间：注意尊重他人的休息时间，非工作时间请勿投递简历。可以将邮件发送时间设置为第二天的上班时间，也可以保证被人事经理第一时间发现。

（2）纸质简历的投递。对于有特别要求需要投递纸质简历的，或者求职意向特别强烈的公司，需要采用传统信件投递。这时候可以把打印好的单页简历和简历包附件一起进行投递。记住，纸张的质量和打印的整洁很重要。最好和电子邮件一样，在信封上标注"大学＋专业＋姓名＋应聘岗位＋联系方式"。

（3）网络申请。目前很多知名企业都需要通过网络在线申请（简称"网申"）来收集简历和初步筛选应聘者。不同企业的网申形式有所差别，但是基本包括简历在线填写和开放式问题两大模块，准确地讲，网申更像是企业的人才测评系统。

4. 简历的写作要求

（1）素材匹配原则。制作简历时要时刻围绕自己的求职目标来写，牢记素材匹配原则，只写与目标职位相关的经历，凡是对目标职位没用的，一个字也别写。比如小A要应聘某个单位的科研岗，那小A就应该在简历中把自己发表的论文及参与的课题项目等科研工作都列进去，至于担任过学生干部等经历则可以轻描淡写地带过，无须多费口舌去体现自己的组织能力和领导能力多强。要知道，小A是应聘科研岗的，如果在简历里大篇幅强调自己的组织领导能力，用人单位可能会有担忧，不知道把小A招进来后他是否能安心搞科研。不过，如果求职者是应聘销售岗位，那就无须在科研上做文章，你科研工作做得再出色，用人单位根本不看重这个。总而言之，就是在制作简历时，要目标明确，一切为求职意向服务。最后，切忌一份简历走遍天下，正确地做法是先写一份自认为最经典的简历，然后在投递给用人单位之前，依据招聘简章等进行有针对性的量身定制与修改，这样才能显示出求职者足够的诚意。

（2）关键词原则。据调查，现在不少用人单位在筛选合适的简历时会使用系统的关键词筛选功能，因此，我们在制作简历时，要牢记关键词原则，这样才能提高简历的"命中率"。关键词可以从招聘简章中提取，求职者在为某岗位量身定制简历之前，一定要认真仔细地将招聘简章研究透彻。可以说，招聘简章就是一份"考试重点"。写简历的时候，要把招聘简章的内容"随风潜入夜，润物细无声"地体现在自己的简历里。比如，某用人单位的招聘简章里面对于岗位职责和要求已经列得很详细了。

【案例：某用人单位的招聘简章】

1. 负责公司海洋相关设备的技术支持、问题查询、技术应用，协助产品推广和协助产品销售；

2. 经过培训能够掌握公司经营的海洋化学类、海洋物理类设备，熟悉操作仪器；

3. 与国外生产厂家就技术问题进行沟通，并可以进行面对面简单的交流；

4. 翻译、编写公司的产品技术资料；

5. 配合销售部做好产品的售前、售中和售后服务，包括组织展览、讲座、演示、测试、编写各种方案、技术标书等工作。

这时候我们在写简历时，针对第 1 条，就可以写自己的销售实习经历，用上技术支持、产品推广等关键词；针对第 2 条，可以在教育背景里列上相关的专业课、实验课以及自己掌握的其他技能，并把第 2 条里的一些专用名词用足用好；针对第 3 条，可以写自己的英语听说读写能力，如果有接待外宾的志愿者经历更好；简章里的第 4 条也可以没有或可以忽略，因为这条的能力在第 3 条里已经有一定的体现了；针对第 5 条，就可以用社团或者班级里的工作经历来展示，突出自己的组织能力、策划能力以及讲解能力。

（3）文字简洁，用词准确。简历要以"精练、准确"为要义，一字千金，避免长篇大论，原则上每段不超过 5 行。同时多使用有力的短语、短句，让阅读者读起来轻松自然。可省略第一人称"我"，尽量选择具体、简洁、可达意的词来表达，绝对不能出现错别字、用词不当甚至病句，否则整份简历就会瞬时失色。

（4）简历写作公式。可以考虑 STAR 法则或者 PAR 法则，或者金字塔原理，但是不局限于此，重点是让人能找出写作逻辑，短时间提炼出信息。

STAR 公式：situation（情境）＋task（任务）＋action（行动）＋result（结果）

例：学院组织班风规划大赛，担任活动负责人，带领团队策划并组织活动，活动顺利开展，吸引 1 000 人次参与活动。

PAR 公式：problem（问题）＋action（行动）＋result（结果）

例：班级凝聚力不强，组织班委团队举办多次班级活动，3 个月内班级活动参与率从 60% 提升至 95%。

金字塔原理：先总后分

例：负责学院宣传工作。更新学院官网消息、运营学院官网公众号、拍摄各类宣传视频，推送各类消息 100 余条，单篇阅读量最高达 20 000 人次。

5. 总结归纳简历制作步骤

第一步：锁定目标岗位，切忌一份简历打天下。第二步：筛选经历，平时建立好简历素材库，懂得分类提炼信息。第三步：找合适模板填写信息。自己通过 Word 制作或者在网络上找到简约的模板。

在制作简历前，我们需要建立自己的"素材库"，要认真梳理下自己的过往人生，唤醒被埋藏的记忆，把自己的兼职经历、实习经历，或者跟老师做过的课题项目的经历以及社团的工作、校内校外的培训经历等都罗列出来，写到大学期间就可以了，除非高中时期有特别突出的亮点与这个职位匹配。推荐用 Excel 表格，这样条理清晰，将来筛选的时候也比较方便。可以先根据时间线罗列事实和明确需要提炼的内容（参考表 7-3）。

当建立了自己的"素材库"之后，我们还需要将素材归纳为相应的职业技能类型，最终变成我们的求职资本。职业技能类型分为专业知识技能、可迁移技能和自我管理技能。整理时可以参考表7-4。最后再根据简历需求，做好匹配性的描述（参考表7-5）。

表7-3　简历素材收集

时间	个人经历	简历内容归类（社会实践、实习经历、荣誉奖励）	体现专业素养或技能	其他
例：2022年6月—2023年6月	在学校勤工助学实体担任咖啡店经理	校内实践	沟通能力、统筹管理能力、其他专业技术能力	
……				

表7-4　职业技能类型分类表

素材	技能类型	资本
专业实习、专业培训、资格证书、项目经历、论文著作、奖励、语言能力、计算机能力等	专业知识技能	专业知识
非专业实习、兼职、社团活动、学生干部经历、社会实践活动、志愿者服务等	可迁移技能	沟通能力、组织能力、语言表达能力、团队合作精神等岗位能力
各种成就故事	自我管理技能	吃苦耐劳、责任心强、有担当、助人为乐等个人品质

表7-5　简历素材匹配

目标岗位	个人经历	描述内容
例：专业技术类	在学校勤工助学实体担任咖啡店经理	在任职期间自学Python，参与门店咖啡运营管理系统开发
例：管理营销类	在学校勤工助学实体担任咖啡店经理	在任职期间管理15名员工，与团队共同完成营业目标，第一季度营业额50 000元
……		

练习思考题

1. 求职时需要准备哪些材料?
2. 撰写求职信的基本技巧有哪些?
3. 请为自己写一封求职邮件。
4. 个人简历有哪些主要内容?
5. 请根据简历制作的要求,为自己设计一份个人简历。

第八章 求 职 技 巧

学习目标

1. 掌握求职中的礼仪技巧相关内容。
2. 了解和掌握求职中笔试的基本类型和应对策略。
3. 了解和掌握求职中面试的基本类型和应对策略。

本章重点

1. 求职中的服饰礼仪、仪容礼仪、举止礼仪的具体内容。
2. 笔试的主要目的、评卷标准和解题思路。
3. 面试的主要流程、测评标准和应对方法。

本章难点

1. 如何进行求职礼仪意识的培养。
2. 笔试考查的目标、笔试的五大类型及解题思路。
3. 面试的七个测评标准，结构化面试、无领导小组面试的形式和应对策略，面试前的准备和面试后的努力方向。

案例导入

凭2块钱进入外企的应届毕业生的成功求职经历

在一次招聘会上，北京某外企人事经理说，他们本想招一个有丰富工作经验的资深会计人员，结果却破例招了一位刚毕业的女大学生，让他们改变主意的起因只是一个小小的细节：这个学生当场拿出了2块钱。

人事经理说，当时，这位女大学生因为没有工作经验，在面试一关即遭到了拒绝，但她并没有气馁，一再坚持。她对主考官说："请再给我一次机会，让我参加完笔试。"主考官拗不过她，就答应了她的请求。结果，她通过了笔试，由人事经理亲自复试。

人事经理对她颇有好感，因为她的笔试成绩最好，不过，女孩的话让经理有些失望。她说自己没工作过，唯一的经验是在学校掌管过学生会财务。找一个没有工作经验的人做财务会计不是他们的预期，经理决定收兵："今天就到这里，如有消息我会打电话通知你。"女孩从座位上站起来，向经理点点头，从口袋里掏出 2 块钱双手递给经理："不管是否录取，请都给我打个电话。"

经理从未见过这种情况，问："你怎么知道我不给没有录用的人打电话？""您刚才说有消息就打，那言下之意就是没录取就不打了。"

经理对这个女孩产生了浓厚的兴趣，问："如果你没被录取，我打电话，你想知道些什么呢？""请告诉我，在什么地方我不能达到你们的要求，在哪方面不够好，我好改进。""那 2 块钱……"女孩微笑道："给没有被录用的人打电话不属于公司的正常开支，所以由我付电话费，请您一定打。"经理也笑道："请你把 2 块钱收回，我不会打电话了，我现在就通知你：你被录用了。"

思考：为什么一个完全没有工作经验的应届毕业生仅凭 2 块钱就能 PK 掉其他经验丰富的财会人员获得工作机会？这名女生在面试过程中表现出来的哪些特质打动了面试官？

第一节 求职中的礼仪技巧

在正式面试开始之前，用人单位对应聘人员的第一印象——礼仪极为重视。礼仪是人们在社会交往活动中，为了相互尊重，在仪容、仪表、仪态、仪式、言谈举止等方面约定俗成的、共同认可的行为规范。求职礼仪是礼仪中的一种，它的产生是为了顺应市场对现代从业人员的职业素养需求，是基于提升相关行业的职业形象，完善整个行业从业人员的综合素质等目标形成的。求职礼仪包括着装、仪态、谈吐等方面。在求职过程中，得体的求职礼仪能较好地表现求职者的专业能力水平和职业精神风貌，是面试成功并获得相应岗位的基础。"细节决定成败"，大学生在求职准备过程中，应充分注重求职礼仪的培养。

一、求职中的服饰礼仪

服饰礼仪是人们在交往过程中为了相互表示尊重和友好，达到交往的和谐而体现在服装上的一种行为规范。服饰礼仪中的着装配饰要求要符合交往情境和交际需求，即符合 TPO 的基本原则。T 是英文单词 time 的缩写，指的是时间、季节要求；P 是英文单词 place 的缩写，代表的是地点、场所要求；O 是英文单词 object 的缩写，指的是对象、目的要求。总体而言，求职中的服饰礼仪要符合交际场所、交际目的和交际对象，同时也要与季节、时间相吻合。TPO 原则是目前国际上公认的衣着标准，在求职中注重服饰搭配的整体性、协调性、整洁性及在可允许范围内的个性化展现，是体现衣着品位、反映求职态度、彰显个人职业形象的重要环节。

（一）男士服饰礼仪

男士在求职中一般穿着西装，特殊岗位除非写明需要穿上个性化的服装以考察求职者与岗位的匹配度，其他普遍性岗位男士在应聘过程中都应穿着正式、通用的西服套装。

（1）西装的着装要求。男士的西装要给对方庄重、沉稳的印象，颜色一般以深色为主，首选藏蓝色、黑色，不适合有花纹和图案。西服上衣袖口上通常会缝上商标，如果是羊毛面料还会缝上一块羊毛标志，应及时拆下。西服尺寸应与着装人身材相符，不宜过大也不宜过小，裤长以盖住鞋面为宜。西装口袋里不宜放任何东西。西装在穿之前要先熨烫平整，日常保养要定期清洗，平时悬挂保存。

穿西装还有许多需要注意的礼节，如西服扣子的系法体现了一个人对细节的重视程度，穿双排扣西服上衣时，所有衣扣均系上。穿单排两粒扣衣服上衣时，应系上面一粒衣扣；穿单排三粒或更多粒扣时，其最下面一粒扣可不系。穿单排扣西服上衣时，起身站立后应系扣，坐下之后方可解开衣扣。

（2）衬衫的着装要求。与西装搭配的衬衫要选择长袖，一般以白色为佳，也可选择其他单色、浅色的衬衫。衬衫的袖子可比西装上衣袖子略长。衬衫穿之前要熨烫平整，穿上衬衫后要把衬衫放在裤子里，并且有一定的余量。穿西服时内搭不可选择 T恤、羊毛衫等其他衣物，衬衫里也不再穿其他颜色较深的衣物。

（3）领带的着装要求。与西装搭配的领带应讲究庄重、大方的风格，如有图形多选择几何图形。正式社交场合中，蓝色、棕色、灰色等为首选颜色，尽量不打浅色、艳丽，或花色较多的领带。求职时，选择与西装同一色系的领带较为稳妥。在打领带时，领带长度要在皮带扣上端约 5 厘米，但是不要过短。一般系上衬衫上面第一粒扣后再系领带。

（4）鞋袜的着装要求。求职中与西装搭配的皮鞋一般与西装的颜色一致，旅游鞋、凉鞋、球鞋、休闲皮鞋都不能搭配西装。皮鞋在使用时必须整洁如新、一尘不染。袜子的颜色也有所讲究，西装革履时，袜子最好是深灰色、深蓝色、黑色等。

男士在穿着西装时，不宜有过多的佩戴，但是手表、眼镜等可以体现职业身份的装饰可以搭配应聘时的穿着。手表最好以严肃、沉稳的款式为主，如果没有宁可不佩戴。眼镜也应该展现求职者良好的职业态度、符合岗位的职业特点。另外，公文包是男士求职中的重要辅助工具之一。随身携带的公文包一般以真皮为宜，黑色、棕色为公文包的颜色首选，尺寸不宜过大也不宜过小，以能放下 A4 纸和求职简历为准。平日要注意公文包的保养，在正式场合使用时，要保证公文包干净、无破损、无擦痕。

知识链接

着装的"三色原则"和"三一定律"

　　"三色原则"指的是一个人全身上下衣着的色彩不超过三种颜色。从视觉效果来看，三种颜色之内的搭配给人以和谐、舒适的感官体验，色彩超过三种就显得杂乱无章，不够庄重。

　　"三一定律"指的是男士在出席正式场合时穿着西装，同时鞋子、腰带、公文包应该色彩相同（对女士来说，可以稍微变化，但是女士配包与皮鞋至少应该在同一色系之内）。

（二）女士服饰礼仪

　　相较于男士的服装，女士在求职时的服装选择更加多样化，但是总体要求仍然以面料挺拔、简约大方、庄重典雅的设计风格为主。一般选择女性职业套装。

　　（1）职业装的着装要求。选择女性职业装最好选择成套衣装，例如职业上衣配职业裙或者职业裤，色彩上可选米色、白色，也可选深蓝色、黑色，或者其他相对协调的单色系服装。穿职业装时，上衣可以到腰部，上衣扣子要全部系好；裙子要及膝或过膝，但不要长至脚踝或超过脚踝，一般选择合身的窄裙；若选择裤子，则裤子颜色与上衣一致，且为西服款式的直挺裤，不可挑选喇叭裤、紧身裤、运动裤、牛仔裤等潮流、休闲款式，裤长应长至脚踝，不要选择七分裤、九分裤，更不能着任何款式的短裤。职业装从求职场合的整体要求来看，上衣不宜长，裙裤不宜短，点缀不宜杂、款式不宜潮。女士在职业装的挑选上比男士有更多选择，但是也要体现简约、大气、端庄的穿着风格，同时展现女性良好的审美品位。

　　（2）衬衫的搭配要求。衬衫一般挑选轻薄、绵柔的面料，款式简单、颜色单一的衬衫为首选，白色翻领衬衫是职场比较流行的风格。总而言之，衬衫的挑选只要不过于艳丽，与职业装搭配得当、协调即可。

　　（3）鞋袜的穿搭要求。与职业装搭配的鞋最好是有跟的皮鞋，皮鞋以黑、白、棕色系列为宜，也可以穿与职业装色系一致的皮鞋。鞋跟不宜过高，也不宜平底，最好控制在 4~6 厘米之间，以走路时平稳、安全为宜。不可以穿露脚趾的鱼嘴鞋或凉鞋。丝袜要选接近肤色的肉色，穿裙装的女士要穿连裤或者长筒丝袜，丝袜不能有破损，为稳妥起见，可在包里放一双备用。穿职业裤装时，行走、落座、站立时均不可让袜口露出来。

　　（4）首饰的佩戴要求。求职中的首饰佩戴要注意把握"分寸"，即挑选的首饰款式要符合求职者的身份，可挑选款式简约、同质同色的项链、耳钉、手镯，但是应当注意避免过度奢华、耀眼、夸张的首饰，穿戴的首饰种类和数量要尽可能的少，如果是在款式、风格方面把握不准的求职者不建议佩戴首饰，以免引起不必要的反感。

　　女士的手表、眼镜与男性求职者的佩戴要求一致，手表和眼镜的款式不应该过度高调给人喧宾夺主的感觉。女士的配包应该注意与衣服色彩的搭配，不宜携带体积过大的用包，也不宜手拎一只迷你潮流小包。女士包的大小以能装下求职所需用品为准，但不要把包塞得过满。与男士公文包的保养一样，女性求职者在出入公共场合时的配包也要给人干净、整洁、舒适的感觉。

知识链接

女性职业裙装有"四忌"

女士职业裙装有"四忌"：一忌穿黑色皮裙；二忌光腿不穿袜；三忌穿出"三截腿"；四忌裙袜鞋不协调。

所谓"三截腿"，指的是袜子、裙子错开，露出一段腿。除了以上几点外，女士着职业裙装还应注意避免以下几个雷区：一是搭配过于杂乱，不符合职场审美标准；二是颜色过于鲜艳，或颜色种类太多，女士的着装要求同样也要符合"三色定律"；三是穿着过分暴露，如裙子过短、露胸露肩，给人轻佻、浮躁的感觉；四是职业装过于宽松或紧身，都会影响面试时的第一印象。

【案例】该选择千篇一律的黑色职业装还是个性化的职业装？

小李同学今年23岁，是一位即将毕业的外语院校大学生。对衣着挑选有一定要求的小李在挑选求职衣装时产生了困惑，她发现，近几年求职的师兄师姐大多选择黑色的西服套装，男士的西服套装可选颜色和款式不多，黑色的西服套装是最为稳妥的选择，这个可以理解。但是，女士相对于男士求职者在服装选择方面有更多的选项，而大多数女性求职者仍然选择黑色的职业裙装。

小李认为，黑色职业裙装虽然是最保险的穿着方式，但是面试官要面对全国各地的几百名求职者，如果和其他人一样穿的都是千篇一律的黑色职业装，不免容易产生审美疲劳，且难以给面试官留下深刻的印象。如果自己是对商务礼仪知识有一定掌握能力的人，能否挑选适合自己个性和岗位特点的求职服装？这样一方面给面试官耳目一新的感觉，另一方面也提升了自身的自信心。

案例分析

用人单位会基于不同岗位对应聘者有不同的需求。求职者选择合适自己的求职服装，只要符合商务礼仪和场合所需，都是可允许的。小李同学想通过衣着的创新增加自己的面试分数，展现个人的审美品位，不失为一种可取的做法，但是一定要依据岗位要求而定。例如求职外贸岗位、市场营销岗位，需要的是善于应变、性格外向的人员，因此可做出社交礼仪接纳范围内的改变。但是如果遇到的面试官是严肃认真甚至带有一些古板的性格，那么也许就踩到雷区了。因此对服装的适度创新，还是要因人而异、因势而定。此外，能给面试官深刻印象的关键所在，还是仪态的端庄大方、自信的微笑、得体的谈吐和临场应对能力及专业知识素养。

二、求职中的仪容礼仪

仪容礼仪指的是一个人的外在精神风貌，包括面部、发型、手部及整个身体呈现在社交场合中的状态。良好的卫生习惯和与场合相适应的仪容仪态是维持良好的仪容礼仪的关键。求职者可通过仪容仪表素质展现专业的职业素养和值得信任的职业形象。

（一）男士的仪容仪表

男性求职者在仪容礼仪方面总体要做到干净整洁。男士的头发以清爽为宜，不要有头屑，不要有油腻感，不要染发烫发或做太多花哨的发型，不宜太短也不宜太长，一般情况下遵循"前不覆额、后不蔽领、侧不过耳"的原则。注意脸部的修饰，男士特别要注意胡子的修剪和整理，其他面部形象主要包括对鼻孔、鼻头、齿缝、口气、皮肤等细节的清洁处理。指甲不宜过长，手要时刻保持干净。男士身上不要有严重的体味，也不要过度喷洒香水。男性求职者应该展现干练、稳重的求职形象。

（二）女士的仪容仪表

女性求职者在仪容礼仪方面主要做到美观大方。女性的头发应该长度适中，不做太过于前卫的发型。在求职这种重要的场合需要适当的化妆，以表示对他人的尊重。女性求职者的妆容应以素雅、恬淡的自然妆为主，切忌浓妆艳抹。补妆时要避开旁人，不要在大庭广众之下补妆。女性的手和指甲也要保持干净，指甲要提前修剪好，不要留过长的指甲，也不要涂艳丽的指甲油。

良好的仪容礼仪还包括身体素质的培养，这就要求应聘者在平常要注重健康的生活方式，包括保持适度的体育锻炼、保证充足的睡眠时长、坚持规律的生活作息，以积极进取、活力四射的身体状态迎接未来的职场挑战。

三、求职中的举止礼仪

面试过程中的行为举止是一种无声语言，面试官通过求职者的一言一行考查其职场礼仪的基本修养，求职者通过自己的身体语言表达诚恳的求职态度，传递重要的个人信息。

（一）坐姿

入座时候动作要轻缓，在对方的下座或座位比对方低的位置上就座，一般坐椅子的一半或者三分之二处，不要紧靠椅背，不要瘫坐在椅子上；坐姿要端正，面向对方，身体略微前倾以示尊重和谦虚；双眼平视、表情自然、面带微笑；双膝自然并拢或略微分开，两手放在双腿上，双脚垂直面对面试官，且平行摆放，切勿八字脚；女士在落座时要注意双膝并拢，小腿垂直地面，两脚可以并拢也可以丁字步，求职场合不适宜双脚并拢侧向一方斜放。女士若着裙装要注意入座时，将双手从后边把裙子从上往下捋顺。求职者入座后，不可有跷二郎腿、抖脚、踮脚尖等不文明的小动作。

（二）站姿

正确的社交距离为 120 ~ 360 厘米，且正对交际对象。求职场合中，应聘者在站立时应保持头正、目平视、嘴微闭、收颔，与坐姿时一样要保持表情自然、面带微笑；身体直立，挺胸收腹，重心放在两个前脚掌上；两肩放松，手臂自然下垂或者交叉置于体前；双脚并拢，双腿直立，脚尖略微分开，男士的两脚也可稍微分开，但是要与肩同宽，女士可站成丁字步，脚夹角约为 60 度。站立同时还需注意以下几个问题：不要低头、歪脖、耸肩、驼背；站立时不要左摇右晃，做到站如松；站立时不要将两手插进裤袋或交叉环抱于胸前；控制精细动作行为，不要有小动作，切勿造成轻浮、不自重的印象。

（三）步姿

行走是交际场合比较重要的举止之一，总体需要做到身体协调、步伐从容、步幅适中、走成直线、姿态优美、步态平稳、步速均匀。男士要矫健、挺拔，女士要给人稳重、优雅的感觉。走路时要头正，双眼注视前方，嘴唇微闭，表情自然，面带微笑；肩膀放平，双臂自然前后摆动，幅度适中；步宽不宜过长或过短，两脚落地距离以一个脚长为标准。走路时注意挺胸、收腹、提臀，切忌斜着身子或晃着身体走，也不要左顾右盼。

（四）表情

笑容是人与人交往时最有效的沟通方式，全程保持微笑有助于提升个人的亲切度，增加面试官对求职者的好感。切忌开怀大笑或者发出很大的笑声，即使在和面试官相谈甚欢时，也应该保持适度的笑容，避免造成轻浮的感觉。注目是人际交往中表达尊重的重要方式。一对一时，注视对方 1 ~ 3 秒钟，目光自然、柔和、亲切、真诚，不要紧盯对方的眼睛，不要东张西望、左顾右盼、心不在焉，不要埋头、羞怯，不要两眼望天、高昂头，不要频繁眨眼；一对多时，以正视主考官为主，适当把视线从左到右、从右到左移一遍，同其他考官产生眼神交流，以获得好感。

（五）手势

手势是人们常用的肢体语言，恰当和适度的手势语可以增强语言的力度和效果。规范的手势是手掌自然伸直，手指并拢，拇指稍微分开，掌心向内，根据需要表达的内容小幅度进行摆动。但是要明确意思，表达得当，且不宜太多，更不能伸出手指对他人指指点点。

（六）倾听

善于倾听是求职场合中另一项重要的交际方式，面试官在提出问题、表达观点、分析问题或与面试者有更多的交流时，面试者要做到用心、耐心、虚心地倾听，两眼柔和且坚定地注视考官，身体坐直且微微前倾。即使有不同意见，也不要随意插嘴，不要争辩。倾听的过程中不要玩笔、笔记本，不要乱画，不要看窗外，要有表情地打起精神。

（七）其他需要避免的小动作

如挠头表示慌乱和怀疑、不耐烦；揉眼睛、挠耳朵表达疑惑、猜忌、反对；发出"啧啧"的声音、翻白眼、斜视对方显示轻蔑、不屑一顾的态度等。

面试过程中的言谈举止是求职礼仪中不可忽视的重要环节，面试官在发出求职者可进入房间的指令之前，求职者不可擅自闯入。在求职过程中言行要时刻展现沉稳、自信的职业形象，同时要尊重考官，表达谦虚谨慎的求职态度，切不可过于自信、夸夸其谈，也不可唯唯诺诺留下自卑的印象。面试开始前和面试结束后可以主动与面试官握手，握手要有"感染力"，即注意力度适中，时长合适，握住手后轻轻抖动两三下即可。综上所述，在求职过程中，保持微笑、站坐行有讲究、避免小动作、举止大方得体，将会提升面试官对求职者的好感度，增加面试成功的概率。

【案例】面试中的举手投足是求职者最好的推荐信。

某公司负责人对他为什么要录用一个没有任何人推荐的小伙子如是说："谁说他没有推荐信，他带来了许多推荐信：他神态清爽，服饰整洁；在门口蹭掉了脚下带来的泥土，进门后随手轻轻地关上了门；当他看见残疾人时主动让座；进了办公室，其他人都从我故意放在地板上的那本书上绕了过去，而他却很自然地俯身捡起来并放在了桌上；他的回答简洁明了，干脆果断。这些难道不是最好的推荐信吗？"

案例分析

第一印象十分重要，往往从谈话、举止、着装、个人的个性与修养中得来，良好的礼仪和外在形象能展示应聘者美好的外表和内在，使面试官产生好感，形成良好的第一印象。

第二节 求职中的笔试技巧

笔试是用人单位对应试人员的一种考核办法，其目的是用书面形式对求职者掌握的基本知识、专业知识、文化素养以及写作能力等方面进行综合考查，在求职过程中一般安排在简历筛选之后，面试考查之前，是面试的补充和深化。笔试对应聘者来说是一种相对公平的测试方式，因而被越来越多的用人单位所采用。从当前求职市场的招聘形式来看，规模越大的公司、级别越高的岗位越重视笔试这一考查环节，例如我国的公务员考试、一些大型国企、世界500强的外企等都具有相对完整的人才招聘体系，其中就包括笔试这一环节。因此，了解笔试考查的目的、基本类型和应对策略能够为求职者获得满意的工作岗位提供一定的帮助。

一、笔试的基本知识

（一）笔试的内涵、特点及作用

笔试是一种与面试相对应的测试，主要是用以考核应聘者特定的知识、专业技术要求或需要重点考核应聘者对文字的运用能力以及考查录用人员素质的一种书面考试形式。笔试在人事招聘中占据重要的地位，尤其在大规模的员工招聘中，可以用较低的成本、最短的时间为用人单位初步筛选出基本符合岗位需求和企业发展的人才。

1. 笔试的特点

（1）经济高效。在同一时间不同地点，同时大批量地考核应聘者，提高人事招聘的效率。

（2）测量面宽。笔试既可以用于公共科目的考试，也可以用于专业科目的考试，考查范围广，种类多样。

（3）客观公正。试题依据一定的内容和客观标准拟定，评卷依据一定的客观尺度，人为干扰因素少，具有较强的区别功能。

2. 笔试的作用

（1）可通过笔试考查出求职者的政治素养和职业观。招聘过程中考官如果意在对求职者的思想品德、政治素养、职业涵养等个人综合素质方面进行全方位的考查，可在笔试环节中设置该方面的题型，以弥补面试环节中因时间有限无法考查到该方面的不足。

（2）可通过笔试检验出求职者的专业素养、写作技能及其他能力。笔试的过程实际上是对求职者的专业知识、文字表达能力和书写态度等全方位素养的一项重要考查手段，求职者在招聘考试中最大限度地展示出自己的专业知识水平，发挥自己的语言文学功底，还可以在逻辑性、严谨性、发散性、创新性等各方面展现个人的思维能力。

（3）可弥补面试中受个人喜好、情感因素影响而评分的缺陷。招聘考试的笔试题型、答题时间、题目数量具有统一性的特点。笔试后的评卷也有一定的评分标准。笔试的阅卷一般在隐藏求职者的个人信息、相对密闭的环境中进行，因而可避免考官凭主观意愿做出决定。

（4）可作为求职者能否进入面试环节的重要甚至唯一依据。在大规模的人才招聘过程中，例如公务员考试、事业单位招聘、国企单位招聘，其显著特点是应聘人数多，可提供的岗位少，在这种情况下，笔试便成为求职者是否能被列入重点考察对象的必要环节。求职者只有通过了笔试考核，才能在众多求职者中脱颖而出，获得面试的机会。

笔试在人才招聘中发挥着不可替代的重要作用，但是其缺点也较明显，例如面试者在笔试中容易隐藏一些个性特征，容易在笔试中包装甚至伪装自己，给考官造成一定的错觉，笔试中的一些开放性问答题在结果评判过程中仍然具备一定的主观性。但是随着人才招聘体系越来越规范化，笔试也不再是大型企业招聘的专属，一些中小企业也越来越多地选择笔试作为考查应聘者是否适合招聘岗位的考核依据之一。因此，求职者在准备应聘前，不能忽视且要高度重视对笔试环节的准备。

（二）笔试的考查内容和目标

笔试主要是用人单位对求职者所掌握的基本知识、专业知识、管理知识、综合分析能力、文化素养和心理健康等综合素质进行的考查和评估。笔试的考查内容和目标主要包括五个方面。

1. 应聘者的专业技能是否符合岗位要求

对专业知识的考核主要围绕招聘岗位的基本知识、专业知识进行考核。例如对于外贸业务员岗位的笔试测评，应聘者需要了解国际贸易的整套流程，包括打样、报价、订货、付款方式、备货、包装、通关手续、装船、运输保险、提单、结汇等。同时用人单位针对主要业务范围进行一些专门用途知识考核，例如从事皮具出口的公司可能会考查求职者对皮具等系列产品的基本知识储备，从事互联网营销的公司可能会针对直复营销理论、网络关系营销论、软营销理论、网络整合营销理论等方面考查求职者的专业知识背景。

2. 应聘者的文化素养是否符合岗位需求

文化素养主要是针对应聘者对企业文化是否认同、能否较好地融入企业文化、与企业长期共同发展等方面进行预估。该方面的笔试内容可能会涉及应聘者对企业文化的了解程度、对企业目前所秉承的企业精神和企业文化的个人看法，部分开放式的题型还会涉及对求职者管理理念和管理知识的考查、求职者职业生涯的规划和求职者对未来职场的期待图景等。对该方面内容考查的目的在于，人事部门通过了解求职者的文化素养和世界观、人生观、价值观的衡量标准，综合判断求职者是否真正适合在该企业进行个人职业的发展。

3. 应聘者的思维方式和思维能力是否符合岗位需求

思维方式是指一个人看待事物的角度，是思考问题的根本方法，对人们的言行和为人处世起决定性作用，主要包括线性思维和非线性思维两大类型。线性思维方式有助于深入思考，探究到事物的本质；非线性思维方式有助于拓宽思路，看到事物的普遍联系。思维能力是指一个人通过分析、综合、概括、抽象、比较、具体化和系统化等一系列过程，对感性材料进行加工并转化为理性认识及解决问题的能力。笔试中通过一些开放性问题的设置，考查求职者的理解能力、分析能力、综合能力、比较能力、概括能力、抽象能力、推理能力、论证能力、判断能力等是否与岗位相匹配。

4. 应聘者的心理素质是否符合岗位需求

心理素质是人的整体素质的组成部分。是以自然素质为基础，在后天环境、教育、实践活动等因素的影响下逐步发生、发展起来的。优秀的心理素质应该包括：良好的性格品质，如自信、自强、自律、乐观、开朗、坚强、负责、认真、勤奋等；正常的智力，如感觉、知觉、记忆、思维、想象、注意力等；较强的心理适应能力，如自我意识、人际交往、心理应变、竞争协作、承受挫折、调适情绪、控制行为等；积极而强烈的内在动力，如合理的需要、适度的动机、广泛的兴趣、适当的理想、科学的信念等；健康的心态，如智力正常、情绪积极、个性良好、人际和谐、行为得当、社会适应良好等；适当的行为表现，如符合角色、群体、社会规范和道德法规等。求职者在笔试过程中应表现得沉着冷静，展现出良好的个人心理素质，发挥出自己的最佳水平，以证明自己能在复杂的社会和职场环境中从容应对各种竞争和挑战。

5. 应聘者的文字表达能力是否符合岗位需求

文字表达能力指的是一个人运用语言文字阐明自己的观点、意见或抒发思想、感情的能力，是将自己的实践经验和决策思想，运用文字表达方式，使其系统化、科学化、条理化的一种能力。文字的表达体裁主要包括书信、计划、通知、报告、总结、论文等。例如作为一个职业经理人，需要经常起草或撰写工作邮件、部门计划、工作通知、工作报告、工作计划和总结等，必须具备较强的写作能力。目前职场能力考查中越来越多的企业高度重视员工文字运用能力的培养，因此，求职者在日常训练中应当有意识地注重该方面能力的提高。如多读书、勤读书；善于调查研究，提高观察思维能力；善于动脑、善于思考，经常积累材料；加强文字修养，多写、多练。

二、笔试的主要类型

笔试从某种角度来说，能更深入地检验求职者的综合素质及专业知识的积累程度，考查毕业生对知识是否真正理解和掌握。招聘考试由于其显著的考核目的，与平时经历的应试考试在题型设置和种类方面有很大的不同，用人单位的出题方式灵活多样，考察的不仅仅是基础知识储备，更侧重于个人能力的检验。因此，在笔试之前，求职者应对它进行深入的了解，做到知己知彼，不打无准备之仗。

1. 智力与常识测试

所谓智力就是指人类学习和适应环境的能力，包括观察能力、记忆能力、想象能力、推断能力等，智力测验即对一个人智力的科学测试。常识指的是普通知识，即一个生活在社会中的心智健全的人所应该具备的基本知识，包括生存技能（生活自理能力）、基本劳作技能、基础的自然科学以及人文社会科学知识等。常识测试则是对求职者以上知识背景进行全面考查，最常见的科目有人文、科学、历史、地理、法律、天文、气象、政治、风俗传统等。智力与常识测试例题如下：

例题1：某省份公务员考试真题

164，100，68，（　　），44

A. 50　　　　　　B. 55　　　　　　C. 52　　　　　　D. 49

例题2：下列我国二十四节气中按时间先后顺序排列正确的是（　　）

A. 惊蛰　雨水　小暑　白露　　　B. 春分　谷雨　小满　芒种

C. 春分　雨水　清明　小满　　　D. 立春　清明　小暑　芒种

在应对智力与常识测试中，学会取舍是关键。先做擅长的题型，有助于加强信心。再做机械的题型，如图表分析、材料分析。最后做不擅长的题型，如果遇到不会的知识点，不要停留过多的时间，要学会放弃，保证其他有把握的题目得分，笔试考试的前提是一定要写完试卷。在准备智力及常识测试时，可以分题型练习、分阶段练习，善于总结知识点。

2. 专业技能测试

专业技能测试主要是检验应聘者担任某一职务时是否能达到所要求的专业知识水平和相关的专业技术能力。专业知识考试的题目专业性很强，往往针对特定的工作岗位进行设计，如外资企业、外贸企业对应聘者要考察外语水平，科研机构招聘人员要考动手能力，公检法机关录用干部要考法律知识等。值得注意的是，这种考试方式已被越来越多的"热门"单位所采用。专业技能测试例题如下：

某用人单位行政秘书岗位招聘笔试题

例题1：文档检索的方法主要有（　　）

A. 按事件主题检索法　　　　　B. 按部门机构检索法

C. 地区检索法　　　　　　　　D. 时间检索法

例题2：公司2018年第一季度办公经费缺口较大，行政经理要求你草拟一份请示报告，向集团总部财务部门申请补充办公经费。作为行政秘书，你计划如何拟定这份请示报告？请写出你的请示报告。

专业技能测试往往结合企业业务领域和岗位特殊要求来设置问题，因此求职者除了拥有扎实的专业知识外，还应该在考前对目标企业有较为深入的了解，包括企业的业务范围、企业成长背景、企业规模、企业制度、企业文化等。另外，对整个行业在当前国内外市场中的发展状况、行业动态和发展趋势也应该有所掌握，力求做到知己知彼、全面覆盖。

3. 写作能力测试

写作能力测试是为了检验求职者的分析、综合、比较、归纳、推理等思维能力的一种笔试方法，由用人单位给出范围或特定要求，让应聘者通过写作的方式来展现其知识储备和文字表达能力。考试的题目以论述题类型居多，如要求文科生运用某一原理或某一历史知识去分析某一问题，或要求理工科学生运用某一专业知识来解决某一实际问题等。在招聘考试中，对求职者写作能力的测试能够检验求职者思想认识的深刻程度及逻辑思维能力、文字组织能力和语言表达功底。公务员考试中的申论测试则是一门典型的考查应聘者写作能力的考试，申论考试模拟的是公务员日常工作中的场景，对给定的材料进行分析、概括、提炼、加工，考查的是应聘者的阅读理解能力、综合分析能力、提出问题和解决问题能力、贯彻执行能力、文字表达能力等。

例如：2020 年江苏公务员考试申论真题（A 类）

注意事项：

（1）申论考试是对报考者阅读理解能力、综合分析能力、贯彻执行能力、提出问题和解决问题能力、文字表达能力的测试。

（2）参考时限：建议阅读资料 40 分钟，作答 110 分钟。

（3）仔细阅读"给定资料"，按照后面提出的"作答要求"依次作答。

（4）请在答题卡指定的位置上作答，在草稿纸上或其他地方作答一律无效。

（5）所有题目一律使用现代汉语作答。未按要求作答的，不得分。

给定材料：

材料一 ……

材料二 ……

材料三 ……

材料四 ……

材料五 ……

材料六 ……

作答要求：

问题 1. "给定材料一"勾勒了我国互联网的发展历程，请归纳概括出我国互联网在不同发展阶段的特点。

问题 2. "给定材料二"中的张先生与小胡通过自身在互联网世界的经历，总结出各自的职业观，请对他们的职业观分别进行评析。

问题 3. 近期，S 市计划举办一个"基层社会治理成就展"，"'小巷总理'在基层"是其中的一个板块，请根据"给定材料三"，拟定该板块的展览内容提纲。（要求：内容全面，重点突出；条理清楚，有逻辑性；篇幅 350 字左右）

问题 4. "给定材料四"中提到：想象一种语言就意味着想象一种生活方式，网络世界为这种想象提供了无限可能。请结合对这句话的理解，围绕"网追正能量 担当新时代"这一主题，联系实际，写一篇议论文。（要求：自选角度，自拟标题；参考给定材料，不拘于给定材料；观点明确，内容充实，结构完整；篇幅 1 000 字左右）

"写"是语言能力的输出，语文功底是基础，对于笔头功夫的锻炼，关键在于平时写作能力的提升。词汇贫乏是制约写作能力的瓶颈，因此日常要注意词汇的积累。大量的阅读是促进词汇积累、提升写作能力的前提，阅读要随时分析文章结构、中心思想、写作方法等，学习作者谋篇布局和遣词造句的技巧，同时用一个专门的笔记本收集好词佳句，有意识地将它们应用到自己的习作中去。另外，在应对招聘笔试时还要注意对社会热点信息的收集，阅读官方及权威媒体的评论文章，拓宽个人视野，激发大脑思维。提升写作能力的另一个关键就是要"动笔练"，切勿重视看而不重视写，重视评阅而不重视练笔，重视观点而不重视表达。练笔可以使用往年的真题，写好后根据答案自行修改，也可找老师、家长、同学评阅，在修改过程中消化题目，提高写作水平。

4. 发散思维能力测试

发散思维又称辐射思维、放射思维、扩散思维或求异思维，指的是大脑在思维时呈现的一种扩散状态的思维模式，如"一题多解""一事多写""一物多用"等方式。发散思维是创造性思维的最主要特点，是测定是否具备创造力的主要标志之一。发散思维能力强的人反应迅速，能举一反三、随机应变、触类旁通，且不受思维定式的束缚，能在较短时间提出多种新的观点或方案。随着国际竞争的愈演愈烈，科技创新、技术创新、管理创新、运营创新等是企业谋求长远发展看中的因素，因此在某些关键岗位或者特需岗位中，用人单位对求职者的创新能力的考查，即发散思维测评，成为在整个应聘环节中的重点考查项目。例如国内某上市公司招聘管理培训生，其发散思维测试例题如下：

例题1：请列举一只纸杯的所有可能用途。

例题2：请联想出关于"手机"的任何衍生产业。

例题3：电视节目《我是歌手》取得了巨大的效益。试分析《我是歌手》的商业运作模式和成功的因素。

发散思维活动的展开，其重要一点是要能改变已习惯了的思维定向，而从多方位角度，即从创新的角度去思考问题，以求得问题的解决，也就是有意识地培养思维的求异性。从认知心理学的角度来看，成人已经具备了多年来形成的思维定式，很难在较短的时间培养自己的发散思维，但也不是完全没有改变或提升的可能性。激发自我求知欲，克服思维惰性是培养发散思维的前提，如平日对某些事实、热点问题用辩证的角度看待问题，多些思考、少些盲从。对于遇到的某些问题不要只看表面现象，要刨根问底，追其根本，可通过与他人探讨、接收多方声音，培养自己多角度思考的能力。同时转变思想，有意识地进行联想思维的训练，可通过一些智力测试或者思维测试题寻找联想思维的灵感。

5. 心理素质测试

心理素质测试是用事先编制好的用于测试被试心理素质的标准化量表或问卷，要求被试者在一定时间内完成，根据完成的数量和质量来判断其心理水平或个性差异的方法。心理测试一般用设计符合信效度的问卷方式进行，一个有用的心理测试必须是有效的和可靠的，即有证据支持指定的解释试验结果和被测试的时间和结果一致，也就是说被测试者对测试问题的认知均等率是一致的。一些特殊的用人单位以此来测试求职者的态度、兴趣、动机、智力、个性等心理素质。心理素质测试在社会企业招聘笔试中并不多用，在部分事业单位或国企招聘中有所使用。对于心理素质测试无须做过多的准备，原因在于该测试的设置目的意在通过一些心理测试题判断求职者的心理健康水平，以此作为是否符合岗位要求的依据。

三、笔试的应对策略

（一）笔试前的准备

招聘考试的笔试虽然没有专门的复习资料和可参考的题型，但是也需要求职者提前进行全面、细致的准备，可从以下几个方面入手。

1. 保持良好状态，做到轻松上阵

要适当地减轻思想负担，不要给自己施加过大的压力，否则会影响临场的发挥。笔试前一天要保证充足的睡眠，不可临时抱佛脚，熬夜通宵复习专业知识，导致第二天起床晚而错过考试，或者考试时精神状态不佳，思维混乱。平常多注意参加一些体育锻炼，使高度紧张的大脑得到适当的放松，以充沛的精力参加考试。

2. 了解笔试类型，做到有的放矢

不同的用人单位会安排不同的考试类型，而不同的考试类型则有不同的考试内容。例如公文类考试可能会涉及一些常用公文的写作，考查应试者对各种公文文体的掌握情况及对语言、文字的驾驭能力，综合类考试试题涉及面较广，考查的知识点比较全面且综合性强，针对一个问题需要应试者动用多个方面的知识和能力去解决。求职者应针对不同类型的考试，参考用人单位划定的大致范围进行准备，注意翻阅相关的应试资料，复习已掌握的知识，加强记忆。另外还应考虑到单位、岗位的特点来进行一些相应的准备。

3. 积累专业知识，做到学以致用

专业知识的积累是操作能力实现的前提。没有扎实的基础知识，较难实现能力的培养和提高。平时要注重知识的积累，特别是与岗位相关的基础知识一定要牢固掌握。掌握知识的一个有效方法就是把零散的知识化为系统。但是应聘笔试往往范围大，内容广，存在着一定的随意性和盲目性，因此，凡是与求职有关的一些知识，如文史知识、科技知识、经济知识、法律知识和一般的计算机知识，均要进行系统地复习。在知识的积累中同时要注重灵活运用，如何把学到的知识用到工作实际中去解决各种具体问题，是招聘考查的重点内容。

4. 提高阅读能力，做到精准答题

无论哪种笔试，考生能否正确审题及知识层次的宽度、广度和深度，是能否正确解题的基础。因此，提高阅读能力，对扩展知识范围、应答考试中的各类问题有积极的促进作用。要提高阅读能力，首先要坚持多读书、多阅览。在做阅读训练时，一定要做到"眼到"和"心到"，特别是"心到"，即对每个问题都仔细揣摩，认真思考，分析比较，综合归纳，努力提高自己的阅读、快速思维、精准解答的能力。

5. 检查必备用品，做到万无一失

在笔试前，要检查考试所需用品。除相关证件外，必备用品还包括一些考试必备的文具，如答题用的水性笔、2B 铅笔、橡皮、直尺、圆规、计算器等文具。仔细阅读准考证上的注意事项，或仔细查看用人单位发送的考试通知信息，最好列一个考试清单，以便时刻提醒自己，做好万全准备。

（二）笔试的应对方法

1. 先易后难，先简后繁，掌握笔试重点

每一套应聘考试的题型设置都有重点和难易之分，用人单位的笔试重点是常用的基础知识，因此在笔试时要注意以下三点。

一是不要把复习重点放在难点、怪题上，要把基础知识掌握好，在实际运用上下功夫。

二是不要把时间过多耗在某几道题上，有时候笔试出题量大，例如公务员的行政能力测试，通常有 150 道题，需要在 120 分钟内完成，几乎属于"不可能完成的任务"，其用意一方面在于考查知识掌握程度，另一方面在于考查应试能力。所以应聘者在作答时要学会取舍和归类，迅速答出较容易和有把握的题目，余下时间再认真推敲其他题目。

三是答题时要掌握好主次之分。有时求职者见简答题是自己准备较充分的，洋洋洒洒写了上千字，而对论述题则准备不够，潦草应付写了几十个字。得分重点未把握准确，成绩亦会受到影响。应聘者在统览全卷的基础上，要抓住重点题目下功夫，认真答写，充分显示自己的知识水平。

2. 精心审题，搞清题意，理清解题思路

要写出令人满意的答案，精心审题是第一步。审题关系到思考方向、选择运用哪种理论解决问题，特别在开放性论述题中，对题目的分析与理解决定了选材的立意、谋篇布局和行文措辞。如果没有搞清楚题意，技能水平再高、文字功底再好，也难以挽救。那么如何做到快速审题，理清思路，可从以下三个方面重点训练。

一是要有强烈的审题意识。考生在遇到自己会的题目时容易产生轻视的心理，造成答非所问，或者遇到自己不熟悉的题型产生畏惧心理，造成会而不敢答的结果。两种情况追根问底不是不会做，而是不善于审题，没有深入到题目中去，审题审的重点总体概括为情景、条件和设问。认真阅读题目，弄清题目的物理情景，注意题目中出现的条件，看清题目问什么，带着问题去寻求解题思路，建立思维模型，寻找解题方法。审题要贯穿于解题的全过程中。

二是要有必要的审题方法。有效的审题方法包括：审明题目中的关键字句，以阅读题目为基础，不能就字读字，应边读边想，对一些关键的词、句应特别引起注意，并认真思考、斟酌；善于使用析词法，即将题目以词语为单位进行划分，然后对每个词语逐一分析，包括词语轻重范围、题目考查重点、明确中心所在等；可借助图形帮助审清题目，如若遇到比较复杂的题型，可通过将文字转化为图形的方式帮助启发思路、拓宽想象空间。

三是要有一定的解题思路。可从正向思维和逆向思维两个方面着手培养，正向思维即从问题的始态到终态，顺着过程发展去思考问题。逆向思维则是反其常规，是将问题倒过来思考的思维方法，一般根据因果关系、由果导因，从问题着手，寻找解题方法。大多数人的解题过程都是正向思维，平时在做考题训练时，可有意识地对某些题目进行逆向置换，以加强逆向思维能力，培养思维的活跃性。

3. 积极思考，自我暗示，做到心中有数

积极思考是一种总能看到事物积极面的能力，这并不意味着不去考虑负面因素带来的后果和影响，而是已经全面地分析了消极面，且得出了正面的评估结果，从而对自己产生一种积极的自我暗示。在应聘考试过程中，求职者遇到一些无法解出的考题，或遇见的题型很多属于自己不擅长的题型，在这些情况下容易产生一些负面情绪，如急躁、焦虑、不安、气馁、沮丧、失望等，这些负面情绪极易影响考生的临场发挥，导致面对一些会做的题目也无法给出正确的答案。因此在考场中不管遇到何种情况，都应该对自己有信心，产生积极的心理暗示，例如可暗自对自己说"我不会做的题，大家也都不会做""我学习成绩、个人能力都比较好，对于这类问题也能处理好"，以缓解紧张的情绪。对卷面有把握的题目做到百分百正确，对模棱两可的题目争取做到一半的成功率，对完全不懂的题目做到尽力而为。时刻保持清楚、客观的认识，不要因为不会做的题目打乱阵脚，影响判断。

4. 试卷整洁，认真检查，争取锦上添花

在遇到主观论述题或者发散思维题时，个人的书写则是主要的答题方式。从阅卷角度来看，阅卷者在面对众多考卷时，其身心容易产生过度疲劳，尤其是书写杂乱、涂涂改改、脏乱不堪的卷面，很容易给人带来不良印象，影响最终的评分。相反，字迹工整、试卷整洁的卷面势必带给阅卷者不一样的阅卷体验，特别在简答题、论述题、写作题的书写过程中，卷面整洁、字迹清晰具有很大的加分优势。因此求职者在作答时，最好想清楚了再答，答题前可在草稿纸上列一个提纲，避免过多的涂改。平常也要注意字体的练习，毕竟字是一个人的门面，一手好字往往让阅读者赏心悦目，且日常还要注意写字速度的训练，力求在保证一定速度的前提下写出既工整又好看的字体。

答题结束后，注意对全部题目的检查，检查内容包括会答的题目是否错答，不会答的题目是否还能想到答案，其他题目是否有漏答。另外，核对考生信息是否填写完整，如有答题卡的考试，检查答题卡上是否填涂完整，是否有漏填、错填的情况。在应聘考试过程中，不管答题时间是否足够，建议留有 5 分钟的检查时间，确保个人信息已填写、所有题目已答完。

【案例】　教师招聘考试中笔试的案例分析题①

某中小学教师招聘考试出了这样一道题，摘编自《人民教育》中的一篇文章，题目叫《蚂蚁唱歌》：

几个学生正趴在树下兴致勃勃地观察着什么，一个教师看到他们满身是灰的样子，生气地走过去问："你们在干什么？""听蚂蚁唱歌呢。"学生头也不抬，随口而答。"胡说，蚂蚁怎会唱歌？"老师的声音提高了八度，严厉的斥责让学生猛地从"蚂蚁唱歌"里清醒过来，于是一个个小脑袋耷拉下来，等候老师发落。只有一个倔强的小家伙还不服气，小声嘟囔说："您又不蹲下来，怎么知道蚂蚁不会唱歌？"

请你运用现代教育理论对该教师行为做分析论述。

该案例的解题思路为：

（1）审题。带着题目要求"现代教育理论"去读题干，搜索出理论范围：新课改下教育观、学生观、师生观等核心概念解释。

①教育观。新课改要求树立以学生发展为本的教育观。在教育取向上，不仅要重视基础知识、基本技能的掌握，还要重视基本态度和基本能力的培养。尤其在学生创新精神和实践能力的培养上，要重视学生发现问题、解决问题的能力，学生学习的兴趣的培养以及学生个性的发展。

②学生观。要把学生看成是具有独立的、独特的、发展的人格的个体，是能动的、充满生机和活力的社会人。学生是学习的主体，是学习的主人。在一切活动中，教师要充分地发挥学生的能动性，促进其发展；要尊重、信任、引导、帮助或服务于每一个学生。

③师生观。师生要平等相待。师生在人格上是平等的，要平等对话，实行等距离教学，要坚持教学民主，要废除教学中的命令主义。

（2）对号入座，具体分析，理论结合实际。

①"听蚂蚁唱歌呢。"孩子具有童心、童真与童趣，具有孩子特有的想象力，教师要善于了解孩子的内心世界。新的教育取向不只关注知识和技能，还要关注过程与方法、情感与体验。"听蚂蚁唱歌"是学生的一种体验，教师要尊重并保护孩子的兴趣与想象。

②一个教师看到他们满身是灰的样子，生气地走过去问，学生在兴致勃勃地观察着什么，处于其自身的活动过程，学生是能动的、发展的人，教师要善于保护，给学生心理上的支持，而该教师不尊重学生的主观能动性。

③"胡说，蚂蚁怎会唱歌？"老师的声音提高了八度，严厉地斥责。师生要平等相待，教师不能压制学生。

④小声嘟囔说："您又不蹲下来……"说明教师缺乏民主意识，要和学生实行等距离教学，"请你蹲下来和学生说话""请你走下高高的讲坛"。

———————————

①　素材和分析来自 2017 年中公教育教师招聘版。

（3）总结回顾。教师只有树立起符合素质教育、新课改的学生观、教学观和师生观，才能真正做到贯彻"以学生为本，一切为了每一位学生的发展"的教育宗旨。

∴ 第三节　求职中的面试技巧

面试是相对于笔试而言的，指以面谈或线上交流（视频、电话）的形式来考查一个人的工作能力和综合素质。面试是一种经过组织者精心策划的招聘活动，是用人单位挑选员工的一种重要考查方法。面试给用人单位和求职者提供了双向交流的机会，能使公司和应聘者之间相互了解，从而双方都可更准确做出聘用与否、受聘与否的决定。因此，了解面试的内涵、考查目的、面试过程、测评标准及面试类型，有益于从容应对面试及面试过程中可能发生的各种复杂情况，提升面试官对求职者的满意度，提高求职成功的概率。

一、面试的基本知识

（一）面试的内涵

面试是一种在特定场景下，经过精心设计，通过主考官与应聘者双方面对面的观察、交流等沟通方式，了解应聘者素质特征、能力状况及求职动机等的人员甄选方式。由于是组织方精心设计的场景，因此人员招聘面试与日常的人事考查测评方式有所区别。日常的考查、观察是在自然场景下进行的，而面试属于一种"精心设计"的交际情境，使面试与一般的面谈、谈话有所区别。一般的面谈与交谈强调的是面对面的直接接触形式与情感沟通的效果，并非精心设计；面试是通过给定情境并且发出指令，让应聘者在有限的时间里做出真实的反应，以考查应聘者是否符合岗位要求和企业发展需求。

面试内容包括应聘者的求职礼仪、求职动机、工作期望、专业技能和特长、工作经验、工作态度等，在现场面试环节中还能测评出应聘者的语言表达能力、综合分析能力、应急处理能力、逻辑思维能力、人际交往能力、心理素质等。同时面试也给应聘者与企业负责人一个相互交流的机会，使得面试双方有更加深入了解的机会，以便更加准确判断是否招聘和是否入职。因此，面试在单位招聘中发挥着重要的作用，主要包括以下几个方面。

1. 面试为招聘单位提供多角度观察应聘者的机会

在面试全部过程中，面试官可从应聘者的穿着打扮、举手投足、一言一行观察到应聘者的仪表特征；从其微表情和微动作中可以判断应聘者的心理素质和心理抗压能力；从应聘者回答问题的方式和内容可以考查到其知识储备、实践能力、思维方式、行为方式，推断其个性特征、求职动机、个性品质，预测其未来实际工作情形等。

2. 面试为招聘单位提供企业宣讲、扩大企业知名度的机会

在面试过程中，企业还可以将自己的管理营销理念、企业精神和企业文化等企业概况向应聘者进行宣传讲解，让应聘者更加了解企业、目标岗位及未来可能面对的机遇和挑战。企业在对应聘者宣讲的同时，也将其作为打开企业知名度、扩大企业影响力的一种手段。企业通过传播积极的经营理念和社会责任意识，增加应聘者对用人单位的好感，无形之中也给企业带来正面的宣传效果。

3. 面试为求职者提供了解工作信息的机会

面试是一个双向交流的过程，通过沟通，应聘者可以了解应聘单位的基本情况、应聘职位的具体职责和范围及其他岗位信息等。应聘者同时也可以和面试官探讨企业的未来发展、行业的未来走向、国内外市场现状等，也可表达对未来职业生涯的期待和未来工作的设想。这种面对面的良性的双向交际，能加深双方之间了解，增进彼此之间的友谊，为判断企业、岗位和求职者之间是否相互合适提供有效的方式。

4. 面试与笔试互为互补关系，可考查笔试中难以考查到的内容

面试中可以综合地考查应聘者的知识、能力、工作经验及其他素质特征，可以测评应聘者的综合表现。如果说笔试在招聘考查过程中有一定的隐蔽性，那么面试则给用人单位负责人和应聘者一个面对面交流的机会。从目前的招聘体系设置来看，越来越多的企业结合笔试和面试结果，给予求职者一个综合的评判结果，以期更加客观地选人、用人，减少不必要的人力资源浪费。

（二）面试的目标

面试是一种组织者经过精心设计的考查场景，以考官对考生的面对面交谈与观察为主要手段，由表及里测评应聘者的知识、能力及其他素质。面试的主要目标主要有几下几点。

1. 考核求职者的动机与工作期望

求职动机和工作期望是用人单位在招聘时较为看重的一个方面，每家企业都有自己的企业理念与文化，求职者的求职动机在一定程度上反映了其职业规划和工作期望，而该因素决定了求职者在这个岗位上未来能做出多大成绩、能持续发展得有多远。因此，求职动机的考察在面试环节极为重要，一些应聘者在简历或者求职信上会写出自己的求职动机，看上去态度真诚、言辞诚恳，但是实际情况是否符合简历上的自述，需要在面试过程中再次验证。

2. 考核求职者的仪表、性格、知识、能力、经验等特征

面试是一场综合素质的考核，如果说笔试能为用人单位初步筛选出符合企业及岗位的后备人选，那么面试则是通过各种方式、手段和情境对应聘人员进行全方位的考查。例如用人单位会安排一对一、一对多、多对一、多对多等面试形式，设置一些预

先想好的问题，如自我介绍、竞争优势、缺点剖析、求职动机、工作计划等，有时也会设置一些需要应聘者临场应变的考题，例如进行英语演讲、计算机演示、突发情景模拟等，目的是为了考查应聘者的背景、智商、情商、仪表、气质、口才、应变等综合能力是否符合企业、部门及岗位要求。

3. 考核笔试中难以获得的信息

笔试中主要针对的应聘者知识结构的考查，相对来说有一定的应试技巧存在，一些比较善于应试答题或者文笔功夫比较强的考生将会在笔试的应聘竞争中占据一定优势，而应聘者其他方面的素质能力，如实践能力、组织策划能力、沟通能力、演讲能力、应变能力等很难在笔试中得以体现。面试环节作为笔试的最佳补充，可以考核到笔试中难以获得的信息，使用人单位能够全方位地考查求职者是否适合该岗位。

（三）面试的基本流程

一般来说，用人单位面试的基本流程如图 8 - 1 所示。

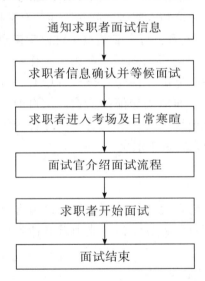

图 8 - 1　用人单位面试基本流程图

1. 用人单位通知求职者进入面试阶段

一般通知内容包括面试时间、面试地点，一些比较负责的企业还会附上乘车线路以供求职者参考。求职者在接到面试通知后应当第一时间做出回复，确定可以参加面试，以表达对招聘负责人的尊重和对该岗位具有浓厚兴趣的态度。同时，在接到面试通知后，根据面试指引进行相关准备。

2. 求职者到达指定地点报到并等候面试

面试当天，求职者到达指定地点后及时找到招聘组的负责同事询问具体的面试指引。一般到达后，负责接待的工作人员会与求职者确认身份和面试岗位信息，如要求出示通知信息、身份证、准考证等。有的用人单位还会要求应聘者填写一份《××公司求职人员面试登记表》。在做好如上登记后，将面试者引导至候场室等候。

3. 求职者进入面试间并问候面试官

招聘工作人员将求职者引导进入面试间，求职者礼貌感谢工作人员，适当敲门进入。进入房间时，主动问候面试官，也可与面试官握手以示礼貌。一般在面试考场中会放置空椅，主考官会发出"请坐"的指令，示意求职者可以就座，求职者接到指令后落座，正式面试开始。切忌一进入面试间未经同意擅自落座，给面试官留下轻佻、不尊重的印象。

4. 面试官介绍面试的形式和规则

在面试开始前，面试官一般会介绍本次面试的形式和规则。当前用人单位招聘中，面试的种类纷繁复杂，有结构化面试、非结构化面试、半结构化面试和无领导小组面试等。每一种面试的形式有很大的差异，例如结构化面试一般是一位考生面对多名面试官，需要回答的题目是固定的，应聘者按照题目顺序在规定的时间内依次作答即可。无领导小组面试则是多位求职者面对一至两名面试官，其规则为由一组应试者组成一个临时工作小组，讨论给定的问题，并做出决策，目的在于考查应聘者的临场发挥和应变能力。无论哪种面试形式和规则，应聘者都应该认真倾听、牢记每一项规定和要求，并严格按照面试官的指令进行，切不可报以"博人眼球"或"另辟蹊径"的想法做出某些出格的行为，容易给面试带来负面影响。

5. 求职者进行相关反应和作答

求职者进入面试间，听完面试官宣读面试规则之后，按照面试要求指引进行相关作答。无论参与哪种类型的面试，求职者在作答时要始终保持自信、沉着，切忌因紧张导致思维混乱。如遇到不熟悉的知识领域，也可采取迂回、变通式的回答技巧，紧密围绕求职岗位的核心技能和企业发展特点进行答题，不要过多出现"呃""嗯""这个""那个"等语气字眼，或者出现较长的停顿时间，面试中的每一分钟都是展现自我综合素质能力的绝佳机会。

6. 面试结束及礼貌离场

当面试官发出"面试结束，谢谢参与"等相关指令时，意味着本次面试结束。面试是否结束由面试官决定，求职者不得自行结束面试。面试结束时，应聘者说出一些礼貌用语、向面试官表示感谢、再次与面试官握手以示尊重等行为均可以给面试官留下好的印象，提升面试分数。无论与面试官的交流是否愉快、面试过程是否顺畅，在面试结束时都不应该表现出过于兴奋或者沮丧、失望的情绪。直到离开面试间之前，都应该充分控制自己的情绪和表情，做到时刻保持微笑和镇定，即使结果不如所愿，也应该拥有从容的态度，对面试官说出"谢谢""辛苦了"之类的寒暄语，以表现出个人良好的素质和修养。

（四）面试的主要内容和测评标准

1. 仪表仪态与举止行为

该部分内容测评的是求职者的求职礼仪，主要包括仪容、服饰、仪态、举止、精神状态等。如前文内容介绍，仪容礼仪指的是一个人的外在精神风貌，包括面部、发型、手部及整个身体呈现在社交场合中的状态。服饰礼仪指的是公共交际场合中为了相互表示尊重和友好，达到交往的和谐而体现在服装上的一种行为规范。举止礼仪是交际双方的一种无声语言，说话人的言行举止能表现出一个人的行为礼仪和个人涵养。面试场合是一个严肃紧张的交际情境，因此面试者应当表现出适合该场合要求的仪容、仪表及行为礼仪。

测评标准：仪态端庄大方，举止行为得体，礼貌且不拘谨。

2. 通用知识、基础知识与专业技能

通用知识指的是一个人能够在社会生存所具备的基本知识素养，主要包括基本政治理论、基础经济理论、法律法理学理论、职业道德理论、公民素质理论、自然科学理论、社会伦理素养理论等。基础知识是能保证人在社会中立足的生存技能之本，包括基础教育阶段及高等教育基础学习阶段的一些科目，如语文、数学、英语等。专业技能是指从事某一职业的专业能力，如应聘教学岗位应当具备教学技能、应聘人力资源管理应当具备人事管理技能、应聘财务岗位应当具备金融与财会技能等。面试中对该三个方面的知识能力考核，是对笔试考试的补充，面试官通过面试了解应聘者实际掌握知识的深度和广度，判断其知识储备是否符合用人单位的要求。一般来说，用人单位会围绕应聘者的个人简历进行发问，例如了解应聘者的教育背景、培训经历及所获证书和奖项的情况。对知识结构的考查，能体现出应聘者对知识学习的能力高低。

测评标准：知识结构合理，基础知识牢固，专业技能扎实，有较强的学习能力。

3. 实践经验与运用能力

在面试过程中，用人单位较为看重的重要方面之一就是应聘者曾从事过的工作或实践经验，主要考查的是应聘者的实际运用能力。大学毕业生的实践经验一般指的是在校期间参与过的与本专业或者求职岗位相关的校内外实践活动、研究项目、实习经历等。大学期间参加过的实践经验在求职应聘过程中非常重要，面试官根据求职简历上描述的实践经历进行提问，提问内容包括实习的项目内容、实践的具体过程、实践结束后的心得、所培养的技能等。对大学生求职者的专业水平、个人能力、做事的思维方式、人际状况等进行基本考查，进而对个人情况做出初步认定。对已有全职工作经验的非应届毕业生求职者，用人单位主要考查其过往的工作经历及所做出的工作成效、为企业带来的业绩成果等。对求职者实践经验的考查是判断求职者是否具备一定的实际运用能力的重要考查依据。此外，面试官还会设置一些应用能力测试题，考查求职者是否能将自己所学知识真正运用到实际场景中去解决问题。

测评标准：实践经验和实践技能符合岗位要求，具备较强的实操能力和动手能力。

4. 口头表达与沟通能力

面试是一种口头言语交流的过程，因此，面试中最直接可以反映出来的就是应聘者的语言表达能力。语言表达能力主要指的是一个人表达自己思想、观点、建议和意见的能力，考查内容包括表达的流畅性、逻辑性、准确性和感染力等。面试过程是应聘者与面试官实际沟通的过程，一来一往的言语输出和输入能准确反映应聘者的沟通能力和交际能力。沟通能力包含表达能力、倾听能力、设计能力（形象设计、动作设计、环境设计）。沟通能力看起来是外在的东西，但实际上是个人素质的重要体现，它反映了一个人的知识水平、能力高低和品性素养。沟通能力是用人单位越来越看重的个人能力之一，原因在于，人是社会动物，社会是人与人相互促进的产物。在任何职场环境中，要完成一项工作任务或取得较好的工作效益，都必须与他人做有效沟通。恰如其分和沟通效益是人们判断沟通能力的基本维度，面试过程中，求职者与面试官之间的互动，则是考查求职者沟通能力最现实及最直接的考查方式。例如面试官在对应聘者发问时，故意设置一些沟通障碍以考查其是否具备化解交际阻碍的能力。

测评标准：语言表达流畅，逻辑层次严谨、分明，条理清晰，交际风格具有感染力。

5. 综合能力及应变能力

综合能力是人在思维中把客观对象的各个部分结合成一个有机整体进行考查、认识的技能和本领。借助综合能力，人们在进行决策时的思维方式为由点及面、由小到大、由零到整，从局部到整体，拥有全盘思考和全面分析的判断力与制订长远计划的决策力。综合能力包括观察能力、实践能力、分析能力、整合能力、交流能力。能够同时将知识能力、语言表达能力和身体协调能力灵活运用即为一个人综合能力的体现。应变能力是综合能力反映的一种，是指自然人或法人在外界事物发生改变时所做出的反应，可能是本能的，也可能是经过大量思考过程后所做出的决策。应急行为也是体现一个人综合能力的外在表现。良好的应变能力表现在能审时度势、随机应变、反应迅速及得当。一个人在突变环境中的应对能力可以显示出其心理素质及判断力、决策力和创造力。古人云"以不变应万变"，是应对变化多端的社会环境的化解策略。例如在面试过程中，面试官根据岗位特点设置一些突发情景要求应聘者在短时间能解决困顿的局面。面对该类提问，不要慌张，保持沉着冷静，同时梳理思路、抓住重点、瞄准目标，在变动中辨明方向，给予恰当、合适的应对策略。

测评标准：抓住本质，分析透彻，整体性强，创新性合理，对突发情况反应灵敏。

6. 工作态度及求职动机

工作态度是个人对工作所持有的评价和行为倾向，包含认知成分、情感成分和行为意向成分三个方面。认知成分是个人对职业的信念与价值信仰，情感成分是对职业体验的喜好感受或情感评价，行为意向成分是个人根据具体认知和感受对该职业采取的行为方式。工作态度关系到一个人对该份职业的重视程度、努力程度及负责程度，工作态度是决定员工能在该职业岗位上发挥多大效能、职业发展能有多远的前提条件。

面试官一般会从求职者的过往经历和工作业绩了解其对工作的基本态度。求职动机指应聘者的求职动机与拟任岗位的匹配性，主要了解的是求职者为什么来应聘该职位，对哪类工作感兴趣，在工作中追求的是什么，从而判断本单位所提供的职位或工作条件等能否满足求职者的工作要求和期待值。成就动机是考查应聘者求职动机的一个重要方面，一个人有较强的进取心，有较高的成就动机，才能在事业上有所发展。面试中，用人单位有时会对应聘者的职业生涯规划进行询问，用以考查其进取心和成就动机。

测评标准：工作态度端正，求职动机纯良，有清晰的职业规划，成就动机强烈。

7. 自我认知能力其他方面的考查

自我认知是对自己的洞察和理解，包括自我观察和自我评价，主要表现为对个人性格、兴趣、能力和价值观的定位和认知。大学生在校期间，在职业目标的确立过程中容易产生迷茫，归根结底是对于自我认识的不足。自我认知能力是情商高的表现，是一个人在未来职场中的定力和决心。在面试中，往往第一项面试内容即要求面试者进行自我评价，例如应聘者的自我介绍、对自己优点和缺点的剖析、描述自己对该岗位的竞争优势等。面试官将应聘者的自我评价与他人的观察评价和其他方法所得到的评价进行对比，探究其是否具备正确的自我认知能力。另外，了解面试者的业余爱好也可以在一定程度上推论其性格特点，例如询问应聘者业余时间喜欢从事哪些活动、喜欢阅读哪些书籍、喜欢什么样的电视节目等。具有岗位所需技能外的其他兴趣特长，可为应聘者的面试结果带来正面影响，原因在于，其他特长能为单位和部门带来更多的产值和效能。

除上述面试内容外，应聘者的现场把控能力、抗压能力、情绪控制能力也是体现一个人职业综合素质的表现。在面试过程中，对应聘者适当施加压力或精神刺激，可以考查其情绪稳定性和自我控制能力。此外，求职者对福利、薪酬的要求与服务意识、奉献精神，有时也会在面试提问中涉及。

测评标准：自我认知准确，自身特点突出，有一定的抗压能力，心理素质过硬。

二、面试的主要类型

用人单位根据招聘岗位的要求、特点，以及本单位人事招聘体系，结合招聘的客观条件等制定招聘面试的类型和具体计划。一般来说，笔试和面试是按顺序同时进行的。笔试考查的是应聘者的知识功底和文字表达能力，是一种单向考查方式。面试则以谈话观察为主，面试内容具有灵活性、持续性的特点，是一种双向沟通的交流互动过程。根据社会上出现的招聘面试方式，我们按照面试对象的数量、面试的结构化程度、面试渠道等分为下列几种。

（一）按面试对象的数量分

招聘面试中的参与人员有多种组合方式，例如一位应聘者面对一位面试官或者多位面试官，或者多位面试官同时面对多位应聘者等，具体可分为单独面试、集体面试和小组讨论三种类型。

1. 单独面试

单独面试是面试官与应聘者单独面谈的一种形式，也是最常见、最基本的一种面试形式。单独面试的优点是能为招聘双方提供一个面对面的机会，让双方能够深入交流。单独面试又可分为两种类型：一是只有一位面试官负责整个面试过程。这种面试方式大多在规模较小的单位录用较低职位人员时采用。二是由多位面试官参加整个面试过程，但是每次均只有一位应聘者参与面试交谈。公务员面试、一些事业单位或者大型国企面试常采用该种面试形式。

在单独面试中，要充分注意自己的求职礼仪和细节表现，无论面试官是一个人还是多个人，面试重点都放在应聘者一人身上，此时任何细小的行为举止都将被无限放大，因此，在单独面试中，应聘者要在充分表现自我、展现自我、推销自我的同时，注意自我情绪和自我行为的控制，不要过分傲慢、过分直率或过分低落。

2. 集体面试

集体面试指的是应聘者几个人组成一个小组，同时面对多位考官的情况。通常进入面试间后，应聘者被要求环绕会议圆桌而坐，集体面试中有多种考查方式，例如要求应聘者轮流担任领导主持会议、要求应聘者轮流发表演讲，或者应聘者接受同样的提问，然后依次按照顺序进行回答。集体面试的方法主要用于考查应聘者的人际沟通能力、洞察与把握环境的能力、领导能力等。

集体面试是有多位应聘者进入面试间，所以入场时给面试官们留下好的第一印象尤为重要。面试过程中保持镇静、清醒，主动、热情参与面试，切勿被动或尴尬，同时注意倾听他人意见，切勿随意打断他人的谈话，同时也要有自己的风格，切忌人云亦云。总之，要在众多应聘者中给面试官们留下正面的、积极的深刻印象。

3. 小组讨论

小组讨论，又称为无领导小组面试，是指多位应聘者在同一时间、同一地点针对同一问题进行集中讨论，并得出解决方案或者结论的一种面试方式。无领导小组讨论在不指定召集人、主考官也不直接参与的情况下，应聘者自由讨论面试官给定的讨论题目，题目一般取自拟任工作岗位的专业需要，或是现实生活中的热点问题。该种面试方式具有较强的岗位特殊性、情景逼真性和典型性，重点考查的是应聘者的分析能力、沟通技巧、领导才能、应变能力、团队协作能力及在充满竞争和压力的环境中解决问题的能力，看谁能在讨论中脱颖而出。无领导小组讨论的题型有案例分析类、问题解决类、关键要素取舍类、技能考查类等。

小组讨论过程中，可假定多种角色，如领导者、观点贡献者、意见协调者、过程记录者、总结发言者等，经过各种观点和思想的碰撞、提炼，得出最佳答案或做出决策。小组讨论的核心在于对于个人能力和团队能力进行综合评价，所以要时刻掌握好个人表现与小组其他成员表现之间的平衡。例如，面试开始时，尽快了解组内其他成员；讨论过程中，可以拿出一张白纸，在大家轮流提出意见时做好记录；意见输出时，不盲目跟从，也不过分标新立异，实事求是、客观地给出建议；当讨论出现分歧时，扮演好协调者的角色，不要过度纠结于问题的细枝末节而忽视考虑如何提升整个团队合作讨论的效率。

（二）按面试的结构化程度分

面试的结构化程度主要指的是面试的标准化程度，侧重于面试是否严格遵循既定程序、采用标准评价方式和评价方法进行面试考核。根据面试的结构化程度可分为结构化面试、半结构化面试和非结构化面试。

1．结构化面试

结构化面试指的是根据特定职位的胜任特征要求，遵循固定的程序，采用专门的题库、评价标准和评价方法，通过考官小组与应考者面对面的言语交流等方式，评价应考者是否符合招聘岗位要求的人才测评方法。结构化面试是在工作分析的基础上精心设计与工作有关的问题和各种可能的答案，并根据被试者回答的速度和内容对其做出等级评价的面试，是一种比较规范的面试形式。结构化面试的优势在于，对于每一位应聘者而言，所有问题的内容、程序、形式、评分标准都是完全固定且一致的，面试结果具有较强的可靠性、对比性和有效性。结构化面试特点突出，其客观性和可量化性，保证了判断的公平、合理，但是该种面试方式也有其缺陷所在。例如，不能进行设定问题外的提问，局限了面试的深度；面试提问均为事先安排，整个过程过于机械化；结构化面试为面试者单向输出的交际方式，面试官无法对应聘者做过多的了解。

结构化面试在国家公务员考试、事业单位招聘面试中采用较多，面试提问一般围绕岗位要求的基本职业素养和岗位工作内容进行设计，例如情景问题、工作知识问题、工作样本模拟提问、工作要求问题等。结构化面试具有严格的时间限制，因此在应对此类面试时，可以注意几个方面的技巧：一是保持谦虚有礼的态度；二是选择正确有效的倾听；三是冷静客观地回答；四是合理控制时间；五是注重语言表达技巧。结构化面试中无论设置何种题型，牢记"万变不离其宗"的要点，即所做的任何回答都要围绕岗位的核心要素进行阐述。

2．半结构化面试

半结构化面试是指只对面试的部分因素有统一要求的面试，如规定统一的程序和评价标准，但是面试题目可以根据面试对象而随意变化。半结构化面试是介于结构化面试和非结构化面试之间的一种形式，面试前用人单位负责组一般预先设置好试题（结构化面试），然后在此基础上，根据应聘者的临场反应，又随机提出一些新的问题以全方面考查应聘者的各方面素质和能力。半结构化面试的优点在于既保证了面试的客观性、公正性，又突破了结构化面试僵硬的问题设置方式，有效地避免了单一方法上的不足，面试官可以获得比材料法中更为丰富、完整和深入的信息，还能够给予应聘者更多的展现机会。

目前，用人单位越来越多采用半结构化面试的方式，求职者应多注意该类面试的准备。例如，与用人单位及岗位要求相关的知识背景必须提前掌握好；面试开始前放松心态，但是不要轻视面试；与面试官交流时，注意察言观色，时刻关注面试官的现场反应；整个面试过程做到真诚、不浮夸，才华横溢不等于夸夸其谈，语言表达做到张弛有度、游刃有余。

3. 非结构化面试

非机构化面试是指对与面试相关的因素不做任何限定的面试，也就是说通常没有任何规范的随意性面试。非结构化面试中，面试的组织非常"随意"，关于面试过程的把握、面试问题的设置、面试时间的掌控、面试评分角度与面试结果的处理办法都没有统一标准，可以说非结构化的面试结果完全由面试官人为判断决定。非结构化面试类似于非正式交谈，更多考验的是面试官本人在短时间内对人员甄别的判断力和鉴别力，即面试官应当具备"慧眼识人"的能力，否则很难保证非结构化面试的效果。非结构化面试具有较强的主观意识和"随缘"特点，在用人单位实际招聘中越来越少被采用。

（三）按面试的渠道分

面试强调的是招聘双方之间的互动、交流，受面试条件限制，一些面试在现场面对面完成，另一些面试只能通过电话、视频等远程形式进行。

1. 电话面试

用人单位面试负责人直接通过电话与应聘者交流，了解其基本情况。有的用人单位会在电话面试前与应聘者约定好电话面试的时间，由用人单位面试官给应聘者打电话，此时，应聘者应当及时接听。有的用人单位不事先通知具体时间，而会在某一段时间内直接联系求职者，这就需要求职者有较快的反应速度和足够的应变能力。电话面试节省了许多人力成本。应聘者与面试官的非面对面接触，使得应聘者无法立刻感知到面试官对自己回答的反应，容易加深其紧张感。电话面试的局限性也较为明显，用人单位无法直观地与应聘者进行交流。

用人单位采用电话面试的形式不占多数。面试官一般会在电话中让应聘者做自我介绍，然后针对简历中的信息或单位感兴趣的问题进行提问。因此，即使求职者遇到的是电话面试，也应该对企业及所应聘的岗位具有全面的了解，提前做好面试准备。

2. 视频面试

视频面试指的是用人单位与应聘者不用面对面现场接触，而是利用互联网连接手机或者计算机的方式，通过远程视频进行沟通的面试形式。远程视频面试便捷、方便，尤其给异地面试节省了大量的时间资本、路途资本及人力资本。例如2020年上半年，受新冠肺炎疫情影响，企业在全面复工复产后面临着新员工招聘的问题，现场面试的形式增加了感染的风险率，视频面试便成为企业招聘中的一种重要考核手段。该种面试方式受设备、网络、场地等诸多因素影响，因此对招聘双方的现场技术条件有着较高的要求。

求职者当被通知进行视频面试时，应当提前做好充分的准备，除面试需要做到的基础准备外，还应该做到：询问和确认视频面试使用的视频软件；选择合适的面试区域，要求做到安静、不被打扰，保持室内环境的干净、整洁、明亮；提前下载好视频软件，做好设备测试。视频面试依然要保持形象大方、举止得体、表情管理到位，在整个面试过程中要熟悉平台的操作流程，保持操作的顺畅。

3. 现场面试

现场面试即为现场交谈式面试，是常见的面试方式，一般会要求应聘者进行自我介绍，然后根据岗位需求、面试内容进行提问。应聘者根据面试官的提问作答，是一种互动比较多的面试形式。这种面试属于传统面试形式，时间相对自由，提问的随机性比较强，中小企业大多采用该种面试方式，部分企业把这种交谈式的面试方式与其他方式结合起来使用。

现场面试前可多准备几份简历，有时面试官不止一人。初步印象和最后印象在现场面试中尤为关键，这决定了面试官对求职者的欣赏程度，因此最初的 5 分钟内应当主动沟通，离开的时候，要确定已给面试官留下深刻印象。另外，面试前要充分了解招聘单位的情况，清楚用人单位的需求，表现出自己对用人单位的价值，展现适应环境的能力，同时在回答问题时做到条理清晰、层次分明。

（四）其他面试类型

1. 压力面试

压力面试是指有意地制造紧张气氛，以了解求职者将如何面对工作压力。压力面试不是一种单独存在的面试形式，而往往穿插在多种面试类型中。压力面试中的压力来源于问题的难度和面试官咄咄逼人的追问方式。"激怒法"是刁钻的面试官用来淘汰应聘者的惯用手法，通过提出生硬的、不友好的问题，针对某一事项或问题做一连串的发问，或用怀疑、尖锐、单刀直入的眼神，故意使应聘者感到不舒服，挑战彬彬有礼的求职者的心理防线，其目的是确定求职者对压力的承受能力、在压力前的应变能力和人际交往能力。压力面试的压力形式还包括环境压力、方式压力、内容压力、节奏压力、形式压力、僵局压力等。

面对面试官的盛气凌人，应聘者最好的应对办法就是无论如何都不要被"激怒"，不要被故意刁难的面试官带乱了节奏，无论发生何种情况，坚定自己的立场，控制好自己的情绪，时刻展现出成熟、自信的心态，在自己最擅长的领域展现过硬的专业能力。

2. 情景面试

情景面试主要指的是情景模拟面试，面试题目主要是一些情景性的问题，即给定一个场景，考查的是求职者在特定环境、特定情况下是如何做出反应的。情景模拟面试主要依据动机理论中的目标设置理论进行情景设计。目标设置理论认为，一个人的未来行为会在很大程度上受到他的目标或行为意向的影响。基于这个假设，情景模拟面试的目的是给应聘者设置一系列工作中可能会遇到的事件，并询问"在这种情况下你会怎么做"，以此来鉴别应聘者与工作相关的行为意向。情景面试突破了常规面试中考官与应聘者的一问一答模式，引入了无领导小组讨论、公文处理、角色扮演、演讲与辩论、案例分析等人员甄选中的情景模拟方法。情景面试是面试形式发展的新趋势，在这种面试形式下，面试的具体方法灵活多样，面试的逼真性强、情景还原度高，求职者的综合素质和技能得到更加充分、全面的展现。

在面对情景面试时，应聘者应提前做好职位调研，保持平稳、积极的求职心态，多注意沟通技巧和协调技巧，在解决问题时围绕核心要求，在遵守法则法规的基础上进行方法创新。平时要多注意情景面试的模拟训练。

3. 评价中心面试

评价中心面试又叫 AC（Assessment Centers）面试，评价中心是一种包含多种测评方法和技术的综合测评系统。评价中心测评技术与传统的纸笔测验、面试不同，主要通过小组讨论、角色扮演等情景模拟方法，再加上一些传统的测试方法，对求职者的知识、能力、个性、动机进行测评，从而可以在静动态环境中为企业提供多方面有价值的关于求职者的评价资料和信息。该种面试形式用时较长，在一些外企的人才招聘中有所使用。

4. 问卷面试

问卷面试是运用问卷形式，将所要考查的问题列举出来，由主考官根据应聘者面试中的行为表现对其特征进行评定，并使其量化。它是面试中常用的一种方法，其优点在于把定性考评与定量测评相结合，具有可操作性和准确性，避免了凭感觉、凭经验主观评价得出结论的缺陷与不足。问卷面试与结构化面试有稍许不同，问卷面试中的题型有是非题、选择题、判断题、简答题等多种题型，类似于笔试中的出题方式，但是与笔试的内容又有所不同。而结构化面试中的问题全部属于开放式提问，且题目数量一般不超过 5 道，有严格的时间限制，问卷面试则在时间把控方面没有太多的限制。

（五）无领导小组面试

知识链接

无领导小组面试解析

无领导小组讨论采用的是情景模拟的方式对应聘者进行集体面试。由一组面试者（一般为 6～10 人）组成一个临时工作小组，讨论给定的题目，进行 20～30分钟与工作相关问题的讨论，并做出决策。由于这个小组是随机凑成的，并不指定谁是负责人，目的在于考查应聘者的表现。近几年来无领导小组面试法得到越来越多单位的认可，无论是公务员面试还是外企面试都倾向于用这种方法。无领导小组讨论给考生提供了一个充分展现个人才能与人格特征的舞台，这类面试对考生而言其实更有利，在既定情景下，通过对问题的分析、论述，给考官留下良好的印象，从而在千军万马的竞争中脱颖而出，迈进成功的大门。

1．考查目标

无领导小组面试考查的是应聘者的个人视野、逻辑性、领导力以及应变能力，其中领导力表现在用自己的热情拉动团队的前进，用自己的知识和充分的分析来促成团队的有效讨论。

2．评价标准

（1）参与有效发言的次数，反应能力及主动参与讨论的程度。

（2）是否有随时消除紧张气氛、说服别人、调节争议、给不太开口讲话的人创造发言机会的能力，促使团队达成一致意见的能力。

（3）能否提出自己的见解和方案，敢于发表意见，支持或肯定别人的意见，在坚持自己正确意见的基础上根据别人的意见发表自己的观点。

（4）能否倾听他人意见，相互尊重，在别人发言的时候不插嘴、不打断。

（5）是否具备语言表达、分析问题、概括和总结不同意见的能力。

3．题目类型

（1）开放式题型。主要特点为答案范围广，主要考查应聘者思考问题时是否全面且有针对性，思路是否清晰，是否有新的观点和见解。例如：受经济下滑影响，市场企业应如何突破障碍、扭转困顿的局面？该类题目容易出，但是不容易对应聘者的表现做评价，因此不太容易引起应聘者之间的争辩，所考查能力范围有限。

（2）两难式题型。两难问题要求应聘者二选一，判断问题的利弊。考查的是分析能力、语言表达能力及说服力。例如：以工作为取向的领导是好领导，还是以人为取向的领导是好领导？此类题目类似于辩论性质，能让面试官对于应聘者的表现有一个清晰的比较。

（3）多项选择式题型。此类问题让应聘者在多种备选答案中选择其中有效的几种或对备选答案的重要性进行排序，主要考查应聘者分析问题本质、抓住问题核心方面的能力。例如：海上救援题，一艘游艇上的8个乘客遇到生命危险，但直升机一次只能救一个人，8位乘客的身份信息如下（略），如何安排救援顺序，请讨论出结果。此类问题的出题难度较大，但是对于评价应聘者综合能力和性格特点则比较有利。

（4）问题解决式题型。问题解决式题目主要为应聘者提供一个模拟场景，让小组讨论出一套解决方案。例如：你是某公司的业务员，现在受公司的委托，去偏远山区销毁一卡车过期面包（无损于健康），行进途中，遇到难民堵住去路，报道难民去向的记者也正好来到此地，现在你既要解决灾民的饥饿问题，也要防止记者报道过期面包这一事实，你将如何处理。此类问题也可以引起应聘者充分讨论，考查应聘者能否以问题为导向制定出合适的解决方案。

（5）其他题型。资源争夺问题也较为常见，例如让应聘者充当各分部门经理，并就有限数量的资金进行分配，如果想要获得更多的资源，自己必须要有理有据，说服他人。还有一些操作性问题，例如给出应聘者一些材料或工具，让他们利用所给的现实场景和道具，设计出一个指定的物体出来，考查的是面试者的创造力、动手能力和协作能力，但是在语言表达方面的考查有所不足。

4. 角色分配

（1）领导者（Leader）：带领角色、控制对话、发言、观点指向、总结等。

（2）观点贡献者（Contributor）：提出建议和意见的人。

（3）观点协调者（Coordinator）：当出现不同声音时，协调争议双方的人。

（4）时间/进程控制者（Time Keeper）：时刻提醒时间进程的人。

（5）记录员（Recorder）：记录各方观点及讨论过程的人。

5. 制胜法则

宗旨：好的无领导小组面试突围者是个多面手，来回扮演多个角色而使讨论过程实现高效产出。

讨论过程：融入（5分钟）—把控（10分钟）—归纳（5分钟）。

（1）融入。目的是为了消除团队成员的戒心，最大限度获得团队成员的认可和信任。具体实践话术：肯定和给予别人机会发言；补充完善观点而非否定，如"我觉得你说得很有道理，如果在这基础之上，再加上……就好了"；给予未发言者机会，如"××，你怎么看"；串联、合并双方观点，如"这个观点的中心思想与××刚才陈述的一样，或者我们可以这样总结……大家认为如何"。

（2）把控。目的在于把控对话流程，实现产出最大化。具体实践话术：充分利用各种角色，例如"综上所述，我们现在要解决的核心问题是（统一中心思想），大家同意吗""我们剩下多少时间了？好了，我们的进程要加快了""记录员，我们看看现有的观点大家认同的和不认同的有哪些，我们集中讨论有争议的""××，你的点子比较多，你觉得如果我们的目的是一致的，有什么方式能达到这个目的并消除大家的顾虑"。

（3）归纳。目的在于明确团队讨论的产出，准备展示结论。具体实践策略：协助归纳员归纳同意的观点，给出不同的观点；理顺总结陈词的逻辑及观点阐述的先后次序；适时让观点贡献者补充。

6. 面试禁忌

（1）功利主义，急于表现自己。

（2）哗众取宠，故意提出有争议的观点。

（3）没有充分表达自己的意见或融合别人的想法，沉默太多。

无领导小组面试适用于挑选具有领导潜质或某些特殊类型的人群。如今无领导小组面试适用范围越来越广泛，已不再局限于"中高层员工"，一些大型企业的校园招聘、公务员考试都采用无领导小组讨论的面试形式。

三、面试的应对策略

（一）面试前的准备

1. 资料准备

面试资料的准备主要包括信息和个人材料的准备。信息方面包括目标企业信息、目标岗位信息、国内外热点话题信息。目标企业信息需要了解的是行业背景、竞争对手、产品系列、企业文化、客户分布等。目标岗位信息有岗位的招聘条件、专业技能要求、职业素质要求、工作地点和待遇等。国内外热点话题主要围绕当前社会及市场上发生的大事、要事，应当有一定的了解并能表达出自己的看法和观点。

个人资料的准备包括备用简历、学历证书、职业资格证书、身份证、学生证、成绩单、纸笔、证明材料、提问清单、手机等。需要提醒的是，个人简历不要千篇一律，要根据不同单位、不同岗位制作专门的、有侧重点的简历。同时，对个人简历要做到了如指掌，包括时间顺序和具体内容，面试官一般会根据简历进行提问。

2. 心理准备

心理准备主要指的是心态和心情的自我调适。首先，要保持平常心态，看淡成败，通常能够获得一份理想的工作需要多次面试才能成功，不要把全部希望寄托在一个公司的一次面试机会上；其次，要心情放松，增强自信，保证睡眠，提前 15 分钟到达面试地点，进入面试间前调整自己的情绪，深呼吸，以最佳的状态参加面试。另外，要时刻保持头脑清醒，除去不必要的杂念和想法，例如"面试官对我的看法怎么样""我不该穿这件衣服，因为别人会嘲笑我，会对我有看法""我不敢干那件事，恐怕别人会嫉妒"等，应多集中注意力和保持自信心。

3. 问题准备

问题准备主要指的是面试过程中可能会遇到的提问和应聘者自己准备向面试官的提问，主要围绕六个方面的内容进行准备：①你为什么参加此次应聘？②你是谁？（即自我介绍）③你可以为用人单位做出什么贡献？④你区别于其他人的竞争优势在哪里？⑤用人单位能为你提供什么平台和机会？⑥你的其他问题。问题的回答应该始终围绕个人基本素质和专业技能能够胜任招聘岗位这一最终目的来举例和论述，可以多准备几个例子来证明自己的能力。

4. 礼仪准备

如前章节所述，求职礼仪的准备主要包括服饰礼仪、仪表礼仪和举止礼仪，对该三个方面的礼仪准备可从以下几个方向着手：一是提前检查服饰、发型是否与应聘职位相匹配，服装是否熨烫整齐，发型是否干净利落，还可提前准备一些备用衣物，如女士的丝袜；二是提前检查仪容仪表是否得体，男士保持面部清洁，胡子、鼻毛、口气处理干净，女士提前化好淡妆，随身带上面纸和补妆用的化妆品；三是提前演练表情和手势语，包括练习微笑、眼神、坐姿、走姿、站姿、手势等。另外，面试应当严格遵守时间，不可迟到，同时还可以提前了解面试官的职位以便正确称呼。

5. 模拟演练

求职者在正式应聘前，应该充分了解面试的各种类型，有条件的情况下可以提前进行模拟演练。例如找熟悉的师长或者同学进行自我介绍的训练，自我介绍是反映求职者自我认知和自我剖析的能力，包括个人基本信息、教育背景、专业技能、所获奖项、社会实践等方面的介绍，一般面试官比较看重求职者对自己性格的解析、长处和短处的认知、能力范围的认识等。还可以与同龄人进行模拟无领导小组面试，一方面可以熟悉该类型面试的流程，另一方面可以锻炼自己分析问题、解决问题、沟通交流、时间管理等能力。

（二）面试中提问与回答的思路

为了提高面试的成功率，各大面试培训机构、职业发展研究机构等总结出了许多经典面试题目，例如"宝洁经典八大问"，希望求职者能轻松突破"面试防线"，获得工作机会。然而，招聘面试是不断随着市场的发展和人才的特点而出新变化的，面试问题也并不是一成不变的。但是无论怎么变化，从面试考核的总体目标来看，用人单位都是围绕应聘者是否适合岗位需求、是否能融入企业并能为其带来效益而设计面试题目的。针对此目标，我们可以结合自身职业发展规划和个人特点，将自我与企业及岗位相匹配，找到解决问题的思路和办法。

1. 面试中的提问思路

按照考查目的，面试中的提问可分为以下三种。

（1）考查求职者的背景。主要针对求职者的个人基本情况进行了解，常见问题包括：

请介绍一下你自己。

你的短期目标是什么？2年后和5年后你的目标是什么？

你最满意/不满意的经历是什么？

你的长处/弱点是什么？

你最擅长处理什么类型的问题？

你怎样缓解压力、怎样保持生活平衡？

如果我让你的朋友描述你，你认为他们会怎么说？

（2）考查求职者的动机。针对求职动机的考查，往往想了解的是应聘者对该公司及岗位的求职意愿是否强烈，常见问题包括：

你为什么应聘这份工作？

你怎么看待这份工作和职位？

你为什么选择我们的公司？

你对本行业的发展前景怎么看？

（3）考查求职者与招聘岗位的匹配度。主要围绕招聘岗位和求职者的能力进行提问，常见问题有：

你会使用××技术（或具备××能力）吗？

从你的兼职/暑期/公司/实习经历中，你学到或者你得到了什么？

你对这份工作有什么期望和目标吗？

看上去你好像在_____领域（如销售、金融、教育等）没有什么经验，是吗？

以上问题列举是传统面试中出现过的问题，无论面试官以何种形式发问，求职者都应该根据自己的观点、经验和准备，围绕"自己就是适合贵公司这个岗位的人"这一论述重点，有的放矢地进行回答。

例如，回答以现实或假设情景为基础的问题时，回答的基本原则是让面试官知道求职者是怎样思考和怎样解决问题的，关键不是得到"正确"答案，而是演示出提出答案的方式。再如回答以行为为基础的面试问题，回答的思路应围绕在工作或公司中获得成功所必备的特性和技能，举例说明应聘者具备该方面的能力。

2. 向面试官提问的思路与方法

在面试过程中，有些面试官会主动提出邀请，提供求职者发问的机会。善于提问是面试者展现自我、推销自己的一项十分有效的求职方式，问题如果提得巧妙、得当，能增加面试官对求职者的良好印象。反之，提出的问题过于敏感或者涉及一些企业及岗位的基本信息（该部分信息本应该在求职前了解清楚，或很容易通过网络渠道搜索得到），则难免引起对方尴尬或造成主动暴露缺点的局面。

因此，恰当的提问应该是向面试官说明求职者为这次面试做了很多准备工作，问题应当与职位有关，并能表现出求职者的热情和知识。通过提出机智的、经过慎重考虑过的问题，向雇主表现出对企业很认真的态度，并且认为自己对企业是很有价值的。

例如：

您能否描述一下这个职位的理想人选是什么样子的？

您认为我做好这项工作还需要提高哪些方面的能力？

您对我有些什么期望？

这个职位有没有岗位培训计划？

面试完后，能否有机会参观下贵公司？

（三）如何结束面试

面试结束后，应该做到以下几点。

1. 配合面试官自然地结束面试

面试是否结束由面试官决定，求职者不应擅自结束面试，或者当面试官发出"面试结束"的指令时，求职者依旧在侃侃而谈、意犹未尽地继续高谈阔论，表达自己的观点，都是极为不礼貌和不可取的行为。面试的全过程应该服从面试官的安排，听从面试官的指引，配合面试官自然地结束面试。

2. 礼貌地向考官及其他工作人员告辞、致谢

当面试官宣布结束后，求职者应有礼貌地同面试官及其他招聘工作人员握手、向他们道谢，务必给招聘方的所有同事留下良好的印象。如果确实还有话想说，可以事后写信或回访。如果面试官约定下一次见面的时间，要避免两种回答：一是太随和，说什么时间都行，这样会显得自己无所事事；二是很快说出一个时间，不加考虑。较为得体的做法是：稍加思考，提出一到两个变通的时间以供招聘方选择，相互留有可商量的余地。

3. 及时退场，整理周围的环境

在离开面试间时，注意将椅子归为原位，将草稿纸、纸杯带走。细心的求职者还可以注意面试官前面是否摆放了茶杯，茶水是否充足，询问面试官是否需要帮忙等，用细节打动面试官，给对方留下好的印象。

（四）面试后需要做的努力

1. 自我评估面试结果，及时做好总结

总结本次面试的经过，对面试过程中提到的问题，可在笔记本中记录下来，对回答得当或者不妥的地方，及时总结和反思。无论是否被录用，也不应该立刻完全放松思想，要时刻保持备战的状态。

2. 致感谢信

感谢信发出用于加深面试官对求职者的印象，提高求职成功的可能性。感谢信的内容不宜太长，简明而真挚即可。感谢信除了表示致谢以外，还应该包括：提醒面试官特别欣赏自己的方面；弥补面试中自己没有处理好的问题；尽量使用公司特有语言；适当提起面试中发生的有趣及令人印象深刻的事情；表示渴望得到这份工作的热情；希望再次与面试官见面。

3. 与招聘负责人保持联系

可定期向招聘负责人发送问候信息，如果收到再次面试的机会或招聘录取结果，应及时表示感谢；如果收到拒绝或者面试失败的结果，应立刻跟进和回应，如有可能争取获得再次面试的机会；如收到面试成功反馈后，求职者考虑退出，也应当主动提出拒绝，以免耽误用人单位对其他候选人的考察，同时详细说明理由以表达慎重考虑后做出的决定，充分表现自己的态度和个人修养。

4. 留意面试结果

不可过早打听面试结果，但是如果在对方许诺的时间内，没有收到关于面试成功与否或者是否聘用的答复，可以主动发短信或者打电话询问面试结果。与用人单位负责人电话交谈时，可以用与岗位相关的其他内容引出想知道的问题，例如"我是否可以向您提供更多有关我的信息？""我再次认真地考虑了一下您的项目，有了一些新的想法，是否有机会与您再次讨论？"等。

5. 做好再次求职的准备

是否最终录用具有多方面的影响因素，不一定由求职者本人单方面表现结果而决

定。无论面试过程中发挥如何，求职者都应该做好失败的打算。即使失败了，也不要气馁，及时调整好心态，总结经验教训，针对不足重新做好准备。即使面试成功了，也不可骄傲自满，毕竟在新的单位里一切都要从头开始，未来职业生涯发展中还有更多的困难和挑战。

【案例：尴尬的视频面试①】

新时代，随着新媒体手段的广泛应用，线上求职、视频面试成为现阶段的重要招聘方式。很多求职者对于这种"无接触招聘"都是第一次体验，尴尬不少，如何在视频面试中一样发挥出色，顺利收获录取通知？

年前辞职的小齐，最近就遭遇了一次失败的视频面试。经过精心挑选，小齐好不容易找到了一家心仪的公司，并顺利拿到了公司的视频面试邀请。谁知，面试刚开始10分钟，突然页面上开始疯狂弹出广告窗。小齐手忙脚乱地去点击关闭，结果根本删除不掉弹出的窗口，一时间导致面试无法继续。

这个插曲不但打乱了小齐原本的面试节奏，也给面试官带来不好的印象，最后面试结果不太理想。

玮玮是渝北一家企业的 HR，在视频面试中，也遇到了不少问题。此前，有一个求职者，已经通知其第二天 QQ 视频面试。到了第二天，提前电话沟通好，接着等待 QQ 上线。5 分钟过去了，没上线；10 分钟过去了，没上线；15 分钟过去了，还是离线状态。

玮玮以为对方出了什么事，赶紧打电话询问，哪知道对方告诉他，自己搞错了，以为是在微信上面试。"可是，我都没加他微信啊，这理解能力，让我怎么放心把客户交给他。"

视频只是一种方式，决定是否被录用的关键还是求职者面试时的表现。可能是能力，也可能是表达力，这些取决点与线下面试时的参考要素是一致的。不过，视频面试时的一些小技巧，求职者也是需要提前把握的。

案例分析

视频面试是针对一些特殊情况采取的一种远程面试方法，该面试形式受技术设备和环境影响较大。求职者应当与用人单位充分沟通好面试平台和应用软件，面试前多做系统测试，不要在面试中出现"乌龙""开天窗"等尴尬的局面。在应对视频面试时，也应该与传统面试的准备内容一样，例如对自己仪容仪表的整理，对行为举止的控制，面试回答时表现出从容淡定和井井有条等。不要因为接受的是视频面试而轻视，也不要因为是视频面试而过度紧张，保持平常心态参与即可。

---

① 素材来源于 2020 年重庆晨报上游新闻官方账号。

练习思考题

1. 应不应该在接到面试通知后，询问负责通知的 HR 与面试相关的形式及其他信息？

2. 求职礼仪主要包括哪三个方面的内容？

3. 笔试的考查内容和目标有哪些？

4. 面试的种类有哪些？

5. 什么是结构化面试？结构化面试与非结构化面试的区别在哪？

第九章　就业权益保护

🎯 学习目标

1. 掌握就业协议与劳动合同的相关内容。
2. 了解与就业权益相关的政策法规。
3. 明确择业者在就业过程中的权利与义务，树立维护自身合法权益的意识。

🔍 本章重点

1. 就业协议与劳动合同的相关内容。
2. 就业者相关权益的保护。
3. 就业协议与劳动合同签订、变更、解除与终止。

🔍 本章难点

1. 就业协议与劳动合同的区别。
2. 就业协议与劳动合同签订、变更、解除与终止。
3. 就业权益的法律保护规定。

📖 案例导入

　　小李是2024年高校的应届毕业生，于2024年3月成功应聘上一家外资企业，与该企业就工作时间、地点、工资、福利待遇达成一致意见，签订了书面形式的就业协议，就业协议中规定小李应于2024年7月到该企业报到并正式入职，如小李无法如约报到并入职，则应向该企业支付违约金3万元。此后小李又报考了事业单位并被录取，取得了事业编制，该事业单位也要与小李签订就业协议。因此小李需要与外资企业解除他们之前签订的就业协议。她通过多个渠道了解到解除就业协议的办理流程，违约金的承担，毕业生、用人单位和学校应承担的责任等相关问题，但并未得到满意的解决方案。于是，小李来到学校的就业指导中心，向老师咨询就业协议书的相关问题。

思考：

1. 根据《劳动法》，这一违约金约定是否可以认定为无效？
2. 如果违约，小李需不需要交这 3 万元的违约金？

❖ 第一节　高校毕业生就业权益与法律保护

一、高校毕业生就业的基本权利

高校毕业生就业权益是指高校毕业生在求职、择业过程中依法享有的权利。根据《中华人民共和国劳动法》（以下简称《劳动法》）、《中华人民共和国劳动合同法》（以下简称《劳动合同法》）、《中华人民共和国高等教育法》（以下简称《高等教育法》）、《中华人民共和国就业促进法》（以下简称《就业促进法》）、《就业服务与就业管理规定》、《中华人民共和国劳动争议调解仲裁法》、《普通高等学校毕业生就业工作暂行规定》等相关政策法规，高校毕业生就业的基本权利主要归纳为以下方面：

（一）平等就业权

《劳动法》《就业促进法》均有规定，劳动者依法享有平等就业的权利。高校毕业生平等就业权是指高校毕业生依法享有平等的就业机会和公平的就业条件，不因民族、种族、性别、宗教信仰不同而受到歧视。高校毕业生受到的就业歧视主要包括性别歧视、学历歧视、身体歧视和地域歧视。比如，用人单位在招聘公告中设置"限男性""同等条件下男性优先"等性别歧视性条件，设置"知名院校毕业"等学历歧视性条件，设置"身高限制"等身体歧视条件或"生源地、户籍限制"等地域歧视条件，均不符合平等就业权的原则。同时，用人单位不得以性别为由拒绝录用女性或者变相提高对女性的录用标准，但是国家明确规定女性不适宜从事的工作岗位除外；也不得在劳动合同中规定限制女职工结婚、生育的内容。

（二）自主择业权

《劳动法》《就业促进法》均有规定，劳动者依法享有自主选择职业的权利。高校毕业生自主择业权是指高校毕业生在符合国家的法律法规、就业方针和政策的情况下，可以自主选择就业单位和岗位，均不受他人干涉。以欺诈、逼迫威胁等方式强制要求毕业生入职某个单位或者强迫毕业生从事某种职业的行为，均被认定为侵犯毕业生自主择业权。因此，高校毕业生可以通过双向选择、选拔考试等多种途径，实现自主择业权。

（三）获取就业信息权

全面、及时地获取就业信息是择业者成功就业的前提和关键。高校毕业生享有的获取就业信息权，是指高校毕业生有权获取就业信息，用人单位、学校和其他机构应公开、及时、全面、真实发布就业信息。一方面，用人单位应当向毕业生全面、准确地公开相关信息，不能隐瞒真实情况或发布非法就业信息。《劳动合同法》规定："用人单位招用劳动者时，应当如实告知劳动者工作内容、工作条件、工作地点、职业危害、安全生产状况、劳动报酬，以及劳动者要求了解的其他情况。"另一方面，高校也应当如实为学生提供就业信息，严格审核校园招聘用人单位资质、招聘岗位的真实性和合法性，充当毕业生与用人单位的桥梁，保障毕业生合法权益。

（四）接受就业指导权

《高等教育法》规定，高等学校应当为毕业生、结业生提供就业指导和服务。《普通高等学校毕业生就业工作暂行规定》中明确指出，开展毕业生就业指导工作是高校应尽的义务，同时要求高校设立专门的就业指导机构，安排专门人员对毕业生进行就业指导，毕业生也平等享有接受就业指导的权利。高校毕业生接受就业指导权是指高校毕业生可以从高校或其他合法机构接受就业指导的权利。高校就业指导机构，应向毕业生宣传和解读国家有关就业最新的方针和政策，指导毕业生的择业技巧，引导毕业生根据国家和社会需要，并结合自身的实际情况，准确定位，合理择业，树立正确的择业观。

（五）违约求偿权

所谓高校毕业生违约求偿权是指高校毕业生和用人单位签订就业协议或劳动合同等相关协议后，双方必须严格履行，任何一方均不得擅自违约，否则另一方享有违约求偿权。比如用人单位无故不履行协议约定的条款，高校毕业生有权要求用人单位继续履行协议或者承担违约责任。

二、高校毕业生就业的基本义务

高校毕业生在依照政策法规享受权利的同时，也应当承担相应的义务。毕业生在就业阶段应履行以下几项义务：

（一）服从国家需要的义务

按照"得之于社会、还之于社会、报之于社会"的原则，毕业生应该以自己的职业行为，回报国家、社会和家庭，承担起自己应尽的义务。在择业过程中，当个人的兴趣、爱好、特长与国家的需要发生矛盾时，应该自觉服从和服务于国家的需要，到祖国最需要的地方去。对于大学毕业生而言，国家、社会和家庭为其成长成才付出了巨大的代价，提供了优厚的政治、经济和文化条件，大学生通过家庭教育、学校教育、基础教育、高等教育等，其生理、心理、智力、能力等得以全面发展。这些都是为了帮助大学生能尽快成熟自立、成长成才、自主独立，最终为国家做出贡献。

（二）如实介绍自己情况的义务

毕业生在求职择业过程中，应如实向用人单位介绍自己的情况，这是基本的择业道德要求，也是诚信做人的基本要求，更是自己应尽的义务。毕业生在填写就业推荐表、撰写自荐信以及与用人单位洽谈介绍自己时，不夸大自己的优点，不回避自己的缺点，不隐瞒自己的过失以及不虚报自己的成绩等，必须实事求是，全面准确，不得以欺瞒手段获取工作岗位。

（三）遵守就业协议的义务

就业协议是毕业生与用人单位之间经"双向选择"，达成一致的协议书，是确定双方意向的结果和证明，因此遵守就业协议是毕业生应履行的基本就业义务之一。毕业生一经签订协议，就不能随意违约。如果毕业生不能严格遵守协议，随便违约，不仅影响学校正常的就业秩序，也会损害用人单位、学校、其他同学等各方面的利益。因此，毕业生必须增强自觉遵守就业协议的意识。

（四）依照职责完成工作的义务

高校毕业生是国家宝贵的人才资源，用人单位往往寄予厚望，赋予重要职责。根据《劳动法》的规定，毕业生有义务严格遵守劳动纪律和职业道德，完成劳动任务，提高职业技能，执行劳动安全卫生规程，同时自觉地接受业务培训以及履行法律法规规定的其他义务。

三、就业权益的法律保护

（一）《劳动法》

我国现行的《劳动法》于 1994 年 7 月 5 日由中华人民共和国第八届全国人民代表大会常务委员会第八次会议审议通过，于 1995 年 1 月 1 日起施行。2009 年 8 月 27 日进行第一次修订，2018 年 12 月 29 日进行第二次修订。

《劳动法》的适用范围是在中华人民共和国境内的企业、个体经济组织和与之形成劳动关系的劳动者。国家机关、事业组织、社会团体和与之建立劳动合同关系的劳动者，依照本法执行。

1. 工作时间和休息、休假

（1）工时规定。这主要是指最高工作时间的规定，即规定工作时间的上限。我国现行的工时制度可以分为标准工时制度和特殊工时制度。标准工时制度，是由立法确定一昼夜中工作时间的长度、一周中工作日天数，并要求各用人单位和一般职工普遍实行的基本工时制度。我国目前实行的是每日工作8小时、每周工作40小时的标准工时制度，用人单位应当保证劳动者每周至少休息一日。

特殊工时制度是指因工作性质或者生产特点的限制，不能实行标准工时制度的，按照国家有关规定，可以实行其他工作和休息制度。我国已实行的特殊工时制度主要有：缩短工时制、综合计算工时制、不定时工时制、计件工时制和非全日制工时制等。其他特殊工时制度也需要把标准工时制度作为计算依据和参照标准。

（2）休假规定。这主要是指最低休息时间的规定，即规定休息时间的下限。以此为基础，用人单位可以自行增加休假时间。目前我国的休假制度主要包括四项内容：①公休假日，又称周休，是法律规定两个相邻的工作周之间应休息的时间。我国目前实行每周2天的休假制度。②法定节假日，是国家依据历史传统、社会风俗或者是出于传承文化的目的，由法律规定某些特定日期为全国统一放假时间。我国目前规定新年、春节、清明节、劳动节、端午节、中秋节和国庆节等休假节日。③年休假，是指职工每年享有保留工作和工资的连续休假制度。劳动者连续工作一年以上的，享受带薪年休假。累计工作已满1年不满10年的，年休假5天；已满10年不满20年的，年休假10天；已满20年的，年休假15天。单位确因工作需要不能安排职工休年休假的，经职工本人同意，可以不安排职工休年休假。对职工应休未休的年休假天数，单位应当按照该职工日工资收入的300%支付年休假工资报酬。④产假，是指女职工生育给予的假期。女职工生育享受不少于98天的产假，其中产前可以休假15天；难产的，增加产假15天；生育多胞胎的，每多生育1个婴儿，增加产假15天。女职工怀孕未满4个月流产的，享受15天产假；怀孕满4个月流产的，享受42天产假。

（3）延长工时规定。延长工时是指劳动者在完成特定的劳动任务后或者正常的劳动时间结束后，用人单位需要劳动者进行额外的劳动，即要求劳动者在超出正常的职责范围、本应当休息的时间内工作，是工作时间在休息时间中的延伸。为了确保职工的休息权，必须对其进行限制。在一般情况下，延长工时的限制措施主要包括三方面内容：①程序限制。延长工作时间有双重协商程序，用人单位经与工会和劳动者协商后，才能延长工作时间。②时数限制。一般情况下，每日最多延长1小时工作时间；如有特殊情况，在确保不影响劳动者身体健康的前提下，每日最多延长3小时的工作时间，每月总共延长的工作时间累计不得超过36小时。③报酬限制。如果用人单位延长了劳动者的劳动时间，必须依法向劳动者支付高于正常工作时间工资的报酬。违反程序规定、时数规定、报酬规定的，必须承担相应的法律责任，由有关部门给予警告、责令改正或行政处罚。

但是，有下列情形之一的，延长工作时间不受《劳动法》第四十一条的限制：发生自然灾害、事故或者因其他原因，威胁劳动者生命健康和财产安全，需要紧急处理的；生产设备、交通运输线路、公共设施发生故障，影响生产和公众利益，必须及时抢修的；法律、行政法规规定的其他情形。

2. 劳动工资

工资是指用人单位依据国家有关规定或劳动合同的约定，以货币形式直接支付给劳动者的劳动报酬，一般包括计时工资、计件工资、奖金、津贴和补贴、延长工作时间的工资报酬以及特殊情况下支付的工资等。工资是劳动报酬的重要组成部分。除工资形式外，劳动报酬还包括劳务费、佣金、稿酬等。

工资形式是指计量劳动和支付工资的方式。我国现行的工资形式主要有基本形式和辅助形式。基本形式主要有计时工资和计件工资，辅助形式主要有奖金和津贴。

（1）最低工资保障。最低工资保障制度作为我国劳动与社会保障制度的重要组成部分，是国家为确保劳动者能够维系生存、满足基本生活需求，而强制性地规定用人单位在劳动者正常工作的情形下必须向劳动者支付的最低劳动报酬。最低工资标准一般由一个国家或地区通过立法制定。最低工资标准不是一成不变的，而是会由当地政府根据当地经济发展水平、物价水平以及人均收入水平的变化情况而及时做出调整。

（2）工资支付的保障。工资应以法定货币支付，不得以实物及有价证券替代货币支付。工资至少每月支付一次，用人单位必须按照劳动合同的约定如期向劳动者支付工资，不得无故拖欠。

（3）工资扣除的规定。除了法律规定和合同约定的情况外，任何单位、个人都不得任意克扣工资。用人单位的工资扣除可以分为两类。

①间接扣除。间接扣除即用人单位按照法律法规规定行使代扣代缴义务：包括代扣代缴个人所得税，代扣代缴应由劳动者个人负担的各项社会保险费用，法院判决、裁定中要求代扣的抚养费、赡养费，法律法规规定从劳动者工资中扣除的其他费用。

②直接扣除。直接扣除是由于劳动者故意或者过失给用人单位造成经济损失，在劳动合同中约定了此种情形下劳动者应当向用人单位承担赔偿责任。此时劳动者需赔偿用人单位的经济损失，用人单位可以通过直接从劳动者的工资中扣除与所遭受经济损失相等的金额来确保赔偿责任的履行，但每月扣除的金额不得超过劳动者当月工资的20%，若扣除后的剩余工资低于当地月最低工资标准，则按最低工资标准支付。

（4）工资分配。工资分配应当遵循按劳分配原则，对从事相同劳动生产工作、付出等量劳动时间以及获得相同劳动成果的劳动者应一视同仁、公平对待，向他们支付同等金额的劳动报酬，实行同工同酬。但是，同工同酬必须具备三个条件：一是劳动者的工作岗位、工作内容相同；二是在相同的工作岗位上付出了与别人同样的劳动工作量；三是同样的工作量取得了相同的工作业绩。

同工同酬的内容包括以下几个方面：第一，男女同工同酬；第二，不同种族、民族、身份的人同工同酬；第三，地区、行业、部门间的同工同酬；第四，单位内部的同工同酬。

劳动者获得正当的劳动报酬是不可侵犯的权利。但在社会实践中，往往有些用人单位采用各种不正当手段侵犯劳动者的这一不可侵犯的权利。最常见的就是在招用劳动者时对劳动报酬只字不提；在签订劳动合同时对劳动报酬含糊其词，不做约定或不做明确约定；在支付劳动者报酬时随心所欲，随意克扣劳动者应得的劳动报酬等，这些做法极大地破坏了和谐的劳动关系，人为地造成劳动纠纷，肆意践踏劳动者的合法权利。对此，毕业生应认真研读相关的法律法规，用法律武器捍卫自身的合法权益。

知识链接

劳动者工作日、周末以及节假日加班，可以向用人单位申请加班费吗？请问如何计算加班费？

1. 可以向用人单位申请加班费。根据《劳动法》的相关规定，凡是在工作日延长工作时间或者在休息日以及法定节假日安排劳动者工作的，依据不同的情形，需要向劳动者支付正常工作日报酬全额 1.5～3 倍的劳动报酬。具体的计算标准为：如果是在工作日下班之后要求劳动者加班的，用人单位需向劳动者支付不少于正常工资的 1.5 倍的报酬；如果是在周末或其他劳动者本应当休息的日子要求劳动者加班，并且事后无法安排劳动者补休的，则需支付不少于正常工资的 2 倍的报酬；如果要求劳动者在国家法定节假日返工上班，则应当向劳动者支付不少于正常工资的 3 倍的报酬。①

同时，《劳动法》还明确规定，劳动者在法定休假日、婚假、丧假以及在依法履行社会职责期间，享有带薪休假的权利，用人单位不得以劳动者未上班为由拒绝向劳动者支付工资。②

2. 《关于职工全年月平均工作时间和工资折算问题的通知》（劳社部发〔2008〕3 号）规定，折算日工资、小时工资时不剔除国家规定的 11 天法定节假日。据此，日工资、小时工资的折算为：

（1）工作时间的计算。

年工作日：250 天

季工作日：250 天 ÷4 季 =62.5 天/季

月工作日：250 天 ÷12 月 =20.83 天/月

工作小时数的计算：以月、季、年的工作日乘以每日的 8 小时。

（2）日工资、小时工资的折算。

按照《劳动法》第五十一条的规定，法定节假日用人单位应当依法支付工资，即折算日工资、小时工资时不剔除国家规定的 11 天法定节假日。据此，日工资、小时工资的折算为：

日工资 = 月工资收入 ÷ 月计薪天数

小时工资 = 月工资收入 ÷（月计薪天数 ×8 小时）

月计薪天数 =（365 天 –104 天）÷12 月 =21.75 天

① 参见《中华人民共和国劳动法》第四十四条。
② 参见《中华人民共和国劳动法》第五十一条。

（二）社会保险和福利制度

1. 社会保险

社会保险是指国家为了预防和分担社会风险而依法强制社会多数成员参加的，通过立法的形式，由社会集中建立基金，以确保劳动者在年老、患病、工伤、失业、生育等丧失劳动能力或丧失经济来源的情形下能够享受国家提供的物质保障，维系基本生活的一种非营利性的社会安全制度。任何用人单位不得拒绝为劳动者缴纳社会保险。对于用人单位拒不为劳动者缴纳社会保险的，劳动者有权解除与用人单位签订的劳动合同，同时有权要求用人单位支付一定数额的补偿金。[①] 社会保险包括养老保险、医疗保险、失业保险、工伤保险和生育保险。

《中华人民共和国社会保险法》（以下简称《社会保险法》）对用人单位缴纳社保的时限做出了要求，用人单位自用工之日起算，30 日内为劳动者申请社保登记；而灵活就业人员，则需要自行申请社保登记。[②] 由用人单位和劳动者共同出资缴纳的保险类别为养老保险、医疗保险和失业保险，劳动者需缴纳的部分直接从工资中扣除，而工伤和生育保险是由用人单位全额承担。

（1）养老保险。养老保险，是指缴费达到法定期限且个人达到法定退休年龄后，已经丧失部分劳动能力以及缺少经济来源，需要国家和社会为其提供一定的物质支持和保障，以确保其能维系正常生活的基本开销的社会保险制度。世界各国均对养老保险这一制度有所规定，一般具有以下特点：①法律强制性，即用人单位和个人都必须参加；②社会互济性，即一般由单位和个人双方或国家、单位和个人三方共同负担；③普遍性，享受者多且时间较长，费用支出庞大。

养老保险基金的来源主要包括：用人单位和被保险人缴纳的养老保险费，养老保险基金的利息收入、依法收取的滞纳金、基金运营的收益。养老保险基金的筹集主要是养老保障费的筹集。我国在基本养老保险费用的筹集上由用人单位与个人共同负担，国家给予扶持帮助。

①个人及时缴纳养老保险费。职工本人既是被保险人，也是投保人，以上年度月平均工资为个人缴纳养老保险的基数（也称"缴费工资基数"），按一定比例缴纳养老保险费。月平均工资应按国家统计局规定列入工资总额统计的项目计算，其中包括工资、奖金、津贴、补贴等收入。已离退休人员不缴纳费用。

②企业缴纳养老保险费。企业作为法定的投保人，以全部职工缴费工资基数之和或者职工工资总额的一定比例缴纳基本养老保险费。

③国家的扶持帮助。企业缴纳的基本养老费应在税前列支，个人缴纳的养老保

---

① 参见《中华人民共和国劳动合同法》第三十八条。
② 参见《中华人民共和国社会保险法》第五十八条。

险费不计入个人所得税。基本养老保险基金发生困难时，由同级财政予以支持。

根据《社会保险法》第十六条规定，参加基本养老保险的个人，达到法定退休年龄时累计缴费满 15 年的，按月领取基本养老金。

机关事业单位工作人员养老保险制度从 2014 年 10 月 1 日起进行改革。改革实现"一个统一"和"五个同步"。"一个统一"，即机关事业单位与企业等城镇从业人员统一实行社会统筹和个人账户相结合的基本养老保险制度，都实行单位和个人缴费，都实行与缴费相挂钩的养老金待遇计发办法。"五个同步"，即机关与事业单位同步改革、职业年金与基本养老保险制度同步建立、养老保险制度改革与完善工资制度同步推进、待遇确定机制与调整机制同步完善、在全国范围同步实施改革。

（2）医疗保险。医疗保险，是指国家、企业、个人按照国家规定缴纳一定比例的医疗保险费，强制性地集资建立医疗保险基金，在参保人由于患病或者遭受意外伤害而发生医疗费用后，由医疗保险基金按照一定比例支付其医疗费用的社会保险制度。

这一保险是通过国家立法，由社会保险机构提供医疗费用补偿的一种社会医疗保险。因此，医疗保险也具备保险的特点，即将风险分摊，用参保人共同出资建立起的医疗保险基金来补偿参保人因患病而遭受的经济损失。

《社会保险法》第二十八条规定，符合基本医疗保险药品目录、诊疗项目、医疗服务设施标准以及急诊、抢救的医疗费用，按照国家规定从基本医疗保险基金中支付。根据我国医疗保险待遇支付的基本要求，参保人到医疗保险机构报销自己看病就医发生的医疗费用，一般要符合以下条件：

①参保人员必须到基本医疗保险的定点医疗机构就医购药，或持定点医院的医生开具的医药处方到社会保险机构确定的定点零售药店外购药品。

②参保人员在看病就医过程中所发生的医疗费用必须符合基本医疗保险药品目录、诊疗项目、医疗服务设施标准的范围和给付标准，才能由基本医疗保险基金按规定予以支付。

③参保人员符合基本医疗保险支付范围的医疗费用中，在社会医疗统筹基金起付标准以上与最高支付限额以下的费用部分，由社会医疗统筹基金按统一比例支付。

（3）工伤保险。工伤保险是指劳动者因工作原因而导致了意外伤害、职业病以及因之而造成的伤亡，或使劳动者暂时或永久性丧失劳动能力，给予劳动者或其家属一定数额的经济补偿，能够支撑其在就医和正常生活开销的一项社会保险制度。

劳动者享受工伤保险的权利是由宪法和劳动法给予根本保障的。根据最新修正的《劳动法》第七十三条规定，"劳动者在下列情形下，依法享受社会保险待遇：……因工伤残或者患职业病"。以国家法律的形式保障了工伤者及其亲属享受的工伤保险待遇。

《职工工伤与职业病致残程序鉴定标准》对工伤性质的认定标准和工伤程度的认定

标准做出了规定和详细说明。工伤保险具有补偿和赔偿的性质，因此工伤保险待遇高于其他社会保险的待遇标准。

（4）失业保险。失业保险，是指国家为失业的劳动者提供一定的物质支持和帮助，帮助其渡过失业的难关，由国家或社会保障机构按法律规定的期限和标准发放一定的失业津贴，确保劳动者在失业期间能够有一定的经济来源，维持正常生活的基本开销，维持社会的和谐与稳定的一项社会保险制度。

失业保险基金的开支项目包括：①失业职工的失业救济金；②失业职工在领取失业救济金期间的医疗费、丧葬补助费，其供养的直系亲属的抚恤费、救济费；③失业职工的转业训练费；④扶持失业职工的生产自救费；⑤失业保险管理费；⑥经省、自治区、直辖市人民政府批准，为解决失业职工生活困难和帮助其再就业确需支付的其他费用。

（5）生育保险。生育保险是国家通过立法，在女职工因生育子女而暂时中断劳动时，由国家和社会给予生活保障和物质帮助的一项社会保险制度。一般享受生育时及产前产后的检查等医疗保险和产假期间的生活保险待遇。

我国生育保险待遇主要包括两项：一是生育津贴，用于保障女职工产期的基本生活需要；二是生育医疗待遇，用于保障女职工怀孕、分娩期以及职工实施节育手术的基本医疗保健需要。生育险待遇不受户籍限制，参加生育保险的人员，如果在异地生育，其相关待遇按照参保地政策标准执行。

①生育保险只对女性社会劳动者实行经济帮助，不包括男性劳动者在内。虽然生育子女是包括男性职工在内的整个家庭，因为生育带来的一切开支，实际上也是由夫妻双方共同承担的，但是生育保险只以参加社会劳动的妇女劳动者原有的收入水平为标准，对妇女劳动者因生育所造成的直接经济损失进行补偿。近年来我国部分地区对这一原则的适用有所突破，不再仅仅是理解这一原则的字面含义，而是深入该原则的初衷，当男职工的配偶生育子女后，给予男职工一定期限的带薪假期，以便于男职工对自己的配偶以及刚出生的子女进行充分的照顾。

②生育保险只适用于到达法定结婚年龄的已婚妇女劳动者，并且必须符合和服从国家计划生育的规定。不符合法定年龄的已婚妇女劳动者生育、非婚妇女劳动者生育和不符合或不服从国家计划生育规定的生育，都不能享受生育保险待遇。也就是说，生育劳动保险作为一种社会经济制度，必须受国家政策的制约，不符合国家政策的非法生育，一律不能享受生育保险待遇。

③生育保险实行"产前与产后都应享受"的原则。妇女怀孕后，在临产前和分娩后的一段时间内，一方面因行动不便需要产前休养，另一方面要照顾婴儿和恢复身体健康，所以，妇女劳动者的产假包括产前和产后两个阶段的假期。产假期间照发原标准工资。只有实行"产前与产后都应享受"的原则，才能更好地保护产妇和婴儿健康，达到生育保险的目的。

2. 住房公积金

住房公积金即通常所说"五险一金"中的"一金"，是指国家机关、国有企业、城镇集体企业、外商投资企业、城镇私营企业及其他城镇企业、事业单位为其在职职工缴存的长期住房储金。

住房公积金由两部分组成，一部分由职工所在单位缴存，另一部分由职工个人缴存。职工个人缴存部分由单位代扣后，连同单位缴存部分一并存入到职工的住房公积金账户中。在不同的地区，用人单位为职工缴纳住房公积金的数额有所不同，一般情况下，用人单位每月为劳动者缴存住房公积金的数额最少为该劳动者上一年度月平均工资的5%。

职工有下列情形之一的，可以提取职工住房公积金账户内的存储余额：购买、建造、翻建、大修自住住房的；离休、退休的；完全丧失劳动能力，并与单位终止劳动关系的；出境定居的；偿还购房贷款本息的；房租超出家庭工资收入的规定比例的。

知识链接

试用期单位是否应该为员工缴纳社保？用人单位不给员工按时、不足额缴纳"五险"是否要承担法律责任？用人单位是否必须缴纳住房公积金？

试用期用人单位也应当为劳动者缴纳社会保险；如果用人单位拒不为劳动者缴纳社会保险，将有劳动主管部门对其处以罚款，劳动者也有权解除劳动合同；用人单位必须为劳动者缴纳住房公积金。

（1）《社会保险法》中明确规定，用人单位需要自用工之日起30日之内为劳动者办理社会保险登记。[1] 因此用人单位为劳动者缴纳社保，是法律的强制性规定，是用人单位必须履行的义务，用人单位没有自由选择的余地。而对于"用工之日"的界定，《劳动合同法》明确"用人单位与劳动者正式建立劳动关系之日"即为"用工之日"。[2] 同时，试用期是劳动合同期限的组成部分[3]，试用期并不是独立于劳动关系合同期限而存在的，试用期劳动者与用人单位之间也存在劳动关系。所以，用人单位在试用期不缴纳社保的做法，是不合法的。

（2）《社会保险法》中对拒不为劳动者缴纳社会保险的用人单位规定了惩罚措施，由社会保险费征收机构督促用人单位限期缴纳或补足，从用人单位欠缴之日起向用人单位按日征收滞纳金；如用人单位依然拒不缴纳，则由主管部门对用人单位处以罚款。[4]《劳动合同法》也赋予了劳动者"辞职权"，用人单位如不履行

---

[1] 参见《中华人民共和国社会保险法》第五十八条。
[2] 参见《中华人民共和国劳动合同法》第七条。
[3] 参见《中华人民共和国劳动合同法》第十九条。
[4] 参见《中华人民共和国社会保险法》第八十六条。

其缴纳社保的义务，劳动者可以解除与用人单位之间的劳动合同。① 因此，劳动者既可以寻求有关部门的帮助，对用人单位拒不缴纳的行为实行惩罚措施，也可以行使自己的劳动合同解除权。

（3）《住房公积金管理条例》规定了用人单位为劳动者缴存住房公积金的义务，用人单位应当在录用劳动者之日起 30 日内为劳动者办理住房公积金缴存登记。② 这是用人单位必须履行的强制性义务，用人单位无权自主决定是否为劳动者缴纳。如果用人单位拒不履行缴纳义务，该条例也规定了相应的处罚措施，由住房公积金管理中心督促用人单位限期为劳动者缴纳；如督促无效，则可对用人单位处以一定数额的罚款③，或者申请法院强制执行④。

所以，单位在试用期不给劳动者缴纳公积金，也是违法的。劳动者可以向当地公积金中心投诉，或者申请法院强制执行。

综上所述，用人单位以试用期为借口不给劳动者办理"五险一金"是违反法律法规的。劳动者应当注意单位是否按时办理缴纳"五险一金"。

第二节　就业协议的签订与解除

一、就业协议的签订

（一）就业协议的概念

《全国普通高等学校毕业生就业协议书》，简称"就业协议书"。《关于修订〈普通高等学校毕业生就业协议书〉若干意见的通知》（教学司〔2009〕28 号）对就业协议有一个明确的界定："就业协议书是普通高等学校毕业生和用人单位在正式确立劳动人事关系前，经双向选择，在规定期限内就确立就业关系、明确双方权利和义务而达成的书面协议；是用人单位确认毕业生相关信息真实可靠以及接收毕业生的重要凭据；

---

① 参见《中华人民共和国劳动合同法》第三十八条。
② 参见《住房公积金管理条例》第十五条。
③ 参见《住房公积金管理条例》第三十七条。
④ 参见《住房公积金管理条例》第三十八条。

是高校进行毕业生就业管理、编制就业方案以及毕业生办理就业落户等有关事项的重要依据。"

我国立法中没有明确界定就业协议书的法律属性，就业协议书的本质是一个民事合同，是将平等主体之间的权利义务关系以书面的方式确立下来，受《中华人民共和国民法典》（以下简称《民法典》）等法律的调整。协议的主要内容是毕业生和用人单位经过协商达成就业合意，约定权利义务并受协议约束。因此，毕业生和用人单位是就业协议书内容的商定主体，高校并不是签订就业协定的当事人，其发挥的作用是协助签订就业协议的毕业生及用人单位，并根据协议双方的需求提供必要的帮助。

（二）就业协议书的作用

就业协议书属于民事合同，一般情况下用人单位和毕业生双方签字盖章后即生效，合同项下双方享有的权利和应当承担的义务就有法律保障，其法律效力的存续期间为双方签订之日起到毕业生正式入职用人单位后终止。一经签署，对签约的双方都有约束力，所以毕业生就业时，一定要签署就业协议书。

（1）就业协议书是高校毕业生和用人单位在正式确定劳动人事关系前，经双方协商达成一致，在规定期限内确立就业关系、明确双方权利和义务而达成的书面协议。

（2）是用人单位确认毕业生相关信息真实可靠以及接收毕业生的重要凭据。

（3）是高校进行毕业生就业管理、编制就业方案以及毕业生办理就业落户手续等有关事项的重要依据。

（三）就业协议书的基本内容

为进一步推动高校毕业生就业工作法制化、规范化建设，统一格式的就业协议书已经不能完全适应各地就业工作的需要，因此，各地对就业协议书的内容和形式均做了修改和完善，一般包括以下基本内容。

（1）高校毕业生基本情况。高校毕业生基本情况一般包括姓名、政治面貌、性别、身份证号、联系方式等。

（2）用人单位基本情况。用人单位基本情况一般包括单位名称、统一社会信用代码、单位性质、联系人及联系方式、档案接收地等。

（3）高校毕业生和用人单位约定的有关内容。双方约定的内容一般包括工作地点及工作岗位、服务期、试用期、工资福利待遇、户口迁入地、违约责任、协议自动失效条款、协议终止条款以及双方约定的其他事宜。

（4）高校毕业生和用人单位签字盖章。双方承诺履行协议，高校填写有关信息及意见。

（5）明确协议书的使用范围。即国家计划内统招非定向毕业生〔含高职（高专）

毕业生、本科毕业生、毕业研究生］；定向生、委培生按定向委培协议就业，不使用就业协议书。

（四）签订就业协议的程序

为了保障毕业生与用人单位的合法权益，国家和各省教育主管部门都制定了签订就业协议的相关程序。一般来说，应当严格按照以下程序签订就业协议。

（1）毕业生与用人单位达成协议，报用人单位上级主管部门批准盖章。

（2）毕业生将就业协议书交所在学院签署意见并盖章。

（3）毕业生到学校就业部门最终签署就业协议书，协议生效。

（4）学校签署就业协议书之后，学校就业部门、用人单位、毕业生本人各留一份，学校以此为依据编制就业方案。

2023年4月23日，中组部、人社部、教育部、公安部、国资委出台《关于做好取消普通高等学校毕业生就业报到证相关衔接工作的通知》（人社部发〔2023〕26号），明确2023年起不再发放《全国普通高等学校本专科毕业生就业报到证》和《全国毕业研究生就业报到证》，不再将就业报到证作为办理高校毕业生招聘录用、落户、档案接收转递等手续的必要材料。

随着互联网的广泛运用，为方便广大毕业生、用人单位和高校更加便捷地办理就业协议，广东省自2019年开始推行使用电子就业协议书。根据《广东省教育厅办公室关于印发我省高校毕业生就业资料的通知》有关要求，从2020届毕业生开始，原纸质就业协议书停止使用。图9-1为电子就业协议书的签订流程。

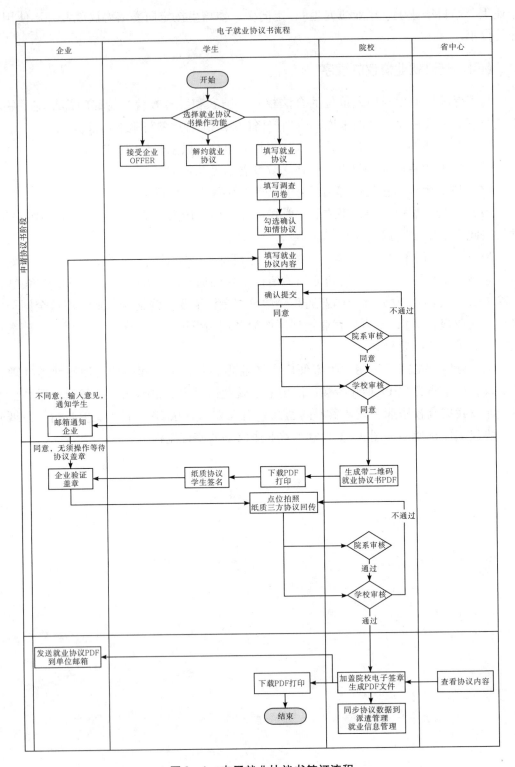

图 9 - 1 电子就业协议书签订流程

（五）签订就业协议的注意事项

1.　多渠道了解用人单位的社会声誉

在签订就业协议之前，毕业生应当通过多种渠道了解用人单位的真实性、合法性以及社会声誉。毕业生可通过以下两个网站进行查询：①全国组织机构统一社会信用代码数据服务中心 https://www.cods.org.cn/；②企业信用评价与公示平台 http://www.aaa-china.org.cn/。

2.　认真学习相关的法律法规

毕业生在签订就业协议前，应对《劳动法》《劳动合同法》《民法典》等法律法规有全面和深入的了解。

3.　认真审查协议书的内容

签订就业协议前，毕业生一定要认真审查协议书的内容。首先，审查主协议内容，比如工作地点、工作岗位、违约责任等双方约定的相关事宜是否符合国家相关法律和政策。其次，审查补充协议内容。协议书的附加条款需在"备注"栏中写明。比如，双方要对违约金进行约定，应当写明具体、明确的金额，而不能含糊其词地使用"金额待定""需赔偿对方遭受的损失"等不明确的表述；如无附加条款，应当将协议书中空白部分划掉或注明以下空白，因为补充协议书和主协议书具有同等法律效力。

4.　就业协议书与劳动合同应互相衔接

为了避免与用人单位签订劳动合同时发生争议，毕业生应事先与用人单位就劳动合同的主要条款，比如服务期限、试用期、工作岗位和工作内容、劳动保护和工作条件、工作报酬、福利待遇等进行商定。并约定正式劳动合同也应当包含就业协议书双方已商定的主要条款，以避免劳动合同的内容与就业协议相互矛盾。

（六）规范填写就业协议书

1.　有关填写项目

（1）毕业生填写项目：准确填写本人的基本情况，专业名称不得误写、简写，应明确自己的应聘意见，并亲笔签名。

（2）单位填写项目：单位名称、单位地址、单位性质及所有制性质、档案转寄详细地址。

①单位名称必须完整填写（与公章一致），不能简写，因为要根据用人单位名称打印报到证，有关单位将根据"报到证"落实毕业生的户口、档案关系等。

②"单位地址"一栏应完整准确地填写。因为报到地址要根据单位地址录入，一旦有误，可能会导致单位所在地区不能接收毕业生的情况。

③档案转寄详细地址应为县级以上有档案接收权的部门的地址。此栏必须准确填写，不得省略。学校将据此投递档案，一旦有误将导致毕业生档案转移过程中出现投递和接收困难，致使毕业生不能及时顺利地落实各种关系。

2．其他情况按协议书要求如实填写

建议"备注"栏填写以下内容：服务期、试用期、福利待遇、违约责任等。比如毕业生和用人单位双方针对毕业生攻读研究生、报考国家公务员、未获毕业证书或者学位、用人单位对毕业生的特殊体检要求以及其他有关事项协商达成的附加条款。

3．关于"用人单位上级主管部门意见"

用人单位按所有权性质可分为国有企事业单位和非国有企业两类。一般来说，国有企事业单位基本上有人事权，可接收毕业生档案、户口关系。在签约时，单位会告知可接收档案、户口关系，这种情况就不需要在"用人单位上级主管部门意见"栏盖章，但也有些国有企业是下属公司与毕业生签约，这种情况单位一般会请上级主管部门盖章。而非国有企业（如外资、民营、集体企业等），一般不能够独立管理毕业生的人事档案、户口关系，通常通过当地人事部门代为管理，所以与这些单位签约时，必须提请用人单位到上级主管部门盖章，否则无法列入建议就业方案，如果这些用人单位无法解决档案和户口关系问题，请用人单位在协议书上注明。

知识链接

如何填写就业协议书的补充条款或补充协议？

就业协议书本质上属于民事合同，允许附加补充协议或附加条款。例如，广东省《普通高等学校毕业生、毕业研究生就业协议书》第七条规定："双方若有其他约定条款，请附后补充，并视为本协议的一部分。"毕业生和用人单位可以就协议书中未曾涉及或不够具体的内容进行协商并签订补充协议。

常见的就业协议书的补充条款或补充协议主要有：①违约金免责条款，经过双方协商后，需在补充协议中加以明确，避免口头表达产生误解。如约定毕业生考上研究生、公务员或参加"三支一扶"等就业协议自动失效，不用承担违约责任。②与劳动合同衔接的内容，如注明具体的工作岗位、工作年限、试用期、工资及相关福利待遇，还有用人单位对毕业生的其他要求等。

二、就业协议的解除

（一）解除就业协议

解除就业协议一般有两种情形，即单方解除和三方解除。

1．单方解除

单方解除，又可细分为两种情形，即单方擅自解除协议和单方依法或依协议解除。单方擅自解除协议，需要根据协议或法律规定向协议的另外两方承担相应的违约责任。单方依法或依协议解除，是在法律允许的范围内提出解除协议，无须向协议的另外两方承担违约责任。

2. 三方解除

三方解除，指毕业生、用人单位、学校三方经协商一致，解除已经订立的协议，解除后的协议不再具有相应的法律效力。因是三方当事人的真实意思表示，三方均无须承担违约责任。

（二）违约方需要承担的责任

1. 违约的后果

违约行为，是指签订就业协议后，毕业生或用人单位不履行就业协议或不按照就业协议的条款履约的行为。就业协议书的任何一方发生违约行为，都应承担相应的违约责任。然而，从实际情况来看，大多是毕业生违约，该行为将会对用人单位和学校造成一定的损失。

（1）毕业生违约不仅浪费了用人单位的资源，还增加了其招聘成本。用人单位在招聘录用工作中，付出了大量的时间和成本，尤其是对已签订了就业协议的毕业生，也已经做了具体安排和工作的调整。如果毕业生违约，会导致用人单位为录用而进行的准备工作前功尽弃，还有可能错过最佳招聘时间，工作安排就陷入了被动。

（2）用人单位往往将毕业生的违约行为归结为学校的行为，这将会直接影响学校的声誉和形象。此后，用人单位可能会减少与学校的合作，减少甚至不在该校进行招聘，势必影响校企长期合作关系以及学校的就业大局。

（3）用人单位与某毕业生签订就业协议后，就不再录用其他毕业生。若该毕业生违约，有些本希望到该用人单位就业的毕业生，由于录用人数有限、时间等原因，无法进入该单位。这就造成了当年的就业资源的浪费，影响了其他毕业生的就业。

2. 违约的责任

违约责任是指合同的任意一方不履行或者履行不符合约定的，需要承担的责任。承担违约责任的方式主要有：继续履行、采取补救措施、赔偿损失、支付违约金等。上述承担违约责任的方式，可结合合同约定和实际违约情形，既可以单独适用，也可以几种互补结合运用。当前针对就业协议的违约责任，适用最广泛的方式是支付违约金。

适用违约金责任，需要包含以下法律要件：

（1）当事人必须存在违约行为。只有一方当事人违反合同约定或法律规定的情况下，另一方当事人才有权要求其支付违约金。一般情况下，合同的当事人存在不履行、不适当履行、迟延履行等行为，都有可能导致违约金的支付。

（2）当事人必须具有违约过错。应该把违约方主观上的过错（包含推定过错）作为违约金支付的重要条件。过错代表着违约方存在主观恶意，法律需要对这种主观恶意进行制裁。违约金兼具惩罚性和补偿性双重属性，不仅可以制裁违约行为，还可以维护合同严肃性。

3. 就业协议中违约责任的免除

在履行就业协议的过程中，并不是所有的不履行行为都需要承担违约责任。还有很多情况下，当事人可以不承担违约责任，具体如下。

（1）双方均存在过错。如果未能如期签订劳动合同，毕业生和用人单位均存在过错的，双方均不用承担违约责任。

（2）法定免责事由。如果毕业生或者用人单位有正当理由可以不履行订立劳动合同的义务，那么毕业生或用人单位可以被认定为无过错方，无须承担违约责任。此处的正当理由，仅限于法律明确规定的情形如不可抗力，才会可以免除违约责任，如发生不可抗力，双方的违约责任可以被部分或者全部免除。

（3）约定的免责事由。毕业生和用人单位通过协商，可以在就业协议中约定免责事由。如在实际履行过程中，出现事先约定的免责事由时，双方当事人可根据约定免除相应的违约责任。如有的单位在签约时已与毕业生明文约定某些可免除毕业生违约责任的条件（如考上公务员和研究生等），那么毕业生不承担违约责任。

（4）在签订正式劳动合同之前，双方就劳动合同条款因不能达成一致意见，而导致不能签订劳动合同的，则双方都不需要承担违约责任。因为签订就业协议和签订劳动合同是两个独立的法律行为。就业协议书只是用人单位向大学生发出的未来双方可以订立正式劳动合同的预约，只要协议的当事人根据就业协议约定的条款和日期，真实地表达和履行了签订劳动合同的意图，则其行为就是履行了就业协议为约定的义务。至于签订劳动合同，则属于另一法律行为，和就业协议没有必然的关系。当事人在合同的条款上是可以反复磋商的，如果双方无法达成一致意见，则可以放弃订立正式合同，这并不影响就业协议的法律效力。

（三）如何处理违约的相关事宜

1. 毕业生违约，需事先和用人单位协商

首先，毕业生需要征得用人单位的同意，如果用人单位同意与毕业生解除就业协议，毕业生需要与用人单位协商并处理违约金事宜，随后，应该请用人单位根据实际情况给毕业生出具解除协议的公函，公函中应该包括解除协议的原因，学校将以此作为依据之一来判定哪一方违约。如果用人单位不同意与毕业生解除就业协议，那么违约程序终止，继续执行原签订的就业协议。其次，用人单位保留的协议书全部要返还回来。接下来，毕业生需要准备一份要求解除就业协议的申请书，申请书上要写明毕业生要求解除协议的具体原因。

2. 明确就业协议书的适用法律

如果因就业协议书引起纠纷，应参考一般民事解决问题的流程。因为就业协议书所涉及的关系属于普通民事法律关系，是不属于劳动行政部门管辖范围的。

3. 解决就业协议书纠纷的流程和法律途径

按照民事纠纷的解决流程，一般是"协商—调解—法院诉讼或仲裁"。

首先，毕业生和用人单位可以先通过友好协商的方式来解决问题。在实践中，有很大一部分纠纷是通过协商来解决的，节省了双方的时间和精力。其次，在双方矛盾比较激烈，无法通过友好协商来解决分歧和矛盾时，一方可以向用人单位内部的调解委员会或用人单位所在地政府的人民调解委员会进行调解。最后，如果协商、调解都无法解决双方之间的争议，其中一方拒绝协商和调解，一定要通过法律程序解决争议的情况下，必须要先向劳动仲裁机构申请劳动仲裁，对仲裁裁决结果不服的情况下，方可向法院提起诉讼。

不管是何种纠纷解决方式，都会耗费一定的时间和精力。如果选择通过法律程序来解决劳动争议，耗时更长（一年半载），会导致毕业生就业进程的拖延。

第三节 劳动合同的签订与解除

一、劳动合同的订立

（一）劳动合同的概念

劳动合同，也称劳动契约，是用人单位与劳动者签订的、用以证明双方之间存在劳动合同关系、明确双方之间权利义务关系的协议。根据《劳动合同法》中的规定：用人单位自用工之日起即与劳动者建立劳动关系，应当订立书面劳动合同。对于已经建立劳动关系但没有同时订立书面合同的，应当从用工之日起一个月内订立书面劳动合同。依法订立的劳动合同，对合同双方均产生法律效力，在合同双方发生劳动争议时，劳动合同可作为双方解决争议的重要凭据。

（二）订立劳动合同应遵循的原则

与其他合同一样，劳动合同的签订也必须遵守"契约自由"的精神，也要贯彻民法的基本原则。《劳动合同法》第三条规定："订立劳动合同，应当遵循合法、公平、平等自愿、协商一致、诚实信用的原则。"

（三）劳动合同的内容

劳动合同的内容可以分为必备条款和其他协商条款两部分。

1. 必备条款

必备条款，也称法定条款，是指劳动合同必须具备的由法律、法规直接规定的内容。

①用人单位的名称、住所和法定代表人或者主要负责人；②劳动者的姓名、住址和居民身份证或其他有效身份证件号码；③劳动合同期限；④工作内容和工作地点；⑤工作时间和休息休假；⑥劳动报酬；⑦社会保险；⑧劳动保护、劳动条件和职业危害防护；⑨法律、法规规定应当纳入劳动合同的其他事项。

2. 其他协商条款

其他协商条款不同于必备条款，是可以有选择地在劳动合同中约定的，比如双方当事人可以选择在合同中约定试用期、竞业限制、福利待遇等条款。

（四）签订劳动合同的注意事项

1. 劳动合同订立的当事人应具备合法的主体资格

首先，用人单位必须具有法人资格，具有经营许可证以及营业执照，经营范围合法，具有订立劳动合同并履行劳动合同的能力。其次，劳动者应达到法定最低就业年龄并符合相应的就业条件。

2. 劳动合同订立的程序和形式必须合法

劳动合同订立的程序和形式必须合法，如必须经过要约和承诺，应当将双方的权利义务关系以书面的形式确立下来，确保权利的行使和义务的履行有书面的依据。订立书面劳动合同前，毕业生切不可轻信用人单位以口头的方式许诺入职后的工资、福利标准、晋升保障等，因为在劳动合同领域，只有口头协商达成一致却未以书面形式确定下来的内容皆为无效，且无法作为劳动争议解决的依据。

3. 劳动合同订立的内容必须合法、具体

劳动合同订立的内容要合法，当事人不得签订内容违法或损害公共利益的劳动合同。同时，在与用人单位正式签订劳动合同之时，劳动者应具备法律意识和法律思维，敢于质疑不合法、不合理的条款，拒绝签订侵犯自己合法权益的条款。应当重点关注自己在劳动合同项下享有的权利以及应当承担的义务，审查合同条款是否合法、合规，是否公平合理，如劳动合同的试用期不得长于 6 个月。同时，在签订劳动合同时，事关自己切身利益的条款，一定要在劳动合同中约定清楚，不要使用宽泛、有歧义的表述。比如，在劳动合同中仅约定用人单位有为劳动者购买保险的义务，但对购买保险的种类、期限、额度等没有明确的说明，这就属于不明确条款。若按其规定，仅仅提供一类保险也算是履行合同，因此劳动者在签订合同时，应对合同条款予以明确。

4. 拒绝用人单位的违法要求

劳动者与用人单位在订立劳动合同时处于平等的法律地位，享受平等的法律待遇和法律保护。但有些单位可能会利用毕业生急于求职的心理，在正式签订劳动合同前擅自向劳动者索要押金、钱财或者以"保留录取岗位""确定你会到岗"的名义要求毕业生将自己的个人重要证件如学生证、身份证等先行交给用人单位，遇到此种情形，毕业生需要对用人单位的违法要求说"不"。用人单位有权出于审查劳动者所提供个人信息的真实性的目的，要求劳动者提供相关的证件予以证明，但无权扣留劳动者的个人证件。

5. 注意就业协议和劳动合同的衔接

就业协议是毕业生和用人单位达成意向后签订的，而劳动合同是毕业生与用人单位正式建立劳动关系时签订的。就业协议书在劳动合同签订时便自动失去效力。为了确保双方在就业协议书中达成一致的约定能够继续存续，毕业生在签订劳动合同时，要把就业协议里的约定条款在劳动合同里明确表示，防止协议中的条款因未写入劳动合同而无法得到法律保障。同时，在签订劳动合同前，用人单位在和劳动者应进行深入讨论，以便达成一致意见。双方对劳动合同条款的一致认同是劳动合同成立和生效的前提。

6. 严防无效的劳动合同

即使是当事人双方经过协商订立的，但只要违反了法律、行政法规的规定，都称之为无效合同。合同项下的权利义务关系是不受国家法律的认可与保护的，当事人也无法依据无效合同来进行权利救济。

《劳动合同法》列明了劳动合同无效的情形，可分为以下三种类型：第一，劳动合同其中一方当事人以欺诈、胁迫的手段，使对方在未实现意思自治或者意思不自由的情况下订立或者变更劳动合同的；第二，用人单位利用自己的优势地位滥用免责条款，免除自己的法定责任或者减损劳动者的合法权利的；第三，违反法律、行政法规强制性规定的。

如果合同当事人对劳动合同或其中部分条款的有效性产生争议的，由劳动争议仲裁机构或者人民法院予以确认。《劳动合同法》第二十八条规定："劳动合同被确认无效，劳动者已付出劳动的，用人单位应当向劳动者支付劳动报酬。劳动报酬的数额，参照本单位相同或者相近岗位劳动者的劳动报酬确定。"

关于劳动合同的内容、签订原则，应注意事项参见《劳动合同法》第三条、第十九条、第二十六条、第二十八条等。

知识链接

如何约定试用期的时长和工资？

关于试用期的时间和试用期的工资：劳动法律法规对劳动者试用期的长短以及试用期内工资标准做了明确的规定，避免用人单位通过无限地延长试用期这一方式来变相侵犯劳动者的合法权益。劳动法律法规关于试用期时间和试用期工资这一条款的立法精神为限制用人单位与劳动者约定试用期的次数以及试用期的时间，试用期的时间是根据劳动合同期限的长短来决定的，试用期不可太长，一般是1~2个月，最长为6个月。而且，用人单位在试用期也必须向劳动者支付报酬，法律对报酬的金额也规定了最低标准，保障劳动者在试用期的合法权益。

二、劳动合同的解除（变更、解除、终止）

（一）劳动合同的变更

变更劳动合同是指用人单位和劳动者对已订立的劳动合同进行增加、修改或调整部分内容的法律行为。合同双方需本着平等协商、意思自治的原则，在不违反法律规定的前提下，对劳动合同内容进行变更。其中任何一方不得擅自变更劳动合同，否则需要承担相应法律责任。变更后的劳动合同，应以书面形式确立。变更后的劳动合同生效后，原劳动合同自动作废。

1. 变更的条件

劳动合同是以书面形式正式确立双方的法律关系，原则上不得轻易更改。依法变更劳动合同，必须具备以下条件：①用人单位转变经营范围，调整生产任务，企业合并、分立等，需要修改和补充劳动合同中的有关内容；②订立劳动合同时所依据的法律和行政法规，出现立、改、废的情况，需依据新的法规调整劳动合同内容；③国家宏观政策的变化导致经营条件发生变化，或者因不可抗力的出现致使合同客观上无法履行；④劳动者由于身体原因，无法从事原工作，要求变更合同中的权利义务关系。

2. 变更的程序及法律后果

劳动合同的变更要按程序进行，必须经过提议、协商、签订三个阶段。首先由请求变更劳动合同的一方当事人向对方提议变更劳动合同，并阐明需变更的内容以及请求变更的依据和理由，双方针对这一提议进行平等协商。如果双方能够通过协商、谈判达成一致意见，则可对劳动合同内容进行修改；如果双方针对这一提议产生了分歧，无法达成一致意见，则可向劳动仲裁机构申请仲裁或者向法院起诉。

变更后的劳动合同，依然对双方当事人具有法律约束力，双方当事人将根据变更后的合同确立双方的权利义务关系。其间，如果由于变更合同内容致使一方当事人遭受经济损失，则由提议变更的当事人承担赔偿责任，但提议方无须承担违约责任；如变更合同的原因是国家宏观政策的变化或者遭遇不可抗力，则可相应减少或免除赔偿责任；如果是变更程序不合法或者一方未经另一方同意擅自对合同内容进行变更、篡改，造成另一方经济损失的，则一方必须承担违约责任并赔偿经济损失。

（二）劳动合同的解除

劳动合同的解除是指劳动合同生效以后，尚未全部履行以前，当事人一方或双方依法提前终止劳动合同法律效力的法律行为。劳动合同的解除分为双方协商解除和单方法定解除两大类。

1. 双方协商解除

双方行为是指劳动合同的解除需要合同双方经过协商，一致同意方可解除，单方无法自行解除。作为一种双方行为，即无论是劳动者首先提出解除，还是用人单位首先提出解除，只要双方达成一致意见即可。

2. 单方法定解除

单方行为是指劳动合同的一方当事人，不用经过对方同意，单方面行使劳动合同解除权。按权利主体分类，单方行为可以分为用人单位解除劳动合同和劳动者解除劳动合同。

用人单位单方行使劳动合同解除权，又可分为以下三种情况。

（1）劳动者因主观故意给公司造成重大损失的。主要包括：①劳动者在试用期间被证明不符合录用条件的；②劳动者严重违反劳动纪律或者用人单位的规章制度的；③劳动者严重失职，营私舞弊，对用人单位利益造成重大损害的；④劳动者被依法追究刑事责任的；⑤劳动者同时与其他用人单位建立劳动关系，对完成本单位的工作任务造成严重影响，或者经用人单位提出，拒不改正的。符合以上情形之一的，用人单位一经证实，就可以解除劳动合同，无须提前通知，也不必给予经济补偿。

（2）劳动者因自身原因无法继续履行劳动合同的。主要包括：①劳动者患病或者非因工负伤，在规定的医疗期满后不能从事原工作，也不能从事由用人单位另行安排的工作的；②劳动者不能胜任工作，经过培训或者调整工作岗位，仍不能胜任工作的；③劳动合同订立时所依据的客观情况发生重大变化，致使劳动合同无法履行，经用人单位与劳动者协商，未能就变更劳动合同内容达成协议的。符合以上情况之一的，用人单位需要提前30日以书面形式，通知劳动者本人或者额外支付1个月工资后，方可解除劳动合同。

（3）用人单位需要进行经济性裁员的。主要包括：①依照企业破产法规定进行重整的；②生产经营发生严重困难的；③企业转产、重大技术革新或者经营方式调整，经变更劳动合同后，仍需裁减人员的。符合以上三种情形之一的，用人单位提前30日向工会或者全体职工说明情况，听取工会或者职工的意见后，裁减人员方案经向劳动行政部门报告，可以裁减人员，并给予经济补偿。

劳动者有下列情形之一的，用人单位不得依照《劳动合同法》第四十条、第四十一条的规定解除劳动合同：①从事接触职业病危害作业的劳动者未进行离岗前职业健康检查，或者疑似职业病患者在诊断或者医学观察期间的；②在本单位患职业病或者因工负伤并被确认丧失或者部分丧失劳动能力的；③患病或者非因工负伤，在规定的医疗期内的；④女职工在孕期、产期、哺乳期的；⑤在本单位连续工作满15年，且距法定退休年龄不足5年的；⑥法律、行政法规规定的其他情形。

在一般情况下，劳动者单方行使劳动合同解除权，需要提前30日以书面形式告知用人单位，可以解除劳动合同。

劳动者可以立即解除劳动合同的情形主要包括：①用人单位未按照劳动合同约定提供劳动保护或者提供劳动条件的；②未及时足额支付劳动报酬的；③未依法为劳动者缴纳社会保险费的；④用人单位的规章制度违反法律、法规的规定，损害劳动者权益的；⑤用人单位以暴力、威胁或者非法限制人身自由的手段强迫劳动者劳动的；⑥用人单位违章指挥、强令冒险作业危及劳动者人身安全的；⑦法律、行政法规规定劳动者可以解除劳动合同的其他情形。

（三）劳动合同的终止

劳动合同的终止是指劳动合同因法定原因的出现而丧失法律约束力，不再执行。一般来说，劳动合同终止意味着劳动关系的结束，原来用于明确当事人之间发生在劳动合同过程中的权利义务的劳动合同失去法律效力。

劳动合同终止的条件包括：①劳动合同期满的；②劳动者开始依法享受基本养老保险待遇的；③劳动者死亡，或者被人民法院宣告死亡或者宣告失踪的；④用人单位被依法宣告破产的；⑤用人单位被吊销营业执照、责令关闭、撤销或者用人单位决定提前解散的；⑥法律、行政法规规定的其他情形。

> **知识链接**
>
> 劳动者提出离职，若用人单位不办理或拖延办理离职手续，会给劳动者带来哪些影响？用人单位是否有义务及时为劳动者办理劳动合同解除手续？若用人单位一直推拖，劳动者该如何处理？
>
> 1. 单位不按规定出具离职证明，可能会造成以下两种损害。
>
> （1）劳动者无法享受失业保险待遇，损害劳动者的合法权益，如给劳动者造成损失，单位要承担赔偿责任。
>
> （2）为了规避招用尚未解除劳动合同的劳动者而承担连带责任风险，用人单位往往是要求劳动者提供离职证明，因此原单位不提供离职证明可能会影响劳动者入职。
>
> 2. 《劳动合同法》强调用人单位需负责合同解除或终止证明的出具及保存，还负有协助劳动者办理档案及社保的转移手续的义务。用人单位应当最迟于办结工作交接时向劳动者支付经济补偿。① 若用人单位未履行出具合同解除、终止证明的义务，则其主管部门有权要求其限期改正，若对劳动者的权益造成损害的，用人单位需赔偿劳动者的损失。② 所以，单位应该在法定的时间内给劳动者办理解除劳动关系的手续和相关证明。
>
> 3. 劳动者可以先和单位协商，将上述法律规定和利害关系告知用人单位；协商不成可以请求调解或找劳动行政部门投诉；调解不了或者根本不愿意调解的，可以直接申请劳动仲裁；对劳动仲裁结果不服的，可以去法院起诉。

---

① 参见《中华人民共和国劳动合同法》第五十条。
② 参见《中华人民共和国劳动合同法》第八十九条。

三、劳动合同与就业协议的区别

就业协议和劳动合同都是毕业生就业时与用人单位签订的书面协议，都具有法律效力，但是两者签订于就业过程中的两个不同阶段，有着不同的主体、签订时间时效性、内容及适用的法律。

（一）涉及主体不同

就业协议书涉及毕业生、用人单位和学校。签订者是毕业生、用人单位和学校三方；劳动合同是毕业生和用人单位确定劳动关系时签订的书面协议，仅涉及劳动者和用人单位。

（二）签约内容不同

就业协议书主要是由用人单位的情况及意见、毕业生的情况及意见、学校的意见、备注四个部分构成，主要涉及协议双方之间的工作意向，以及毕业生的就业派遣、人事档案、户口等；劳动合同的内容则更加翔实，具体地规定了合同双方之间的权利义务，合同双方就法定条款和其他协商条款等其他事项进行约定。

（三）签约时间不同

在正常的情况下，用人单位与毕业生会先签订就业协议，然后在规定的期限内再签订劳动合同。即毕业生在与用人单位达成就业意向时，签订就业协议。到用人单位报到并建立劳动关系时，签订劳动合同。

（四）法律适用、争议处理方式不同

就业协议本质上属于普通的民事协议，适用于《民法典》"总则"编；而劳动合同有专门的立法，因此适用于《民法典》"合同"编。

（五）法律效力时段不同

就业协议的有效期限为签订之日起至用人单位与毕业生正式建立劳动关系时止；而劳动合同的有效期由双方当事人在合同中自行约定。虽然，就业协议中约定的岗位、工资待遇等条款，应作为签订劳动合同的依据，但是，当两者的条款约定不一致时，双方的权利义务以劳动合同为准。

（六）违约金范围不同

就业协议书可以在法律允许的范围内自由约定违约金以及违约金的数额；而劳动合同的违约金适用情形仅限于两种情况，即劳动者未遵守服务期约定和违反竞业限制

条款。

从法律角度看，就业协议本质是一个普通的合同，并且签订就业协议书的双方之间的关系并非劳动关系，是普通民事法律关系，因此不适用于劳动法律。

就业协议双方当事人只要在不违反法律规定的前提下，就可以协商约定违约金的相关内容，包括：①是否需要约定违约金；②是否有免除支付违约金的情况；③违约金的数额等相关内容。法律对普通民事协议违约金数额无具体规定。若一方认为过高，可以请求人民法院进行调整。因此，本章"案例导入"中小李和用人单位约定的违约金有效。

根据《民法典》"合同"编，当事人一方不履行合同义务或者履行合同义务不符合约定的，应承担继续履行、采取补救措施或者赔偿损失等违约责任。① 法律允许合同当事人在合法的限度内约定违约金以及释明违约损害赔偿金额的计算方法。

就业协议书是对用人单位和毕业生经过双方协商而达成的民事协议，是具有法律效力的民事合同，对双方都有约束力。用人单位与毕业生所商定的违约金条款，都需要在协议上注明。至于是否有免除支付违约金的情况，以就业协议上签订的条款为准。有的单位可能规定若考上研究生、公务员等情况违约可以不支付违约金；有的单位可能没有免除的情况，只要求职者违约都要支付违约金。

因就业协议书具有唯一性，请毕业生在与用人单位签约前务必先谈好相关条款，并认真考虑后再签约，否则将影响毕业生的就业，给毕业生、用人单位以及学校带来不必要的麻烦。违约的毕业生，若想通过违约领取新三方协议再跟新单位签约，需要经过一定的手续和时间，具体规定和流程需具体咨询各学校就业指导中心。

练习思考题

1. 论述签订就业协议应注意哪些问题。

2. 论述劳动合同的必备条款。

3. 论述就业协议与劳动合同的区别。

4. 论述求职过程中用人单位常见的侵权和违法行为有哪些。

5. 结合所学知识和生活实践，谈一谈大学生就业会遇到哪些陷阱。当自身的基本权益受到侵害时，有哪些方法和途径可以维护自身的合法权益？

6. 论述如何处理违约的相关事宜。

7. 论述劳动争议的概念及处理方式。

———————————

① 参见《中华人民共和国民法典》"合同"编第五百七十七条。

第十章　大学生自主创业

学习目标

1. 掌握创业的意义。
2. 从五个角度评估自己的创业力，做好创业前的心理准备。
3. 了解大学生创业前准备条件，熟悉创业者应具备的素质与能力。
4. 理解创业的基本模式和一般过程。
5. 熟悉大学生创业优惠政策。

本章重点

1. 创业的定义、要素与功能。
2. 大学生创业前的心理准备、知识准备和能力准备。
3. 大学生创业的常见问题及对策。
4. 创业的八个步骤，成立公司的一般程序和相关政策。

本章难点

1. 了解为什么要选择创业。
2. 掌握企业家能力测评系统（GET 系统）的使用方法。
3. 按照 9 个部分撰写商业计划书。
4. 大学生创业常见的五大类问题及三种应对方法。

⊙ 第一节　创业素质与发展

一、什么是创业

（一）创业的定义

对于创业，不同的学者从不同的角度做过各种解释。例如，有的学者从创业过程角度定义创业，有的学者从机会识别角度去解释创业，有的学者从企业家个性与心理、创业机会、创建新组织等方面为创业下定义。综合上述定义和教育部大纲的要求，我们将创业定义为"不拘泥于当前资源，寻求机会，进行价值创造的行为过程"。该定义包括四个方面的内容：

1. 创业是一个创造新事物的过程

创业创造出某种有价值的新事物。这种新事物必须是有价值的，不仅对创业者本身而且对其开发的目标对象也是有价值的。

2. 创业需要消耗大量时间和付出极大的努力

创造新的、有价值的事物是一个艰巨的、复杂的过程，不付出大量的时间和极大的努力是不可能成功的。

3. 创业必须承担一定的风险

创业是一个充满不确定性的过程，在这个过程中，创业者可能遇到各种各样的风险。因此，要想取得创业成功，就必须具备承担风险的勇气和能力。

4. 创业是一个实现价值增值的过程

创业成功会丰富社会的产品或服务，推动社会进步；同时，也会使创业者获得一定的物质方面和精神方面的回报。

（二）创业的要素

创业是一项艰苦的事业，也是一个复杂和复合的系统。创业需要很多前提、条件、资源和要素。有着"创业教育之父"美誉的杰弗里·蒂蒙斯（Jeffry Timmons）是创业教育的先驱，他在长期研究的基础上，提出了创业教育模型——蒂蒙斯模型（如图10-1所示）。

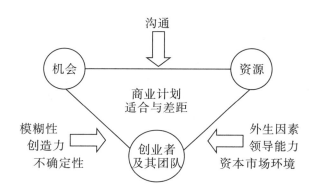

图 10 - 1　蒂蒙斯创业三要素模型

蒂蒙斯模型在创业领域有着深远的影响。首先，该模型简洁明了，提炼出创业的关键要素：机会、创业者及其团队、资源。这三个要素是任何创业活动都不可或缺的。没有机会，创业活动就变成了盲目的行动，根本谈不上创造价值；机会普遍存在，没有创业者识别和开发机会，创业活动也不可能发生；合适的创业者把握住合适的机会，还需要有资源，没有资源，机会就无法被开发和利用。

其次，该模型突出了要素之间匹配的思想，对创业来说十分重要。蒂蒙斯认为，在创业活动中，不论是机会，还是团队，抑或是资源，都没有好和坏之分，重要的是匹配和平衡。这里说的匹配，既包括机会与创业者之间的匹配，也包括机会与资源之间的匹配。机会、创业者、资源之间的平衡和协调，是创业成功的基本保证。蒂蒙斯说的这些道理虽然很简单，但对创业活动而言，却非常重要，而且要真正做到，也不是一件很容易的事情。

最后，该模型具有动态特征。创业的三要素很重要，但不是静止不变的。随着创业过程的展开，其重点也会相应地发生变化。创业过程实际上是创业的三个因素相互作用，由不平衡向平衡方向发展的过程。成功的创业活动，不但要将机会、创业者及其团队、资源三者做出最适当的搭配，而且要使其在事业发展过程中始终处于动态的平衡状态。

（三）创业的功能

创业对一个国家和地区的经济发展具有巨大的推动作用。创业一方面能够迅速催生大量新企业，另一方面能够造就快速发展的新行业。美国经济学家罗斯托的"经济成长阶段论"把人类社会的发展划分为六个依次更替的成长阶段，每个阶段都有与之相适应的、起主导作用的、带动经济起飞的部门，即"主导部门"，而企业家正是"富有创新精神"，"不怕冒风险"，能够完成主导部门创立过程的带头人。

企业家的创新、创业活动，既是对原有产业结构均衡的创造性破坏，又预示着产业结构演进变化的新趋势。例如在 20 世纪 30 年代，创业革命不但推动了美国经济的高速发展，而且改变了美国的经济结构。在今天的美国财富中，超过 95% 的财富是由 1980 年以后，以比尔·盖茨为代表的 E-Generation 创造的。小企业承担美国税收总数的 54%，鼓励和扶持创业已经成为美国经济发展的动力来源。

创业不但对社会经济发展有着巨大的推动和促进作用，而且对创业者个人发展也有重大的影响。创业可能给创业者带来比从事其他任何工作都多得多的物质财富，创业也能够使创业者更充分地实现自己的想法和更充分地发挥个人的创造力。但是，创业者也必须承担失败的风险，以及比一般人更大的责任和压力。在市场经济大潮中，机会与风险并存。只要从事创业活动，就必然会有某种风险伴随。事业的范围和规模越大，取得的成就越大，伴随的风险也越大，需要承受的心理负担也就越大。因此，在决定是否创业之前，要看到创业成功可能带来的收益，又要看到创业失败可能带来的损失，不能凭无知形成的无畏去创业。

二、为什么要创业

（一）创业能够改变社会

从经济学角度来看，社会的改变是通过生产函数的变化完成的，因为相同的要素却产生了更多的产出，要不是生产函数的改变就很难有这样的结果。有人可能会说，规模变化和边际效应的变化也会带来变革，这也有可能，但是，这种变化只是数量上的，而不是本质上的。本质上的变化是用新的生产函数代替旧的生产函数。

为了说明这个问题，得先说明生产函数。其实它很简单，一个企业就是一个生产函数，它完成着从要素到产品或服务的转换工作。只要创办企业就意味着建立了一个生产函数。但是，有些新企业没有构造新的生产函数，它所能改变社会的程度多数较低，相当于规模报酬不变，即多少倍要素投入，带来多少倍要素产出，要素数量增加的倍数与企业产出的倍数相同，这样的创业带来了就业，也带来了产品增加，带来社会结构的变化，但没有带来社会生产方式的变化。这种结构变化会慢慢变得没有什么动力，因为产品增多的结果是价格下降和成本上升，这样会使新进入市场的企业没有了利润，所以这种创业会形成自动收敛，况且如果没有新的生产函数出现，后来者没有模仿对象，也谈不上这种数量性结构变化。

对市场影响最大的是那些创造了全新生产函数的创业活动。2006年福布斯排行榜中国内地的个人财富第一名是施正荣——无锡尚德的总经理，他创办的企业在纽约股票市场上获得了成功，原因是无锡尚德是一家太阳能企业，他们生产的光伏电池是一种将半导体原料做成能够将太阳能转化为电能的器件，而这个时期恰恰是世界能源价格不断攀升，对太阳能电池需求量不断增加的时期。无锡尚德成功有很多因素，但最重要的因素是作为企业家的施正荣构造了一个新的生产函数，将可能用于其他方面的半导体材料——锗开发成为市场价值不断攀升的产品。在很大程度上，这家企业引领了近几年的中国新能源市场。

（二）创业能够让人们地位发生改变

一些当年的穷书生，因为有了发明，可以成为新生产函数的构造者从而成为巨额财富的拥有者。而一些曾经的富豪，因为固守在原来的生产函数上，而成为了穷人。

从这个意义上说，创业是实现机会公平的最好方式。在越来越依赖于生产函数创造的社会中，知识变得越来越重要。原本重要的资本已经为知识所取代，这如同工业化社会取代农业社会，资本比土地更重要一样，由此导致了高校等知识机构不仅自身任务发生了改变，其社会地位也发生了变化。创业可以改变人和机构的地位。

（三）创业可以推进经济增长

创业将资源从低效率之中转移到高效率之中，创业还旨在发现新的商业机会、新的资源，用新的资源组合完成资源配置。在相同的资源条件下获得更多的资源价值，其本身就是为经济增长创造条件。经济增长理论表明，增长是一个资本化的过程，创业就是个将个人资本积累转化为社会资本的最直接活动。中国改革开放以来，非国有企业从无到有、从小到大，无不是通过创业完成的资本化活动。它们或者是个体户创业，或者是集体创业，或者是企业内创业，以此来获得市场的活动和资本积累的动力。创业是实现中国经济增长最重要的方式。

第二节　大学生创业前的准备

一、心理准备

创业是实现激情与梦想的过程，创业也是充满风险与挑战的过程。你准备好了吗？

英国杜伦大学（Durham University）开发了一套企业家能力测评系统（General Enterprising Tendency，GET）。该套 GET 系统已被英国劳动组织作为企业家能力以及创业力的测试系统。本书将此测评系统引入，同学们可以通过答题进行测试，以为创业做好心理准备。

测试方法：根据 53 道题目的描述给出自己的看法，同意的话就在字母 A 上画圈，不同意的话就在字母 D 上画圈。最后按照指引完成分数评定。

（一）描述

1. 如果薪酬是满意的，我并不介意从事常规的、毫无挑战性的工作。
2. 当我必须为自己设定目标时，我会把目标定得更高。
3. 我不喜欢做新奇的或非常规的事情。
4. 有能力的人之所以失败，是因为机会来临的时候没有把握好。
5. 我基本不做白日梦。
6. 如果有人不同意我的观点，我通常会捍卫它。

7. 是否擅长某一事物是天生的，努力并不能使其有所改变。

8. 有时候，别人会认为我的想法与众不同。

9. 如果我不得不赌1英镑，我宁愿买一张彩票也不愿打牌。

10. 我喜欢的是能够真正发挥我实力的挑战，而不是轻而易举就能完成的事情。

11. 与其从事表现不好就会失业的工作，我更愿意拥有一份稳定的工作，即使收入一般。

12. 我喜欢以自己的方式做事，并不在意别人怎么想。

13. 人们经历的许多糟糕时期都是由于运气不好。

14. 我喜欢探索了解事物，即意味着，与此同时，我也会解决一些问题。

15. 如果在执行任务时遇到问题，我会放下，然后去做其他事。

16. 当我计划做某事时，我几乎总能按照我的计划进行。

17. 我不喜欢生活中出现突然的变化。

18. 如果有50%的概率会成功，我会选择冒险。

19. 我会更多地思考现在与过去，而不是未来。

20. 如果我有一个赚钱的好主意，我愿意借钱来做这件事。

21. 在团队中，我乐意让别人当领导者。

22. 人们通常会得到他们应得的。

23. 我不喜欢猜测。

24. 把工作做好比取悦他人更重要。

25. 如果我取悦凌驾于我的人，我会从生活中得到我想要的。

26. 其他人认为我问很多问题。

27. 如果某件事可能会失败，我宁愿不做。

28. 如果别人不准时，我会生气。

29. 在做决定前，我喜欢掌握所有的事实，无论这会花费多长时间。

30. 当完成一项任务时，我很少需要或想要帮助。

31. 除非你在恰当的时候、恰当的位置，否则成功不会降临。

32. 与其只是极其精通某件事，我更想在几件事上都比较擅长。

33. 相比于一个擅长这份工作、但我不喜欢的人，我宁愿与我喜欢的人一起工作，即使他并不擅长。

34. 成功是努力的结果，与运气无关。

35. 我喜欢用常规的方法做事，而不是尝试新的方法。

36. 在一个重要的决定之前，我更喜欢快速权衡利弊，而不是花很多时间去思考。

37. 我更愿意作为团队的一员去完成一项任务，而不是我自己负责。

38. 我更愿意抓住一次可能会带来更好的结果的机会，而不是拥有一段令我开心的经历。

39. 我做别人期待我做的事情，并按照指示进行。

40. 于我而言，得到我想要的东西与运气无关。

41. 我喜欢安排和规划好我的生活，使其顺利进行。

42. 面临挑战时，我更多考虑的是成功的结果，而不是失败的后果。

43. 我相信生活中发生在我身上的事情大多是由他人决定的。

44. 我可以同时处理很多事情。

45. 我发现向别人寻求帮助很困难。

46. 我会为了完成特殊任务而早起、熬夜或不吃饭。

47. 熟悉的事物比不熟悉的事物要好。

48. 大多数人认为我很固执。

49. 人们的失败很少是由他们错误的判断造成。

50. 有时，我有太多的想法以至于不知道要选哪个。

51. 我发现度假容易让人放松。

52. 我从生活中得到我想要的，是因为我努力去实现它。

53. 于我而言，适应变化比遵循常规更困难。

（二）测试表单

46 A D	37 A D	28 A D	19 A D	10 A D	1 A D
47 A D	38 A D	29 A D	20 A D	11 A D	2 A D
48 A D	39 A D	30 A D	21 A D	12 A D	3 A D
49 A D	40 A D	31 A D	22 A D	13 A D	4 A D
50 A D	41 A D	32 A D	23 A D	14 A D	5 A D
51 A D	42 A D	33 A D	24 A D	15 A D	6 A D
52 A D	43 A D	34 A D	25 A D	16 A D	7 A D
53 A D	44 A D	35 A D	26 A D	17 A D	8 A D
	45 A D	36 A D	27 A D	18 A D	9 A D

图 10-2　企业家能力测评系统

（三）评分指引

从答题卡右上角的方框 1 开始，从右往左填写。每圈出一个 D，就在那一行的阴影方框中给自己一分。同样地，在那一行的非阴影框中，每圈出一个 A 就给自己一分。现在，将你的总得分加到第一行，并写在页边空白处。对剩余的八行进行同样的操作，以与上面相同的方式进行评分。完成后，将每行的分数转移到下面的方框中。

表 10-1　得分表

行数	分数	行数	分数	行数	分数
第 1 行		第 2 行		第 3 行	
第 4 行		第 5 行		第 6 行	
第 7 行		第 8 行		第 9 行	

请将第 1 行和第 6 行的总数相加，这将给你第一部分的分数。

仅第 3 行就能给你第二部分的分数。

将第 5 行和第 8 行的分数加总得出第三部分的分数。

将第 2 行和第 9 行的分数加总得出第四部分的分数。

将第 4 行和第 7 行的分数加总得出第五部分的分数。

评估你的分数：

每个部分评估特定的属性。任何一个类别的高分都意味着你拥有该部分衡量的许多品质。这些部分如下：

第一部分——成就需求

最高分：12 分；平均分：9 分

如果你在这一部分取得了好成绩，你至少具备了以下许多品质：

高瞻远瞩

自我满足

乐观而不是悲观

任务导向

结果导向

不安于现状和精力充沛

自信

坚持不懈和坚定不移

致力于完成任务

第二部分——自主/独立需求

最高分：6 分；平均分：4 分

在这一部分得分高的人：

喜欢做非常规的事情

更喜欢独自工作

需要做他们"自己的事情"

需要表达他们的想法

不喜欢接受命令

喜欢自己拿主意

不屈服于群体压力

固执又坚定

第三部分——创新倾向

最高分：12 分；平均分：8 分

本部分的高分意味着你：

富有想象力和创新精神

有做白日梦的倾向

多才多艺且好奇心重

有很多想法

直觉和猜测都很好

享受新的挑战

喜欢新奇事物和变化

第四部分——适度/有计划的风险承担

最高分：12 分；平均分：8 分

如果你在这方面做得很好，你倾向于：

根据不完整的信息采取行动

判断不完整的数据何时足够

准确评估自己的能力

野心不会过大或过小

根据可能的成本评估可能的收益

设定具有挑战性但可以实现的目标

第五部分——动力和决心

最高分：12 分；平均分：8 分

如果你在这一部分取得了高分，你倾向于：

把握机会

不屈服于命运

创造你自己的运气

自信

相信掌控自己的命运

结果与努力对等

表现出相当大的决心

二、知识准备

在国外的一些高校往往培养了众多成功的大学生创业者，这说明在大学生创业者中开展专门的技能培训是有必要的。斯坦福大学单独开设的创业课程有 20 多门，课程涵盖了建设一个企业设计的方方面面；法国里昂商学院形成了规范的创业培训体系，在 2017—2018 年间，共孵化了 50 家初创公司，有效提升了小企业创办成功率。与其他充满冒险和挑战的活动一样，创业需要具备一定的知识准备，这些准备虽然不能保证创业一定取得成功，但却能有效提高创业的成功率。

创业涉及的知识综合性较强。从实际创业的过程来看，创业者最好能掌握一定的财务知识以保障公司维持正常的现金流，掌握一定的人力资源知识保障公司在适合位置有合适的员工，掌握一定的项目管理知识可以对公司项目实现过程管控，掌握一定的市场营销知识可以对公司产品进行销售推广，等等。这样看来，大学生创业者不擅长不了解的事情有很多，那是不是不掌握这些知识就无法创业了呢？其实不然。创业的过程也是个人成长的过程，随着公司不断发展，创业者需要主动或者被动地去了解、熟悉一些知识。

按照知识的类别，可以将大学生进行创业应该具备的知识分为以下四类。

1. 通用知识

通用知识是指具有一般普遍性的适用性知识，通用知识包括人际交往知识、组织管理知识、礼仪知识等，通用知识不一定和创业项目直接相关，但是创始人的通用知识储备往往对创业公司发展有着关键性的作用。

2. 专业知识

专业知识是指与创业项目直接相关的专门技术能力，专业知识包含行业知识、专项技能等。专业知识也叫壁垒知识，如百度、大疆科技的创始人都有深厚的专业知识，使他们在相关领域具备了一定的优势。

3. 工具知识

工具知识是指创业者为确保公司正常运营而必须具备的知识，包括财务知识、税务知识、数学知识、外语知识、计算机知识等。以财务知识为例，如果创业者没有基本的了解，很容易因账目不对导致公司损失，甚至要承担一定的法律后果。

4. 安全知识

安全知识是指大学生防骗及自我安全保护的知识。创业存在一定风险，可能会导致损失，在遇到损失时，安全知识可以保障创业者的身心健康，避免情况进一步恶化。

在创业初期建议大学生了解以下的知识。

（一）通用知识：团队管理知识

由于创业者需要的知识是多样的，在实际中，单枪匹马进行创业的个体创业者变得越来越少见，创业团队变得越来越普遍。

讨论：现实生活中有哪些团队创业的例子？

［提示：麦当劳是由莫里斯和理查德于 1948 年创立的；1939 年，威廉·惠列和戴维·普克创立了惠普（Hewlett – Packard，HP）。］

团队创业的好处很多，在团队中，每位成员都可以根据自己不同的优势，承担不同的责任，发挥不同的作用。同时，团队中的成员也具有不同的缺点。优势互补，缺点互弥，所以需要大学生具有一定的团队管理知识。团队管理就好比是"二人三足"这种运动，创业团队成员之间的关系决定着你们能走多远。很多创业团队成员都彼此认识，因为这样才能够更快地融合，使大家步调一致。

（二）专业知识：行业知识

行业知识，指对行业生产经营活动的基本特点、经济技术指标、行业规定或标准、行业所处环境等基本知识的统称。

相对来说，机会是比较容易发现的。大学生在自己的大学生活中，可能也参与过各种各样的创新创业比赛，有一些能实际解决社会问题的好项目或好点子。但是把这个好项目落实成一个公司就没有那么简单，需要创业者对自己项目所处的行业知识有一定程度的掌握。

对创业者的生平进行研究，不难发现这些创业者往往具备一定的行业知识。百度创始人、董事长兼首席执行官李彦宏在创业前，已经拥有 ESP（超链分析）技术，该项技术专利是奠定整个现代搜索引擎发展趋势和方向的基础发明之一。如大疆科技的创始人汪滔是香港科技大学电子及计算机工程专业的研究生，在毕业设计时研发了飞行控制系统。这些行业知识可以有效帮助创业者对行业发展的前景进行判断，进一步把握行业需要解决的问题，从而形成有竞争力的创业项目。

（三）工具知识：财务知识

创业项目除了需要一个好的商业模式，还需要可行的财务模型。大学生创业成功与否的一个关键是，公司成立之初资金能否循环。同样地，潜在的投资者也想知道他们投入的资金会如何被使用，以及如何赚钱。

很多创业公司的现金流会呈现"曲棍球棒曲线"，即在某一个固定周期，前期销量很低，到某一个时段后销量会有一个突发性的增长。这个是和创业公司的规模有关的。因此创业者需要学习一定的财务知识，量入为出，做好规划。

同样，如果初创公司缺乏有效的财务模型，无法找到盈利方案，可能会导致创业的失败。

拓展阅读

ofo 小黄车事件

2018 年，ofo 小黄车创始人戴威因为押金和欠债问题成为全国失信被执行人，从超百亿美元融资到负债累累，27 岁的戴威鲜活地演绎了一场创业悲喜剧。ofo 小黄车是 2015 年 6 月在北京大学校园中推出的共享单车项目，项目能够有效解决人们出行"最后一公里"难题，拥有相当的客户基础。到 2016 年正式走出校园，进军城市市场，受到了资本市场的青睐。但是在团队管理知识和财务知识方面，戴威始终没有真正重视起来。据报道，2017 年 7 月 ofo 获得了 6 亿美元的 E 轮融资，但不到两个月 ofo 就烧光了 6 亿美元。同样，有 ofo 前员工反馈，公司并没有严格的资金审批制度，导致内部存在贪腐问题，即使是有领导被查出贪腐问题，也只是口头警告，真正严肃处理的很少。2017 年 7 月，滴滴派出三名高管进驻 ofo 小黄车，内部管理矛盾却越来越大，一直到阿里入局后，三者的博弈导致了新的管理问题——站队。2018 年，裁员、融资难、缩减海外业务、拖欠供应商货款、转投区块链、尝试卖身，种种迹象显示 ofo 小黄车已经深陷尴尬境地。

三、能力准备

对于大学生来说，成为创业者的标志不仅在于有新的想法，更在于有把新想法付诸实践的能力。如今的商业环境已经变得复杂且充满不确定性，多数行业已经成为"红海"，竞争异常激烈。大学生创业者能否在竞争中占据优势，主要取决于他所拥有的或者能够运用的各种能力。

多位学者对创业者需要的技能进行过深入的研究。英国杜伦大学的 Gibbs 等认为创业者需要有 9 种能力：创造性解决问题的能力、说服力、谈判能力、销售（推销）能力、提议（提案）能力、动态全面管理商务（项目）能力、战略性思维、不确定情况下的直觉决策能力、人际社交网的构建能力。江西九江学院的王万山等在高校的创业课程教师和企业高管中进行调研，表明识别和利用商机的能力、风险识别与控制能力、组织和领导能力是创业成功应培养的基本能力认同度排名前三的能力。归纳来看，创业者应具备以下几种能力。

（一）创新能力

创新能力，是一种创造性思维能力，指以现有的思维模式提出有别于常规或常人思路的见解为导向，在特定的环境中，本着理想化需要或为满足社会需求，而改进或创造新的事物、方法、元素、路径、环境，并能获得一定有益效果的行为。创业作为一种创新活动，更加关注价值的创造。可以说，创业就是创造价值，并将其中一部分创造的价值转化为利润的行为，它强调的并非仅仅是创造新的技术、新的发明，同样也包括为已有事物找到新的用途。一个新的管理理念或是新开发的产品，往往会给创业者带来惊人的回报。

创业者培养良好的创新能力需要注意以下几点。

一是空杯心态。莎士比亚在戏剧《暴风雨》中有一句名言："凡是过去，皆为序章（What's past is prologue）。"空杯心态即是这样，将内心里的"杯子"倒空，不囿于过往的辉煌，对新事物善于发现它的亮点，对新观点去探究背后的道理，而不是依靠直觉，习惯性地使用否定的心态看待新事物。

拓展阅读

贝佐斯的空杯心态

如果要选出 21 世纪极具代表意义的科技产品，相信这份榜单上一定会有 Kindle。2007 年，亚马逊推出了革命性的产品 Kindle。至此，这一以纸质图书业务起家、市值达 238 亿美元的公司走上了二次创业的道路。这一切都归根于亚马逊创始人贝佐斯的空杯心态，贝佐斯在《2007 年致股东信》中写道："在我看来，亚马逊的公司文化为具有巨大潜力的新业务提供了不同寻常的支持。我相信这是亚马逊竞争优势的一个源泉。"干掉自己原来的生意，成为贝佐斯空杯心态的最好体现。

在线上以纸质图书销售为主的亚马逊公司推出一款电子书并非那么容易，贝佐斯投资足够多的研发经费，耗时 3 年才把这个阅读神器弄出来，并为它取名为 Kindle，这个名字有"着火，点亮"的意思。正是因为这一次革新，截至 2020 年，亚马逊市值已经到了 1.17 万亿美元，贝佐斯也一度成为世界首富。

二是善于联系。例如，Uber 不拥有任何一辆车，但 Uber 的市值能够买得下它运营的所有车辆，Uber 的估值也比世界上绝大多数汽车公司的估值都高。事物之间连接的价值，超过了事物本身的价值，所以说联系产生价值。

三是承认变化。事物不是一成不变的，承认是改变的开始。世界之所以能不断出现新行业、新点子，正是因为知识、科技、环境在不断发生变化。承认变化意味着观念的改变，伴随着观念改变，旧事物可以产生新内容。例如，在物理知识发展之前，人们认为光是一种粒子，随着知识的发展，光被赋予了波和粒子共同的特性，对光的应用也远远超出了照明的范畴。

（二）学习能力

一个人的学习能力非常重要，尤其对于创业者来说，所创立的企业在某种程度上就是一个知识的集合体。创业者要学习新知识，再经过自己的思考，提炼有用的知识，并把这些有用的知识传播出去，这就是学习能力。

学习能力的动力在于好奇心。好奇心是指渴望获得新体验、新知识的一种主动心态。拥有好奇心意味着愿意提升自我，以及愿意在失败中吸取教训。创业者可以根据这几个问题来判断自己的好奇心：

（1）如何让团队中其他成员发表意见？

（2）如何了解未知的领域？

（3）如果有人顶撞你，你会作何反应？

（4）如何拓展思维、增加经验和进行个人发展？

（三）沟通能力

沟通的本质就是信息交流。企业中的沟通是涉及人与人、组织与人、组织与组织之间借由信息来传递感情、命令、目的等的交流过程。创业者需要有较强的沟通能力，这种沟通不一定是以语言的方式让别人理解你的意思，也包括用技术、行为及其他方式让别人理解你的意思。沟通能力是人际交往能力、谈判能力、销售能力、管理能力的基础之一。良好的沟通能力能够帮助创业者有效传达企业目标和工作对策，同时也有助于创业团队的团结。

大学生创业者经历相对简单，较多人善于研究和分析，因为这些事情更注重自我管理，而且能够按照自己的规划完成。但是在需要和人打交道时，比如争取资源、推销产品等环节，往往会觉得比较棘手，常常感到事物脱离了自己的控制。与人沟通是一件很折磨人的事情，第一步就是要不畏难，创业者往往会想"我先做好产品，明天再去找资源、找客户"，但这种自欺欺人的拖延可能导致自己的创业信心被一点点磨灭。

第三节　大学生创业的对策与程序

一、创业对策

大学生创业者往往是首次创业，缺乏足够经验，同时也容易遇到一些问题。大学生创业初期容易遇到以下问题。

1．创业缺乏启动资金

多篇文献表明，资金不足是大学生创业的主要障碍。虽然资金来源渠道很多，比如家庭支持、个人积蓄、朋友集资、贷款、政府扶持、天使投资等，但自筹资金比例仍然在80%以上。

2．理论知识与现实应用脱节

大学生由于经历相对简单，不能很好地把理论学习转化成实践中的生产力。在遇到复杂多变的环境时，要学会如何应对可能出现的问题。

3．创业韧性不足

创业是一件"看似寻常最奇崛，成如容易却艰辛"的事情。对于大学生来说，毕业后出路很多，能否全力以赴去做，愿不愿意为创业付出代价，花费时间成本和资金成本，有没有破釜沉舟的信心和毅力，都会影响到创业的成功与否。

4. 政策与环境把握能力较弱

创业需要立足社会，虽然中央和地方政府对大学生创业有很多的支持政策，但是创业政策在系统和落地方面仍然会存在一定问题，大学生创业要学会使用政策，但不能完全依靠政策。在遇到问题时，不要去抱怨社会，而要以积极心态去应对，从自身出发找解决办法。

5. 缺乏风险意识

风险存在于创业的细节问题之中，创业并不仅仅是发现一个机会，就能把机会变成现实。创业是一系列的链条，其中任何一个链条出现问题，都可能影响到创业的成功。大学生创业者可能会因为缺乏风险意识，无意间犯下一些错误，比如违反与税收、国家安全、社会稳定相关的法律。

拓展阅读

"租金贷"的法律风险

"租金贷"是长租公寓企业在与租客签约时提供的一种付款方式，在这种付款方式中，租客在与长租公寓企业签约时，同时与金融机构签订贷款合约，一般由金融机构替租客支付全年房租，租客按月向金融机构还清租房贷款，长租公寓企业承担贷款产生的利息。这种签约方式一方面能缓解租客传统租房的"押一付多"方式带来的资金压力，分摊租房成本；另一方面，长租公寓企业获得了快速、大幅的资金回流，降低了催收租金的人力成本，同时也有额外的资金投入到公司运营中。

这种本来是三赢局面的签约方式，却在2018年相继"爆雷"。长租公寓企业缺乏风险意识，疯狂扩张，造成资金链断裂跑路，与金融机构签订的"租金贷"协议未能及时解约，导致租客一方面被迫离开所租房屋，另一方面即使在租房合同解除后仍需要偿还每月贷款。更为恶劣的是，部分长租公寓企业在签约时隐瞒"租金贷"签约方式，导致租客在完全不知情的情况下，陷入"租金贷"纠纷。

这一切都是因为长租公寓公司在运营时缺乏风险意识，对"租金贷"的法律风险不了解。在"租金贷"中，涉及多个法律关系，其中有租赁法律关系、转租法律关系、贷款法律关系等。长租公寓公司缺少专门的风险审查机制和法务部门，如果盲目随大流，很容易让自己陷入被动局面。

对于大学生创业者创业初期，有以下对策和建议。

（一）妥善选择创业启动资金来源

创业初期资金来源，可以分为自筹资金和天使投资资金两种来源。自筹资金通常来源于家庭支持，对于家庭收入一般的大学生来说，自筹资金存在着较大困难。自筹资金的另一种方法是借款或向银行贷款，但无形中也给大学生创业带来较大的心理压力，一定程度上也影响大学生创业的发展。

自筹资金也有它的好处：第一，自筹资金启动速度快。对于一部分创业项目来说，投放市场的时间非常关键，寻找天使投资需要花费一定的时间，在手头宽裕的情况下，如果项目够好，看准市场，快速进场是非常重要的。第二，项目已经有成熟的盈利模式。找天使投资往往需要分享自己项目的核心要点，对于准入门槛较低的项目，也容易被模仿。如果项目不需要烧钱，也不需要上市，那找投资人就不是一个必选项。第三，起步阶段自筹资金可以留出更多的股份给后续的融资。通常业内的天使投资价位在 20 万元 8% 的股份，而到 A 轮时创业公司往往需要出让股份的 15% ~ 35% 才能获得风投，出让股份过多有可能导致公司在下一轮融资时谈判更加困难。

天使投资人是指专门投资新公司的个人或团体。天使投资人对每个项目的投资额通常在 10 万 ~ 100 万元。如果创业项目需要启动金额较多，可以选择多位天使投资人。选择天使投资人是双向的，在天使投资人对创业者进行评估时，创业者也需要对天使投资人进行评估。一个好的天使投资人除了资金方面的投出外，往往还能够给创业者带来其他的资源，比如人脉、管理经验等。天使投资人和创业者能够有一致的看法对公司的成功至关重要，有些天使投资人在投资时不太关心项目的长期发展，希望在合适的价位将公司卖掉以取得盈利；但创业者往往不一定会希望看到公司被卖掉，成为某个大公司的业务单元，创业者会觉得再坚持几年会有更多收益。这些分歧最好可以在开始选择风险投资人时考虑清楚。

（二）制作周密的商业计划书

撰写商业计划书是创业的重要步骤，如果没有商业计划书，就无法进行项目评估、项目交流、项目推广和项目融资。撰写商业计划书的过程，是一个对创业项目不断完善的过程，同时也是对项目商业模式和财务模型的梳理，有助于判断创业环境、分析客户群体、确定需求要素。

在目前环境下，商业计划书往往不以篇幅取胜，既避免过多的信息导致商业模式被拷贝，同时也有利于创业者和投资人梳理逻辑。一份商业计划书通常包含以下 9 个部分。

1. 项目理念及愿景

在初创公司中，规章制度尚不健全，多数情况下公司的创始团队需要自己找事做，项目的理念和愿景充当了判断事情是否可以做的准绳。

2. 客户画像

简单来说，就是创业项目面向的用户是怎样的人。抽象出用户的信息全貌，有助于进一步精准、快速地分析用户行为习惯、消费习惯等重要信息。客户画像可以采用以下两个步骤开展。

（1）分析客户。分析客户是指通过定量和定性分析，解析客户的特征。按照自然属性，包括客户的性别、年龄、地域、教育水平等；按照社会属性，包括客户的婚姻、家庭、社交渠道、职业等；按照消费偏好，包括客户的购买力情况、购买渠道等；按照生活方式，包括客户的兴趣爱好、品牌倾向等。

（2）描述客户。描述客户是指对一类用户的类似属性进行归纳，形成用户标签。著名的战略管理咨询公司罗兰·贝格国际管理咨询公司曾经提出中国消费者的价值元素分布图，用20个词对中国消费者进行了描述。

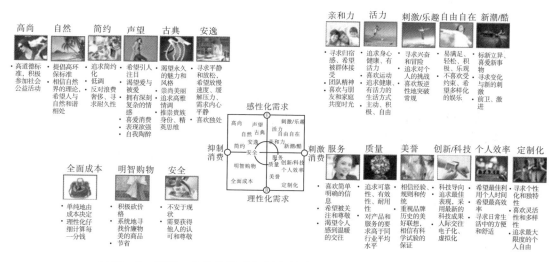

图 10 - 3　罗兰·贝格咨询公司提出的中国消费者的价值元素分布图

3. 产品（服务）简介

在产品（服务）介绍部分，通常需要回答以下问题：

（1）产品或服务对终端客户的价值是什么？

（2）产品或服务是通过什么技术或手段来实现的？

（3）与市场已存在的产品或服务相比，该产品或服务有哪些优势？

需要注意的是，对比过去商业计划书中产品（服务）介绍部分需要详细罗列产品研发过程、特性、专利等，并不建议大学生创业者进行太多技术要点或者参数方面的说明，避免创意泄露。

4. 市场分析

市场分析是商业计划书中主要部分之一，对于市场的分析包含市场现状和市场预测。市场现状是指创业项目所属行业发展程度，包括竞争者、消费者、供应商、销售渠道等。市场可以简单划分为红海市场与蓝海市场。红海市场是指已经存在的、市场化程度较高的、竞争比较激烈的市场。蓝海市场是指当今还不存在或者竞争较小的产业市场。建议大学生创业项目所处市场要有一定的潜在机会，但不要太过蓝海。市场太过蓝海是指还没有相关政策或资本介入的完全新兴的产业市场，此时，因为政策不配套往往需要花费大量的资金构建市场，同时该部分市场有可能是灰色产业，涉及红线问题。市场预测是指运用科学的方法，对影响市场供求变化的诸多因素进行调查研究，分析和预见其发展趋势，掌握市场供求变化的规律，为经营决策提供可靠的基础。

大学生创业建议要选择那些本身在不断增长的市场，这时候初创公司的市场份额往往来自市场本身，而非抢夺竞争对手的份额。对于初创公司来说意味着维护客户的成本较低，避免恶性竞争导致的公司不良发展。

5. 竞争优势分析

竞争优势分析包括竞品分析和竞争优势持续性分析。进行竞品分析时，可以采用以下步骤。

（1）确定你的竞争对手。了解他们的规模和量级。

（2）通过网站收集资料。

（3）实地走访体验。

（4）归纳竞争对手的优势和劣势。

（5）从自身的角度找和竞争对手的差距。明确自己的优势和壁垒。

同时，需要注意的是竞争优势能否持续，也是需要考虑的一个因素。市场变化是快速的，如果优势不能长期保持，容易过于乐观地对初创公司的现金流和利润回报进行估计，导致严重后果。

6. 商业及盈利模式

商业及盈利模式是商业计划书中的另一个主要部分。商业及盈利模式可以凝练成以下几个问题。

（1）你的重要伙伴是谁？

（2）你的关键业务是什么？

（3）你的优势及核心资源是什么？

（4）你为客户提供什么？

（5）如何描述你与客户的关系？

（6）你的销售渠道是什么？

（7）你的客户群体是什么？

（8）你的收入来源有几个？其中关键收入来源是哪些？

（9）你的成本结构如何？哪些是可变成本？哪些是固定成本？

（10）你获得正向现金流的条件是什么？

7. 项目进展

项目进展是商业模式可行的佐证，同时也为投资人证明了创业者的决心和执行能力。

8. 融资及发展计划

这部分通常需要说明初创公司未来一年或一年半内需要多少钱以及打算怎么花这笔钱。一个好的融资及发展计划还应该包括对投资人退出机制的考虑，这说明创业团队系统性思考的能力和对执行细节的把握。

9. 团队介绍

风险投资者通常喜欢在项目上有相关经验的创始人团队。对于天使投资人来说，多数天使投资人只对熟人或有熟人介绍的项目进行投资。

拓展阅读

周鸿祎：教您打造十页完美商业计划书

第一，用几句话清楚说明你发现目前市场中存在一个什么空白点，或者存在一个什么问题，以及这个问题有多严重，几句话就够了。很多人写了三百张纸，抄上一些报告。投资人天天看这个，还需要你教育他吗？比如，现在网游市场里盗号严重，你有一个产品能解决这个问题，只需要一句话说清楚就可以。

第二，你有什么？

第三，你的产品将面对的用户群是哪些？一定要有一个用户群的划分。

第四，说明你的竞争力。为什么这件事情你能做，而别人不能做？是你有更多的免费带宽，还是存储可以不要钱？这只是个比方。否则如果这件事谁都能干，为什么要投资给你？你有什么特别的核心竞争力？有什么与众不同的地方？所以，关键不在于所干事情的大小，而在于你能比别人干得好，与别人干得不一样。

第五，再论证一下这个市场有多大，你认为这个市场的未来是怎么样的。

第六，说明你将如何挣钱。如果真的不知道怎么挣钱，你可以不说，可以老老实实地说，我不知道这个怎么挣钱，但是中国一亿用户会用，如果有一亿人用我觉得肯定有它的价值。想不清楚如何挣钱没有关系，投资人比你有经验，告诉他你的产品多有价值就行。

第七，再用简单的几句话告诉投资人，这个市场里有没有其他人在干，具体情况是怎样。不要说"我这个想法前无古人后无来者"这样的话，投资人一听这话就要打个问号。有其他人在做同样的事不可怕，重要的是你能不能对这个产业和行业有一个基本了解和客观认识。要说实话、干实事，可以进行一些简单的优劣分析。

第八，突出自己的亮点。只要有一点比对方亮就行。刚出来的产品肯定有很多问题，要说明你的优点在哪里。

第九，倒数第二张纸做财务分析，可以简单一些。不要预算未来三年挣多少钱，没人会信。说说未来一年或者六个月需要多少钱，用这些钱干什么。

第十，最后，如果别人还愿意听下去，介绍一下自己的团队，团队成员的优秀之处，以及自己做过什么。

一个包含以上内容的计划，就是一份非常好的商业计划书了。

（资料来源：创业邦）

（三）理性评估创业风险承担能力

创业需要激情，需要重叠，但更需要理性。大学生创业者要树立正确的创业观，认识到创业存在风险是正常的，收益是有波动性的，创业中遭受到一些损失也是正常的，既不能自暴自弃，也不能怨天尤人。即使创业失败了，也要保持冷静，不要有赌徒心理，而是要客观理性吸取经验教训，将损失的经验转化为盈利的机会。创业是一个高风险的行为，选择创业前最好能进行理性的思考和评估，对自己所能承受的最大风险进行识别和判断。创业风险承担能力的评估包括以下几个方面。

1. 再就业能力

创业一旦失败，创业者就会失去收入来源，对于创业者的生活水平也会产生较大影响。有些创业失败后，创业者可能会背负一定的债务。能否再次创业或者再次就业，对创业者走出失败的情绪至关重要。事实上，多数大学生创业者并非因为毕业无法找到工作而选择创业，相反这些创业者往往具备较高的素质。创业失败也并不可怕，很多企业更愿意聘用那些有创业经历的人员作为公司员工，因为这部分人往往在某一方面具备较强的素质。大多数创业者有多次创业的经历。比如，马云在创立阿里巴巴之前，曾经创立过海博翻译社、杭州海博电脑服务有限公司；刘强东在创立京东之前，也曾经做过餐饮、售卖过刻录机和光碟。

2. 可用于承担风险的资金

正常情况下，用于承担风险的资金数量和创业者的风险承担能力呈正相关关系。由于大学生创业者资金总额有限，在面临市场变化时，可能会存在错失进入市场时间、与购买商议价能力降低等问题。在亏损时，又缺乏止损意识，很容易导致创业公司现金流的断裂。

3. 心理调节能力

创业大学生要评估自身抗挫折能力，培养良好的心理素质，进一步增强心理调整能力。过于强烈的消极情绪感受会妨碍大学生创业者的生活、学习、二次创业等。负面情绪往往会导致逃避心理，丧失对外部探索的动力。大学生创业者在创业之前需要对自身情绪有较好的认识，有排解消极情绪的渠道和方式，加强自我管理能力，避免在遇到挫折时，陷入悲痛和自我否定的心理中。

二、创业程序

创业是一个系统性工程，在创业前能够考虑到方方面面的细节不是一件容易的事情。有些创业者在创业初期并不是那么目标清晰、决定明确。但是，我们仍然鼓励大学生在创业前期能够对照以下创业程序，对自己业务内容进行梳理。

1. 选择创业方向

如何选择创业方向？知乎创始人周源认为，选择创业的方向是没有什么方法的。这是大学生创业和择业最大的区别，择业意味着大学生有方向可以选择，创业却是一头扎进未知之中。创业项目可以来源于专业，可以来源于兴趣，可以来源于偶然的灵感，还可以来源于对未来趋势的判断。但是，不可否认的是，创业方向存在于你认知之中，与你的视野有很大关系。创业方向不是闭门造车可以臆想出来的，而是你过往的人生积累，或者是见到过类似的行业或者产品。所以在选择创业方向、确定创业项目时，拓宽视野、增长见识非常重要。

本书选取了常见的 9 个行业及其中有代表性的一些创业公司，供读者进行参考。此外，大学生创业者也可以去 36 氪、IT 橙子等创业投资项目数据库类网站上掌握最新的创业项目。

（1）科技、制造类。代表公司有：大疆创新、小鹏汽车、极米科技等。

（2）企业服务类。代表公司有：优客工场、wework、36 氪等。

（3）在线教育类。代表公司有：猿辅导、VIPKID、百词斩等。

（4）医疗服务类。代表公司有：药研社、臻和科技、博识医疗云等。

（5）交易平台类。代表公司有：猎聘、摩天轮票务、车好多集团等。

（6）日常消费类。代表公司有：滴滴出行、饿了么、美柚、KLOOK 客路旅行等。

（7）金融类。代表公司有：e 代理、钱方、京东数科等。

（8）社交社区类。代表公司有：陌陌、Snapchat 等。

（9）文化传媒类。代表公司有：万合天宜等。

2. 最小可行产品（MVP）

为了验证创业项目的可行性，可以采用最小可行产品（Minimum Viable Product，MVP）。最小可行产品是由埃里克·莱斯（Eric Ries）在《精益创业——新创企业的成长思维》中提出的概念，是指快速地构建出符合产品预期功能的最小功能集合，是一种用最小的代价来验证商业可行性的方法。它要求创业者用最快的方法做出一个只有最基本功能的粗糙原型。比如：如果你打算做一个可以通过网络控制的贩卖机，那你只需要做一个只包含一件产品、只有"下单"一个按钮的网站，以及用硬纸板搭建一个贩卖机模型。然后让你自己、你的团队成员或者你可以找到的客户试用，看看是否能够接受这种功能。最小可行产品一方面是验证创业方向的可行性；另一方面也有助于发现产品的不足，从而进一步改进创新。帮你进行测试的"首批客户"能够指出你没有考虑到的问题，帮你拓宽思路，甚至是颠覆你原来的设计。

拓展阅读

Airbnb 创业故事

2007 年 9 月 22 日，乔·盖比亚（Joe Gebbia）给他的朋友，同时也是大学室友的布莱恩·切斯基（Brian Chesky）发了一封电子邮件，在邮件里分享了一个想法。电子邮件的内容非常简单：

Brian：

我想到了一个赚钱的方法——把我们的住所打造成一个"床位 + 早餐"的地方。也就是说我们为参加为期 4 天的全球设计大会的设计师们解决饮食和住宿问题，为他们提供无线网络、小办公桌椅、充气床席和早餐！

Joe

布莱恩和乔住在旧金山的一个阁楼公寓里，为实现这个想法，他们使用了 3 个充气床，并拍了几张阁楼的照片，创建了一个简单的网页。他们把这个项目命名为"充气床＋早餐"（Air Bed and Breakfast），这就是 Airbnb 名称的来源。

在大会期间，他们共为 3 个人提供了"充气床＋早餐"的服务。他们向第一批 3 位租客收取的费用是每晚 80 美元，这比该市大多数中档酒店便宜了大约 100 美元。然后，Airbnb 开始了有机扩张。

"充气床＋照片＋网页"构成了布莱恩和乔在创业项目中的最小可行产品。随后 Airbnb 不断对这一最小可行产品进行迭代，用户可以选择的也不仅仅是充气床，还有公寓、别墅、城堡甚至树屋，Airbnb 为旅行者们提供数以百万计的独特入住选择，被《时代周刊》称为"住房中的 ebay"。

3. 找寻创业团队

大多数成功的创业公司，开始都有一个 2～6 人的创始团队。创业团队可以有效弥补单个创业者知识、技能不足的问题，使创业者更容易获得成功。

团队不同于群体。团队是一种为了实现某一目标而由相互协作依赖并共同承担责任的个人组成的群体。在团队中，每位成员都具有独特的优势，这些优势形成互补效应，使得团队中每一个成员都是可以发挥作用的。

优秀的创始团队具有以下 6 个共同特点。

（1）凝聚力。创始团队中每个成员都是紧密相关、不可分割的。

（2）合作精神。创始团队需要注重相互配合，发挥"1＋1＞2"的作用。

（3）长远目标。创始团队拥有共同的创业愿景。

（4）整体利益。对团队而言，要把集体利益放在个人利益之上。

（5）公平公正。创始团队权责要分明，虽然初创团队私人关系通常较好，很多事情不分彼此，但是出错之后要公正对待，对事不对人，防止厚此薄彼、相互推诿、产生团队成员间的矛盾。

（6）共同分享收获。创始团队中同样存在领导者，在创业过程中获得收获时，团队领导者要懂得让团队成员共同分享收获。很多创始团队成员熬过了最艰难的创业初期，却在收获时不欢而散。创始团队成员需要坦诚面对自己，并彼此了解创业的原动力和欲望，这样才有助于创始团队建立稳固的信任。

4. 整合创业资源

创业资源是指对企业创立和发展有所帮助的要素集合。创业资源按照来源可以分为个人资源与社会资源。获取创业资源的途径可以分为市场途径和非市场途径两种。

（1）通过市场途径获取创业资源。市场途径通常是指付出货币或自身资源换取外部资源的途径，可以分为货币购买及非货币置换两种方式。购买是指利用财务资源通过市场购入的方式获取外部资源。比如租赁办公地点、聘请法务人员、购买专利等。采取购买方式获取创业资源，可以通过寻找相关服务公司、中介担保、熟人介绍等渠道。置换是指创业公司使用非货币的途径向其他公司或个人换取创业资源的过程。置换双方通常是资源互补、各取所需。比如初创公司以公司未来估值作为抵押，置换风险投资公司技术、管理、人员、金融方面的支持。

（2）通过非市场途径获取创业资源。非市场途径获取创业资源分为两种类型：个人途径和社会途径。个人途径一般具有特殊性，通常是指熟人、相关企业或投资机构带来的创业资源，比如家庭关系带来的客户资源、投资机构的人脉关系。社会途径一般具有普遍性，是国家或政府鼓励创业给予的一些政策性优惠。

资源具有有限性，大学生创业者要善于整合创业资源。一方面大学生创业者要准确认识到已有资源，其中哪些是企业独有的资源，哪些是企业缺少的资源；另一方面，要不断拓展自身的资源网络，整合新获取的资源与已有的资源，持续开发潜在的资源，从而能够服务于创业项目的落地。

5. 选取创业模式

大学生创业的基本模式主要有创办实体企业、SOHO 创业、加盟创业、大赛创业、兼职创业等。

创办实体企业是创业的典型方式，与其他创业模式相比，这种创业模式在创业起步时过程较长，需要进行工商登记、选址、招聘员工等，但同时也是成就感最强的一种创业模式。

SOHO 创业通常指在家或者在小型办公室中的创业模式，这种创业模式员工较少，常常依附于网络平台开展业务，比如写手、自由摄影师、网店等。

加盟创业也是常见的创业模式，创业者依附于已有的品牌及产品，获得品牌商的资源支持，采取直营、委托加盟、特许加盟等方式创业。加盟创业通常可以认为是品牌商或者供货平台的分销商，直接面对最终消费者。加盟创业面临的压力主要是销售压力，对于产品的研发、后续的产品服务均由品牌商负责。

大赛创业是利用各种商业创业大赛，获得资金提供平台。对大学生创业者而言，如果参加"挑战杯"全国大学生创业计划大赛、中国"互联网＋"创新创业大赛等取得好名次，可以进一步申请创业训练项目或者创业实践项目立项。在"十二五"期间，教育部实施国家级大学生创新创业训练计划，对大学生创业者给予场地、资金等支持。在项目结项后，给予一系列配套服务，帮助大学生将实践项目真正落地。2015 年，共青团中央与广东省人民政府正式签署协议，以省部共建的方式建设"中国青创板"综合金融服务平台，为创业青年提供政策信息查询、创业优惠政策申报、创业辅导培训、投融资对接、落地孵化等各类创业服务，打通比赛和创业公司通路。

兼职创业是指大学毕业生在找到专职工作后，利用空闲时间从事创业活动的创业模式。这种模式要求创业者选择弹性工作时间的职业。我们看到有些大学生选择从事教育培训类工作作为毕业后第一份工作，同时开展创业活动。这种创业模式的好处是能够降低创业的风险，避免"创业失败即失业"的局面。但是由于精力被分散，对创业者安排好本职工作和创业工作的时间、精力有较高要求。

6. 招募企业员工

创业初期公司因为运营成本和公司名气的原因，并不适合社会招聘或校园招聘渠道。创业者往往需要自己招人，本书提供三种方法供大学生创业者参考。

方法一：从周围的人、同学、朋友找起。这是一个较好的方法，至少可以保证创业者对招到的人比较了解，很多创业者的第一代员工都是自己的女（男）朋友或者处得较好的同学，这些人往往对创业项目的认同感较强，但是由于靠交情为纽带，往往会影响到公司管理工作。

方法二：从用户中找。用户作为产品的体验者，更能够认清楚产品的前景。目前市面上一些长租公寓公司，首批员工往往来源于公司的租客，这些人既是员工也是客户，能够帮助创业公司更好地改进产品。

方法三：从竞争对手中找。员工是有职业惰性的，往往在这一行干久了，很难跳出这一个圈子，即使跳槽也不会更换行业。大学生创业者可以关注初创公司的竞争对手，这样招来的员工一方面有经验，另一方面也能够给你带来竞争对手公司的经验和教训。但是这样的员工同样存在问题，一是工资要求可能会较高，二是这部分员工可能对企业的认同感较弱。

7. 找到种子用户

对于初创公司来讲，第一批用户是非常重要的。如小米公司在 MIUI 早期，通过在知名 Android 论坛发帖的方式好不容易找到了 1 000 人，并从中选出 100 个作为超级用户，参与 MIUI 的设计、研发、反馈等。在 2013 年小米"米粉节"上，小米特别发布了一部专门为感谢那 100 个铁杆粉丝拍摄的微电影，名字就叫作"100 个梦想的赞助商"，把他们的名字一一投影到了大屏幕上。对于初创公司来说，种子用户很可能成为公司忠实的客户和品牌传播者。由于初创公司品牌宣传投入较小，找到首批客户往往需要依靠社交网站、论坛、发传单、口口相传等宣传方式。

低成本获客是初创公司的不二法则。在寻找第一批客户时需要保持足够的耐心。在找到第一批客户后，做好首批客户的维护，利用老客户带新客户减少获客成本。同时，要明确自己的目标用户，去目标用户最容易出现的场景中找客户。

8. 运营管理新企业

企业运营是一个大话题，对于初创公司而言，所管理的团队人员数量较少，沟通成本较低，团队执行力较强。同时由于团队人员较少，多数员工"身兼数职"。建议大学生创业者以速度优先，将要紧的事情放在最高优先级，减少集体会议，将会议要求分散到平时的沟通中，同时为各项工作合理分配时间。其中一种工作时间分配方式为：市场研究 10%，产品设计 20%，项目开发 20%，产品运营 30%，市场推广 10%，其他 10%。

对于初创公司，有三件事情最为首要：

（1）告诉员工要做什么。

（2）根据用户需求改进产品。

（3）盈利。

大学生创业者要学会授权，初创公司往往有千头万绪的事情需要处理，大学生创业者要让团队中的每个人都知道哪些事情是关键事情，才能把自己的时间空出来解决企业发展的问题。

除此之外，要不断提升自身及公司员工的业务能力，适当开展团队素质拓展、业务培训工作，"工欲善其事必先利其器"，这样才能帮助初创公司站稳脚跟。

三、成立新公司

创业者可以选择创办的企业形式分为设立公司的企业和不设立公司的企业。对于大学生创业者来说，不设立公司的企业以个体工商户居多，个体工商户的开办手续比较简单，只需要在工商部门办理登记手续即可开业，但由于不具备法人资格，退出机制有限，因此，通常鼓励大学生创业者注册公司、设立企业。本书也将重点对以"公司"形式开展企业活动进行介绍。

（一）创业公司的类型

根据我国《公司法》的规定，公司包括有限责任公司和股份有限公司两种类型。

（1）有限责任公司，又称为公司，是由符合法律规定的股东出资设立，每个股东以其所认缴的出资额为限对公司承担有限责任，公司法人以其全部资产对公司债务承担全部责任的经济组织。有限责任公司是我国企业实行公司制最重要的一种形式，其特点是设立程序简单，公司运营成本低，机构设置少，比较适合企业的初步发展阶段。对于大学生创业者来说，有限责任公司是比较适合创业的企业类型，大部分的投融资方案、VIE 架构等都是基于有限责任公司进行设计的。

（2）股份有限公司，又称股份公司，是指以公司资本为股份所组成的公司，股东以其认购的股份为限对公司承担责任的企业法人。我国《公司法》规定，股份有限公司是指其全部资本分为等额股份，股东以其所持股份为限对公司承担责任，公司以其全部资产对公司的债务承担责任的企业法人。

无论成立有限责任公司或股份有限公司都可以引入风险投资，有限责任公司也可以通过改制变更为股份有限公司。相对来说，设立有限责任公司，意味着大学生创业者有更多的发展选择和更加灵活的退出机制。

（二）公司的注册流程

2016 年 6 月 30 日，国务院办公厅颁发《关于加快推进"五证合一、一照一码"登记制度改革的通知》（国办发〔2016〕53 号），对企业登记流程进行了简化。"五证"是指企业依次申请的工商营业执照、组织机构代码证、税务登记证、社会保险登记证和统计登记证。"一照一码"是指由工商部门直接核发载有 18 位的"统一社会信用代码"的营业执照。目前对于大学生创业者来说，多地都开办了"绿色通道"，凡大学毕业生申请登记企业，只要材料齐全，可在设有"绿色通道"的工商部门即时予以办理，大大缩短了大学生创业者注册公司的流程。

成立新公司的步骤如下。

（1）公司选址。注册公司需要有一个注册地址，注册地址会显示在公司营业执照上。注册地址分为实地注册和虚拟注册地址，虚拟注册地址通常是园区为招商引资而采取的吸引企业入驻的政策，使用虚拟注册地址需要了解下该地址注册是否有免税或者其他扶植政策。需要注意的是部分行业是不适合进行虚拟注册的。实地注册对于初创者来说可以选择租用商住房作为注册公司地址，在租赁商住房时需要和房东沟通清楚，因为后期有一些资料是需要房东签字的，也可能需要用到房产证原件。

自 2009 年开始，共青团依托各级团组织建立了共青团青年就业创业见习基地、大学生创业基地等，为入驻企业提供经营场地、办公设施、政策、管理、法律、财务、融资、推广、交流和培训等方面的服务。《关于科技企业孵化器、大学科技园和众创空间税收政策的通知》（财税〔2018〕120 号）规定，对国家级、省级科技企业孵化器、大学科技园和国家备案众创空间自用以及无偿或通过出租等方式提供给在孵对象使用的房产、土地，免征房产税和城镇土地使用税；对其向在孵对象提供孵化服务取得的收入，免征增值税。因此对大学生创业者来说，可以选择一些创业基地与创业园区。这些创业"孵化器"往往会给入驻企业提供一定的优惠政策和服务措施，有效降低企业运营成本。

（2）企业名称预先核准登记。也就是所说的公司核名。核名目前可以采用线上填表的方式进行，填表时务必确保公司名称、地址、经营范围无误，核名通过后，需要到当地工商局领取核名通知书。

在当地工商局官网可以查看企业名称预先核准登记一次性告知单，创业者需要按照一次性告知单内容填写相关材料，并提交工商行政机关。通常材料包括：

①全体投资人签署的《企业名称预先核准申请书》。

②全体投资人签署的《指定代表或者共同委托代理人的证明》，需写明具体委托事项、被委托人权限及委托期限。

③制定代表或者共同委托代理人的身份证。

（3）银行验资。验资是公司注册最关键的阶段，分为开户、入资、验资三个步骤。在拿到核名通知书之后就可以去银行开验资户了，通常建议在四大行中进行选择，不同的银行对最低入资有不同的要求。在开户验资时需要预核名通知书、股东全员的身份证复印件、公司法定代表人预留印鉴。开户后，将所有股东的钱打入开设好的验资户称为入资。在入资款到账后，需要去银行开银行征询函。拿到银行的征询函之后需要找一家验资机构进行验资操作，通常在会计师事务所可以进行此业务，验资完成后会拿到验资报告及几份副本。

（4）准备相关材料。通常包括以下材料：

①企业设立登记申请书。

②公司章程（提交打印件一份，请全体股东亲笔签字，有法人股东的，要加盖该法人单位公章）。

③企业名称预先核准通知书及预核准名称投资人名录表。

④股东资格证明。

⑤指定（委托）书。

⑥验资报告。

（5）网上预约申请。在当地工商局网站按照要求进行申请，并提交材料的电子版。网上审查通过后，创业者需要跟工商局预约提交书面材料的时间。如果网上审查不通过，会通知申请人补充或修正材料后再次提交。

（6）领取营业执照并刻制印章。整理好相关材料后就可以去所属工商局进行提交，通常在5个工作日后可以领取营业执照。凭营业执照，可以到公安局指定刻章地点刻制企业公章、财务专用章、发票专用章、合同专用章。部分地区首次刻章免费，可根据当地政策咨询当地政务服务中心。

（7）税务报到。税务报到一般是进行税务登记，并且也是认定税种的过程，根据我国有关法律规定，凡是在我国境内从事生产、经营的纳税人都要进行税务登记，一般来说税务登记要在领取营业执照后到当地税务部门进行办理。

四、国家对大学生创业的扶持政策

党的十九大报告指出：注重解决结构性就业矛盾，鼓励创业带动就业。提供全方位公共就业服务，促进高校毕业生等青年群体、农民工多渠道就业创业。为支持大学生创业，国家和各级政府、相关职能部门出台了很多优惠政策，包括创业教育及培训政策、企业运营服务政策、税收优惠政策、创业资金政策、创业补贴政策、创业融资政策等。

（一）学业支持方面

国家鼓励大学生在校期间创业。教育部提出地方普通高校要"放宽修业年限"实施"弹性学制"，创业档案可作为学分转换依据，允许大学生保留学籍、休学创业，为其安排创业基金，设立创新创业奖学金等具体措施和办法。

《关于做好当前形势下高校毕业生就业创业工作的通知》（人社部发〔2019〕72号）规定：加强创新创业教育，在符合学位论文规范要求的前提下，允许本科生用创业成果申请学位论文答辩。《普通高等学校学生管理规定》要求，各高校要进一步细化创新创业学分积累与转换、弹性学制管理、保留学籍休学创业、支持创新创业学生复学后转入相关专业学习等政策。

部分高校设置了创新学分认定规则，规定学生为学校和社会带来较好效益及参加社会实践成绩突出的，可进行相关学分兑换。

（二）税收缴纳方面

规定时间、规定上限对大学生创业者进行税收抵扣，对大学生创业初期进行大力支持。相关政策规定如下。

《财政部 税务总局 人力资源社会保障部 农业农村部关于进一步支持重点群体创业就业有关税收政策的公告》（2023 年第 15 号）规定：

（1）持就业创业证（注明"自主创业税收政策"或"毕业年度内自主创业税收政策"）的人员，从事个体经营的，自办理个体工商户登记当月起，在 3 年（36 个月，下同）内按每户每年 20 000 元为限额依次扣减其当年实际应缴纳的增值税、城市维护建设税、教育费附加、地方教育附加和个人所得税。限额标准最高可上浮 20%，各省、自治区、直辖市人民政府可根据本地区实际情况在此幅度内确定具体限额标准。

（2）纳税人年度应缴纳税款小于上述扣减限额的，减免税额以其实际缴纳的税款为限；大于上述扣减限额的，以上述扣减限额为限。

（3）纳税人在 2027 年 12 月 31 日享受税收优惠政策未满 3 年的，可继续享受至 3 年期满为止。

《关于实施"2010 高校毕业生就业推进行动"大力促进高校毕业生就业的通知》（人社部发〔2010〕25 号）要求：对应届及毕业 2 年以内的高校毕业生从事个体经营的，自其在工商部门首次注册登记之日起 3 年内，免收登记类和证照类等有关行政事业性收费。

公司经营过程中缴纳的各种税费对大学生来说是不小的经济负担，除国家层面出台的大学生创业税费减免政策外，各地政府也都出台了相关规定，以减轻大学生的经济压力。例如，长沙规定大学生自主创业 3 年内，减免其营业税和个人所得税的地方所得部分；杭州的各种税收优惠政策都适用于大学生创业；云南对大学生创业免收 3 年的各类行政事业费用；成都提高了大学生创业的营业税起征点，为大学生节省费用；山东则在 2010 年出台了 20 多项针对大学生创业的税收优惠政策。

《国务院办公厅关于进一步支持大学生创新创业的指导意见》（国办发〔2021〕35 号）要求：

（1）在现有基础上，加大教育部中央彩票公益金大学生创新创业教育发展资金支持力度。加大中央高校教育教学改革专项资金支持力度，将创新创业教育和大学生创新创业情况作为资金分配重要因素。

（2）落实落细减税降费政策。高校毕业生在毕业年度内从事个体经营，符合规定条件的，在 3 年内按一定限额依次扣减其当年实际应缴纳的增值税、城市维护建设税、教育费附加、地方教育附加和个人所得税；对月销售额 15 万元以下的小规模纳税人免征增值税，对小微企业和个体工商户按规定减免所得税。对创业投资企业、天使投资人投资于未上市的中小高新技术企业以及种子期、初创期科技型企业的投资额，按规定抵扣所得税应纳税所得额。对国家级、省级科技企业孵化器和大学科技园以及国家备案众创空间按规定免征增值税、房产税、城镇土地使用税。做好纳税服务，建立对接机制，强化精准支持。

（三）金融贷款方面

在金融贷款方面，主要有优先贷款支持、放宽担保贷款申请条件、简化贷款手续、利率优惠等方面。上海、北京、深圳、杭州等地出台了注册资本"零首付"政策，允许大学生投资注册公司时可"零首付"，注册资本在一定期限内分期支付即可。相关政策规定如下。

（1）《关于实施"2010 高校毕业生就业推进行动"大力促进高校毕业生就业的通知》（人社部发〔2010〕25 号）要求：

①对高校毕业生初创企业，可按照行业特点，合理设置资金、人员等准入条件，并允许注册资金分期到位。

②登记求职的高校毕业生从事个体经营，自筹资金不足的，可按规定申请小额担保贷款，从事微利项目的，可按规定享受贴息扶持；对合伙经营和组织起来就业的，贷款规模可适当扩大。

（2）《关于做好 2019 届全国普通高等学校毕业生就业创业工作的通知》（教学〔2018〕8 号）要求：

有条件的地区要积极推进设立高校毕业生就业创业基金，高校要通过政府支持、学校自设、校外合作、风险投资等方式多渠道筹措资金，支持大学生自主创业。

（3）《关于进一步做好创业担保贷款财政贴息工作的通知》（财金〔2018〕22 号）要求：

①降低贷款申请条件。个人创业担保贷款申请人贷款记录的要求调整为：除助学贷款、扶贫贷款、住房贷款、购车贷款、5 万元以下小额消费贷款（含信用卡消费）以外，申请人提交创业担保贷款申请时，本人及其配偶应没有其他贷款。

②放宽担保和贴息要求。对已享受财政部门贴息支持的小微企业创业担保贷款，可通过创业担保贷款担保基金提供担保形式支持。对还款积极、带动就业能力强、创业项目好的借款个人和小微企业，可继续提供创业担保贷款贴息，但累计次数不得超过 3 次。

多地政府在中央要求下对大学生创业者分别制定了不同的贷款优惠政策。例如，江西省政府规定，对符合高校毕业生自主创业条件的，可申请最高不超过 10 万元的小额担保贷款。对符合二次扶持条件的个人，贷款最高限额不超过 30 万元。对合伙经营和组织起来创业并经工商管理部门注册登记的，贷款规模最高不超过 50 万元。如从事当地政府规定微利项目的，可按规定享受财政全额贴息。

（4）《关于做好当前形势下高校毕业生就业创业工作的通知》（人社部发〔2019〕72 号）规定：

放宽创业担保贷款申请条件，对获得市级以上荣誉称号以及经金融机构评估认定信用良好的大学生创业者，原则上取消反担保。支持高校毕业生返乡入乡创业创新，对到贫困村创业符合条件的，优先提供贷款贴息、场地安排、资金补贴。

(5)《国务院办公厅关于进一步支持大学生创新创业的指导意见》（国办发〔2021〕35号）要求：

①落实普惠金融政策。将高校毕业生个人最高贷款额度提高至20万元，对10万元以下贷款、获得设区的市级以上荣誉的高校毕业生创业者免除反担保要求；对高校毕业生设立的符合条件的小微企业，最高贷款额度提高至300万元。

②引导社会资本支持大学生创新创业。充分发挥社会资本作用，以市场化机制促进社会资源与大学生创新创业需求更好对接，引导创新创业平台投资基金和社会资本参与大学生创业项目早期投资与投智，加快发展天使投资，培育一批天使投资人和创业投资机构。

（四）准入条件方面

2010年5月，教育部发布《关于大力推进高等学校创新创业教育和大学生自主创业工作的意见》（教办〔2010〕3号）规定：为大学生创业提供场地、资金、实训等多方面的支持。开辟较为集中的大学生创业专用场地，配备必要的公共设备和设施，为大学生创业企业提供至少12个月的房租减免。

人力资源和社会保障部、教育部等《关于实施"2010高校毕业生就业推进行动"大力促进高校毕业生就业的通知》（人社部发〔2010〕25号）要求，允许高校毕业生按照法律法规规定的条件、程序和合同约定将家庭住所、租借房、临时商业用房等作为创业经营场所。

教育部《关于做好2019届全国普通高等学校毕业生就业创业工作的通知》（教学〔2018〕8号）规定：要加大创新创业场地和资金扶持力度。各地各高校要加强大学科技园、创业孵化基地等创新创业平台建设，为大学生创新创业提供场地支持。各高校要积极推动各类研究基地、实验室、仪器设备等教学资源向创新创业学生开放。

成都市对大学生创业放宽市场准入和鼓励试营业的政策，规定高校毕业生或者以高校毕业生为主（出资占注册资本50%及50%以上）注册有限责任公司，其注册资本在500万元以下的，实行公司"零首付"注册；凡高校毕业生从事食品、饮料、日用品、书报刊零售和居民服务等活动，暂不具备行政许可申办条件，可在完善相关手续的情况下，开展试营业实践活动，在试营业实践期间，免于个体工商户登记。

《国务院办公厅关于进一步支持大学生创新创业的指导意见》（国办发〔2021〕35号）要求：政府投资的孵化器的30%场地免费向高校毕业生提供。大学生创新创业环境优化依托于孵化载体与平台建设。政府投资开发的孵化器等创业载体应安排30%左右的场地，免费提供给高校毕业生。

（五）商务支持方面

国务院办公厅在《关于加强普通高等学校毕业生就业工作的通知》（国办发〔2009〕3号）中指出：强化高校毕业生的创业指导服务，提供"一条龙"创业服务。

例如，上海设立专门针对应届高校毕业生的创业教育培训中心，免费为高校毕业生提供项目风险评估和指导；江西支持大学生创业孵化基地发展，在景德镇大学生创业孵化基地进行试点，鼓励景德镇进一步降低大学生创业贷款反担保门槛，探索建立风险共担机制。

教育部《关于大力推进高等学校创新创业教育和大学生自主创业工作的意见》（教办〔2010〕3号）规定：要提供法律、工商、税务、财务、人事代理、管理咨询、项目推荐、项目融资等方面的创业咨询和服务，以及多种形式的资金支持；要为大学生开展创业培训、实训；建立公共信息服务平台，发布相关政策、创业项目和创业实训等信息。

教育部《关于做好2019届全国普通高等学校毕业生就业创业工作的通知》（教学〔2018〕8号）规定：各地各高校要进一步建立健全各级各类大学生创业服务平台，为大学生创业提供项目对接、财税会计、法律政策、管理咨询等深度服务。鼓励各高校聘请行业专家、创业校友、企业家等担任大学生创业团队指导教师，鼓励专业教师、实验室老师全程指导大学生创新创业。

对大学生创业所创办的企业，自工商部门批准其经营之日起1年内，可在政府人事、劳动保障行政部门所属的人才中介服务机构和公共职业介绍机构的网站免费查询人才、劳动力供求信息，免费发布招聘广告等。

（六）减免费用方面

国家工商总局发出通知，凡高校毕业生（含大学专科、本科、研究生）从事个体经营的，除国家限制的行业（包括建筑业、娱乐业以及广告业、桑拿、按摩、网吧、氧吧等）外，自工商行政管理机关批准其经营之日起，1年内免交个体工商户登记注册费（包括开业登记、变更登记、补换营业执照及营业执照副本）、个体工商户管理费、集贸市场管理费、经济合同鉴证费、经济合同示范文本工本费。

2009年国务院办公厅《关于加强普通高等学校毕业生就业工作的通知》（国办发〔2009〕3号）指出：对高校毕业生从事个体经营符合条件的，3年内免收行政事业性收费。

（七）其他支持

国家也为大学生创业者个人提供了一定的福利，如社保补贴等。

《关于做好当前形势下高校毕业生就业创业工作的通知》（人社部发〔2019〕72号）规定：对离校2年内未就业高校毕业生灵活就业的，按规定给予社会保险补贴。

大学生创业的人事档案管理可以免费代理2年。

《国务院办公厅关于进一步支持大学生创新创业的指导意见》（国办发〔2021〕35号）要求：

鼓励地方探索建立大学生创业风险救助机制，可采取创业风险补贴、商业险保费补助等方式予以支持；加大对创业失败大学生的扶持力度，提供就业服务、就业援助和社会救助；毕业后创业的大学生可按规定缴纳"五险一金"。

练习思考题

1. 假设你是一个计划自主创业的应届大学毕业生，请你分析以下问题：

（1）你认为创业需要提前做好哪些方面的准备？

（2）你认为创业者应该具备怎样的素质和能力？

（3）你具有哪些优势和资源可以用于创业？

2. 大学生创业者首次创业失败应该怎么办？

3. 收集你所在城市对大学生毕业者创业方面的相关扶持政策。

4. 请设计一个创业项目，并撰写商业计划书。

5. 王红即将大学毕业，她在毕业时拿到一份银行工作的 offer，这份工作收入还不错，在实习时她的上司也会倾听她的想法。不过，她的一些朋友甚至家人都劝她创业。她也想到一些创业点子，她在网上搜索过这些点子，发现有一些公司已经在做了，不过都没有什么名气。另外，她还了解到有一些提供给大学生创业者的补助很容易申请。请问，如果你是王红，你会如何选择？

参 考 文 献

［1］李佳霓. 高校毕业生"消极慢就业"现象分析［J］. 合作经济与科技，2023，
（20）：86 – 88.

［2］老子. 道德经［M］. 北京：华夏出版社，2009.

［3］弗洛伊德. 弗洛伊德谈自我意识［M］. 天津：天津社会科学院出版
社，2014.

［4］顾明远. 教育大辞典［M］. 上海：上海教育出版社，1998.

［5］加德纳. 重构多元智能［M］. 北京：中国人民大学出版社，2008.

［6］国家职业分类大典修订工作委员会. 中华人民共和国职业分类大典（2022 年
版）［M］. 北京：中国劳动社会保障出版社，2022.

［7］《国民经济行业分类与代码》（GB 4754—84）.

［8］《2024 年全国硕士研究生招生工作管理规定》（教学〔2023〕2 号）.

［9］《教育部关于做好 2019 届全国普通高等学校毕业生就业创业工作的通知》（教
学〔2018〕8 号）.

［10］《关于统筹实施引导高校毕业生到农村基层服务项目工作的通知》（人社部
发〔2009〕42 号）.

［11］《关于实施大学生志愿服务西部计划的通知》（中青联发〔2003〕26 号）.

［12］《关于组织开展高校毕业生到农村基层从事支教、支农、支医和扶贫工作的
通知》（国人部发〔2006〕16 号）.

［13］《关于印发〈关于选聘高校毕业生到村任职工作的意见（试行）〉的通知》
（组通字〔2008〕18 号）.

［14］《国务院关于进一步做好普通高等学校毕业生就业工作的通知》（国发
〔2011〕16 号）.

［15］胡庭胜，廖锋. 预则立：大学生职业发展指导教程［M］. 北京：商务印书
馆，2018.

［16］陈榴，潘雪，曹启慧. 经济新常态下大学生就业形势分析与对策［J］. 时代金融，2016（11）：263 – 264.

［17］盖世洲. 浅论我国大学生就业市场现状及发展趋势［J］. 中国大学生就业，2007（Z1）：81 – 82，84.

［18］徐浩璠，徐正金，贾丽萍. 浅谈当代大学生就业形势［J］. 中外企业家，2019（18）：174 – 175.

［19］许敏. 试论大学生就业市场的现状及发展［J］. 继续教育研究，2009（01）：169 – 170.

［20］《教育部关于做好 2024 届全国普通高校毕业生就业创业工作的通知》（教就业〔2023〕4 号）.

［21］《关于印发〈2023—2024 年度大学生志愿服务西部计划实施方案〉的通知》（中青联发〔2023〕6 号）.

［22］《中共中央组织部 人力资源社会保障部等十部门关于实施第四轮高校毕业生"三支一扶"计划的通知》（人部发〔2021〕32 号）.

［23］《高校毕业生等青年就业创业政策汇编》（2023 年）.

［24］杨勇. 后疫情时代高校毕业生就业形势及对策［J］. 合作经济与科技，2023（17）：86 – 87.

［25］葛志元. 新形势下高校毕业生就业问题及对策研究［J］. 国际公关，2022（12）：97 – 99.

［26］赵魁斌. 数字经济趋势下新就业形态发展及其社会保护［J］. 青岛职业技术学院学报，2023，36（5）：55 – 60.

［27］赖德胜，何勤. 当前青年群体就业的新趋势新变化［J］. 人民论坛，2023（11）：40 – 45.

［28］唐德勇. 大学生职业生涯规划与就业指导［M］. 北京：中国纺织出版社，2018.

［29］陈莹，马慧. 大学生就业心理压力来源及对策研究［J］. 大庆师范学院学报，2015（6）：129 – 132.

［30］王美多. 当前大学生就业心理障碍问题分析［J］. 亚太教育，2016，28：217 – 218.

［31］王本贤. 大学生择业嫉妒心理与调适［J］. 徐州教育学院学报，2003，18（1）：92 – 93.

［32］黄梁. 大学生就业从众心理与主体性就业指导［J］. 人民论坛，2019（14）：118 – 119.

［33］何少庆，张婧，刘成立. 大学生职业生涯与就业创业指导［M］. 北京：新华出版社，2014.

［34］王岩，徐建成. 大学生职业规划与就业指导［M］. 北京：中国轻工业出版

社，2011.

［35］杨学友. 就业"位"来路上，当防七大陷阱［J］. 就业与保障，2014（7）：23 – 24.

［36］刘莫鲜. 在虚假招聘的背后：对大学生求职受骗现象的质性探究［D］. 南京：南京大学，2012.

［37］侯首辉，熊蕾. 求职信写作"六要"［J］. 应用写作，2019（2）：25 – 27.

［37］崔凯，龙绘锦. 大学生职业生涯规划与就业指导［M］. 南京：南京大学出版社，2019.

［39］程良越，谢珊. 大学生职业生涯发展［M］. 广州：广东高等教育出版社，2011.

［40］钟谷兰，杨开. 大学生职业生涯发展与规划［M］. 2 版. 上海：华东师范大学出版社，2019.

［41］李宪平，郭海峰. 大学生职业生涯发展与就业指导［M］. 哈尔滨：哈尔滨工业大学出版社，2019.

［42］黄晓慧. 大学生职业生涯规划与就业指导实践教程（辅导员版）［M］. 北京：北京交通大学出版社，2017.

［43］姜博洋. 浅谈当代大学生的求职礼仪［J］. 赤子，2014（14）：289 – 290.

［44］胡靖. 浅析人事考试笔试组考的现状和发展思路［J］. 中国经贸导刊，2020（5）：179 – 180.

［45］王攀，布俊峰. 大学生职业生涯规划与就业指导［M］. 武汉：华中师范大学出版社，2014.

［46］万登泸，梁国敬，姬振旗. 大学生就业指导实务［M］. 武汉：华中师范大学出版社，2014.

［47］关怀，林嘉. 劳动法［M］. 6 版. 北京：中国人民大学出版社，2022.

［48］王凯，赵荣，李峰. 大学生创新创业理论与实务［M］. 上海：上海交通大学出版社，2018.

［49］龚焱. 精益创业方法论：新创企业的成长模式［M］. 北京：机械工业出版社，2014.

［50］知乎. 创业时，我们在知乎聊什么［M］. 北京：中信出版社，2014.

［51］雷诺. 初创者：致青年创业者的信［M］. 荣慧，译. 上海：复旦大学出版社，2016.

［52］赵培玲. 民办高校大学生创业准备对创业倾向的影响研究［J］. 才智，2019（12）：137.

［53］王晓红. 大学生创业准备的指导策略［J］. 湖北社会科学，2011（3）：174 – 176.

［54］王万山. 提升大学生创业成功率的理论与政策［J］. 企业经济，2019（6）：

2，5 – 14.

　　[55] 姚毓春，赵闯，张舒婷. 大学生创业模式：现状、问题与对策——基于吉林省大学生科技园创业企业的调查分析 [J]. 青年研究，2014（4）：84 – 93，96.

　　[56] 张旺峰. 大学生创业问题与对策研究：以湖北省为例 [J]. 湖北社会科学，2017（4）：58 – 63.

　　[57] 黄远征，陈劲，张有明. 创新与创业基础教程 [M]. 北京：清华大学出版社，2017.

　　[58]《2024—2025 年度大学生志愿服务西部计划实施方案》（中青联发〔2024〕2号）.

　　[59]《关于做好 2024 年农村义务教育阶段学校教师特设岗位计划实施工作的通知》（教师厅〔2024〕1 号）.

　　[60]《关于调整完善国家助学贷款有关政策的通知》（财教〔2024〕188 号）.

　　[61]《高校毕业生等青年就业创业政策汇编》（2024 年）.